JN025457

問題演習
基本七法
2021

憲法／行政法／民法／商法／
民事訴訟法／刑法／刑事訴訟法

法学教室編集室編

有斐閣
YUHIKAKU

刊行にあたって

　法学学習は，大学で講義を聴く，教科書や判例集を読むといった知識のインプットが中心となります。ただ，インプットばかりでは，定期試験や司法試験など各種試験，ひいては社会に出て仕事上で問題に直面したときに，知識を適切に使いこなし，設問や問題をうまく解決まで導くことができないおそれがあります。知識のアウトプットも法学学習においては非常に重要であることは間違いありません。

　「法学教室」誌では，第一期創刊（1961年）以来，大学の講義だけでは訓練する機会が多くはないアウトプットの場を提供するために「演習」欄を設けてきました。設問を読み，法律上の論点を見つけ，自分で考え抜くことで，知識のアウトプットができるとともに，これまでインプットして身につけてきた知識の再確認にもつながると，好評をいただいています。

　本書は，その「演習」欄について，学習者が一層利用しやすいように1年分（2020年4月号〔475号〕〜2021年3月号〔486号〕）を合本したものです（なお，別の年度の演習も『問題演習 基本七法』シリーズとして，2018年より刊行をしています）。

　合本にあたり，以下の編集方針をとりました。
①内容は，七分野（憲法・行政法・民法・商法・民事訴訟法・刑法・刑事訴訟法），各12問を掲載する。
②体裁は，原則として，「法学教室」誌掲載時のままとし，執筆者の所属・肩書については2021年11月10日現在のものに修正をする。
③加筆訂正は，原則として，明白な誤植訂正や法改正への対応を除いて行わない。
④巻頭に「演習の活用法」を設ける。
⑤各分野末尾に「論点索引」を設ける。
⑥設問部分のみを抜きだした冊子（設問集）を有斐閣ウェブサイト（http://www.yuhikaku.co.jp/books/detail/9784641126336）などで公開する。

　本書が，学習者にとって，法学の理解をより深め，その知識を適切に使うために役立つものとなることを切に願います。最後に，今回の合本にあたり，ご論攷の再収録等をご快諾くださった先生方に厚く御礼申し上げます。

法学教室編集室

目次・執筆者

演習の活用法

設問

しっかり読んで，考えよう

問いに答えるために，「事実関係の中にどんな論点が含まれているか」「設問に似た判例はないか」などを意識して読んでみてください。
考えたことをどのような順で答案に書くか（答案構成）まで検討できるとより実戦的な訓練になります。

▶ 友人との検討や先生への質問もオススメ。
▶ どうしてもPOINTや解説が目に入る人は，設問部分のみを抜きだした設問集（http://www.yuhikaku.co.jp/books/detail/9784641126336）を活用しよう。

POINT

解答への第一歩

設問に含まれる論点や解答へのヒントが示してあります。設問を読んで検討した答案構成と見比べて漏れがないかを確認しよう。

▶ 設問を読んで何が論点か分からなかった人は，ここを確認して，教科書などの該当箇所を読み込んで再チャレンジ。

憲法 1

名古屋大学教授
大河内美紀 OKOCHI Minori

設問

A県の県議会議員であるXは，県議会の第2回定例会における一般質問中に「知事はいつも嘘ばかりだ。人としてどうかと思う。まったく信用できない」と発言（以下，本件発言という）した。これに対し議長は，本件発言は地方自治法132条のいう「無礼の言葉」に当たるとして，同法129条1項に基づき，発言の取消しを命じた（以下，本件命令という）。Xは，本件発言は社会通念上相当なものであり「無礼の言葉」には当たらないとして，命令に従わず，取消しを拒んだため，議長により，その日の会議が終わるまで発言をすることを禁止された。Xが本件命令に従わなかったことに対しては，一部の議員から地方自治法134条以下に基づく懲罰の動議が出されたものの，可決には至らなかった。
後日，議員および関係者に第2回定例会の会議録（A県議会会議規則101条の定める会議録。以下，配布用会議録という）が配布された。これはA県議会会議規則に基づいて調整されたものであり，本件発言の部分は代わりに「──30文字」と表示されていた。ただし，A県で活動するNPO団体がA県情報公開条例に基づき，本件発言に係る会議録原本（配布用会議録を調整する前の会議録であり，議長が取消しを命じた発言も記載されている）の開示請求を行ったところ，開示が認められ，本件発言の内容を確認することができた。
Xは A県に対し本件命令の取消しを求めて出訴した（以下，本件訴えという）が，裁判所は，訴えは不適法だとしてこれを却下した。裁判所はなぜこのような判断をしたのか。憲法にかかわる問題について論じなさい。

【参考】A県議会会議規則
100条　会議録には議事の経過を記載する。
101条　会議録は，印刷し，議員及び関係者に配布する。
102条　前条の会議録には，秘密会の議事及び議長が取消しを命じた発言は記載しない。発言取消部分には，取り消した字数分の棒線を表示する。

POINT

❶部分社会論により司法権に画される限界を理解する。❷地方議会の自律性を憲法上の位置付けを踏まえて説明する。❸争われている権利について判例と比較しつつ評価する。

解説

① 司法権とその限界

設問文中に明示してあるように，裁判所は本件訴えを不適法却下した。裁判所が訴えを不適法とする理由は複

2 ｜ 問題演習 基本七法 2021 ｜

数あるが，本件訴えについては，Xが裁判所の判断を仰ごうとした対象，すなわち，本件命令の適否そのものが司法審査の対象にならないと判断されたと考えられる。そこで，まずは，司法権について復習しておこう。
司法権とは，一般に，「具体的な争訟について，法を適用し，宣言することによって，これを裁定する国家の作用」と定義される。伝統的には，この司法権概念の核心をなすと考えられてきたのが事件性の要件であり，裁判所法3条にいう「法律上の争訟」とはこれを具体化したものと考えられている。判例（最判昭和56・4・7民集35巻3号443頁）によれば，「法律上の争訟」とは，①当事者間の具体的な権利義務ないし法律関係の存否に関する争訟であって，かつ，②法令の適用により終局的に解決できるものに限られる。なお，司法権の定義については事件性を必須としない有力な学説もあるが，この説が本領を発揮するのは客観訴訟を始めとする現代型訴訟に関わる場面であるため，本件訴えとの関係では特段考慮する必要はない。

② 部分社会論

しかし，上記の要件を満たす争訟の全てが裁判所の審査権に服するわけではない。そのひとつが団体の内部問題である。部分社会論（部分社会の法理）と呼ばれる考え方によれば，大学や政党，地方議会，労働組合，宗教団体などの内部問題については団体の自治や自律を尊重し，司法審査を控えるべきとされる。最高裁は，富山大学単位不認定事件（最判昭和52・3・15民集31巻2号234頁）において「一般市民社会とは異なる特殊な部分社会」における権利関係については「すべてが当然に裁判所の司法審査の対象になるものではなく，一般市民法秩序と直接の関係を有しない内部的な問題は右司法審査の対象から除かれる」との立場を明確にしている。
学説の多くも，団体の内部問題について司法審査を控えるべき場合があることを認める。ただし，それは，これらの団体が一般的な法秩序とは異なる特殊な法秩序を有することを理由にその内部問題を全て司法審査の対象外とするものではない。こうした一般的・包括的な部分社会論には，むしろ批判的である。最高裁も「一般市民法秩序と直接の関係」を有する場合には司法審査の対象となることを認めている。
そのため，部分社会論の採否で本件訴えに決着がつくわけではない。焦点となるのは，どのような団体のどのような紛争に対して司法権の介入が限界づけられるか，その線引きである。この線引きは容易でなく，個別具体的な判断が求められるが，通説によれば，団体の目的・性質・機能および紛争や争われている権利・利益の性質に照らして判断すべきとされる（芦部信喜［高橋和之補訂］『憲法〔第7版〕』356頁，佐藤幸治『日本国憲法論』595頁など）。なかでも，憲法論として特に求められるのは，それぞれの団体の自治または自律を支える憲法上の根拠と，争われている権利の憲法上の位置付けである。以下，本設問に即して順に検討していく。

③ 地方議会の自律性

自治または自律権の根拠は，団体によって様々である。大学であれば学問の自由（憲23条），宗教団体は信教の自由（同20条），政党は結社の自由（同21条）と

解説

解答例ではありません

解説欄には，設問が含む論点について，基本的な内容から丁寧に説明がされています。
法学においては1つの解答だけが正しいものではありません。本書の解説は解答例や模範解答ではありません。解説から自分なりの解答を考えよう。

▶ 問いに具体的に答えるために，「どの事実を拾い出し」，「どのようにあてはめるか」，といった点も解説を参考に考えてみよう。
▶ 解答（答案）を作成したら先生に見てもらうと効果的。

ともに議会制民主主義における政党の役割それ自体が、それぞれ考慮される。また、国会については、それを部分社会論で説明するか否かは別として、憲法上、議院の自律権が明記されている（同55条・58条など）。

これに対し、本設問の舞台は地方議会である。地方議会の内部問題に関する司法審査の限界について最高裁はこれまで複数の判断を下しており、地方議会に一定の自律性を認めてきている。しかし、その根拠は明確でない。この領域のリーディング・ケースである地方議会議員に対する出席停止の懲罰について司法審査が及ばないとした事案（最大判昭和35・10・19民集14巻12号2633頁）では、多数意見は「自律的な法規範をもつ社会ないしは団体」だと述べるにとまる。その一方で、憲法51条で国会議員に認められている免責特権が地方議会議員にも及ぶかが争点となった事案（最大判昭和42・5・24刑集21巻4号505頁）では、多数意見は、国会に広範な議院自律権を認める議員の発言に免責特権が認められているからといって「その理をそのまま直ちに地方議会にあてはめ、地方議会についても、国会と同様の議会自治・議会自律の原則を認め、さらに、地方議会議員の発言についても、いわゆる免責特権を憲法上保障しているものと解すべき根拠はない」としている。

では、どう考えるべきか。地方議会は結社とは異なる。また、免責特権に関する前掲判例を前提にすれば、国会のアナロジーで説明することも難しい。そのため、地方自治体の部分社会性については消極的な見方も存在する（渋谷秀樹『憲法〔第3版〕』653頁）。出席停止にかかる前掲判例に付された奥野健一裁判官・河村大助裁判官意見も、同様の読み方ができる。

しかし、議院の自律性は権力分立や議会制民主主義から導かれる近代議会の基本原理で、実定憲法上の規定の有無に解消しきれるものではない。また、地方議会は地方自治体の議事機関であり（憲93条）、これを具体化する地方自治法は、地方自治の本旨（同92条）に基づくものでなければならない。とすれば、地方議会の自律性は、これらの憲法原理によって基礎づけられよう。近時の下級裁判所の判決には、こうした立論に親和的なものも登場している（名古屋高判平成24・5・11判時2163号10頁など）。

④ 発言取消命令によって侵害される権利・利益

とはいえ、もちろん自律性が認められる範囲には限界がある。次に検討すべきはその限界、判例の枠組みに則っていえば、問題となっている紛争が「一般市民法秩序と直接の関係」を有するか否かである。

地方議会の内部紛争に関する前掲の出席停止にかかる判例によれば、議員として行った行為について、出席停止のように議員の権利行使の一時的制限にすぎない懲戒処分は司法審査の対象外となるが、除名処分のような議員たる身分の得喪に関する「重大事項」は司法審査の対象となる。本設問についてみてみると、Xが被った不利益は、①一時的な発言禁止および②配布用会議録への不記載である。議員として行った行為に対する地方議会による不利益取扱いとしてみた場合、判例に照らして侵害の程度が大きいとは言えないだろう。①は、議長の議場における秩序維持権として一般的に想定されるものであ

り、効果は一時的で、前掲判例との均衡から「一般市民法秩序と直接の関係」を見出すことは難しい。②については、公表される配布用会議録を通じて外部と関わりを持つとしても、記載されないのは本件発言すなわちXが議員として行った活動の一部のみであり、また、本件発言は会議録原本には記録され、情報公開を通じてアクセスできることから、制約の程度も大きいものではない。すると、本設問の裁判所としては、本件命令は議長が地方自治法129条1項に該当すると判断してなされたものであるところ、3で述べた地方議会の自律性のもと、議場における秩序維持のような議会の運営に関する事項については議会の自律的解決に委ねることが前提とされており、①および②をもって本件命令の適否が一般市民法秩序と直接の関係を有するとは言えないことから、本件訴えを司法審査の対象外と判断したと考えられる。

しかし、地方議会の運営については、議長などの権限の逸脱・濫用と思われる紛争が実際に生じており（永田秀樹「判批」速判解24号33頁）、上記の構成では司法に期待される役割に応えられないとの評価もありうる。その場合、考えられる1つの対案は、制約の重大さではなく、争われている権利の重要性で司法審査適合性を構成することである。すなわち、議員の議会における発言の自由を憲法21条に由来する「最も基本的・中核的な権利」とした前掲名古屋高裁判決や、「議員活動の自由」が憲法21条の保護範囲に含まれるとした最高裁判決（最判平成26・5・27判時2231号9頁）などを導きの糸として、発言および配布用会議録への記載を重要な憲法上の権利と位置付けた上で、こうした権利の制約は「一般市民法秩序と直接の関係」を有する場合にあたり司法審査の対象となると論じる途である。とはいえ、本案における本件命令の適否の判断は、裁量や比例性等の観点から別途なされるべきことは当然である。

📖 **参考文献**

本文記載のほか上田健介「判批」法教441号121頁・455号141頁、駒林良則「判批」速判解23号77頁。

📑 **ステップアップ**

設問は、近年注目を浴びた事案（最判平成30・4・26判時2377号10頁）を素材としているが、その事案では、高裁は司法判断適合性を認めた（名古屋高判平成29・2・2判自434号18頁参照）。設問との違いを意識した上で、2つの判決を読み比べてみてほしい。

設問では会議録原本の開示請求が認められたとした。配布用会議録から削除された発言に係る公文書について、処分行政庁から開示しない旨の決定がなされたため、その不開示決定の取消しを求めたところ、取消請求が認容された事例（福井地判令和元・6・12判自453号28頁）がある。しかし、削除された発言が「他人の私生活」に関するものである場合には、不開示が認められる可能性がある。この場合、設問にかかる裁判所の判断に変化は生じるだろうか。また、発言取消命令ではなく、発言自体を事実上不可能とするような措置を継続的に取った場合はどう考えるべきだろうか。

➡ **次回の設問**

司法の独立について考える。

参考文献

もっと詳しく知りたい

理解を一層進めるための文献を紹介します。

ステップアップ

もう一歩学習を進めたい

解説まで読み、十分理解が進んだら、ここを読んでみよう。設問の事実を少し変えたり、新たな論点を加えた問いにチャレンジ!!

次回の設問

次の出題範囲は？

学習が進んでいない人や自信がない人は、事前に該当箇所を教科書などで確認してから次回の演習に進もう。

凡例と略語

本書で引用する判例集・文献・法令名について，多くの場合，略語を使用しています。
この略語の方式は，原則として，法律関係の編集者で組織する「法律編集者懇話会」がまとめた「法律文献等の出典の表示方法」に基づいています。

▶ 判例の表記

例：**最判昭和 58・10・7 民集 37 巻 8 号 1282 頁**
・最高裁の大法廷判決については「最大判」，小法廷判決については「最判」と表示。
・年月日は「・」で表示。
・頁数は，判例集の通し頁を表示。

▶ 判例集等の略語

民（刑）録	大審院民（刑）事判決録	**行集**	行政事件裁判例集
民（刑）集	大審院・最高裁判所民（刑）事判例集	**裁時**	裁判所時報
		裁判所Web	裁判所ウェブサイト
集民（刑）	最高裁判所裁判集民（刑）事	**訟月**	訟務月報
高民（刑）集	高等裁判所民（刑）事判例集	**家月**	家庭裁判月報
下民（刑）集	下級裁判所民（刑）事裁判例集	**新聞**	法律新聞

▶ 文献の略語

金判	金融・商事判例	**判タ**	判例タイムズ
金法	旬刊金融法務事情	**令和（平成）○年度**	
最判解民（刑）事篇		**重判解**	令和（平成）○年度重要判例解説（ジュリスト△号）
平成（昭和）○年度	最高裁判所判例解説民（刑）事篇平成（昭和）○年度		
		法教	法学教室
自研	自治研究	**法時**	法律時報
ジュリ	ジュリスト	**法セ**	法学セミナー
セレクト○	判例セレクト○（法学教室△号別冊付録）	**民商**	民商法雑誌
		リマークス	私法判例リマークス
曹時	法曹時報	**論ジュリ**	論究ジュリスト
速判解	速報判例解説（法学セミナー増刊）	**TKC Watch**	（株）TKC ロー・ライブラリー提供の速判解ウェブ版
判時	判例時報		
判自	判例地方自治		

▶ 法令名の略語

法令名の略語は，小社刊行の法令集の巻末に掲載されている「法令名略語」に従っています。

憲法

・・・・・・・・・・・・・

名古屋大学教授
大河内美紀
OKOCHI Minori

憲法　　1

名古屋大学教授
大河内美紀　　OKOCHI Minori

📌 設問

　A県の県議会議員であるXは，県議会の第2回定例会における一般質問中に「知事はいつも嘘ばかりだ。人としてどうかと思う。まったく信用できない」と発言（以下，本件発言とする）した。これに対し議長は，本件発言は地方自治法132条のいう「無礼の言葉」に当たるとして，同法129条1項に基づき，発言の取消しを命じた（以下，本件命令とする）。Xは，本件発言は社会通念上相当なものであり「無礼の言葉」には当たらないとして，命令に従わず，取消しを拒んだため，議長により，その日の会議が終わるまで発言をすることを禁止された。Xが本件命令に従わなかったことに対しては，一部の議員から地方自治法134条以下に基づく懲罰の動議が出されたものの，可決には至らなかった。

　後日，議員および関係者に第2回定例会の会議録（A県議会会議規則101条の定める会議録。以下，配布用会議録という）が配布された。これはA県議会会議規則に基づいて調整されたものであり，本件発言の部分は代わりに「──30文字」と表示されていた。ただし，A県で活動するNPO団体がA県情報公開条例に基づき，本件発言に係る会議録原本（配布用会議録を調整する前の会議録であり，議長が取消しを命じた発言も記載されている）の開示請求を行ったところ，開示が認められ，本件発言の内容を確認することができた。

　XはA県に対し本件命令の取消しを求めて出訴した（以下，本件訴えという）が，裁判所は，訴えは不適法だとしてこれを却下した。裁判所はなぜこのような判断をしたのか。憲法にかかわる問題について論じなさい。

【参考】A県議会会議規則
100条　会議録には議事の経過を記載する。
101条　会議録は，印刷し，議員及び関係者に配布する。
102条　前条の会議録には，秘密会の議事及び議長が取消しを命じた発言は記載しない。発言取消部分には，取り消した字数分の棒線を表示する。

❗POINT

　❶部分社会論により司法権に画される限界を理解する。❷地方議会の自律性を憲法上の位置付けを踏まえて説明する。❸争われている権利について判例と比較しつつ評価する。

📌 解説
① 司法権とその限界

　設問文中に明示してあるように，裁判所は本件訴えを不適法却下した。裁判所が訴えを不適法とする理由は複数あるが，本件訴えについては，Xが裁判所の判断を仰ごうとした対象，すなわち，本件命令の適否そのものが司法審査の対象にならないと判断されたと考えられる。そこで，まずは，司法権について復習しておこう。

　司法権とは，一般に，「具体的な争訟について，法を適用し，宣言することによって，これを裁定する国家の作用」と定義される。伝統的に，この司法権概念の核心をなすと考えられてきたのが事件性の要件であり，裁判所法3条のいう「法律上の争訟」とはこれを具体化したものと考えられている。判例（最判昭和56・4・7民集35巻3号443頁）によれば，「法律上の争訟」とは，①当事者間の具体的な権利義務ないし法律関係の存否に関する争訟であって，かつ，②法令の適用により終局的に解決できるものに限られる。なお，司法権の定義については事件性を必須としない有力な学説もあるが，この説が本領を発揮するのは客観訴訟を始めとする現代型訴訟に関わる場面であるため，本件訴えとの関係では特段考慮する必要はない。

② 部分社会論

　しかし，上記の要件を満たす争訟の全てが裁判所の審査権に服するわけではない。そのひとつが団体の内部問題である。部分社会論（部分社会の法理）と呼ばれる考え方によれば，大学や政党，地方議会，労働組合，宗教団体などの内部問題については団体の自治や自律権を尊重し，司法審査を控えるべきとされる。最高裁は，富山大学単位不認定事件（最判昭和52・3・15民集31巻2号234頁）において「一般市民社会とは異なる特殊な部分社会」における紛争については「すべてが当然に裁判所の司法審査の対象になるものではなく，一般市民法秩序と直接の関係を有しない内部的な問題は右司法審査の対象から除かれる」との立場を明確にしている。

　学説の多くも，団体の内部問題について司法審査を控えるべき場合があることを認める。ただし，それは，これらの団体が一般的法秩序とは異なる特殊な法秩序を有することを理由にその内部問題を全て司法審査の対象外とするものではない。こうした一般的・包括的な部分社会論には，むしろ批判的である。最高裁も「一般市民法秩序と直接の関係」を有する場合には司法審査の対象となることを認めている。

　そのため，部分社会論の採否で本件訴えに決着がつくわけではない。焦点となるのは，どのような団体のどのような紛争に対して司法権の介入が限界づけられるか，その線引きである。この線引きは容易でなく，個別具体的な判断が求められるが，通説によれば，団体の目的・性質・機能および紛争や争われている権利・利益の性質に照らして判断すべきとされる（芦部信喜〔高橋和之補訂〕『憲法〔第7版〕』356頁，佐藤幸治『日本国憲法論』595頁など）。なかでも，憲法論として特に求められるのは，それぞれの団体の自治または自律権を支える憲法上の根拠と，争われている権利の憲法上の位置付けである。以下，本設問に即して順に検討していく。

③ 地方議会の自律性

　自治または自律権の根拠は，団体によって様々である。大学であれば学問の自由（憲23条），宗教団体は信教の自由（同20条），政党は結社の自由（同21条）と

ともに議会制民主主義における政党の役割それ自体が，それぞれ考慮される。また，国会については，それを部分社会論で説明するか否かは別として，憲法上，議院の自律権が明記されている（同55条・58条など）。

これに対し，本設問の舞台は地方議会である。地方議会の内部問題に関する司法審査の限界について最高裁はこれまで複数の判断を下しており，地方議会に一定の自律性を認めてきている。しかし，その根拠は明確でない。この領域のリーディング・ケースである地方議会議員に対する出席停止の懲罰について司法審査が及ばないとした事案（最大判昭和35・10・19民集14巻12号2633頁）では，多数意見は「自律的な法規範をもつ社会ないしは団体」だと述べるにとどまる。その一方で，憲法51条で国会議員に認められている免責特権が地方議会議員にも及ぶかが争点となった事案（最大判昭和42・5・24刑集21巻4号505頁）では，多数意見は，国会に広範な議院自律権を認め議員の発言に免責特権が認められているからといって「その理をそのまま直ちに地方議会にあてはめ，地方議会についても，国会と同様の議会自治・議会自律の原則を認め，さらに，地方議会議員の発言についても，いわゆる免責特権を憲法上保障しているものと解すべき根拠はない」としている。

では，どう考えるべきか。地方議会は結社とは異なる。また，免責特権に関する前掲判例を前提にすれば，国会のアナロジーで説明することも難しい。そのため，地方議会の部分社会性については消極的な見方も存在する（渋谷秀樹『憲法〔第3版〕』653頁）。出席停止にかかる前掲判例に付された奥野健一裁判官・河村大助裁判官意見も，同様の読み方ができる。

しかし，議院の自律性は権力分立や議会制民主主義から導かれる近代議会の基本原理で，実定憲法上の規定の有無に解消しきれるものではない。また，地方議会は地方自治体の議事機関として憲法に基づいて設置される機関であり（憲93条），これを具体化する地方自治法は，地方自治の本旨（同92条）に基づくものでなければならない。とすれば，地方議会の自律性は，これらの憲法原理によって基礎づけられよう。近時の下級裁判所の判決には，こうした立論に親和的なものも登場している（名古屋高判平成24・5・11判時2163号10頁など）。

④ 発言取消命令によって侵害される権利・利益

とはいえ，もちろん自律性が認められる範囲には限界がある。次に検討すべきはその限界，判例の枠組みに則っていえば，問題となっている紛争が「一般市民法秩序と直接の関係」を有するか否かである。

地方議会の内部紛争について，前掲の出席停止にかかる判例によれば，議員として行った行為について，出席停止のように議員の権利行使の一時的制限にすぎない懲戒処分は司法審査の対象外となるが，除名処分のような議員たる身分の得喪に関する「重大事項」は司法審査の対象となる。本設問についてみると，Xが被った不利益は，①一時的な発言禁止および②配布用会議録への不記載である。議員として行った行為に対する地方議会による不利益取扱いとしてみた場合，判例に照らして侵害の程度が大きいとは言えないだろう。①は，議長の議場における秩序維持権として一般的に想定されるものであ

る。効果は一時的で，前掲判例との均衡から「一般市民法秩序と直接の関係」を見出すことは難しい。②については，公表される配布用会議録を通じて外部と関わりを持つとしても，記載されないのは本件発言すなわちXが議員として行った活動の一部のみであり，また，本件発言は会議録原本には記録され，情報公開を通じてアクセスできることから，制約の程度も大きいものではない。すると，本設問の裁判所としては，本件命令は議長が地方自治法129条1項に該当すると判断してなされたものであるところ，3で述べた地方議会の自律性のもと，議場における秩序維持のような議会の運営に関する事項については議会の自律的解決に委ねることが前提とされており，①および②をもって本件命令の適否が一般市民法秩序と直接の関係を有するとは言えないことから，本件訴えを司法審査の対象外と判断したと考えられる。

しかし，地方議会の運営については，議長等の権限の逸脱・濫用と思われる紛争が実際に生じており（永田秀樹「判批」速判解24号33頁），上記の構成では司法に期待される役割に応えられないとの評価もありうる。その場合，考えられるひとつの対案は，制約の重大さではなく，争われている権利自体の重要性で司法審査適合性を構成することである。すなわち，議員の議会における発言の自由を憲法21条に由来する「最も基本的・中核的な権利」とした前掲名古屋高裁判決や，「議員活動の自由」が憲法21条の保護範囲に含まれるとした最高裁判決（最判平成26・5・27判時2231号9頁）などを導きの糸として，発言および配布用会議録への記載を重要な憲法上の権利と位置付けた上で，こうした権利の制約は「一般市民法秩序と直接の関係」を有する場合にあたり司法審査の対象となると論じる途である。とはいえ，本案における本件命令の適否の判断は，裁量や比例性等の観点から別途なされるべきことは当然である。

参考文献

本文記載のほか上田健介「判批」法教441号121頁・455号141頁，駒林良則「判批」速判解23号77頁。

ステップアップ

設問は，近年注目を浴びた事案（最判平成30・4・26判時2377号10頁）を素材としているが，その事案では，高裁は司法判断適合性を認めた（名古屋高判平成29・2・2判自434号18頁参照）。設問との違いを意識した上で，2つの判決を読み比べてみてほしい。

設問では会議録原本の開示請求が認められたとした。配布用会議録から削除された発言に係る公文書について，処分行政庁から開示しない旨の決定がなされたため，その不開示決定の取消しを求めたところ，取消請求が認容された事例（福井地判令和元・6・12判自453号28頁）がある。しかし，削除された発言が「他人の私生活」に関するものである場合には，不開示が認められる可能性がある。この場合，設問にかかる裁判所の判断に変化は生じるだろうか。また，発言取消命令ではなく，発言自体を事実上不可能とするような措置を継続的に取った場合はどう考えるべきだろうか。

次回の設問

司法の独立について考える。

憲法　2

名古屋大学教授

大河内美紀　　OKOCHI Minori

設問

　1980年代頃アメリカで浮上したスラップ訴訟（SLAPP：Strategic Lawsuit Against Public Participation），すなわち，原告の法的利益の実現よりも被告の公的・社会的活動の封じ込めを目的として行われる訴訟をめぐる問題は，日本でも2000年代以降特に注目されるようになった。O高等裁判所判事であるYは，かねてよりスラップ訴訟問題に関心を抱いており，2016年には法学系書籍の出版で知られるU社の発行する法律雑誌において，実名および職名を明らかにして，スラップ訴訟は市民の社会的活動を萎縮させるため規制されるべきであり，カリフォルニア州の反SLAPP法に倣い，被告による原告の訴えがスラップであるとの反論が認められた場合には公訴を棄却する旨を定める立法を行うことに賛成である旨を述べる学術論文（以下，本件論文とする）を公表した。

　また，Yは同年にツイッター上に実名のアカウントを取得し，プロフィールに職名を明記した上で，以後定期的に短文を投稿していた。投稿の多くは海外で裁判所によりスラップ訴訟と認定された事件の紹介だったが，なかには，日本国内でおきた事件に関するものも含まれていた。そのうちのひとつが，政治家PがSNS上で自らを批判した者を名誉毀損で訴えた事件について，報道記事にリンクを貼った上で「日本でも……」との文言だけを記載したものだった。このツイートを読んだPが「スラップ訴訟だと一方的に決めつけるものだ」としてO高等裁判所に抗議したため，O高等裁判所長官は，Yに対し口頭で注意を行った。

　2019年，Pは再び同種の訴訟を提起し，Yはツイッター上において，同訴訟について報じた報道記事にリンクを貼り「またしても……」との文言を記載する投稿を行った（以下，本件投稿とする）。P は，Yによる本件論文および本件投稿は裁判官の中立・公正を損なうものだとして，O高等裁判所に強く抗議した。なお，いずれの訴訟もYの担当外のものである。

　仮にO高等裁判所がYの上記行為が懲戒事由に該当し，懲戒に相当すると判断したならば，O高等裁判所は最高裁判所に対し，分限裁判の申立てを行うこととなる。その場合，最高裁判所はどのような判断をすると考えられるか。論じなさい（分限裁判の手続の問題は論じないものとする）。

POINT

　❶裁判官の懲戒について制度と理念を理解する。❷懲戒事由該当性の判断に当たって評価すべき事柄を理解する。❸争われている事実について先例と比較しつつ評価する。

解説

❶司法の独立と裁判官の身分保障

　本設問で問われているのは，裁判官の懲戒のあり方である。裁判官の懲戒には公務員一般に対する懲戒制度とは異なる仕組みが採られており，そのあり方を考えるには，当該制度を支える理念を踏まえておく必要がある。

　司法の独立は近代憲法の基本原則のひとつと解される。裁判が公正に行われ人権の保障が確保されるためには，司法の独立が必要不可欠だからである。この司法の独立の原則には，2つの側面がある。ひとつは司法権の独立であり，もうひとつは裁判官の職権行使の独立である。本件で問題となるのは主に後者である。

　裁判官の職権行使の独立は憲法76条3項に明記されている。とはいえ，独立を謳うだけでそれが十全に確保されるわけではなく，これを実質的に保障するには制度的な手当が欠かせない。裁判官に強い身分保障が与えられているのはそのためであり，憲法は，78条で裁判官たる身分を保障（罷免事由等の限定）するほか，報酬の減額を禁止している（79条6項・80条2項）。

❷裁判官の懲戒

　こうした憲法原理としての裁判官の身分保障の趣旨は，懲戒制度にも反映される。憲法78条は行政機関による懲戒を禁止しているが，その目的は司法権の自律を確保することにある。そのため，一般に，懲戒の禁止は行政機関のみならず立法機関にも及ぶと解され，裁判官の懲戒は裁判所によってのみ行われるとされる。裁判所法49条は「裁判官は……別に法律で定めるところにより裁判によって懲戒される」としており，これを受けて，裁判官分限法が定められている。

　懲戒は裁判官分限法の定める分限事件の裁判手続に則って行われる。設問の場合，YはO高等裁判所判事であり，裁判所法80条に基づきO高等裁判所がYに対し司法行政上の監督権を有するため，設問文中にあるように，分限裁判の申立はO高等裁判所が行い（裁限6条），最高裁によって裁判がなされる（同3条2項）。

　懲戒事由について，裁判所法49条は，①「職務上の義務違反」，「職務の懈怠」と②「品位を辱める行状」の2つを定める。文言上は，①は職務遂行に関わる事柄のみを指しているようにもみえる。しかし，①は「品位保持義務」や「条理上当然に負う義務」を含むと解するのが一般的であり（「匿名解説」判タ1071号99頁），また，最高裁はこの領域のリーディング・ケースである寺西判事補事件（最大決平成10・12・1民集52巻9号1761頁）において，「職務上の義務違反」には「裁判官が職務を遂行するに当たって遵守すべき義務に限られるものではなく，純然たる私的行為においても裁判官の職にあることに伴って負っている義務をも含む」と解することを明確にした。このように解するならば，裁判官の行為が②に当たる場合には同時に①にも該当すると考えられるので，その限りにおいて両者を厳密に区別する意味は乏しい（前掲「匿名解説」100頁）。むしろ，当該行為が職務遂行に関わるものか・純然たる私的行為か，いかなる義務（裁判所法52条所定の行為・品位保持義務等）に抵触するのかを具体的に明らかにした上で，個別に検討することが重要となろう。

本件で問題となる Y の行為は，本件論文の公表および本件投稿である。これらが懲戒事由に該当するか，以下，それぞれ検討していく。

❸ 裁判官の政治活動の禁止とその限度

本件論文において，Y は，職名を明らかにした上で，特定の立法に賛成の意見を述べている。裁判所法 52 条は，議員になることや報酬のある他の職務に従事すること等に加え，「積極的に政治活動をすること」を禁止している。特定の法律を制定するか否かにつき意見を表明することは多少なりとも政治性を帯びる行為であるため，本件論文の公表が「積極的に政治活動をすること」に該当するかがまずは問題となりうる。

この規定が争点となった分限裁判が，前掲の寺西判事補事件である。同決定において最高裁は，同条のいう積極的な政治活動の禁止は「裁判官の独立及び中立・公正を確保し，裁判に対する国民の信頼を維持するとともに，三権分立主義の下における司法と立法，行政とのあるべき関係を規律する」ことを目的としており，「政治的行為」を禁止した国家公務員法とその目的・意味は同一ではないとした上で，「積極的に政治運動をすること」とは「組織的，計画的又は継続的な政治上の活動を能動的に行う行為であって，裁判官の独立及び中立・公正を害するおそれがあるもの」を指し，具体的行為の該当性の判断については行為の内容・行われた経緯・場所等の客観的事実のほか，行為者の意図等の主観的事実をも総合的に考慮して決するとした。

上記解釈を採った上で，最高裁は裁判所法 52 条の禁止は憲法に反しないとしたが，同決定には 5 名の裁判官による反対意見が付された。同決定に批判的な学説も存在する（本秀紀・憲法判例百選Ⅱ〔第 6 版〕393 頁ほか）。しかし，同決定の立場に立ったとしても，本件論文の公表が積極的な政治活動に該当するとは言い難いだろう。本件論文は，党派的な運動の一環としてではなく，法律雑誌に学術論文として公表されている。実際，最高裁は，「発表の場所，方法等に照らし，それが特定の政治運動を支援するものではなく，一人の法律実務家ないし学識経験者としての個人的意見の表明にすぎないと認められる」場合には，職名を明らかにして論文において特定の立法につき意見を述べることは同条の禁止行為には当たらないとしている。

❹ 裁判官の表現の自由とその限界

それでは本件投稿はどうか。上記の基準に照らせば，本件論文と同様，本件投稿も裁判所法 52 条のいう積極的な政治活動には当たらないだろう。では，裁判官の職にあることに伴って負っているその他の義務についてはどうか。

裁判所法 49 条のいう「品位を辱める行状」に何が含まれるかは，文言上明確でない。これまでに行われた分限裁判の多くは万引きや記録紛失などの明らかな非行為や監督責任の不行き届きが認められた事例で，いわゆる限界事例ではなかったため，確立した解釈も長く存在しなかった。学説には，「裁判官として国民の信頼を失墜するような醜行を演じたり，裁判の公正を疑わせるような行動をすること」（兼子一＝竹下守夫『裁判法〔第

4 版〕』264 頁）に限定するものも見られたが，最高裁は，ツイッターへの投稿が問題となった岡口判事事件（最大決平成 30・10・17 民集 72 巻 5 号 890 頁）において，より広く「職務上の行為であると，純然たる私的行為であるとを問わず，およそ裁判官に対する国民の信頼を損ね，又は裁判の公正を疑わせるような言動をいう」との判断を示した。

岡口判事事件では，最高裁はこの解釈に立った上で，「裁判官の職にあることが広く知られている状況の下で，判決が確定した担当外の民事訴訟事件に関し，その内容を十分に検討した形跡を示さず，表面的な情報のみを掲げて，私人である当該訴訟の原告が訴えを提起したことが不当であるとする一方的な評価を不特定多数の閲覧者に公然と伝えた」行為を「品位を辱める行状」に当たるとした。上記の「品位を辱める行状」に関する広い定義とこの判示部分のみを見れば，職名を明らかにしてなされた本件投稿も，スラップ訴訟だと暗示することで，P が訴えを提起したことが不当であるとする一方的な評価を公然と伝えたと評価される可能性は排除されない。

他方で，「品位を辱める行状」の解釈については，裁判官の懲戒制度が裁判官の身分を保障した憲法 78 条の趣旨によることを強調し，「特に限定的に解釈する必要がある」とする指摘がある（毛利透「意見書」判時 2392 号 108 頁）。また，仮に解釈上の限定や行為の類型化が困難であるとすれば，具体的な行為が「品位を辱める行状」に該当するか否かの判断に当たっては，より慎重に個々の考慮要素を見る必要がある。岡口判事事件では，問題となった行為の評価につき学説からの異論も見られるが（山元一・平成 30 年度重判解 10 頁ほか），少なくとも，上記の判示以外に，「揶揄するものともとれるその表現振りとあいまって」「当該原告の感情を傷つけ」たことが指摘された。また，「品位を辱める行状」の該当性ではなく懲戒相当性のレベルではあるが，懲戒申立てに至るまでの状況も考慮されている。だとすれば，本件投稿の評価に当たっても，最低限，同決定が「本件事案限りの事例判断にとどまるものと思われる」（森英明＝三宅知三郎「判解」ジュリ 1527 号 105 頁）ことを慎重に受け止め，表現振りなど，本件投稿固有の事情を丁寧に評価する必要がある。

🔼 ステップアップ

いわゆる限界事例に属する分限裁判としては，解説中に挙げた 2 件のほか，犯罪の嫌疑を受けた配偶者への支援・擁護として許される限度が争われた古川判事事件（最大決平成 13・3・30 判時 1760 号 68 頁）がある。同事件では，最高裁は，当該行為が「品位を辱める行状」であるか否かは論じないまま，「裁判官の職責と相いれず」裁判所法 49 条に該当すると述べるにとどまった。岡口判事事件の枠組みで判断するとどうなるか，考えてみてほしい。

また，設問は実名かつ職名を明記したアカウントでの投稿としたが，アカウント上では職名を明らかにしないものの，名前その他の記述から裁判官による投稿であると覚知できる場合には，判断はどう変化するだろうか。

➡ 次回の設問

集会の自由について考える。

憲法　　3

名古屋大学教授
大河内美紀　　OKOCHI Minori

設問

　Xは，職場で女性がハイヒールまたはパンプスの着用を義務付けられていることに抗議する#KuToo運動に深く共感し，自分なりにこれを広めようと，フラッシュモブの方法をとることを思いついた。SNSを使って呼びかけると，10名がそれに応じ，Xを含む11名は，2019年8月1日18時にY市中央駅自由通路をそれぞれ訪れ，各自がハイヒールを着用し，脚や頬に周囲から識別できる大きさで「#KuToo」とペイントした上で，19時までの間に，場所を変えつつ6回にわたり，無言で苦痛の表情を浮かべてしゃがみ込み，しばし停止した後，スニーカーに履き替えて笑顔で立ち去るというパフォーマンス（以下，本件行為とする）を行った。1回のパフォーマンスの時間は，概ね3分程度だった。

　Y市中央駅自由通路は，駅で東西に分断された商業地区を繋ぐように設置されたアーケード型の歩行者用デッキで，公の施設（自治244条）としてY市が管理している。本件行為がなされたことをXのSNSで知ったY市長は，Xが他の参加者とともにした本件行為は，Y市中央駅自由通路設置条例（以下，本件条例とする）10条1項3号の禁止する「集会，デモ，座込み」に該当するとして，2019年9月1日付けで，Xに対し，同条2項に基づき，今後同条1項3号に掲げる行為を行わないよう命じた（以下，本件命令とする）。

　Xは，本件命令は違法であって取り消されるべきであると考え，法律家であるあなたに，本件命令の憲法上の問題について意見を求めた。あなたはどのような意見を述べるか。想定される反論を踏まえて論じなさい。

【参考】Y市中央駅自由通路設置条例
1条　この条例は，Y市中央駅自由通路（以下，「自由通路」という）の設置および管理に関し必要な事項を定めることにより，歩行者の安全で快適な往来の利便に資することを目的とする。
10条1項　自由通路において，次に掲げる行為をしてはならない。
　(1)自由通路の施設その他の設備を汚損し，損傷し，若しくは滅失し，又はこれらのおそれのある行為
　(2)球戯，ローラースケート，スケートボードその他これらに類する行為
　(3)集会，デモ，座込み，寝泊り，仮眠，横臥その他これらに類する行為
　(4)前各号に規定するもののほか，管理上支障を及ぼすおそれのある行為
同条2項　市長は，前項各号の行為をしたと認められる者に対し，当該行為の中止その他必要な措置を講ずるよう命ずることができる。

！POINT

　❶集団による表現の自由の特徴を理解する。❷施設の種類に応じた「表現の場」たる性質の違いを説明する。❸争われている事例について判例と比較しつつ評価する。

解説
① 集団による表現の保障

　フラッシュモブとは，2003年にアメリカで始まったとされるパフォーマンスの一種で，「インターネットや携帯電話を通じて呼びかけられた見ず知らずの人々が公共の場に集まり，わけのわからないことをしてからすぐにまた散り散りになること」（伊藤昌亮「若者たちの新しい祭り？」都市問題104巻9号〔2013年〕29頁）を指す。本設問は，こうした新しい形態の表現がいかに保障されるべきかを問うものだが，その前提として，まずは集団による表現の保障の特徴を確認しておこう。

　憲法21条1項は，伝統的な意見表明の自由である言論・出版と並んで，集団としての意見表明を伴う集会・結社を，広く表現の自由として保障する。集会とは，一般に，「多数人が政治・経済・学問・芸術・宗教などの問題に関する共通の目的をもって一定の場所に集まること」（芦部信喜〔高橋和之補訂〕『憲法〔第7版〕』〔岩波書店，2019年〕222頁）を指す。特定の場所に留まらない，デモ行進等の集団行動については，同項の「その他一切の表現の自由」に含める解釈もあるが，「『動く公共集会』として集会の自由に含まれるとみる見解が有力」（同225頁）である。本件行為は，3分程度で場所を移動してなされており，「一定の場所に集まる」典型的集会とは異なる。また，場所の移動はパフォーマンスに付随するものであり，行進のようにそれ自体を目的とするわけではないため，典型的なデモ行進とも異なる。しかし，複数人で不特定多数の人に向けて特定のメッセージを発するという本件行為の性質に照らして，「動く公共集会」の一種と解することは可能だろう。

　人権のなかでも優越的地位にあるとされる表現の自由のひとつとして集会が保障されているのは，「国民が様々な意見や情報等に接することにより自己の思想や人格を形成，発展させ，また，相互に意見や情報等を伝達，交流する場として必要であり，さらに，対外的に意見を表明するための有効な手段」（成田新法事件〔最大判平成4・7・1民集46巻5号437頁〕）だからであり，その意義はSNS時代のこんにちにあっても変わるものではない。

　しかし，集会は，多数人が集まるという特性上，道路や公園のような場所を必要とする。道路や公園にはそれぞれの設置目的があり，他の利用者が存在するため，それらとの調整の必要が生じる。行動を伴う意見表明の場合は，他者の権利・自由と衝突する可能性が高まるため，尚更である。これは，言論・出版の自由にはない，集団による表現に固有の制約であって，必要最小限にとどまる限り，止むを得ないものと言える。

② 表現の場とパブリック・フォーラム

　集会の自由の規制態様としては，集会そのものの禁止

と集会のための場所の利用制限とが考えられるが，しばしば問題となるのは後者である。一般に道路や公園には管理者がおり，管理規則に基づく施設管理権の行使として，その場所の利用が制限されることがあるからだ。本件はその典型的な事例である。では，どのような制限ならば必要最小限と言えるのか。それには，まず，その場所の性質を明らかにすることが必要である。

　場所の性質に着目した理論として有名なものが，パブリック・フォーラム論である。パブリック・フォーラム論とは，1970年代からアメリカで展開されてきた判例法理であり，①伝統的に集会や議論のために用いられてきた公的財産を伝統的パブリック・フォーラム，②表現の場として人々に利用させるために政府が開設したものを指定的パブリック・フォーラム，③表現の場ではないものを非パブリック・フォーラムとしてそれぞれ区別し，そこでの表現の規制について，①・②には厳格審査を，③には緩やかな基準を適用するものである。多数意見で明示的に用いられたことこそないが，この理論は最高裁にも少なからぬ影響を与えていると言われており，本件のような問題群を整理するには有用である。

　本件の舞台である自由通路をこれに当てはめるとどうなるだろうか。泉佐野市民会館事件（最判平成7・3・7民集49巻3号687頁）において，最高裁は，当該市民会館を，地方自治法244条のいう「公の施設」として設けられた「集会の用に供する施設」と位置付けた上で，市民会館条例の定める不許可事由を限定的に解釈した。市民会館は②の典型であり，最高裁の解釈はこうした場所の性格を反映したものと言える。これに対し，自由通路は商業地区を繋ぐように設置された歩行者用デッキであり，「公の施設」ではあるが，少なくとも市民会館のような「集会の用に供する施設」とは言い難い。本件条例1条の定める設置目的も「歩行者の安全で快適な往来の利便に資すること」となっている。

　同様に，③と位置付けることも難しい。自由通路は，構造と目的に照らすと，道路，とりわけ歩行者専用道路や公園に類するものと考えられる。アメリカでは，道路や公園は①の典型である。この点，日本では，皇居前広場事件（最大判昭和28・12・23民集7巻13号1561頁）で，「公園としての使命を達成」する目的で皇居前広場を集会に用いることを不許可としたことが管理権の適正な運用を誤ったものではないとされ，また，公安条例によるデモ行進等の規制も裁判所により追認されてきている（新潟県公安条例事件〔最大判昭和29・11・24刑集8巻11号1866頁〕，東京都公安条例事件〔最大判昭和35・7・20刑集14巻9号1243頁〕など）ことから，前提が異なるとの見方もあろう。しかし，皇居前広場事件については，1952年のメーデーという時代的制約や50万人の参加が見込まれていたことなど固有の事実関係を見落とすべきではなく，そもそもパブリック・フォーラム論の登場以前の判決である。また，いわゆる集団暴徒論を唱えた東京都公安条例事件には学説からの批判も多い。最高裁自身も，道路交通法およびそれに基づく長崎県道交法施行規則によるデモ行進規制の合憲性が争われた事件では，当該規制が，集団行進の態様に照らし「一般交通の用に供せられるべき道路の機能を著しく害するもの」で「条件を付与することによっても，かかる事態の発生を阻止することができないと予測される場合」に

限られていることを理由に合理性を認めた（エンタープライズ寄港阻止闘争事件〔最判昭和57・11・16刑集36巻11号908頁〕）。吉祥寺駅構内ビラ配布事件（最判昭和59・12・18刑集38巻12号3026頁）の伊藤正己裁判官補足意見は，この判決を「道路のもつパブリック・フォーラムたる性質を重視するもの」と評価する。だとすれば，構造および設置目的の上で道路や公園に類する自由通路について，①の性質を有するものとして捉えることも十分可能であろう。

③ 本件条例および本件命令の合憲性

　以上を踏まえると，憲法上の問題としてまず指摘すべきは，本件条例10条1項3号が，寝泊りや仮眠と並んで「集会，デモ，座込み」を例外なく禁止する点である。「集会，デモ，座込み」は，代表的な集団による意見表明である。伝統的パブリック・フォーラムの場合，そこでなされる集団としての表現活動も『『本来の利用目的』とされるべきであるから，他者による利用を重大な程度に妨げないかぎり，原則として集会等の利用が認められるべき」（木下智史＝伊藤建『基本憲法Ⅰ』〔日本評論社，2017年〕184-185頁）とされる。アメリカ流のパブリック・フォーラム論を採らないとしても，前掲エンタープライズ寄港阻止闘争事件が，当該表現行為の態様に照らして施設の本来的用途が著しく害される場合に限られていることを道交法等によるデモ規制の合理性を認める要素としたことの反対解釈から，そうした限定のない本件条例の違憲性を主張することが考えられよう。

　また，本件条例10条1項3号のいう「集会，デモ，座込み」を「自由通路上の歩行者の安全で快適な往来を著しく害する集会，デモ，座込み」に限定することで，憲法適合的に解釈し，その上で，本件行為がそれに該当しないと主張することも考えられる。同項1号・2号に掲げる行為はいずれも，性質上，自由通路上の歩行者の安全で快適な往来を著しく害するおそれの強い行為であることから，3号も，自由通路上の歩行者の安全で快適な往来を著しく害する集会，デモ，座込みを禁止する趣旨と解される。本件行為は，11人により，しゃがみこんで立ち去るという3分程度のパフォーマンスが，6回にわたって行われたもので，その規模や態様に照らし，自由通路上の歩行者の安全で快適な往来を著しく害するおそれの強い行為とは言えない。よって，3号のいう「集会，デモ，座込み」には該当せず，本件命令は違法であると主張することができるだろう。

ステップアップ

　本件条例を改正し，「集会，デモ，座込み」につき許可制をとった上で，「市長は，歩行者の安全で快適な往来を害するおそれがないと認める場合は，許可しなくてはならない」と規定した場合，憲法上の問題は解消されるか。また，本設問がモデルとした事案では，条例上事前承認を要する「広報活動」への該当性も論点となった（横浜地判平成29・3・8判自431号31頁）。併せて考えてみてほしい。

次回の設問

思想・良心の自由を考える。

憲法　4

名古屋大学教授
大河内美紀　OKOCHI Minori

↘ 設問

　Xは，Y市の住民約50人が集まって結成した写真サークルAの会員であり，Aは，2000年4月から月1回，Y市公民館で講評会を行っている。講評会では，会員が，与えられたテーマにしたがって撮影した作品を持ち寄り，会員の投票によって「今月の1枚」を選んでいる。2019年7月のテーマは「愛」であった。

　Xは，6月に市内で行われたプライド・マーチを題材とし，写真を撮影した。プライド・マーチとは，セクシャルマイノリティへの差別と迫害に対する抵抗運動の嚆矢として知られる1969年6月の「ストーンウォールの反乱」の翌年に，これを記念して行なわれたデモをきっかけとして，こんにちでは世界中に広がっているセクシャルマイノリティへの差別撤廃を訴えるイベントである。ちょうど，同性カップルが結婚できないことは憲法違反だと訴える訴訟が各地で提起された直後でもあったため，Y市で行なわれたプライド・マーチは，同性婚への賛否双方の立場から，大きな話題を呼んでいた。7月の講評会での投票の結果，Xの写真は圧倒的多数で「今月の1枚」に選ばれた。

　Y市公民館は，社会教育法20条の定める社会教育機関であり，月1回，広報のために『Y市公民館通信』（以下，通信とする）を発行している。Y市公民館は，Aとの合意に基づいて，2000年4月から毎月，Aの選んだ「今月の1枚」であること及び作者の名前を付記した上で，通信の裏表紙に「今月の1枚」に選ばれた写真を掲載してきた。しかし，同性婚については世論を二分する意見の対立があるため公民館の中立性とは相容れないとの理由で，Y市公民館は，2019年7月の「今月の1枚」に選ばれたXの写真を通信に掲載することを拒否し，Xの写真を掲載することなく同月の通信を発行した。

　Xは，Y市公民館がXの写真を通信に掲載しなかったことにより自らの権利が不当に侵害されたと考え，Y市公民館に対して賠償を請求しようとあなたの勤務する弁護士事務所に相談に訪れた。Xの被侵害利益は，学習権や表現の自由など多岐にわたることが想定されるため，事務所では分担して事案を検討することとし，あなたは人格的利益のパートを受け持つこととなった。この事案において，あなたはどのように人格的利益の侵害を構成するか。想定される反論を踏まえつつ，論じなさい。

❗POINT

　❶思想・良心の自由の特徴を理解する。❷公民館という場の特徴から，そこにおける職務上の義務を明らかにする。❸規制態様としての主題規制の特徴を理解する。❹争われている事案について，判例と比較しつつ評価する。

↘ 解説
① 社会教育機関の職員の職務上の義務

　本設問中に明示してあるように，本問では，Y市公民館による人格的利益の侵害をいかに構成するかが問われている。公民館は，社会教育法の定める社会教育のための施設であり，実際生活に即する教育，学術及び文化に関する事業を行うものとされている（20条）。公民館ではないものの，同じ社会教育施設である公立図書館職員の行為による人格的利益の侵害が認められた事例として，船橋市図書館事件（最判平成17・7・14民集59巻6号1569頁）がある。まずはこの事件を確認しておこう。

　船橋市図書館事件は，「公立図書館において閲覧に供されていた図書が図書館職員の独断的な評価や個人的な好みによって廃棄されたことによって，人格的利益等が侵害された」と主張して，当該図書の著作者らが船橋市に対して国家賠償を求めた事件である。最高裁は，図書館法や社会教育法によって定められた図書館の役割，機能に照らして，公立図書館を「住民に対して思想，意見その他の種々の情報を含む図書館資料を提供してその教養を高めること等を目的とする公的な場」と位置付け，その職員は「独断的な評価や個人的な好みにとらわれることなく，公正に図書館資料を取り扱うべき職務上の義務を負う」とした。その上で，公立図書館は，閲覧に供された図書の著作者にとって，思想，意見等を公衆に伝達する公的な場でもあるとし，「公立図書館の図書館職員が閲覧に供されている図書を著作者の思想や信条を理由とするなど不公正な取扱いによって廃棄することは，当該著作者が著作物によってその思想，意見等を公衆に伝達する利益を不当に損なうもの」であると述べ，この利益は法的保護に値する人格的利益であるとしている。

　ポイントは2点ある。ひとつは，公立図書館を上記目的のための「公的な場」と位置付け，そこから「公正に図書館資料を取り扱うべき職務上の義務」を導いた点である。無論，公の施設は一般に，地方自治法上，住民の利用について不当な差別的取扱いをすることを禁じられている（244条3項）。しかし，判決ではこうした一般的義務を越えて，公立図書館の性質から上記の職務上の義務を認めた。ただし，判決が，図書館法や社会教育法の規定から「公的な場」としての性質を導いたことには留意が必要である。これを「制定法準拠主義」（木藤茂・自研83巻12号134頁）と捉えるならば，この判示は必ずしも公立図書館以外の施設を射程に収めるものではないことになるからだ。とはいえ，住民の知る権利や学習権を根拠に「公的な場」としての性質を導くことは十分可能であり，その場合には，公立図書館以外の社会教育機関にも同様の論理が及びうる。少なくとも，本設問の舞台である公民館については，社会教育法20条に掲げられた目的やそれを具体化するための諸規定，または，「地域住民の自己教育と相互学習の継続的発展を不断に創り出す『地域的な学びの公共空間』」（佐藤一子『「学びの公共空間」としての公民館』〔岩波書店，2018年〕5頁）としての公民館の制度的意義のいずれを根拠としても，職員に，公立図書館職員と同種の職務上の義務があると見ることは可能だろう。

② 思想・良心の自由とその侵害

次に，閲覧に供されている図書を廃棄された著作者について，法的保護に値する人格的利益の存在を認めたことである。もちろん，すべての図書を公立図書館に収蔵することは物理的に不可能であり，収蔵に関する決定は公立図書館の裁量に委ねられる。しかし，「その著作物が閲覧に供されることにより，著作者は，その著作物について，合理的な理由なしに不公正な取扱いを受けないという上記の利益を取得」（船橋市図書館事件差戻控訴審〔東京高判平成 17・11・24 判時 1915 号 29 頁〕）する。では，何に基づく不公正な取扱いか。そこで登場するのが，本設問の焦点たる著作者の思想・信条である。最高裁は，「著作者の思想や信条を理由とするなど不公正な取扱い」によって閲覧に供されている図書を廃棄することは，「著作者の思想の自由，表現の自由が憲法により保障された基本的人権であることにもかんがみると」法的保護に値する人格的利益である，と述べた。

ここで，思想の自由について振り返っておこう。憲法 19 条は，精神的自由のなかでも個人の内面的精神活動に焦点を当ててこれを保障している。内面的精神活動は，表現の自由等の外面的精神活動の基礎をなすものであり，19 条は精神的自由権のなかでも最も基本的な規定と言える。19 条の保障範囲については，人の内心活動一般を含むと解するか否かをめぐって限定説と広義説の対立が見られるが，本設問の場合，限定説が除外する「単なる事実の知不知のような人格形成活動に関連のない内心の活動」（伊藤正己『憲法〔第 3 版〕』〔弘文堂，1995 年〕257 頁）とはおよそ言い難いため，いずれの説に立っても遜色はない。

内面的精神活動の制約は，通常，それと密接に関わる行為や事実をターゲットにして行われるため，その識別が難しい。一般に，思想の自由が侵害される場面としては，①特定の思想の禁止・強制，②思想の告白の強制，③思想に反する行為の強制，④特定の思想に基づく差別的取扱いが想定される。本設問は④に関わるが，思想に基づく差別は「最も一般的な思想の自由の侵害形態」（木下智史＝只野雅人編『新・コンメンタール憲法〔第 2 版〕』〔日本評論社，2019 年〕203 頁）であり，その分だけ注意が必要である。

③ 主題規制と観点規制

船橋市図書館事件では，上記の筋立てによって著作者の国賠請求が認容された。しかし，本設問は，同事件とは 2 つの点で異なる。ひとつは，通信への不掲載は「給付の撤回」そのものではないことだ。船橋市図書館事件では，当該図書が一度閲覧に供されたことが決定的な意味をもったが，本設問ではこれが成り立たない。だが，本設問の場合，2000 年 4 月から継続して通信に「今月の 1 枚」が掲載されてきたことから，X が，「今月の 1 枚」に選ばれた自らの写真が通信に掲載されると期待することは当然であるとして，その期待を人格的利益と構成することは可能であろう。また，図書館とは異なる「地域住民の自己教育と相互学習」の場という公民館の性格から，講評会から通信への「今月の 1 枚」の掲載までを一連の公民館の利用を通じた社会教育活動と位置付けることで，そこから排除されないことを人格的利益と

捉えることも考えられる。

もうひとつは不掲載の理由である。船橋市図書館事件では，「著書に対する否定的評価と反感」から廃棄という不公正な取扱いがなされた。だが，本設問では，「世論を二分する意見の対立があるため公民館の中立性とは相容れない」ことを理由に不掲載とされた。そのため，思想そのものに基づく不利益取扱いではないとの見方もありえよう。

しかし，「世論を二分する意見の対立がある」ことを理由に同性婚というテーマそれ自体を通信から排除することもまた，思想に着目した不利益取扱いであることに変わりはない。この点，アメリカの表現の自由規制の枠組みが参考になる。一般に，表現の自由の規制については，表現内容規制と表現内容中立規制とに二分した上で，前者については後者よりもより厳格な審査が課されると解されている。このうち，表現内容規制には，有害表現の規制のほか，観点規制と主題規制とが含まれる。観点規制とは特定の見解・立場を規制対象とするものであり，主題規制とは特定の題材に関する表現を他の表現と区別して規制対象とするものである。船橋市図書館事件が観点規制であるとすれば，本設問は主題規制と見ることができる（吉崎暢洋・速判解 23 号 38 頁を参照）。

表現の自由の場合，特定の思想の抑圧に直結する観点規制は，むろん，厳格審査に服すべきとされるが，主題規制もまた「容易に観点に基づく規制として適用されうること」や「その主題に関して現在広く支持されている通念への批判や挑戦を遮断し，それを維持する働きをすることとなり，思想の自由市場の正常な働きを歪める危険が大きい」ことから厳格審査を要するとされる（長谷部恭男『憲法〔第 7 版〕』〔新世社，2018 年〕210 頁）。思想の自由についても，同様の見方が可能である。とりわけ，「自治体が論争誘発的な事柄に対して事なかれ主義的態度をとる昨今の傾向」（志田陽子・速判解 22 号 25 頁）に鑑みれば，通信への掲載にあたり，他の主題と区別して当該主題を規制する十分な理由があるか否かは慎重に判断されるべきであって，「世論を二分する意見の対立がある」ことのみを理由に X の写真を不掲載とすることは不公正な取扱いにあたると主張できるだろう。作者名が付記されており，写真が Y 市公民館自身の見解を示すものでないことも，体裁上明らかと言える。

ステップアップ

本設問は，憲法 9 条を内容とする俳句の不掲載が争われた事案（東京高判平成 30・5・18 判時 2395 号 47 頁，最高裁上告棄却〔最決平成 30・12・20〕により確定）を素材としている。1 審と 2 審とも国賠法上の違法性を認めたが，構成は異なるので，見比べてみてほしい。

本設問では不掲載の理由を「世論を二分する意見の対立がある」からとした。これが，Y 市が SOGI による差別をなくすべくダイバーシティ宣言を採択しており，写真が同性カップルについて差別的な見方を助長するものであったため，市の政策とは相容れないという理由で掲載が拒否された場合であれば，どう考えるべきか。

次回の設問

平等を考える。

憲法　5

名古屋大学教授
大河内美紀　OKOCHI Minori

↘ 設問

　自然災害により生活基盤に著しい被害を受けた者に対し，その生活の再建を支援する制度として，被災者生活再建支援制度がある。阪神・淡路大震災の3年後，1998年に被災者生活再建支援法のもとで創設された制度であり，改正を経てこんにちに至っている。同法によれば，その居住する住宅が全壊するなど一定の要件を満たす世帯の世帯主に対し，世帯主の申請に基づいて100万円，住宅を建設または購入する世帯についてはさらに200万円の再建支援金が支給される（3条）。成立以降，2020年3月までに，79件の対象災害において約28万世帯に支給がなされている。

　この法律は，阪神・淡路大震災で被災した多くの人々が生活の困難に直面したことを背景に立法されたものだが，遡及適用はされなかった。そのため，阪神・淡路大震災の被災者については，別途，同法の定める再建支援金に相当する程度の自立支援金を支給する措置が講じられた。それが，被災者自立支援金制度である。しかし，同実施要綱（以下，本件要綱とする）は，被災の事実および所得等に関する要件に加え，1998年7月1日を基準日とし，その基準日において「世帯主が被災していること」を，自立支援金の支給要件としていた（本件要綱3条1号）。なお，国立社会保障・人口問題研究所によれば，2020年において，15歳以上の女性のうち自らが世帯主である者の割合は24.7%であり，そのうち66.0%が単独世帯であると推計されている。

　本件要綱3条1号は，憲法14条との関係でどう評価すべきか。想定される反論を踏まえ，論じなさい。

【参考】被災者自立支援金制度実施要綱
3条　被災者自立支援金の支給対象世帯は，次の各号の要件をすべて満たす世帯とする。
　(1)世帯主が被災していること。
　(2)住家が全壊（焼）の判定を受けた世帯，又は半壊（焼）の判定を受け当該住家を解体した世帯であること。
　(3)同一世帯に属する者全員の総所得の合計が，次表〔省略〕に掲げる金額以下の世帯であること。
4条2項　申請は，世帯主が行うものとする。

❗POINT

　❶平等条項の解釈および審査枠組みについて理解する。❷間接差別について理解する。❸問題となっている事例について，先例を踏まえて評価する。

↘ 解説
① 平等条項の保障内容

　本設問で問われているのは，憲法14条が保障する平等の捉え方である。最高裁によれば憲法14条は「国民に対し絶対的な平等を保障したものではなく，差別すべき合理的な理由なくして差別することを禁止している」（最大判昭和39・5・27民集18巻4号676頁）。平等の理解をめぐっては，理由の如何にかかわらず一切の区別を禁止したものとみる絶対的平等と合理的な理由のない別異取扱いを禁止したものとみる相対的平等の2つの立場があるが，最高裁は後者に沿って憲法14条を解している。また，憲法14条に「列挙された事由は例示的なものであって，必ずしもそれに限るものではないと解するのが相当」とも述べており，差別禁止事由は14条1項後段に列挙された事由には限られないとする例示列挙説に立つ。こうした理解は，こんにちでは，学説にもほぼ共有されている。

　しかし，合理的な区別と合理的理由のない差別との線引きは，実際には困難である。とりわけ，社会や伝統に深く刻まれた区別ほど，その合理性は当然視され，区別は再生産されがちである。そのため，14条1項後段列挙事由を，歴史的に不合理な差別が行われてきた代表的事項を挙げたものと捉え，これらにもとづく区別は「原則として不合理なもの」であり，「疑わしい区分」として厳格に審査すべきとの主張がなされる（芦部信喜〔高橋和之補訂〕『憲法〔第7版〕』135-136頁など）。これに対して最高裁は，合憲性の審査枠組みとしては，一貫して，立法目的と立法手段の二段階での審査を提示している。国籍法違憲判決（最大判平成20・6・4民集62巻6号1367頁）では，「立法目的に合理的な根拠が認められない場合，又はその具体的な区別と上記の立法目的との間に合理的関連性が認められない場合には，当該区別は，合理的な理由のない差別として，同項に違反する」と述べ，区別の合理性を，立法目的の合理性およびその目的と区別との合理的関連性から判断することを明確にした。だが，その一方で最高裁は，「自らの意思や努力によっては変えることのできない父母の身分行為に係る事柄」をもって「重要な法的地位」である「国籍取得の要件に関して区別を生じさせることに合理的な理由があるか否かについては，慎重に検討することが必要」だとも述べる。別異取扱いの対象となる権利の性質について留保してはいるが，「自らの意思や努力によっては変えることのできない」後段列挙事由による区分について審査密度を高める学説の方向性を，必ずしも否定しないとも見える。

② 世帯間差別の可能性

　以上の前提に立つと，本件要綱3条1号の憲法14条適合性としては，第1に，世帯間差別の検討が必要である。すなわち，同号は，自立支援金の支給にあたり，被災日から3年以上経過した1998年7月1日を基準日として，「世帯主が被災していること」という要件（以下，世帯主被災要件とする）を課しており，世帯構成員に被災者がいるが世帯主は被災していない世帯と世帯主が被災した世帯との間で，異なる取扱いをしている。この区別に合理性があるか否かである。

　日本では，社会保障や各種給付において，世帯を単位とする制度が数多く採用されている。また，世帯主は任

意に決定することができるが，一般には，主たる生計維持者が世帯主となることが多い。保障・給付を世帯単位で行うか個人単位で行うかは，家族のあり方の多様化とも関わり，それ自体論ずべき重要な課題を含んでいる。とりわけ，共働き世帯が増加したこんにち，世帯のなかに主たる生計維持者と「従たる生計維持者」がいると想定することがもたらす問題は慎重に考慮すべきである。しかし，その制度選択には立法裁量が強く働く。そしてそれを措けば，つまり，世帯給付の枠内で考えるならば，被災者の生活の再建を支援するための自立支援金の支給において，被災したのが主たる生計維持者であるか否かを考慮することには，一定の合理性があるといえる。

ただし，それは，本件要綱 3 条 1 号にはただちには当てはまらない。本件要綱 3 条 1 号は，被災日から 3 年以上経過した 1998 年 7 月 1 日を基準日として，世帯主が被災していることを要件としている。3 年の間には，婚姻や老齢の親と子の同居などによる世帯の変動が生じていることは，容易に想定される。1998 年 7 月 1 日時点において世帯主として届け出られている者が被災者であるか否かによって，自立支援金の支給において別異取扱いをすることに，被災者の生活の再建支援という目的との合理的関連性があるかは疑わしい。

③ 間接差別の可能性

加えて，世帯主被災要件には，隠れた性差別の可能性が潜んでいる。設問文に示したように，こんにちでもなお，単独世帯以外の世帯で女性が世帯主となる例は少ない。1998 年 7 月 1 日時点では尚更である。そうした状況下で世帯主被災要件を設けることは，自立支援金の支給において，事実上，女性を男性より不利益に取り扱う結果となる。これが，間接差別を構成する可能性である。

間接差別とは，「それ自体は差別を含まない中立的な制度や基準であっても，特定の人種や性別に属する人に不利な効果・影響をもたらす」（浅倉むつ子「間接差別」法教 315 号 2 頁）ものをいう。日本では，主に雇用の場面で論じられ，2006 年改正により，男女雇用機会均等法には限定的ながら間接差別の禁止が盛り込まれた（7条）。では，憲法論としてはどう考えるべきか。

間接差別を疑われる規定は，表面上は中立的であるため，差別の有無を文言により判定することはできない。そこで，アメリカの判例法理では，表面上中立的な法律が特定のグループに不釣合いなインパクトを与えるとき，立法者に差別的意図があれば差別があったとする意図テストが採用された。これは，逆に言えば，「マイノリティに差別的の効果がある場合にでも差別的意図が立証されない限り違憲とはなら」ないため，実際に「違憲判断がなされたのは例外的な事例にとどまっている」（植木淳「憲法 14 条と間接差別禁止法理」浅倉むつ子先生古稀記念『「尊厳ある社会」に向けた法の貢献』24-25頁）。そのため，アメリカでは，意図テストに代わる判断基準が模索されている。

日本では，夫婦同氏制をめぐる訴訟（最大判平成27・12・16 民集 69 巻 8 号 2586 頁）で，この点が争われた。表面上は中立的な民法 750 条のもと，96％以上の夫婦が夫の氏を選択している状況下で，最高裁は「文言上性別に基づく法的な差別的取扱いを定めているわけではなく……夫婦同氏制それ自体に男女間の形式的な不平

等が存在するわけではない」としており，間接差別を憲法 14 条の問題として捉えることにそもそも消極的と見える。とはいえ，最高裁は，続けて「夫婦となろうとする者の間の個々の協議の結果として夫の氏を選択する夫婦が圧倒的多数を占めることが認められるとしても，それが，本件規定の在り方自体から生じた結果であるということはできない」とする。この点を捉え，間接差別の意義のひとつである「生じた効果の原因を検討する姿勢」と重なると見て，「単なる文言上の当てはめにとどまらない検討をした」（畑佳秀「判解」最判解民事篇平成 27 年度(下)746 頁）と評されることもある。ただ，この評価は「差別的意図を持って制定された規定」か否かによって判断する意図テスト型の間接差別理解に立ったものと推測され（同 768 頁注 18 を参照），仮に，日本の最高裁が間接差別を憲法 14 条の問題と捉える姿勢があるとしても，それはアメリカの判例法理と同様の限界を伴う。本件要綱 3 条 1 号の制定過程の議論を見る限り，「世帯主被災要件が設定された背後に，明確な性差別的意図が存在したということは困難かもしれない」（遠藤美奈「判批」賃金と社会保障 1361＝1362 号 127 頁）。

そこで，さらに踏み込むとすれば，アメリカで意図テストに代わるルールとして提唱されている，反従属原理が有用である。反従属原理とは，集団相互の支配従属関係に抗することを平等保護の本質と捉えるものであって，これを支持する論者の一人は，「『歴史的に従属させられた集団に対する伝統的な敵意を反映する，あるいは，そのような集団の利益に対する無視あるいは無関心のパターンを反映する』ような政府行為には厳格度の高い審査が適用されるべきことを論じる」（植木・前掲 28 頁）。本件要綱 3 条 1 号についていえば，被災女性が婚姻によって自立支援金の受給資格を失う可能性が高いことが想定されるにもかかわらず，「対応策をとらずに制度を施行させることそれ自体が，婚姻によって非世帯主となる女性の利益への盲目・無関心の帰結であることは否定しがたい」（遠藤・前掲 127 頁）。反従属原理の立場に沿って理解するならば，本件要綱 3 条 1 号は間接差別にあたり，憲法 14 条に違反すると主張することも可能となろう。

🔼 ステップアップ

本件要綱をめぐっては，被災時に単独世帯の世帯主であった女性が，後に被災者でない男性と婚姻し，世帯主を夫と定めたことで，自立支援金の支給を拒まれる事例が生じている（大阪高判平成 14・7・3 判時 1801 号 38頁）。この判決は，世帯主被災要件を，合理的な理由なく差別を設けるもので公序良俗に反すると判断した。

本件要綱は，2002 年 10 月に改訂され，対象世帯は「震災日において世帯主（主たる生計維持者）であった被災者を構成員に含む世帯」に拡大された。この場合，共働き世帯の「従たる生計維持者」であった被災者のみを構成員に含む世帯は，支給対象とはならない。これについてはどう考えるべきか。論じなさい。なお，男性雇用者と無業の妻からなる世帯と共働き世帯との比率は，2002 年には約 1:1 であったところ，2020 年には約 1:1.9となっている（平成 30 年版厚生労働白書より）。

➡ 次回の設問

経済活動の自由を考える。

憲法 6

名古屋大学教授

大河内美紀　OKOCHI Minori

✒ 設問

2013年の薬事法改正（法律名の変更により以後は医薬法と略称される）により，一般用医薬品のインターネット販売が解禁された。一般用医薬品とは，「医薬品のうち，その効能及び効果において人体に対する作用が著しくないものであって，薬剤師その他の医薬関係者から提供された情報に基づく需要者の選択により使用されることが目的とされているもの」（医薬法4条5項4号）を指す。一般用医薬品は，さらに，その副作用等による日常生活に支障を来す程度の健康被害が生ずるおそれに応じて，第1類から第3類に区分されており（同36条の7第1項），第1類医薬品の販売に際しては，第2・3類医薬品とは異なり，薬剤師が，あらかじめ当該医薬品を使用しようとする者の状況等を確認し，購入者に必要な情報を提供することが義務付けられている（同36条の10第1・2項。以下，情報提供義務とする）。なお，インターネット販売が解禁されたのは，医薬品のうち一般用医薬品のみであり，いわゆる処方薬（薬局医薬品〔同4条5項2号〕）および処方薬から一般用医薬品に移行して日が浅く安全性の評価が確定していない医薬品（要指導医薬品〔同3号〕）は対面販売によることが法律上規定されている（同36条の4・同条の6）。

この改正は，2009年改正による薬事法施行規則が第3類を除く一般用医薬品につき対面販売を義務付けていたことを違法とした最高裁判決（最判平成25・1・11民集67巻1号1頁。以下，平成25年判決とする）を踏まえた医薬品販売規制の見直しの一環としてなされた。

ところが，改正後に行った第1類医薬品の販売実態把握調査によると，個別に行うべき情報提供を電子メールの一斉返信のみで済ませるなど，インターネット販売において情報提供義務が遵守されていないケースが有意に多く存在することが判明した。もしあなたが，厚生労働省の担当者に「法律により，第1類医薬品に限り，インターネット販売における購入者との通信手段をテレビ電話などより対面に近い形の情報機器に限定した場合，憲法上問題があるか」と尋ねられたら，どう答えるか。なお，一般用医薬品の販売サイトのうち第1類医薬品を取り扱っているサイトは約30％であり，一般用医薬品における第1類医薬品の構成比は約4％とする。

❗POINT

❶職業の自由の特徴を理解する。❷平成25年判決の射程を把握する。❸問題となっている事案について，判例と比較しつつ検討する。

✒ 解説

① 職業の自由

冒頭で述べたように，2013年薬事法改正は，一般用医薬品のインターネット販売を原則解禁したことで注目を浴びた。ただし，法文上「インターネット販売」が明記されたわけではない。医薬法および医薬法施行規則は，薬局または店舗での対面販売のほかに，「薬局又は店舗におけるその薬局又は店舗以外の場所にいる者に対する」販売を「特定販売」（医薬法施行規則1条2項3号）として認めた。そして，特定販売を行う場合には，相手方との間の通信手段を記載した書類を提出して許可を受ける必要がある（医薬法4条3項4号ロ・26条3項5号）。インターネット販売とは，つまり，特定販売のうち通信手段をインターネットとするものを意味する。特定販売としては，他に，電話販売やカタログ販売が想定されている。電話販売やカタログ販売は，平成25年判決以前から，明文の根拠はないものの禁止されていると考えられてはおらず，実際に広く行われていた。

さて，設問は，特定販売のうち電話販売やカタログ販売には手をつけず，第1類医薬品のインターネット販売についてのみ，その通信手段をさらに限定する規制を課すことの憲法適合性を問うものである。したがって，まず論ずべきは，インターネット販売を行おうとする者（以下，インターネット販売業者とする）にとって，当該規制がいかなる自由を侵害することになるかである。

憲法22条1項は，何人も「職業選択の自由を有する」と定める。ここでいう職業とは「人が自己の生計を維持するためにする継続的活動」であり，「分業社会においては，これを通じて社会の存続と発展に寄与する社会的機能分担の活動たる性質を有し，各人が自己のもつ個性を全うすべき場として，個人の人格的価値とも不可分の関連を有するもの」（薬事法事件〔最大判昭和50・4・30民集29巻4号572頁〕）でもある。また，条文には「職業選択の自由」とのみ記されているが，そこには，どのような職業を選択するかという狭義の職業選択の自由に加え，選択した職業に継続して従事するという職業活動の自由も含まれると解される（両者をあわせて，「職業の自由」と呼ぶこともある）。最高裁は，「職業は，ひとりその選択，すなわち職業の開始，継続，廃止において自由であるばかりでなく，選択した職業の遂行自体，すなわちその職業活動の内容，態様においても，原則として自由であることが要請され」，22条1項は「狭義における職業選択の自由のみならず，職業活動の自由の保障をも包含している」（同上）と述べている。

インターネット販売業が職業であることは論を俟たない。また，設問の規制が導入されれば，インターネット販売の方法が限定され，従前のようにメールを購入者との通信手段とすることはできなくなる。よって，当該規制が22条1項の保障する職業の自由を制限することも間違いない。問題は，それが狭義の職業選択の自由の制約なのか・職業活動の自由の制約なのかである。この違いは，規制の合憲性の審査密度に影響を及ぼす。

② 審査の枠組み

判例上，職業の自由に対する規制の合憲性審査にあたっては，いわゆる目的二分論が採用されているとされ

る。目的二分論とは，職業の自由は社会的相互関連性が大きく精神的自由権に比して公権力による規制の要請が強いこと，また，その種類，性質，内容，社会的意義および影響が多種多様であって規制を要求する目的やその重要性も様々であることから，規制の目的に応じて審査基準を二分するという考え方のことである。これによれば，消極目的規制（社会生活における安全の保障や秩序の維持などを目的とする規制）については，裁判所が規制の必要性・合理性および「同じ目的を達成できる，よりゆるやかな規制手段」の有無を立法事実に基づいて審査する「厳格な合理性」の基準が，積極目的規制（国民経済の円満な発展や社会公共の便宜の促進，経済的弱者の保護などを目的とする規制）については，「当該規制措置が著しく不合理であることの明白である場合に限って違憲とする」，いわゆる「明白の原則」が用いられる（芦部信喜〔高橋和之補訂〕『憲法〔第7版〕』235頁）とされる。これは，最高裁が，「社会経済の調和的発展を企図するという観点から中小企業保護政策の一方策としてとった」小売市場の許可規制の合憲性が争われた事件（小売市場事件〔最大判昭和47・11・22刑集26巻9号586頁〕）において，立法府の裁量的判断を尊重して「明白の原則」をとる一方で，「主として国民の生命及び健康に対する危険の防止という消極的，警察的目的のための規制措置」である薬事法上の薬局の適正配置規制の合憲性が争われた薬事法事件では，「厳格な合理性」の基準により審査したことに由来する。

　無論，規制の目的は必ずしも積極・消極に二分できるものではない。しかし，設問は2013年に改正された医薬法に関するものである。同法が医薬品の製造，販売等に規制を設けているのは「医薬品が国民の生命及び健康を保持する上での必需品であることから，医薬品の安全性を確保し，不良医薬品による国民の生命，健康に対する侵害を防止するため」（クロロキン薬害訴訟〔最判平成7・6・23民集49巻6号1600頁〕）であると考えられるため，少なくとも本件規制が消極目的規制に該当することについては，多くを論じる必要はない。

　しかし，だからといって直ちに「厳格な合理性」の基準を採用すべきとはならない。というのも，薬事法事件において最高裁が「厳格な合理性」の基準を採用したのは，消極目的規制であることに加え，それが，許可制という「単なる職業活動の内容及び態様に対する規制を超えて，狭義における職業選択の自由そのものに制約を課する」職業の自由に対する強力な制限であったからだと考えられるためである。したがって，「単なる職業活動の内容及び態様に対する規制」であり，職業の自由に対する強力な制限とはならない場合には，必ずしも「厳格な合理性」の審査が必要とされるわけではない。

③ 本件規制へのあてはめ

　以上を踏まえて，本件規制の合憲性を検討することとなるが，その際には平成25年判決との関係に目配りする必要がある。平成25年判決は，2009年の薬事法施行規則改正によりインターネット販売ができなくなった業者による，インターネット販売をすることができる地位にあることの確認請求を認容したが，それは，薬事法（当時）に，現行法のいう特定販売（当時は「郵便等販売」）を禁止する規定がないにもかかわらず，薬事法施行規則（当時）が第1類および第2類医薬品について対面販売を義務付け，郵便等販売を一律に禁止したことが，委任の範囲を越えるとされたからである。そのため，主たる論点は，規制の合憲性ではなく法律による委任の限界だったが，最高裁は，そこにおいて「郵便等販売を規制する内容の省令の制定を委任する授権の趣旨が……明確に読み取れること」，つまり授権趣旨の明確性を要求した。平成25年判決が，「行政の専門技術的裁量を承認するなら，授権趣旨の明確性など求めず，行政に判断を委ねる方が合理的であるかもしれないのに，あえて」それを要求したのは，「狭義の職業選択の自由ではなく職業活動の自由」であるとはいえ「インターネット販売業者のように，『事業の柱』を剥奪されたに等しい影響を被る事業者も存在することを思うと，職業の選択そのものへの制約の効果を小さく見積もることはできなかった」（松本和彦「演習」法教398号149頁）からだとすれば，設問の事案についても，一見して職業活動の自由だからといって即座に結論に飛びつくのは軽率である。薬事法判決ですら，厳密には「設置場所の制限にとどまり，開業そのものが許されないこととなるものではない」。

　しかし，その点を考慮してもなお，本件規制について「実質的には職業選択の自由に対する大きな制約的効果を有するもの」というのは困難であろう。平成25年判決が問題とした規制は，第3類を除く一般用医薬品につき対面販売を義務付けるものであったところ，本件規制の対象は第1類医薬品のみである。インターネット販売サイトのうち第1類医薬品を取り扱うものは約30％と少なくないが，第1類医薬品の構成比は約4％で決して大きくはない。また，第1類医薬品についても，インターネット販売そのものが禁止されるのではなく，通信手段がテレビ電話などより対面に近い形の情報機器に限定されるだけである。個別に行うべき情報提供を電子メールの一斉返信のみで済ませるなど，情報提供義務が遵守されていないケースが有意に多く存在することは，情報機器を限定する立法事実として考慮できる。

　とはいえ，情報提供をテレビ電話などにより行うことを求めるのは，従来の販売方法に大きな変更を迫り，職業の態様の規制として少なからぬ影響を持つ。他方，平成25年判決が指摘するように，対面以外の販売が安全面で対面販売に劣るとの知見は確立されておらず，薬剤師が配置されていない事実に直接起因する一般医薬品の副作用等による事故も報告されていない。さらに，医薬法36条の10第6項が，購入者から説明を要しない旨の意思表示があった場合には情報提供義務を免除していることから，情報提供義務を強化する規制の正当化根拠を疑うことも，可能性としては排除されない（安念潤司「判批」平成24年度重判解25頁参照）。審査基準の選択で満足せず，事実に即して検討することが肝要である。

📙 ステップアップ

　要指導医薬品の対面販売を義務付ける医薬法36条の6の合憲性について検討しなさい。

➡ 次回の設問

生存権を考える。

憲法 7

名古屋大学教授

大河内美紀　OKOCHI Minori

↘ 設問

　Xは，2019年6月に母国の大学で法学を修めたのち来日し，留学生の在留資格（入管別表第1の4）でY市に居住し，市内の日本語学校に通っていた。2020年秋にはY市立大学大学院を受験する予定だった。しかし，受験を目前にした2020年8月1日，Xは通学中にくも膜下出血をおこし，A市民病院に緊急搬送された。入院・手術によってXは一命を取り留め，同月25日に退院したが，A市民病院におけるXの医療費は，合計161万9000円に及んだ。Xには支払能力がなく，途方に暮れていたところ，同じくY市立大学を受験する予定の友人から生活保護法上の医療扶助のことを聞いた。

　生活保護法は，生活を営む上で必要な各種費用に応じて扶助を支給すべく，生活扶助や住宅扶助など8種類の保護を定めている（11条1項）。医療扶助はそのひとつであり，原則として現物給付される（34条）。すなわち，各自治体の福祉事務所の委託を受けて，指定された医療機関が被保護者に対して医療を提供し，診療にかかる費用は直接医療機関に支払われる。保護費は，各自治体が4分の1，国が4分の3の割合で負担する（75条）。なお，生活保護は原則として申請に基づいて開始されるが，要保護者が急迫した状態にあるときは，保護の実施機関は，職権をもって保護を開始しなくてはならないとされている（25条）。

　Xは，さっそく医療扶助の開始を求めてY市福祉事務所に対し申請を行ったが，Y市福祉事務所は，Xの在留資格が留学生であることを理由に申請を却下した。1954年の厚生省通知「生活に困窮する外国人に対する生活保護の措置について」（以下，本件通知とする）は，生活保護法1条により外国人は法の適用対象とならないとした上で，「生活に困窮する外国人に対しては一般国民に対する生活保護の決定実施の取扱に準じて……必要と認める保護を行う」としており，以後，本件通知に基づいて外国人に対する生活保護の措置が行われていたが，1990年10月に，厚生省は，本件通知に基づく生活保護の対象となる外国人の範囲について，本来最低生活保障と自立助長を趣旨とする生活保護が予定する対象者は自立可能な者でなければならないという見地から外国人のうち永住的外国人のみが生活保護の措置の対象となるべきであるとして，出入国管理法別表第2記載の外国人（以下，永住的外国人とする）に限定する旨の取扱いの方針を示している。

　この却下処分の違憲性を訴えるには，Xはいかなる憲法上の主張（14条を除く）をすべきか。論じなさい。

❗POINT

❶外国人の人権享有主体性について理解する。❷生存

権の特徴を理解する。❸問題となっている事案について，判例と比較しつつ検討する。

- -

↘ 解説

① 国籍と人権

　設問文に記したように，一定の外国人に対しては，本件通知に基づき生活保護が行われてきた。しかし，2014年の最高裁判決（最判平成26・7・18判自386号78頁）によって，これはあくまで「事実上の保護」であり，外国人は「生活保護法に基づく保護の対象となるものではなく，同法に基づく受給権を有しない」ことが明確にされた。Xに対するY市福祉事務所の却下処分は，この判決を踏まえたものといえる。

　とはいえ，この判決では，上告受理申立てが自治体からなされたこともあり，憲法論は前面に出てはいない。本設問では，この判決の背後にある最高裁の憲法論を踏まえた上で，それに対抗する論理をいかに組み立てるかが問われている。紙幅の関係で平等論を射程から外したため，論述の中心は憲法25条の解釈となる。しかし，本設問の場合，その前に，Xに対して憲法上の権利の保障が及ぶかどうかを検討しておく必要がある。いわゆる「外国人の人権」論である。

　日本国憲法第3章の表題は「国民の権利及び義務」となっており，その保障範囲を国民すなわち日本国籍保持者に限定するようにみえる。他方，憲法11条・97条の規定からは，日本国憲法の保障する人権が前国家的性質を有するものと捉えられていることが窺える。そのため，日本国籍を有さない人々に対して憲法上の保障が及ぶか否かが，人権総論のひとつの論点となる。

　初期には憲法第3章の定める諸権利は外国人には適用されないとする否定説も説かれたが，人権の前国家的性質や憲法が国際協調主義にコミットしていることなどから，外国人にも憲法上の権利の保障が及ぶとする肯定説が学説では主流になった。最高裁も，早くから，外国人であることにより直ちに人権享有主体性が否定されるわけではないとの立場をとっていたことは，不法入国者の退去強制の違法性等が問題となった1950年の判決の「いやしくも人たることにより当然享有する人権は不法入国者と雖もこれを有するものと認むべき」との言及から見て取れる（最判昭和25・12・28民集4巻12号683頁）。

　しかし，これは，憲法上の権利の全てが外国人に適用されることを意味しない。外国人の享有しうる憲法上の権利の範囲については，主語が「国民」となっているか「何人も」となっているかに着目する文言説も唱えられたが，憲法22条2項が示すように，起草過程でそこまで厳密に主語が使い分けられたとは考えにくい。最高裁は，マクリーン事件（最大判昭和53・10・4民集32巻7号1223頁）において「憲法第3章の諸規定による基本的人権の保障は，権利の性質上日本国民のみをその対象としていると解されるものを除き，わが国に在留する外国人に対しても等しく及ぶものと解すべき」としており，学説の大勢もこの権利性質説を支持している。

② 社会保障受給権の捉え方

　では，憲法25条はどうか。先述のように，2014年判決はこの点を明言しない。しかし，障害福祉年金の支給

対象が争われた塩見訴訟（最判平成元・3・2判時1363号68頁）において「社会保障上の施策において在留外国人をどのように処遇するかについては，国は，特別の条約の存しない限り，当該外国人の属する国との外交関係，変動する国際情勢，国内の政治・経済・社会的諸事情等に照らしながら，その政治的判断によりこれを決定することができるのであり，その限られた財源の下で福祉的給付を行うに当たり，自国民を在留外国人より優先的に扱うことも，許される」と述べていること，また，不法残留者が生活保護法による保護（緊急医療扶助）の対象となるかが争われた事件（最判平成13・9・25判時1768号47頁）では「〔憲法25条〕1項は国が個々の国民に対して具体的，現実的に義務を有することを規定したものではなく，同条2項によって国の責務であるとされている社会的立法及び社会的施設の創造拡充により個々の国民の具体的，現実的な生活権が設定充実されていくものであって，同条の趣旨にこたえて具体的にどのような立法措置を講ずるかの選択決定は立法府の広い裁量にゆだねられている」とした上で「不法残留者を保護の対象に含めるかどうかが立法府の裁量の範囲に属することは明らか」としていることから，少なくとも積極的に保障すべきとの立場は採らず，「社会保障に関する国の広範な立法裁量に溶け込ませている」（遠藤美奈「判批」平成26年度重判解29頁）と解される。

これに対し学説では，かつては，社会権（生存権）の保障は国籍国の責務だとして適用を否定する見解が主流だった。しかし，国民主権との関係が問題となりうる参政権とは異なり，社会権を外国人に保障することが原理的に排除されているわけではない（芦部信喜『憲法学II』136頁，佐藤幸治『日本国憲法論』148頁）。また，憲法25条の具体化としての社会保障には拠出制の各種保険から無拠出制の各種手当や生活保護まで様々なものが含まれている。加えて，外国人といってもその日本との関わり方は一様ではなく，一時的な旅行者から永住資格を有する者まで多岐にわたる。そのため，永住資格を持つ者については「日本国民に準じて取り扱うのがむしろ憲法の趣旨に合致する」（芦部・前掲137頁）と解するなど，より柔軟な見方が有力になっている。国籍国からの生活保護が期待しえない定住外国人について最低限度の所得保障にかかる無拠出制の福祉保障を及ぼすことは憲法25条の要請だとする説も登場している（浦部法穂「判批」判評270号〔判時1004号〕14頁）。外国人の社会保障受給権一般ではなく，より限定された条件のもとで外国人への憲法25条の適用または準用を論じることは，十分考えられる。

③ 緊急医療扶助

では，設問の事例はどうか。本件通知および1990年に示された方針によれば，給付の対象は永住的外国人に限定され，留学生の在留資格を有するXは含まれない。留学の場合，在留期間は3か月から4年3か月で，永住的外国人のように「生活実態において自己の国籍国をも含む他のいかなる国にもまして日本と深く結びついて」（大沼保昭『「外国人の人権」論再構成の試み』『法学協会百周年記念論文集(2)』384頁）いるとは言い難く，この区分は一般論としては合理性があると言えよう。

また，1の冒頭で述べたように，2014年判決は，永住的外国人に対し現に行われている生活保護について，生活保護法に基づく受給権を否定したものの，事実上の保護を否定したわけではない。無論，行政措置に基づく事実上の保護と位置付けた場合，取消訴訟や不服審査を通じて保護の要否について争い，救済を得る方途がなくなるという大きな問題が残る。しかし，法に準じた事実上の給付が行われている限り「憲法25条1項違反の問題は生じない」（堀勝洋『社会保障法総論〔第2版〕』152頁）という見方もある。実際，永住的外国人である2014年判決の当事者については，判決時点ですでに別途の行政措置により保護が実施されており，当該事案の解決においては，生存権の問題を検討するまでの必要はないと最高裁が判断した可能性も指摘されている（早川智津子「判批」季刊労働法248号186頁注3参照）。

しかし，設問の争点は，生活保護のなかでも，緊急を要する医療扶助である。生活保護一般について言えば，政策論として，永住的外国人とその他の外国人との間に区別を設けることはありえよう。生活保護法1条は最低限度の生活保障とともに「自立の助長」をその目的に掲げているところ，留学生の場合はそもそも在留資格に伴う活動制限があり，資格外活動の許可（入管19条）を受ければ一定の範囲内でアルバイト等により収入を得ることができるとはいえ，日本において自らの稼得能力により自立して活動するものとは想定されていない。自らの稼得能力により自立して活動することのできる外国人とは，適法に滞在する活動に制限を受けない外国人であって，それゆえ本件通知および1990年に示された方針が永住的外国人のみを保護の対象としたのだとする厚生省の説明には，相応の合理性がある。だが，文字どおり人間の生命・生存に直結する緊急の医療扶助についてもこの区別が妥当するかは，検討の余地がある。医師には診療義務があるとはいえ，支払能力への懸念から治療が忌避されるおそれもなくはない。

ただし，緊急医療扶助を争った前掲最判平成13・9・25では，最高裁は端的に「〔生活保護〕法が不法残留者を保護の対象としていないことは，憲法25条に違反しない」と述べた。緊急の医療扶助が生命・生存に直結することは在留資格の有無で変わるものではないが，この判決を前提としても，少なくとも日本に適法に在留するXについて緊急の医療扶助の対象としないことは，広汎な立法裁量を踏まえてもなお憲法25条に違反すると構成することは可能であろう。その上で，生活保護法1条の「国民」を「住民」と解するといった憲法適合的解釈により，Xには生活保護法が適用または準用されると主張することが考えられる。

ステップアップ

設問は神戸地判平成7・6・19判自139号58頁を下敷きにしている。この事件では，1990年4月に福祉事務所長が医療扶助開始の決定をした後に，厚生省から設問文中の方針が示されたため，自治体が国に対する国庫負担金相当分の請求を断念した経緯がある。方針が示される以前は永住的外国人以外も保護の対象となっていたとすれば，どのような主張が可能か。考えてみてほしい。

次回の設問

適正手続を考える。

憲法 8

名古屋大学教授
大河内美紀 OKOCHI Minori

↘ 設問

　税関には，一般に，関税の公平確実な賦課徴収に加え，税関を通過する貨物に輸出入してはならない物が含まれていないかを審査する，いわゆる水際取締りの役割が期待されている。そのため，関税法67条は，輸出入をしようとする者は，当該貨物の品名や数量等を税関長に申告し，貨物につき必要な検査を経て，その許可を受けなければならないとしている。しかし，国際郵便については個人利用が多く，また，大量であるため，例外的に，輸出入の手続を簡易迅速に行うべく，前記手続の適用が原則的に排除されている。ただし，国際郵便物は，一部の例外を除いて日本郵便株式会社によって税関長に提示されるものとされており（関税76条3項），税関長は，国際郵便物中にある信書以外の物については必要な検査をさせることができる（同1項）。また，税関職員には，検査に際して見本を採取する権限が与えられている（同105条1項3号）。

　2007年の関税法改正より，医薬法2条15項に規定する指定薬物が新たに輸入禁制品に加えられた（関税69条の11第1項1号の2）。この改正は，従前から輸入禁制品とされていた麻薬や覚醒剤等ではないものの，幻覚等の作用を有する蓋然性が高く，かつ，人の身体に使用された場合に保健衛生上の危害が発生するおそれがある，いわゆる危険ドラッグ規制の一環としてなされたものである。

　現在，税関では，国際郵便物中の不正薬物の有無を確認するために，不正薬物・爆発物探知装置を用いた検査（以下，TDS検査とする）が広く用いられている。これは，検査対象貨物そのものを開封したり破壊したりすることなく，その表面に付着した微粒子を拭き取り剤で採取し，その採取物質を解析して不正薬物を探知するものである。そして，TDS検査によって不正薬物が探知された場合には，当該検査対象貨物を開封し，ごく微量の見本を採取し，試薬を用いた鑑定が行われる。

　しかし，危険ドラッグは覚醒剤等の規制成分の化学構造を変化させて作られるため，新たに輸入禁制品に加えられた指定薬物の一部について，既存のTDS検査では探知されない可能性がある。そのため，A税関では，品名がわからない国際郵便物については外装箱を開披し，検査対象貨物を目視した上で，それが粉末状または錠剤状である場合には必ず開封し，見本を採取し，試薬を用いた鑑定を行い，国際郵便物中の指定薬物の有無を確認することを検討している（以下，本件手続とする）。

　このような検査を裁判官の発する令状なしに行った場合，いかなる憲法上の問題が生じると考えられるか。想定される反論を踏まえて論じなさい。

❗ POINT

　❶憲法35条の意義および保障範囲を確認する。❷行政手続のひとつとしての税関検査の性質を理解する。❸設問の事例について，判例を踏まえつつ検討する。

↘ 解説
① 憲法35条の射程

　設問は，税関職員による無令状での国際郵便物の検査の憲法適合性を問う問題である。日本国憲法は33条で逮捕令状主義，34条で弁護人依頼権という被疑者・被告人の権利をそれぞれ保障しており，それらと並んで住居，書類および所持品について捜索押収を受けない権利を定める35条が刑事手続を対象としていることに疑いはない。しかし，だからといって，同条が行政手続として行われる住居や所持品等の調査について適用される可能性が排除されるわけではない。憲法35条の目的を，私生活の中心である住居など個人の私的領域へ他者が無断で侵入することを拒むこと，すなわちプライバシーの保護にあると考えるならば，その侵害主体を捜査機関に限定する必然性は乏しい。また，令状主義という手続または制度の確立そのものを主要目的と捉える場合（奥平康弘『憲法Ⅲ』298頁）であっても，刑事手続と制度的に近似した行政手続については適用を肯定する方向に傾くだろう。そこで，まずは同条の保障の及ぶ範囲を確認しておく必要がある。

　初期にはあまり立場が明確でない判決もみられたが，所得税法（当時）の定める無令状での収税官吏による質問検査の合憲性が争われた川崎民商事件（最大判昭和47・11・22刑集26巻9号554頁）において，最高裁は，憲法35条は「主として刑事責任追及の手続における強制について，それが司法権による事前の抑制の下におかれるべきことを保障した趣旨であるが，当該手続が刑事責任追及を目的とするものでないとの理由のみで，その手続における一切の強制が当然に右規定による保障の枠外にあると判断することは相当ではない」と述べ，同条の保障は刑事手続以外には一切及ばないとする立場を否定した。とはいえ，そこからただちに同条の保障が行政手続にも及ぶとの結論が導かれるわけではなく，争点となった質問検査については，それが①「もっぱら，所得税の公平確実な賦課徴収のために必要な資料を収集することを目的とする手続であって，性質上，刑事責任の追及を目的とする手続ではない」こと，②「実質上，刑事責任追及のための資料の取得収集に直接結びつく作用を一般的に有する」とは認められないこと，③強制の態様は「間接的心理的に右検査の受忍を強制しようとするもの」で，強制の度合いが「検査の相手方の自由な意思をいちじるしく拘束して，実質上，直接的物理的な強制と同視すべき程度にまで達しているものとは，いまだ認めがた」いこと，そして④「収税官吏による実効性のある検査制度が欠くべからざるもの」で「その目的，必要性にかんがみれば，右の程度の強制は，実効性確保の手段として，あながち不均衡，不合理なものとはいえない」ことを指摘した上で，これら諸点を「総合して判断」すると，「あらかじめ裁判官の発する令状によることをその一般的要件としないからといって，これを憲法

35条の法意に反するものとすることはでき」ないとした。この判断枠組みは，新東京国際空港の安全確保に関する緊急措置法に基づく使用禁止命令の出された工作物への無令状での立入検査の合憲性が争われた成田新法事件（最大判平成4・7・1民集46巻5号437頁）にも引き継がれる。同判決において最高裁は，「行政手続は，刑事手続とその性質においておのずから差異があり，また，行政目的に応じて多種多様であるから，行政手続における強制の一種である立入りにすべて裁判官の令状を要すると解するのは相当ではなく，当該立入りが，公共の福祉の維持という行政目的を達成するため欠くべからざるものであるかどうか，刑事責任追及のための資料収集に直接結び付くものであるかどうか，また，強制の程度，態様が直接的なものであるかどうかなどを総合判断して，裁判官の令状の要否を決めるべき」という一般的な定式を示した上で，当該立入りの必要性や態様とともに，それが①「犯罪捜査のために認められたものと解釈してはならないと規定され」ていること，②「刑事責任追及のための資料収集に直接結び付くものではないこと」，③「強制の程度，態様が直接的物理的なものではないこと」を総合判断して「憲法35条の法意に反するものとはいえない」としている。

② 税関検査の性質

このように判例は，憲法35条の保障が行政手続に及ぶか否かについては，当該手続の①目的，②刑事手続との関係，③強制の態様，④手段と目的の比例性の総合判断によって決する。では本件手続はどう考えるべきか。

税関における郵便物検査の目的は，国際郵便物が大量であるという事実に鑑み，関税の公平確実な賦課徴収および税関事務の適正円滑な処理という行政目的を簡易迅速に実現することである。よって，刑事責任の追及を直接の目的とする手続ではない（①）ということになるだろう。しかし，前掲判例で問題となった手続とは違いもある。それは，大量の対象物に対して遅滞なく行われる必要がある点で，「司法による事前抑制〔令状審査〕にはなじまない性質がある」（馬渡香津子「判解」ジュリ1524号107頁）ことである。また，本件手続による見本の採取・鑑定は，TDS検査によって輸入禁制品である疑いが強まった対象物についてのみ行われるのではなく，粉末状または錠剤状である場合には全て行われる（全数調査）ものとされており，具体的な犯罪の嫌疑に基づいて行われる刑事手続上の捜索・押収との違いは大きい（笹倉宏紀「令状主義の意義と機能に関する若干の考察」刑事法ジャーナル56号44頁以下参照）。

②についても，本件手続だけを取り出せば，刑事手続と直接結び付くものではないということになろう。しかし，指定薬物の輸入，所持等は医薬法（76条の4・84条26号）により罰則付きで禁止されており，本件手続の結果指定薬物が検出された場合には，これを端緒として犯則調査に移行することが想定される。もっとも，これに関しては川崎民商事件の質問検査についても同様のことが言える。また，TDS検査により覚醒剤反応があった郵便物について行政手続として見本の採取，鑑定等を行った後に犯則調査に移行した事件（最判平成28・12・9刑集70巻8号806頁。以下，平成28年判決とする）でも，当該行政手続については刑事手続のための「資料の取得収集に直接結び付く作用を一般的に有するものでもない」と判断された。しかし，「手続途中から犯罪捜査に移行しても令状主義の保障は及ばないとすると，行政手続に憲法35条の保障が及ぶとされる場面を具体的に想定することは困難である」（中島徹「判批」平成29年度重判解29頁）との批判は重要である。

前掲判例との違いが最も著しいのは，強制の態様（③）であろう。前掲判例で争点となった手続の「強制」性は，いずれも調査の妨害に対して罰則を科すことによる間接的心理的な強制，いわゆる間接強制のそれである。しかし，本件手続においては，そもそも当該国際郵便物の税関への提示を直接義務付けられているのは日本郵便株式会社であり，郵便物の発送人または名宛人ではない。検査の時点において，郵便物の発送人または名宛人は当該国際郵便物を占有していない。平成28年判決は，この事実をもって「占有状態を直接的物理的に排除するものではな」く，「権利が制約される程度は相対的に低い」としている。しかし，発送人または名宛人の意思を介在させることなく検査対象貨物を開封し，見本を採取し，鑑定することが，発送人または名宛人のプライバシーおよび財産権を侵害する可能性は否定できない。実際に，GPS捜査を令状がなければ行うことのできない強制処分であるとした判決（最大判平成29・3・15刑集71巻3号13頁）は，「合理的に推認される個人の意思に反してその私的領域に侵入する」ことをもって「個人の意思を制圧して憲法の保障する重要な法的利益を侵害する」ものとしている。そこで，平成28年判決が強調するのが，国際郵便物の特殊性である。いわく，「国際郵便物に対する税関検査は国際社会で広く行われており，国内郵便物の場合とは異なり，発送人及び名宛人の有する国際郵便物の内容物に対するプライバシー等への期待がもともと低い」，と。

確かに，国際郵便物に対する税関検査は世界で広く行われており，国際郵便を利用する以上，当該郵便物に対して検査が一切されないとの合理的期待を抱くことは想定し難く，仮にそのような期待を抱いたとしても，全面的な保護には値しないとする評価も頷ける。しかし，だからといって，利用者が国際郵便物に対する全ての権利・利益を放棄しているとみるべきでないことも当然である（馬渡・前掲107頁）。とすると，結局，①〜③で見た本件手続の性質を前提として，目的と手段の比例性（④）の観点から，本件手続が憲法35条の法意に反するものか否かを総合判断することになる。①および③で見た税関検査の特殊性を強調すれば後者に，②で挙げた刑事手続との実質的なつながりや権利侵害の重大性，全数調査の必要・相当性などを強調すれば前者に，判断は傾くだろう。

🔖 ステップアップ

税関検査は，入国者が占有する手荷物についても行われる。入国者Bが，国際郵便物として投函できる状態の荷物を占有していたとき，税関職員は，当該荷物について，無令状かつ入国者Bの承諾を得ることなく，本件手続を行うことができるか。論じなさい。

➡ 次回の設問

刑事補償請求権を考える。

憲法　9

名古屋大学教授

大河内美紀　OKOCHI Minori

🔖 設問

　Xは，2016年1月11日に詐欺の被疑事実により逮捕勾留されたが，同年3月11日に釈放された。身柄拘束期間は2か月であり，Xは，同年6月11日付で嫌疑不十分を理由とする不起訴処分となった。

　これをうけてXは，Y地検検察官に対して被疑者補償規程に基づく補償の申出を行った。被疑者補償とは，1957年に法務省訓令として定められた被疑者補償規程に基づき，被疑者として抑留又は拘禁を受けた者に対してなされる刑事補償である。同規程は，被疑者として抑留又は拘禁を受けた者につき，公訴を提起しない処分があった場合において，その者が罪を犯さなかったと認めるに足りる十分な事由があるときは，補償をすると定める（2条）。補償の裁定は，公訴を提起しない処分をした検察官の所属する検察庁の検察官が行い（5条），これに対する上訴の定めは存在しない。

　ところが，Y地検検察官はXに対して補償をしない旨の裁定（以下，本件裁定とする）を行った。Xは，Y高検検察官に対して不服申出をしたものの，Y高検検察官はこの不服申出には理由がないとの処理（以下，本件処理とする）を行ったため，Xは，本件裁定および本件処理は違法であるとして取消訴訟を提起した。しかし裁判所は，被疑者補償規程が訓令の形式によることおよびその制定・改正経緯からみて，同規程は検察官に対して被疑者に補償をすべき義務と権限を与えたものであり，同規程によって国民に被疑者補償請求権が認められているものではないため，本件裁定および本件処理はいずれも抗告訴訟の対象となる行政処分に当たるとはいえないとして，Xの訴えを退けた。

　裁判所のこの判断は，憲法上の刑事補償請求権に関するいかなる理解を前提としているか。想定される反論を踏まえつつ，論じなさい。

❗POINT

　❶刑事補償請求権の法的性質を理解する。❷事案に即して，刑事補償にかかる諸制度の憲法上の位置づけを検討する。

🔖 解説
① 刑事補償の諸制度

　刑事手続は，必然的に人の身体や財産への制約を伴う。だからこそ，憲法は様々な刑事手続上の諸権利を保障しているのであり，刑事手続は，憲法および刑事訴訟法をはじめとする諸法律を遵守して行われなければならない。しかし，そもそも有罪か無罪かは裁判を経てはじめて明らかになるものである以上，憲法および法律を遵

守して刑事手続がなされたとしても，結果として，無辜の者の人権を制約し，精神的・肉体的損害を与えてしまうことは当然想定される。これは国家による違法行為とは言えないが，必要のない人権制限措置であったことは確かである。そのため，日本を含む多くの国では，こうした場合に一定の補償を与える仕組みが設けられている。本設問で取り上げる被疑者補償もそのひとつである。

　被疑者補償とは，被疑者として抑留又は拘禁を受けた者に対してなされる刑事補償であり，被疑者補償規程によって定められている。現行法の下での刑事補償としては，この他に，無罪判決を受けた者に対する補償（刑事補償法）と，少年法上の保護事件の手続において審判事由の存在が認められるに至らなかった少年に対してなされる補償（少年の保護事件に係る補償に関する法律〔少年補償法〕）とがある。また，刑事訴訟法には，無罪の判決が確定したときに被告人であった者に対してその裁判に要した費用を補償する費用補償制度が定められている（1編16章）。

　被疑者補償規程による被疑者補償について見る前に，刑事補償制度の中心をなす刑事補償法の定める制度を概観しておこう。刑事補償法によれば，刑事訴訟法による手続において「無罪の裁判を受けた者」は，「未決の抑留又は拘禁を受けた場合」に，抑留又は拘禁による補償を請求することができる（1条1項）。補償金は，原則，1日につき1000円以上1万2500円以下の割合による額で交付される（4条1項）。ただし，本人が「捜査又は審判を誤らせる目的で，虚偽の自白をし，又は他の有罪の証拠を作為することにより，起訴，未決の抑留若しくは拘禁又は有罪の裁判を受けるに至ったものと認められる場合」には，補償金を定める裁判所の裁量により，補償の一部又は全部をしないことができる（3条1号）。なお，無罪の裁判ではなく，刑事訴訟法の規定による免訴又は公訴棄却の裁判を受けた者であっても，「免訴又は公訴棄却の裁判をすべき事由がなかったならば無罪の裁判を受けるべきものと認められる充分な事由がある」場合には補償を請求することができる（25条1項）。

　刑事補償法は，上記の要件を満たす者に国に対する補償請求権を定めている点において，恩恵的意味合いが強かった明治憲法下の旧・刑事補償法とは異なる。そのため，同法は刑事補償請求権を定める憲法40条を具体化したものと言われるが，被疑者補償を含む他の制度と憲法の関係はどう捉えるべきか。それを考えるためには，憲法上の刑事補償請求権の性格を確認しておく必要がある。

② 憲法上の刑事補償請求権の法的性格

　憲法40条は，「抑留又は拘禁された後，無罪の裁判を受けたとき」は国にその補償を求めることができるとして，国に対する刑事補償請求権を保障している。刑事補償請求権が，この規定によってすでに具体的権利性を認められているのか，あるいは，法律による具体化をまって初めて現実的・具体的権利となるのかは，他の憲法上の請求権と同様，一応論点となりうる。だが，先述のように，すでに刑事補償のための諸制度が存在することから，この議論の実益は乏しい。学説上も，この規定に基づき具体的請求権が発生するという考え方を唱える説はない（渋谷秀樹『憲法〔第3版〕』495頁）。しかし，そ

の上で，この規定がどの程度法規範性を帯びるか，すなわち，立法者に対する命令を意味するいわゆるプログラム規定にとどまるのか，抽象的権利を定めた規定と捉えるのかは，問題となりうる。この点に関する学説の動向は明確ではないが，他の憲法上の請求権，とりわけ国家賠償請求権について，こんにちでは抽象的権利と解する説が有力である（樋口陽一ほか『憲法1（注解法律学全集）』358頁）ことから，それと同様に考えることは可能だろう。ただし，同じく国家賠償請求権について，プログラム規定説を採りつつも憲法17条の趣旨を没却するような法律は違憲と解する見方もあるため（法学協会編『註解日本国憲法（上）』388頁），刑事補償請求権についてプログラム規定説に立ったとしても，直ちにその具体化法の違憲審査が否定されるわけではない。

補償の要件として，憲法40条は「無罪の裁判」を受けたことを挙げる。「無罪の裁判」の意味について，学説は，形式的な無罪の裁判と捉える説（形式説）と，自由を拘束したことの根拠がないものであったことが明らかになったときと解する説（実体説）とに分かれる。この点が争点となった事件として，少年補償法が制定される以前において，少年審判の手続において非行事実が認められないことを理由として不処分決定を受けた少年が，刑事補償法による刑事補償を求めた事件（最決平成3・3・29刑集45巻3号158頁）があげられる。

この事件において，最高裁は，刑事補償法1条1項のいう「無罪の裁判」とは「刑訴法上の手続における無罪の確定裁判をいう」とした上で，当該不処分決定は「刑訴法上の手続とは性質を異にする少年審判の手続における決定である上，右決定を経た事件について，刑事訴追をし，又は家庭裁判所の審判に付することを妨げる効力を有しない」ことから無罪の裁判に当たらず，このように解しても憲法40条に違反しない，とした。このことから，判例は，憲法40条のいう「無罪の裁判」につき，形式説に立つものと解される。なお，この事件の後，1992年に少年補償法が制定され，こんにちでは同法に基づく補償がなされていることはすでに述べた。しかし，形式説に立つ以上，同法に基づく補償は立法政策に基づくものであって，憲法40条に基礎を置く権利ではないことになる。実際に，下級審レベルではあるが，少年補償法が補償に関する決定について上訴を認める定めを置いていないことが争点となった事件において，同法による補償は憲法40条により請求権として保障された刑事補償とは性質を異にすると述べた決定がある（福岡高決平成13・3・7刑集55巻7号832頁）。

しかし，前掲平成3年決定の園部逸夫裁判官意見は「憲法40条の規定の趣旨は，形式上の無罪の確定裁判を受けたときに限らず，公権力による国民の自由の拘束が根拠のないものであったことが明らかとなり，実質上無罪の確定裁判を受けたときと同様に解される場合には，国に補償を求めることができることを定めたものと解する」としており，実体説に立っている。同意見は，具体的な制度設計は立法裁量に委ねられることを理由に法廷意見と結論を同じくするものではあるが，その憲法40条解釈は注目に値しよう。また，刑事補償法25条1項が，免訴又は公訴棄却の裁判を受けた者であっても「無罪の裁判を受けるべきものと認められる充分な事由がある」場合には補償を認めていることも，実体説に立てば，立法政策ではなく憲法の要請として説明可能である。

❸ 被疑者補償規程の法的性格

では，本設問の対象である被疑者補償についてはどうか。被疑者補償が問題となるのは，身柄は拘束されたものの起訴には至らなかった場合であり，形式説に立つならば，憲法40条は適用されない。よって，被疑者補償規程は立法政策によるものであり，同規程に基づく補償は憲法40条に基礎を置く権利とはいえないことになる。最高裁も，被疑者補償規程が定められる以前に，「抑留または拘禁された被疑事実が不起訴となった場合は同条の補償の問題を生じないことは明らか」と述べたことがある（最大決昭和31・12・24刑集10巻12号1692頁）。なお，同決定は「不起訴となった事実に基く抑留または拘禁であっても，そのうちに実質上は，無罪となった事実についての抑留または拘禁であると認められるものがあるときは，その部分の抑留及び拘禁もまたこれを包含する」とも述べるが，これは複数の被疑事実のうち不起訴となったものと無罪となったものが存在する場合を指したものであり，被疑者補償一般についての言及と見ることは難しい。だとすれば，被疑者補償規程を，行政内部における命令にすぎず，法令の授権に基づくなど例外的な場合を除いて国民の権利義務に直接効力を及ぼす法規としての性質を有しない「訓令」の形式で定めることも，それが司法的救済手続を備えていないことも，憲法上の問題を招来するとはいえない。設問文中の裁判所は，こうした理解に立つものと考えられる。

しかし，実体説に立てば，被疑者補償規程に基づく補償にも憲法の保障が及ぶと解する可能性が生じる。この場合，法律ではなく法務省の内部法によって定めること自体が形式的な憲法上の瑕疵になると主張することが考えられる（渋谷・前掲496頁参照）。設問文中の裁判所により本件裁定および本件処理がいずれも抗告訴訟の対象となる行政処分に当たるとはいえないとされたのは，ひとつはそれが訓令の形式によるからで，それにより実質的に補償が失われるからである。あわせて，刑事補償法が補償の決定について上訴の定めを置いている（19条）こととの対比により，憲法14条および32条との関係も視野に入れられよう。ただし，最高裁は，少年補償法が上訴の定めを置いていないことに関する前掲事件において憲法14条・32条違反の主張を退けている（最決平成13・12・7刑集55巻7号823頁）ため，少年補償と被疑者補償の性質の違いを論じる必要がある。

🔧 ステップアップ

この論点が争われた事例に，東京地判平成30・7・5判タ1469号182頁がある。この事件は，いわゆる特殊詐欺事件において現金の送付先としてたびたび利用されていた私設私書箱の従業員が詐欺の被疑事実により逮捕勾留されたもので，事実関係から，「罪を犯さなかったと認めるに足りる十分な理由があるとき」の意味も争われた。あわせて読んでもらいたい。

現行の刑事補償制度は，いずれも，身体拘束があった場合のみを対象としている。これについて憲法40条からはどう評価されるか。論じなさい。

➡ 次回の設問

国会の活動を考える。

憲法 10

名古屋大学教授

大河内美紀
OKOCHI Minori

↳ 設問

憲法 52 条は，国会の常会は，毎年 1 回これを召集すると定める。しかし国会には，常会のほかに，同 54 条 1 項の定めに基づいて召集される国会（特別会）と同 53 条の定める臨時会とがあり，実際には，年 2 回以上国会が開かれるのが常である。だが，2015 年には，国会は 1 回しか召集されなかった。9 月 27 日に第 189 回国会（常会）が閉会したのち，10 月 21 日に野党議員らが臨時会の召集を要求したものの，内閣がこれに応じなかったからである。代わりに翌 2016 年，例年より早い 1 月 4 日に常会が召集された。また，2017 年には，6 月 18 日に第 192 回国会（常会）が閉会したのち，6 月 22 日に臨時会の召集の要求がなされたものの，98 日後の 9 月 28 日まで臨時会が召集されないという事態が生じた。

こうした状況を背景として，A 党は，臨時会の召集が適正に行われるようにするため，国会法の一部を改正する法律案（通称「臨時会召集適正化法案」）を次期国会に提出する準備をしている。もしあなたが，A 党の議員に「臨時会召集適正化法案について，憲法上の問題があるか」と尋ねられたら，憲法の専門家としてどう答えるか。論じなさい。

【参考】国会法の一部を改正する法律案（通称「臨時会召集適正化法案」）
1 条　国会法（昭和 22 年法律第 79 号）の一部を次のように改正する。
第 3 条の次に次の 1 条を加える。
3 条の 2　前条の要求書が提出された場合，要求があった日から 20 日以内に，臨時会を召集しなくてはならない。ただし，30 日以内に常会が召集される場合は，この限りでない。

❗POINT

❶国会の会期と開閉について，現行法の定める仕組みを確認する。❷臨時会の召集の法的性格を理解する。❸事例に即して検討する。

↳ 解説
① 国会の会期と開閉

日本国憲法のもとでは，国会は常時活動しているわけではなく，会期と呼ばれる一定の限られた期間を単位として活動している。これを会期制と呼ぶ。そして，常会，特別会および臨時会という憲法の定める 3 種類の会期は，現行法上，その開閉についてそれぞれ異なる仕組みを採っている。まずはこの仕組みを概観しておこう。

常会は，憲法 52 条が定めるように毎年 1 回必ず召集されるもので，1 月中に召集することが常例とされている（国会 2 条）。国の予算は前年度の 1 月中に国会に提出されることが常例であり（財 27 条），常会の重要な目的のひとつは，この予算を審議することにある。会期は 150 日（ただし，会期中に議員の任期が満限に達する場合は，満限の日をもって，会期は終了する。国会 10 条）で，1 回に限り，両院一致の議決により延長することができる（同 12 条）。なお，会期延長の決定には衆議院の優越が認められている（同 13 条）。

これに対し，憲法 54 条 1 項に基づいて，衆議院の解散に伴う総選挙後 30 日以内に召集される国会は，特別会と呼ばれる（国会 1 条 3 項）。特別会の目的は，第一に内閣総理大臣の指名であり，これはすべての案件に先だって行われる（憲 67 条）。常会とは異なり，会期の長さの定めはない。会期は両議院一致の議決によって定められ，2 回の延長が可能とされている（国会 11 条・12 条）。会期の延長の決定に関する衆議院の優越は，常会と同様に認められている。

常会と特別会が定められた時期に必ず召集されるのに対し，臨時会は必ずしもそうではない。臨時会は，①いずれかの議院の総議員の 4 分の 1 以上の要求があったとき（憲 53 条後段），②①とは関係なく内閣が召集を決定したとき（同条前段），③衆議院議員の任期満了による総選挙または参議院議員の通常選挙が行われたとき（国会 2 条の 3）に召集される。③の場合は，国会法により，任期が始まる日から 30 日以内に召集すべきとされている（ただし，衆議院総選挙後については，その期間内に常会が召集された場合またはその期間が参議院通常選挙を行うべき期間と重なる場合を除き，参議院通常選挙後については，その期間内に常会もしくは特別会が召集された場合またはその期間が任期満了による衆議院総選挙を行うべき期間と重なる場合を除く）が，①と②については，現行法上は，これに類する召集の時期に関する規定は存在しない。設問で記したような事態が生じたのは，そのためである。なお，会期の長さおよびその延長については，特別会と同様である。

さて，設問は，臨時会のなかでも①の場合に焦点をあて，法律によってその召集の時期を限定することが，憲法上どう評価されるかを問うものである。臨時会の召集を決定する権限は内閣が有するため（憲 53 条），②の場合には召集の時期をめぐる問題は現実には生じない。しかし，①の場合には，これまでに召集の要求があったにもかかわらず臨時会が召集されなかったケースが 3 件あり，要求があった日から召集まで 2 か月以上かかったケースも複数あるなど，問題が指摘されている。そこで，次に，臨時会の召集の性格に関する議論を見ていく。

② 臨時会の召集の性格

一般に，議会には，自律的集会型と他律的集会型，およびその折衷型とがあると言われる。自律的集会型の議会とは，法定された期日に招集行為なしに議員が集会する，または，議会構成員による議決や議長の招集により自主的に集会する議会を意味する。他律的集会型の議会とは，議会以外の機関の招集により集会するものを指す。憲法 7 条 2 号は，国会の召集を内閣の助言と承認により天皇が行う国事行為のひとつと定めており，日本国

憲法は国会を他律的集会型と規定しているように見える。しかし，前述のように，常会および特別会の召集は憲法または法律により義務付けられていること，そしてなにより臨時会に関する53条の規定から，折衷型と捉える見方が有力である（佐藤幸治『日本国憲法論〔初版〕』447頁）。

先述のように，憲法53条は，前段で「内閣は，国会の臨時会の召集を決定することができる」と定めており，内閣に召集の決定権があることを明記している。常会および特別会については召集権の所在を明記する規定が憲法上存在しないため，召集の実質的決定権が内閣にあることに争いはないとはいえ，その根拠をめぐっては学説の対立が存在するが，臨時会については論を俟たない。しかし，これも先に見たように，53条は，同時に後段で「いづれかの議院の総議員の4分の1以上の要求があれば，内閣は，その召集を決定しなければならない」としている。そのため，議員から臨時会召集の要求があった場合には，内閣は召集を決定する法的義務を負うと考えられる。この点も学説上の争いはない。

他方，召集時期の決定については，見解が分かれる。臨時会召集の要求書には，召集の期日または期限が示されることが多い。しかし，政府は，内閣が「諸般の状況を勘案して，合理的に判断してその最も適当と認める召集時期を決定すべき」（1949年8月27日国務相答弁）として，議員による期日指定には拘束されないとする立場をとっており，実務上は，臨時会の開会は要求書の指定期日に遅れることが常である。

これに関しては，自律的集会型と他律的集会型の折衷である憲法53条を，どちらにより引きつけて解釈するか，また，その趣旨をどう捉えるかで見方が変わってくる。憲法の基本的な制度枠組みは他律的集会主義であり53条は例外的な規定だと捉えれば，「臨時会の召集時期については，憲法上明示されていないことからすれば，第一次的には，国会の召集権者である内閣の責任ある判断に委ねられている」（原田一明「近年の国会運営をめぐる諸課題」立教法学102号49頁）ことになり，議員の期日決定権については否定説に傾く。他方で，「そもそも，国民代表府としての国会が他律的にしか開会できないとすれば，その制度は『異常』でさえある」との立場をとれば，53条が議員に召集要求権を認めた趣旨がより重視されるべきで，「内閣が指定期日に従う法的義務を負うとする建前を重視すべき」（杉原泰雄『憲法II』287頁）ことになろう。また，53条は，総議員の4分の1以上の多数での召集要求を認めていることから，「国会それ自体の意思を尊重するというよりは，むしろ，国会審議を要求する，それぞれの議院の少数派の意思を尊重する趣旨」（芹沢斉ほか編『新基本法コンメンタール憲法』334頁〔今野健一〕）とも解される。だが，この立場に拠ったとしても，国会における少数派の保護を憲法の趣旨と位置づけて期日指定権を肯定することは可能である（佐藤・前掲447頁）。

ただし，肯定説であっても，機械的に拘束されるのではなく，社会通念上合理的と判断されるものであればよいとされる（佐藤・前掲447頁）。逆に，否定説であっても，内閣が議員による期日指定から全く自由だと解しているわけではない（宮沢俊義〔芦部信喜補訂〕『全訂日本国憲法』400頁）。臨時会の召集の遅延をめぐる訴訟（那覇地判令和2・6・10判時2473号93頁）において，被告である国も，司法判断適合性は否定しつつも「内閣が召集のために必要な合理的期間を超えない期間内に臨時会の召集を行うことを決定する義務を負う」ことは認めており，内閣の裁量は社会通念上合理性を有する範囲で認められていると解することができる。だとすれば，内閣によって決定された召集日が合理的と判断されない場合には，憲法53条の趣旨に反することになる。

③ 立法による制約の可能性

しかし，期日の決定に関する内閣の裁量に限界があるからといって，法律による期限の設定がただちに肯定されるわけではない。ここでは2つの問題を考えておく必要がある。ひとつは法律の定める期限が合理的なものかどうか，もうひとつはそれを法律で定めることの是非である。

議員の期日指定権を肯定する立場をとれば，その期限が合理的である限り，立法による制約を認める方向に傾く。また，否定説であっても内閣の裁量には上述の留保を付しており，比較的初期の憲法学説には，法律による限定を可能とするものがみられる（宮沢俊義ほか「〈座談会〉憲法改正問題〔下〕」ジュリ74号37頁〔宮沢発言〕）。実際に，臨時会③の場合の召集期限は，憲法ではなく，1958年の国会法改正によって定められた。

他方で，この改正は，特別会の規定（憲54条）との平仄を合わせるため，いわば「憲法典の欠缺という異例中の異例といえる事態への対応」（原田・前掲52頁）とする見方もある。また，日本国憲法の基本的な制度枠組みとして，他律的集会主義に重きをおけばおくほど，法律でそれに例外を加えることの妥当性が疑われよう。

1958年の国会法改正の場合は，憲法54条と並ぶ規定を整えることに意味があったため，そもそもそれが「合理的な期間」かどうか論じる余地はなかった。設問の場合はそうではない。その差異を含めて，国会の開閉に関する憲法のグランドデザインを示した上で，設問の法案の妥当性を論じていくことが必要である。

📖 ステップアップ

設問文中に示した2017年の臨時会召集の遅延をめぐり，現在，要求を提出した国会議員らによって複数の国家賠償請求訴訟が提起されている。最初の判決となった前掲那覇地裁判決（那覇地判令和2・6・10）は，「憲法53条後段に基づく臨時会の召集要求をした国会議員に対して，内閣が国賠法1条1項所定の職務上の義務として臨時会の召集義務を負うものとは解されない」として請求を棄却する一方で，内閣による当該臨時会の召集決定は憲法53条に違反するものとして違憲と評価される余地はあると述べた。あわせて読んでおいてもらいたい。

臨時会が即日解散となったケースは，2017年を含めて，過去に3件ある。即日解散の場合，臨時会が開かれたとしても，実質的には召集を拒否したことに等しい。そこで，臨時会の実質を確保するために，法律により，臨時会の召集日に衆議院を解散することを禁止した場合，憲法上どのように評価されるか。論じなさい。

➡ 次回の設問

内閣と行政各部の関係を考える。

憲法 11

名古屋大学教授
大河内美紀
OKOCHI Minori

↘ 設問

　欧州を中心に，近年，インターネット上のヘイトスピーチへの対策が強化される傾向にある。ドイツでは2017年に，SNS事業者に対して現行法上違法となる表現の削除を義務付けるいわゆるSNS法が制定された。こうした状況を受け，政府は，憎悪コンテンツ規制委員会という行政機関を新たに設置し，特定のコンテンツの削除命令などの処分を行わせるとともに，その処分への不服申立手続として同委員会による司法手続に類似した裁決を用意し，さらに，その裁決に不服がある者には裁判所に取消訴訟を提起させるという仕組みを備えた法律案を検討している。もしあなたが，「この仕組みには憲法上の問題があるか」と尋ねられたら，憲法の専門家としてどう答えるか。論じなさい。

【参考】憎悪コンテンツ規制法（案）（抜粋）
2条　この法律において「憎悪コンテンツ」とは，第3条に定めるインターネット上に流通させてはならない不当な差別的コンテンツをいう。
4条　特定電気通信役務提供者は，憎悪コンテンツをインターネット上に流通させてはならない。
5条1項　第4条の規定に違反する行為をした特定電気通信役務提供者は，被害者に対し，損害賠償の責めに任ずる。
同条2項　前項の規定による損害賠償の請求権は，第6条に規定する削除命令が確定した後でなければ，裁判上主張することができない。
6条　第4条の規定に違反する行為があるときは，憎悪コンテンツ規制委員会は，12条以下に規定する手続に従い，特定電気通信役務提供者に対し，憎悪コンテンツの削除を命ずることができる。
10条1項　国家行政組織法（昭和23年法律第120号）第3条第2項の規程に基づいて，総務大臣の所轄の下に，憎悪コンテンツ規制委員会（以下「委員会」という）を設置する。
同条2項　委員会は，5人の委員をもって組織する。
同条3項　委員は，両議院の同意を得て，内閣総理大臣が任命する。委員の任期は，3年とする。
同条6項　内閣総理大臣は，委員が心身の故障のために職務の執行ができないと認める場合又は委員に職務上の義務違反その他委員たるに適しない非行があると認める場合には，両議院の同意を得て，その委員を罷免することができる。
20条　第5条の規定による損害賠償に関する訴えが提起されたときは，裁判所は，憎悪コンテンツ規制委員会に対し，同条に規定する違反行為によって生じた損害の額について，意見を求めることができる。

❗POINT
　❶独立行政委員会の法的性格を理解する。❷行政機関による裁判の禁止と独立行政委員会の権能の関係を理解する。❸事例に即して検討する。

↘ 解説
① 内閣と行政各部

　本設問は，独立行政委員会の憲法上の位置付けを問うものである。独立行政委員会とは，行政各部のひとつであって，内閣から独立して権限を行使するものを指す。そのため憲法65条との整合性が問題となるが，それを論じる前に，まずは内閣と行政各部一般の関係について確認しておこう。

　憲法65条は，行政権は内閣に属すると定める。しかし，73条によって内閣に付与されている権限・職務のすべてを内閣構成員だけで遂行するとみるのはおよそ現実的ではなく，また，「行政各部」（72条。内閣の下に行政事務を分掌する国家機関を意味し，現行制度上は，内閣府および各省ならびにそれらの外局を指す）や「主任の国務大臣」（74条）に関する言及があることから，日本国憲法は，内閣のもとに行政組織が設置され，それらを通じて行政権が行使されることを前提としていると解される。なお，行政組織を定めることは，明治憲法のもとでは天皇大権のひとつ（10条）とされていたが，日本国憲法には，法律で定めることが明記されている内閣（66条1項）を除き，特段の規定はない。しかし，法の支配や民主主義の観点から行政各部の組織は法律で定めなければならないとするのが学説のほぼ一致した見解である（佐藤幸治『日本国憲法論〔初版〕』432頁注4）。実際に，現行の行政各部は，内閣府設置法および内閣府以外のものについて定める国家行政組織法等に基づいて組織されている。

　憲法65条を受けて，66条は，内閣が行政権の行使について，国会に対し連帯して責任を負うと定める（連帯責任の原則）。しかし，前記のように，実際に行政権を行使するのは内閣のもとに設置される行政組織であり，連帯責任の原則を実効あらしめるためには，内閣が行政組織を指揮監督することが不可欠となる。72条が，内閣の首長である内閣総理大臣に行政各部に対する指揮監督権を付与しているのはその故であり，国家行政組織法は，国の行政組織について，「内閣の統轄の下に」組織され（2条1項），また，「内閣の統轄の下に」「一体として，行政機能を発揮するようにしなければならない」（同条2項）としている。

　とはいえ，行政作用のなかには，その性質上，高度な政治的中立性や専門性が求められるために，内閣から独立して活動することが期待されるものも存在する。そこで登場するのが，独立行政委員会である。

② 独立行政委員会

　独立行政委員会は，戦後，アメリカをモデルとして日本に導入された。合議制機関であること，内閣の指揮監督権から独立して独自に国家意思の表明を行うこと，行政的権限のほかに準立法的権限と準司法的権限を併せ持っていること，委員の任命に国会が関与し・比較的長期の任期保障があり・解任事由が限定されていることと

いった特徴を持つ。現行法上の組織では，人事院や公正取引委員会，公害等調整委員会などがこれにあたる。

内閣の所轄（「所轄」という言葉は，通常の意味での指揮監督権が及ばない関係を指すものとして用いられることが多い。野中俊彦ほか『憲法Ⅱ〔第5版〕』202頁注3）の下に設置された人事院を除くと，独立行政委員会は，内閣府または各省の外局として設置されている。なお，国家行政組織としての「委員会」には，国家行政組織法8条に基づく委員会（およびそれと同等の権限を持つ内閣府設置法に基づく委員会）と同法3条に基づく委員会（同上）とが存在し，前者は8条委員会，後者は3条委員会と呼ばれる。8条委員会は重要事項の審議等を行うための機関であって，独立行政委員会ではない。独立行政委員会は，3条委員会として設置される。設問の法案10条からは，憎悪コンテンツ規制委員会が3条委員会として設置された独立行政委員会であることが読み取れる。

1で述べた原則からすれば，独立行政委員会は憲法65条と抵触するようにも見え，かつては違憲論も存在した。しかし，こんにちでは学説の大勢は独立行政委員会の合憲性を認めている。その理由としては，①行政作用の中には，その運用に中立性・専門性が必要とされ，必ずしも政治的性格をもった機関が直接行使するのになじまないと考えられる領域が存在しうることに加え，②65条には，「唯一の立法機関」（41条）や「すべて司法権は」（76条）のような限定的な文言が含まれないため，形式的には，憲法は行政権を内閣のみに独占させる趣旨ではないと解する余地があること，③内閣から独立した機関であっても，国会による一定の直接的コントロールが及ぶのであれば，66条が求める行政権の行使についての国会に対する責任は担保されうること，が挙げられる。

これに対して，政府は，公正取引委員会の合憲性が問われた際の国会答弁において，「人事あるいは財務，会計その他の事項を通じて一定の監督権を行使する」ことから行政委員会も内閣のコントロールの下にあるとして（1975〔昭和50〕・3・6〔第75回参議院予算委員会〕），異なる理由による正当化を試みた。他方，下級審ではあるが，人事院の合憲性が争点となった事件で，「飽く迄例外的」としつつも「〔憲法〕65条が単に行政権は，内閣に属すると規定して，立法権や司法権の場合のように限定的な定め方をしていないことに徴すれば，行政権については憲法自身の規定によらなくても法律の定めるところにより内閣以外の機関にこれを行わせることを憲法が認容して」おり，「或行政を内閣以外の国家機関に委ねることが憲法の根本原則に反せず，且つ国家目的から考えて必要とする場面にのみ」独立行政機関を設けることは許されるとして，上記①・②に力点をおいて正当化した判決もある（福井地判昭和27・9・6行集3巻9号1823頁）。

政府の立場を採れば，違憲を論じる場面はおよそ生じない（ただし，それでは裁判所も含まれることになるとの批判に応じねばならない）。他方，①〜③を理由とする場合にはもう一歩，論を進める必要が出てくる。③でいうコントロールは委員の任命への関与という形でなされることが通例であり，設問の法案10条3項もそう規定する。この仕組みは，統制として必ずしも強いものとは言えないが，「僅かではあっても国会が行政委員会に対して直接に統制を及ぼしうる余地が存する」（佐藤功『ポケット註釈全書・憲法〔下〕〔新版〕』883頁）ことをもっ

て足りると解するならば，設問の法案も③は充足すると言える。そうなると，焦点は①，つまり，憎悪コンテンツ規制委員会が担うとされる行政作用が，職務の性質上，政治的中立性や専門的技術的能力を必要とするものであるか否かが，憲法上の許容性を分けることとなろう。

③ 準司法的機能

設問の法案において，憎悪コンテンツ規制委員会は，法案4条違反の有無を審査する準司法的権限を付与されている。よって，憲法76条との関係も見ておかねばならない。

憲法76条2項は行政機関が「終審」として裁判を行うことを禁止しており，「前審」として行う余地を残している。そのため，同項は「例外として，行政機関が一定のかぎられた範囲で司法権を行うこと」を容認するものと解され（宮沢俊義〔芦部信喜補訂〕『全訂日本国憲法』604頁），裁判所法3条2項もそう規定する。専門的な知識や経験を背景とした行政機関による裁判（行政審判）には，行政の専門化・技術化が進む現代社会においては，むしろ積極的な意義が認められるとも言われている。現行法上の仕組みでは，人事院による裁決（国公92条の2）や公害等調整委員会による裁定（公害紛争42条の2）などがこれにあたるが，これらはいずれも，通常裁判所への出訴に道を開いている。設問の法案も同様の仕組みを採っており，その限りで違憲の問題は生じない。

ただし，現行法上の仕組みのなかには，通常裁判所において，独立行政委員会による事実認定にある程度の拘束力を持たせるものが存在する。上記の行政審判の意義を考えれば，事実認定につき独立行政委員会の判断を尊重することにも一定の意味が認められる。しかし，裁判所を無条件に拘束するとすれば，やはり憲法76条2項の趣旨に反しよう。土地利用調整法52条1項が「裁定委員会の認定した事実は，これを立証する実質的な証拠があるときは，裁判所を拘束する」（実質的証拠法則）とし，さらに，実質的な証拠の有無の判断を裁判所に委ねている（同条2項）のは，それ故である。

📕 ステップアップ

設問の法案について，20条を以下のように改訂した場合は憲法との関係でどう評価されるか。論じなさい。
20条1項 憎悪コンテンツ規制委員会の認定した事実は，これを立証する実質的な証拠があるときは，裁判所を拘束する。
同条2項 前項に規定する実質的な証拠の有無は，裁判所が判断する。

なお，ドイツのSNS法は，SNS事業者に対して，自ら策定した苦情処理手続に基づきブロッキングすべきか否かを審査することを義務付け，また，例外的に，行政当局から認証を得た自主規制機関に判断を委託し，違法とされた場合にブロッキングを行うことも可能としている。対国家との関係で表現の自由を保障し，オーバーブロッキングを防ぐためと言われるが，民間に過度の責任を負わせることで自主検閲が強まるとの懸念も示されている。この領域ではどのような規制主体がより適切か，あわせて考えてみてもらいたい。

➡️ 次回の設問

国と地方自治体の関係を考える。

憲法 12

名古屋大学教授

大河内美紀　OKOCHI Minori

↘ 設問

　過疎は日本の社会が抱える深刻な問題のひとつであり，様々な場面に影響を及ぼしている。そのひとつが，地方議会議員の「なり手」の減少である。この問題は，特に，人口規模の小さい自治体の議会において顕著であって，町村議会についてみた場合，2007年に実施された統一地方選挙において無投票当選となったのは448団体中67団体，15.0%であった。その割合は増加傾向にあり，2019年の統一地方選挙時には375団体中93団体，24.8%にも及んでいる。議員数でみると4233人中988人で，町村議会議員の23.3%が無投票で当選したこととなる。また，立候補者数が議員定数を下回るいわゆる定員割れが生じた町村議会も，8つ，存在する。

　A村もそうした自治体のひとつであり，この10数年，村議会議員のなり手不足に悩んできた。そこで，A村議会では，現行の村議会にかかる諸条例を廃止するとともに下記の条例を制定し，議会に代わる会議体を設置し，運営することを検討している。もしあなたが，A村議会の関係者に「この条例の定める会議体の設置について，憲法上の問題があるか」と尋ねられたら，憲法の専門家としてどう答えるか。論じなさい。

【参考】A村村民総会設置運営基本条例（案）（抜粋）
1条　この条例は，A村の村民総会の設置及び運営に関する基本的な事項を定め，もって，A村における住民自治の実現及び地方自治の確立を図ることを目的とする。
2条　地方自治法94条の規定に基づき，A村に，議会に代えて，村民総会を設置する。
4条　日本国民たる年齢満18歳以上の者で，引き続き3箇月以上A村の区域内に住所を有する者は，村民総会の構成員となる。
5条　村民総会は，この条例及びこの条例に基づく条例に定めるところによるほか，法律により村議会の権限に属するとされている事項に関する権限を有する。
6条1項　村民総会は，村長がこれを招集する。
同条2項　総会構成員の総数の4分の1以上の者は，村長に対し，会議に付議すべき事件を示して臨時会の招集を請求することができる。
同条3項　前項の規定による請求があったときは，村長は，請求のあった日から20日以内に臨時会を招集しなければならない。
7条　地方自治法102条の規定は，村民総会について準用する。この場合において，同条第2項にいう条例で定める回数は，年1回とする。

❗POINT

　❶現行法上の地方自治組織の仕組みを理解する。❷憲法の定める民主主義のあり方を理解する。❸憲法の定める地方自治のあり方を理解する。❹事例に即して検討する。

↘ 解説

①日本国憲法と地方自治組織

　大日本帝国憲法は地方自治に関する規定を持たず，地方に関する諸制度は法律上のものにとどまっていた。これに対し日本国憲法は，地方自治に関する1章を設け（8章），地方自治制度を憲法上の制度として保障している。とはいえ，具体的な制度のありようまで憲法が規律しているわけではなく，地方公共団体の組織および運営に関する事項は「地方自治の本旨」に基づいて法律で定められる（92条）。その中心となるのが地方自治法である。

　これに対して憲法93条は，数少ない憲法上の規定として，地方公共団体に「議事機関として議会を設置する」（1項）ことを定める。地方自治法89条が「普通地方公共団体に議会を置く」と定めるのは，これを受けてのものと解される。ところが，設問の条例案2条が示すように，地方自治法94条は89条の例外として，町村について，議会を置かず，選挙権を有する者の総会を設けることができるとしている。これはいわゆる町村総会に関する規定であって，本設問で問われているのは，その憲法上の位置付けである。これを検討するにあたっては，憲法93条の解釈のほか，日本国憲法が想定する民主主義や地方自治のありようを踏まえる必要があるが，まずは，93条の定める地方自治の組織について，簡単に確認しておこう。

　憲法93条1項が，議事機関として議会を設置することを定めていることはすでに見た。同条2項により，議会の議員は地方公共団体の住民による直接選挙によって選ばれるものとされている。また，同項は，同じく公選によって，地方公共団体の長および法律の定めるその他の吏員を選ぶことを定めている。

　憲法は，長と議会の関係について明示的な規定を持たないが，通説は首長制を採用したと解しており，地方自治法も首長主義に基づく。地方自治法によれば，地方公共団体の「長」は，当該地方自治体を統括し，代表する（147条）とともに，その事務を管理し執行する（148条）。これは，「長」を大統領型の独任制執行機関と位置付けることを意味する。その上で，議決機関としての議会と執行機関としての長をともに直接民意に基礎をおく住民の代表機関として対立させ（二元的代表制），それぞれの権限を分かち，その自主性を尊重しながら相互の間の均衡と調和をはかるという見地に立って，地方自治の運営をはかろうとしている（野中俊彦ほか『憲法II〔第5版〕』371頁）。また，長と議会の関係について，地方自治法は，議会に長の不信任決議権を（178条），長に議会の解散権を付与しており（177条3項・178条），議院内閣制の要素を加味している。これは，アメリカ型の大統領制にはない特徴である。

　なお一点付言すると，憲法93条にいう「地方公共団体」は92条のそれよりも狭く解することが一般的である。すなわち，92条の「地方公共団体」は全ての地方

公共団体を指すが，地方公共団体を設ける場合，そのすべてが93条によることを要し，93条によらない地方公共団体を設けることはいっさい許さないとする趣旨ではない（宮沢俊義〔芦部信喜補訂〕『全訂日本国憲法』767頁）。93条が定める地方公共団体は，いわば「標準的な地方公共団体」であって，同条の要件を一部欠く不完全な地方公共団体を設けることも許されるという理解である。最高裁も，1952年の地方自治法改正により東京都の特別区の長の公選制が廃止されたこと（ただし，1975年改正で直接選挙制に復している）の憲法適合性が争点となった訴訟において，93条の定める地方公共団体といい得るには「事実上住民が経済的文化的に密接な共同生活を営み，共同体意識をもっているという社会的基盤が存在し，沿革的にみても，また現実の行政の上においても，相当程度の自主立法権，自主行政権，自主財政権等地方自治の基本的権能を附与された地域団体であること」を要するとし，法律上の地方公共団体と93条のそれとを区別している（最大判昭和38・3・27刑集17巻2号121頁）。

② 町村総会

話を戻そう。設問は「標準的な地方公共団体」について，1で述べた仕組みの例外として地方自治法が定める町村総会である。町村総会は，極めて小規模な団体を念頭においた制度であり，日本では地方自治法施行前に1例（芦ノ湯村。1947年4月より議会制に移行），地方自治法のもとで1例（宇津木村。1955年に議会制の八丈町に編入）がある。有権者数は，前者が6人（1925年4月時点），後者が38人（1951年1月時点）であった。類似の制度としては，アメリカのタウン・ミーティングやスイスの住民集会などが挙げられる。具体的な制度設計はさまざまだが，審議事項が比較的限定されており，定足数等には高いハードルを設けないといった特徴がある。

地方自治法の定めるこの制度は，形式的には憲法93条1項と齟齬するようにみえる。しかし，政府解釈は，地方自治法94条の規定による町村総会は，憲法93条1項にいう「議事機関」としての「議会」に当たると考えられるとしており，これを否定する（内閣衆質196第57号〔2018年2月20日〕）。確かに，一般に「議会」の構成要素としては，①複数人から構成される機関であること，②決定権を持つ議決機関であることなどが挙げられ，ここだけを見れば，設例の条例案の定める村民総会は「議会」と言えそうである。しかし，「議会」の構成要素にはもうひとつ，③被治者を代表する者から構成されており，選出方法は選挙によることも挙げられる（芹沢斉ほか編『新基本法コンメンタール 憲法』483頁〔渋谷秀樹〕）。この「代表」性の不在を埋めるためには，もう一歩，論を進める必要がある。そこで鍵となるのが，代表制の背後にある国民主権または民主主義像である。

③ 憲法の描く民主主義像

日本国憲法は，前文で「日本国民は，正当に選挙された国会における代表者を通じて行動し」と記されていることなどから，構造的に間接民主主義を原則として採用したと解されることが多い。仮に，そう捉えるならば，「代表」性のない町村総会を正当化することは，実は難しい。

この困難を乗り越える方法としては，国政と地方とを区別し，日本国憲法は，地方レベルについては必ずしも構造的に間接民主主義を採るものではないと捉えることが考えられる。地方レベルについては，民主主義の型ではなく，原理のみを規定しているのだとすれば，その枠内で民主主義を実現する制度を議論する余地が広がる。民主主義または地方自治の要諦として，決定の正統性を被治者から獲得することを重くみれば，いっそう強い程度において住民の意思を代表する機関である町村総会は，「より高い程度において『地方自治の本旨』に適合すると考えられる」（宮沢〔芦部補訂〕・前掲765頁）。むろん，日本国憲法そのものが「人民が一般意思を決定する」という人民主権原理に立脚しており，それと両立するように解釈すべきとする立場を採れば「『住民自治』のもっとも積極的な具体化」（杉原泰雄『憲法Ⅱ』472頁）である町村総会が排除されないことは当然である。

しかし，日本国憲法をあくまで不完全な人民主権型立憲主義にとどまるものと見た上で，国民主権を「国と自治体からなる多元的な立法意思が代表議会および部分的な直接民主制の発動を通じ，それぞれ部分的暫定的な民主的正当性をもって競合することを認める原理」（辻村みよ子＝山元一編『概説憲法コンメンタール』417頁〔大津浩〕）と解する立場によれば，「議会の討議を通じ濾過されていない『生の』民意による決定は代表民主制の本質に反すること，並びに常設議会による執行府統制の廃止はとりわけ執政権者としての長の独裁を招く点で二元代表制にも反すること」（同421頁）から，議会を排し町村総会を設けることは違憲の疑いが強いとされる。

住民投票の場面でしばしば議論されるように，直接民主制にはプレビシット（事実上，特定の権力者の政策などを正当化する信任投票として機能する国民投票）の危険があり，決して万能ではない。他方で，投票という決定の場面のみに住民をコミットさせるのではなく，討議段階から住民が関与する町村総会は，直接民主制の「質」の面で違いがあるとの見方もできる。いずれの立場を採るにせよ，日本国憲法が描く民主主義像，地方自治像を踏まえて論じることが肝要である。

ステップアップ

地方自治法94条に基づく町村総会は，現在は存在しない。しかし，設問で述べた状況を背景に，2017年，高知県大川村が導入の検討を開始して，話題となった。これを受けて総務省が設置した有識者会議は，町村総会の実効的な運用の可能性や持続可能な町村議会に向けての方策などを検討した上で，町村総会の実現には消極的な報告書をまとめている。町村総会の実効的な運用が難しいと考えられた理由は何か，それを克服するためにはどのような方策がありうるか，考えてみてほしい。

先述のように，現行の地方自治法は，「長」を，大統領型の独任制執行機関として位置付けている。仮に，地方自治法を改正し，アメリカの一部自治体で採用されているシティ・マネージャー制（公選の長の権限を形式的・儀礼的なものに限定する一方で，地方議会がシティ・マネージャーと呼ばれる行政の専門家を選任し，その者に，実質的な行政府の長として，職員の任免や議会の政策を遂行する責任を負わせる仕組み）を採ることができるようにした場合，憲法上の問題が生じるか。論じなさい。

憲法・論点索引

（数字は登場回を示します）

行政法

日本大学教授

友岡史仁
TOMOOKA Fumito

行政法　　　　1

日本大学教授
友岡史仁　　TOMOOKA Fumito

↘ 設問

　S県在住のXは，日本刀の魅力に取りつかれたいわゆる「刀剣女子」であり，日本刀を見ているだけでは飽き足らず，実際にそれを所持したいと考えた。そこで，思い切って日本刀を扱っている刀剣商を営むA専門店に行き，お気に入りの日本刀を購入することにした。

　最初，Aでは日本刀の模造刀を勧められたが，元々本物志向であったXは，店で手に取った真剣の日本刀がすっかり気に入り，一振（刃渡り60センチ）を購入し，家に持ち帰った（以下，「本件日本刀」という）。購入に際し，Aからは「鑑定書付き」という説明を受けただけで，その他は特段話を聞いていなかった。その後，Xはしばらく自宅で本件日本刀を観賞用に飾っていたが，その後，インターネットで知り合った友人同士が集まる会合で楽しむべく，本件日本刀を持参した。

　しかし，Aが提示した本件日本刀の「鑑定書」が偽物と分かり，銃砲刀剣類所持等取締法（以下，「銃刀法」という）に基づき必要な手続もなされておらず，販売元のAはすでに廃業していることから，X自身も何がしかの規制を受けることはないか，困惑している。

　Xの本件日本刀の所持について，下記の参照法令に照らして行政法の観点から検討せよ。

〔参照法令〕銃刀法（抄）

第2条②　この法律において「刀剣類」とは，刃渡り15センチメートル以上の刀……をいう。

第3条①　何人も，次の各号のいずれかに該当する場合を除いては，銃砲又は刀剣類を所持してはならない。
　六　第14条の規定による登録を受けたもの（変装銃砲刀剣類を除く。）を所持する場合

第4条　次の各号のいずれかに該当する者は，所持しようとする銃砲又は刀剣類ごとに，その所持について，住所地を管轄する都道府県公安委員会の許可を受けなければならない。
　九　博覧会その他これに類する催しにおいて展示の用途に供するため，銃砲又は刀剣類を所持しようとする者

第10条①　第4条又は第6条の規定による許可を受けた者は，それぞれ当該許可に係る用途に供する場合その他正当な理由がある場合を除いては，当該許可を受けた銃砲又は刀剣類を携帯し，又は運搬してはならない。

第14条②　銃砲又は刀剣類の所有者（所有者が明らかでない場合にあっては，現に所持する者。以下同じ。）で前項の登録を受けようとするものは，文部科学省令で定める手続により，その住所の所在する都道府県の教育委員会に登録の申請をしなければならない。
　③　第1項の登録は，登録審査委員の鑑定に基いてし

なければならない。

第21条　第10条（第2項各号を除く。）の規定は，第14条の規定による登録を受けた銃砲又は刀剣類を所持する者について準用する。この場合において，第10条第1項中「それぞれ当該許可に係る用途に供する場合その他正当な理由」とあるのは「正当な理由」と……読み替えるものとする。

❗POINT

　❶「行政法の観点」の意味を理解する。❷銃刀法の規制構造から導けるルール（規範）を読み解く。❸ルール（規範）を設問の事実関係に当てはめる。

↘ 解説
①行政法は「横軸」の発想が必要

　一つの法律を徹底的に読み解くのが「縦軸」なら，行政法は複数の法律を横並びで読み解くので「横軸」の発想が必要である。もちろん，無意味な法律を横並びにするのではなく，それなりに「関連させる」ことが必要となる。本設問でいえば，いきなり銃刀法と出てきて，それについて「行政法の観点から検討」を求められるが，「縦軸」の発想ではうまくいかない。❷に見るように，条文を構造的に読み解く力が必要となる。この力を身につけるのが，行政法の勉強といえる。

　とはいえ，設問で登場するある法律が何と関連しているのかがすぐにわからないところが，行政法の勉強をネガティブにさせる所以かもしれない。そこで，先に触れた「横軸」の発想が分かれば，設問で問われている意味や発見すべき論点，解への到達が比較的容易になろう。

　行政法の流れは教科書を見てもしかり，**行政活動共通のルール説明→行政活動に特殊な訴訟手続**といった順序でおおよそ構成されるのが，一般的である。今後，この順序を念頭に置きつつ，横に相互に関連する事例を設定することで，設問の中で段階を追いながら応用力を養えるよう心掛けたい。

②「個別法」の諸規定を見る

　一つのテーマ（本設問なら日本刀といった「刀剣類」）を扱う法律は「個別法」と呼ばれ，対象を限定し多様な諸規制を課す。そのような法律は，1条に趣旨・目的，2条に規制対象の定義，そして3条以下の各章節でそれぞれの諸規制が具体的に規定されるのが一般的であり，この構造が頭に入れば，おのずと調べる箇所が分かる。

　本設問は掲載する〔参照法令〕が銃刀法の関連規定のみであり，出題者が導き出してほしい解はそれほど多数でない。読み解くための最大のポイントは，**誰が何をどのように規制しているか**であり，これが該当法令の規制構造を理解する基本線となる。本件日本刀との絡みから当該諸規定を読み解くと，(1)本件日本刀は2条2項にいう「刀剣類」に該当し何人も例外を除いて所持が禁止されること（3条1項），(2) (1)の場合に所持するには都道府県公安委員会の許可を受ける必要があること（4条），(3) (2)の許可を受ける場合が特定されること（4条1項各号），(4)所持の態様も「正当な理由」がある場合に限定されていること（10条1項・21条），(5)都道府県教育委員会への登録を受けた刀剣類は所持が可能であること

（14条2項）といった具合である。

③ 本設問の関連ルール（規範）を読み解く

本設問に関連するルール（規範）とは一体何か。本設問で問われているのは，「Xの本件日本刀の所持について」を検討することであり，そのためには掲げられた諸事実に照らしながらいかなる行政法上のルール（規範）が存在するかに気付く必要がある。

行政法関係には行政機関と処分の名宛人の二者関係とそれら二者以外の第三者を含めた三者関係があるが，本設問は困惑するXの立場に立って「個別法」の規定を適用した際の問題を「行政法の観点」から検討することを求めるので，少なくとも，XがS県公安委員会から受けるべき「許可」およびS県教育委員会への「登録」といった二者関係を読み解くのが主題といえるだろう。ただし，本設問では，この「許可」や「登録」とは直接関わり合いのないAという第三者も登場することに，注意を要する。

二者関係として登場する「許可」や「登録」は，行政法理論によって説明すべき重要な要素をはらむことにも注意したい。「許可」とは申請に対し行政庁の実質的判断が介在するのに対し，「登録」はそうではない（それゆえに，手続の煩雑さに大きな違いがある）。その一方，ここにいう「許可」とは一定の所持目的が審査対象とされ**対人的**であるのに対し，「登録」は刀剣類の帰属者（所有者・所持者）が行う行為であるが，その所在を行政機関により把握する趣旨で**対物的**であり，所有者・所持者は誰であってもかまわない。ただし，銃刀法は刀剣類を譲渡された者には届出義務を課しており，別の手続が準備される（17条1項）。いずれにせよ，**2**に触れた銃刀法上の構造を見る限り，登録があれば許可を要することはないが（21条・10条1項），登録がない本件日本刀についていかなる規制を受けるのかが問題となる。

次に三者関係についてはどうか。Aは本件日本刀に係るXとの売買契約を締結しただけであって，そこに「個別法」にかかわる銃刀法上の規制といった行政法上の問題が潜んでいる様相はない。しかし，先の二者関係が成立する要因はまさにAとの売買契約であり，Xに対する説明不足と思わしき事実も読み取ることができる。この問題はかねてより**公法と私法の二元関係**という難しい課題を突き付ける原因ともなってきた。すなわち，行政法規に違反する私人間の取引が無効といえるのかという問題である。しかし，本設問のように買主であるXが必要な行政法規の存在を知らないことはあり得るのであって，逐一取引を無効にすることは，取引の法的安定性を損なうことにもなりかねない。まずは，**契約の効力を決する何らかの諸規定が実定法に存在しない限りは，原則的に有効な取引とみなし，その法的効力に影響がないとみて差し支えない**と考えておこう。本設問におけるこの点との関わりは**5**で触れる。

④ 設問の事実から解を導き出す

ルール（規範）が分かったら，今度は本設問に当てはめることで一定の解を導き出すことが求められ，所与の事実関係から銃刀法に明記されていない事態が生ずる場合は「解釈」が必要となる。この解釈がいわば判断の分かれ目の発見であり**争点**と呼ばれる（判例集の読解として必要な作業となる）。

そこで，本設問を解答するうえで注目すべきいくつかの事実関係から，次のような点を指摘できる。

第一に，Xによる本件日本刀の所持は銃刀法上違法といえるかであり，本設問への解となる最大論点である。そもそも本件日本刀は同法に規定された「刀剣類」に該当することが条文上明らかであり規制対象となる。仮に本件日本刀が真剣でなく「模造刀」であっても銃刀法の規制対象に該当し得るので（辻義之監修＝大塚尚『注釈 銃砲刀剣類所持等取締法〔第2版〕』30頁），これから取り上げる論点は結論において相違ない。

2に見たように，銃刀法上，所持には「許可」または「登録」という規制が課せられているが，本件はどちらの事案であろうか。この問いには，本設問からは偽物の「鑑定書」という前提事実が一つのキーとなる。〔参照法令〕によれば，14条3項の規定から鑑定書があれば「登録」で済むはずであるが，偽物であるためS県公安委員会による「許可」が求められ，正当化事由のうち4条1項9号の該当性が必要となる。しかし，本設問ではXは観賞用として所持し，かつ持参したのはインターネットで知り合った友人同士の会合に過ぎないため許可の対象とはなりにくい（銃刀法4条1項9号モデル審査基準別紙1(2)では公開性を正当化事由の一つとする）。

第二に，廃業したAの説明不足が原因という点は，行政法上の問題にならないか。本設問から，Aがすでに廃業しており，XがAに店としての法的責任を求める論点は除かれよう。かといって，偽物の「鑑定書」を伴って本件日本刀が販売されたため，Xの所持自体が適法とはならない。

第三に，Xに適法な所持が認められるためにはどうしたらよいか。本設問からはXの所持が違法状態であることに変わりないが，本件日本刀はあくまで観賞用を目的としているため，21条にいう「正当な理由」に該当するものと解され（実務解釈として辻監修・前掲書434頁），正式な「鑑定書」を作成し登録すれば携帯・運搬できる。

⑤ 現実的な落としどころ

〔参照法令〕以外にも，銃刀法27条1項が，違法な所持に係る刀剣類につき都道府県公安委員会による提出命令を可能とする一方，刀剣類の売却にあたり，許可を受けるべき刀剣類であったり，偽りの方法で許可を受けた事実が生じたのちにその事実を知らないで取得した者について，同条2項が命令の適用除外を別途規定している。本設問ではXが許可の対象外となるが，XとAとの関係に類似している点で，命令の可否が問題となり得ることがあろう。

🔼 ステップアップ

銃刀法以外にも同法に関連した政省令（例，14条2項に委任された銃砲刀剣類登録規則）や本文に掲げた審査基準などを，ウェブサイト等で確認し規制構造全体を読み込んでみよう。

➡ 次回の設問

規制構造を実際に形作る行政規則の問題に焦点を当てる。

行政法 2

日本大学教授
友岡史仁
TOMOOKA Fumito

↘ 設問

　Xは国産大手の酒類を全国的にインターネットで販売する計画を立て，A税務署長に対し「通信販売酒類小売業免許」を申請したが，Aは「Xの申請内容は通達に違反する」との理由を付した書面を交付し拒否する処分を行った（以下，「本件処分」という）。本件処分の理由は，おそらくXが「酒税法及び酒類行政関係法令等解釈通達」（以下，「本件通達」という）10条11号関係の4(1)イにある「特定製造者」が製造販売する酒類以外を販売対象としていたことにあると思われたが，納得がいかず，本件処分の取消しを求めて訴えを提起した。

　Xが出訴後，Aが「本件処分はXが申請する通達10条11号関係の4(1)イに限定した商品以外の酒類が通信販売の対象となれば，需給の均衡維持に大きな影響を与えると考えられるため」とする旨を文書で回答してきた。

　以上の事実に照らして，Xが本件処分につき行政法上主張し得る論点について検討せよ。

〔参照法令等〕

○酒税法（抄）

第9条① 　酒類の販売業……をしようとする者は，……販売場……ごとにその販売場の所在地……の所轄税務署長の免許（以下「販売業免許」という。）を受けなければならない。

第10条 　……酒類の販売業免許の申請があつた場合において，次の各号のいずれかに該当するときは，税務署長は，……酒類の販売業免許を与えないことができる。

　　十一 　酒税の保全上酒類の需給の均衡を維持する必要があるため酒類の製造免許又は酒類の販売業免許を与えることが適当でないと認められる場合

○酒税法及び酒類行政関係法令等解釈通達（抄）

第9条1項関係の8(1)イ

　　(ロ) 　通信販売酒類小売業免許

　　　　通信販売酒類小売業免許とは，通信販売（2都道府県以上の広範な地域の消費者等を対象として，商品の内容，販売価格その他の条件をインターネット，カタログの送付等により提示し，郵便，電話その他の通信手段により売買契約の申込みを受けて当該提示した条件に従って行う販売をいう。以下同じ。）によって酒類を小売することができる酒類小売業免許をいう。（以下略）

第10条11号関係の4

　　通信販売酒類小売業免許は，販売しようとする酒類の範囲が次の場合には免許を付与等する。

　(1) 　国産酒類のうち，次に該当する酒類

　　　イ 　カタログ等の発行年月日の属する会計年度の前会計年度における酒類の品目ごとの課税移出数量

が，全て3,000キロリットル未満である製造者（以下この4において「特定製造者」という。）が製造，販売する酒類

❗POINT

　❶行政立法の種類と通達に関する学説の整理を理解する。❷本件通達の合理性の審査の仕方。❸行政手続法の論点に気付く。

↘ 解説

① 通達の意義

　行政法の法源（法の存在形式）には，憲法や法律以外にも多様な種類が見られるが，少々厄介なのが「通達」である。通達は行政機関が制定する一つの法（規範）形式であり，本件通達のように「○○通達」と冠する場合もあれば，そうではない場合もある。

　通達の法的性質を語る場合，国民の権利義務に影響するか否かという観点から位置付けられることが多い。学説では行政機関の制定に係る規範で，(1)影響するものは**法規命令**と呼ばれ，政令や省令といった公布に決まった形式が採られる場合であり，(2)そうでないものが**行政規則**と呼ばれるが，通達はこれに属する（行政規則にはこのほか訓令や要綱が挙げられる）。

　行政規則が解釈上重要となるのは，その中でのさらなる分類にある。通常(i)法令解釈の統一化を図る基準である**解釈基準**と(ii)行政庁の判断に余地（裁量）があるとして予めその基準を設定する**裁量基準**とに分けるが，例えば，税負担の公平性から法解釈を上下行政機関間で統一化する必要性から出される通達であれば，それは解釈基準である。

　通達をめぐり，なぜこのような位置付け作業が重要かといえば，学説（塩野宏『行政法Ⅰ〔第6版〕』118頁）や判例（最判平成4・10・29民集46巻7号1174頁〔伊方原発事件〕。ただし専門技術的判断に係る処分）に照らし，**裁量基準は解釈基準とは異なり，裁判所が基準の合理性について審査を行うからである**。これを「合理性審査」と呼んでおこう。

　本件通達はどうか。酒税法では免許の対象を「酒類の販売業」とするだけで，さらに同法10条11号は酒類の需給均衡規定であるものの，その具体的手段が規定されていない。そこで本件通達は，課税要件ではなく免許要件として酒類販売事業の具体的構造を規定していることからすれば，解釈基準ではなく裁量基準と位置付けるのが適当であろう。

② どのように合理性審査を行うか？

　本件通達を裁量基準とした場合であっても，その合理性審査に決まった定式があるわけではない。しかし，先に触れた判例（平成4年最判）は，基準の合理性と基準の適用の合理性の二段階に分けて検討しており，これを用いて本設問の解を導き出せる。この場合，本件通達が特定種類に限定し「通信販売酒類小売業免許」として免許要件を規定することが酒税法10条11号の趣旨・目的に照らして合理的か否かの問題がある。Xの立場に立てば，この点を非合理的と説明すべきだが，どのように立論すべきかを検討してみよう。

まず，従前の関連事例を見ると，人口を需給調整基準とする通達に係る判例（最判平成10・7・16判時1652号52頁）は，この基準には酒類供給の過剰な事態を生じさせるかを客観的かつ公正に認定できる点で合理性があると解していた（ただし例外的取扱いが合理性の観点から疑わしいとの見解として下井康史・平成10年度重判解35頁）。その他「通信販売を除く小売に限る」との条件を付して販売業免許を付与されていた業者が当該条件部分の取消しおよび義務付けの訴えを提起した裁判例（東京地判平成24・7・6税資262号順号11991）では，本件通達の合理性が肯定されていた。これらの事例に照らすと，本件通達が販売業に係る何がしかの類型を設け，他店との競合を避ける観点から調整が行われ得る点において，一定の合理性ありと解されやすい。

しかし，本件通達10条11号関係の4⑴では，特定製造者以外の製造・販売する酒類を通信販売対象とし得ない旨規定されているため，本設問に照らすと，Xの販売予定である国産大手の酒類でかつ全国展開する場合はまさにこれに該当する。であれば，Xとして酒類を限定して通信販売することが，店舗数の需給調整となぜ整合的であるかが不明であり，それゆえに本件指針の当該部分に合理性はないとの主張も成り立とう。Aは，当該酒類が通信販売されれば既存の他店の経営を脅かす旨主張することで本件通達の合理性を説明できる余地はあるとして，少なくともその具体的判断根拠を本設問から即導くのは困難である（理由提示については **3**以下で検討する）。

なお，このような販売酒類を特定した免許要件に過剰規制の疑いがあるとし，憲法22条1項（職業選択の自由）違反とする主張が考えられ得る。

3 行政手続法との関係を読み解く

本設問は，Xに対する本件処分の事前手続についても問題とされる点に気付くべきである。この場合，〔参照法令等〕に記載がなくとも**行政手続法の問題**であり，行政法の設問で意識すべき行政法規の一つである。以下，本設問についてみておく。

第一に，本件通達は **1** で触れたように，Xの申請に対する本件処分に係る内部基準であり，行政手続法では「審査基準」（5条）に該当する。本件通達は公表済であり，基準を外れてAが本件処分を行っているわけではない。さらに，本件処分がXとの関係で信頼を裏切る運用がなされていたわけではないので，本設問ではこの点で何か主張すべき「行政法上の論点」があるとは言い難い。

第二に，本件処分時にAが提示した理由に着目する必要がある。行政手続法は処分につき**理由の提示の必要性**を明記しているが（8条・14条），本設問によれば，Aの処分時に「Xの申請内容は通達に違反する」とする理由提示で，Xには何が理由か想定できているので，形式的には十分といえそうである。しかし，この制度には恣意抑制機能や不服申立便宜などの機能が備わっているとされ，その程度が問題となる。判例（最判昭和60・1・22民集39巻1号1頁〔旅券発給拒否事件〕）は「申請者においてその記載自体から了知しうるものでなければなら」ないと判示し，条文だけでは不十分としている点に照らせば，Aによる本件処分時の理由提示の

程度は不足しており，処分本体に影響する瑕疵（＝キズ）があることは，容易に解されよう。なお，本設問は審査基準に関連する事例であるが，不利益処分に係る処分基準でも同様の問題が生ずることに注意しておきたい（最判平成23・6・7民集65巻4号2081頁）。

4 訴訟手続と行政手続法

本設問ではXが訴えを提起していることにも，注意すべきである。設問によっては，処分の取消しなど**処分について争う行政争訟**における訴訟手続それ自体の問題として登場するが，ここではXの訴えの提起後にAが回答した文書の存在に論点がある。

具体的には，訴えの提起前後においてAがXに提示した理由の程度に差があるという点であり，先の行政手続法上の論点の延長にある。そして，Aは訴訟手続段階において，本件処分段階とは異なった，より具体的な理由を提示している点に気付きたい。というのは，処分時に理由が提示されてこそ，この制度の機能が発揮され，それ以降だと“後出し”になり意味がないという点にある。しかし，処分時に不明であっても事後的に判明した理由が適切であれば，一度処分を取り消したうえで改めて処分を行う必要性はないという考え（＝**瑕疵の治癒**）も現実的には成り立つ。このため，単に処分の取消しをすぐに認めてよいとは限らないのが，この論点で注意すべき箇所である。

本設問を見ると，Xが本件処分時に提示された理由は，**3**に取り上げたように，それ自体でアウトである。これは本件処分時の理由提示の程度が不十分であったという「原始的瑕疵」の事象である。通常この事象は**理由の追完**と呼ばれるが，判例（最判昭和47・12・5民集26巻10号1795頁）でも違法と解している。ただし，Xにはある程度中身に予想がついていたことをうかがわせる事実関係を読み取れるため，これが瑕疵の治癒に値するかも問題となろう。しかし，先に掲げた理由提示の諸機能に照らせば，手続法上容認するのは難しい。

5 他の仮想事例

申請者は申請段階で「製造者の発行する通信販売の対象となる旨の証明書」等の提出を要するとされる（国税庁HP「酒類販売業免許申請書⒟チェック表」）ため，書面がそろわないと処分庁は申請を留保する可能性があるが，本設問は本件処分が行われたため，ここまでは想定していない。**留保は「行政指導」という別問題**であるが，ここでは少なくとも，行政手続法が書類に不備がなければ処分庁に審査義務がある旨規定し（7条），申請者に無理難題を押し付けていつまでも申請を留保することが違法になり得ること（33条）を，意識しておこう。

🔖 ステップアップ

行政救済法では，訴訟係属時に処分庁側が処分時とは別の理由を主張する**理由の差替え**について，被告処分庁に主張制限の問題が生ずること（塩野宏『行政法Ⅱ〔第6版〕』184頁以下）を意識しよう。

➡ 次回の設問

公務員の懲戒処分を素材に，行政処分の特徴と裁量統制の方法を学ぶ。

行政法　　　3

日本大学教授

友岡史仁　　　TOMOOKA Fumito

↘ 設問

X は，K 県立 A 高等学校卒業後，学校教育法に規定された「専修学校」として K 県知事より認可を受けた B 専門学校で 2 年間の課程を修了し，Y 市職員として C 課に採用された（以下，「採用処分」という）。Y 市では当該課の職員採用要件が「高等学校を卒業見込みまたは高等学校を卒業した者」とされていたが，採用試験時に X が Y 市に提出した履歴書には，最終学歴として「K 県立 A 高等学校卒業」と記載し，B 専門学校修了見込みであることは記載しなかった。その後面接試験でも履歴に関する指摘はなく，正式に採用されるに至った。

X は採用処分後も特段問題なく業務をこなしていたが，採用後 20 年を経過した際，内部告発を受けた Y 市当局では，X が虚偽の履歴記載を理由に免職事由に相当すると解し懲戒免職処分（以下，「本件処分」という）を行った。これに対し，引き続き Y 市職員として働き続けたい X はどうしたらよいか T 弁護士に相談した。T が X にできる行政法上のアドバイスについて，検討せよ。

〔参照法令等〕

○地方公務員法（抄）

第 29 条① 職員が次の各号の一に該当する場合においては，これに対し懲戒処分として戒告，減給，停職又は免職の処分をすることができる。

三　全体の奉仕者たるにふさわしくない非行のあつた場合

第 51 条の 2　第 49 条第 1 項に規定する処分であつて人事委員会又は公平委員会に対して審査請求をすることができるものの取消しの訴えは，審査請求に対する人事委員会又は公平委員会の裁決を経た後でなければ，提起することができない。

○ Y 市懲戒処分の標準例（抄）

1　基本事項

以下については，代表的な事例を選び，それぞれにおける標準的な処分量定を掲げています。具体的な量定の決定にあたっては，

⑴　公務遂行にかかる非違行為か否か

⑵　非違行為の動機，状況及び結果はどのようなものであったか

⑶　故意又は過失の度合はどの程度であったか

⑷　他の職員及び社会に与える影響はどのようなものであるか

⑸　非違行為を行った職員の職務上の責任は，非違行為との関係でどのように評価すべきか

⑹　司法判断はどのようなものであるか

⑺　被害者との間で示談や和解がなされているか

⑻　過去に非違行為を行っているか

等のほか，日頃の勤務態度や非違行為後の対応等も含

め，総合的に考慮したうえで判断することとします。個別の事案の内容によっては，標準例に掲げる量定以外となることもあり得ます。

なお，標準例にない非違行為についても，懲戒処分の対象となり得るものとし，これらについては標準例に掲げる取扱いを参考に判断することとします。

2　標準例

⑴　一般服務関係

ア　学歴詐称

学歴を詐称して採用された職員は免職又は停職とする。

❗POINT

❶行政法特有の手続をおさえる。❷行政裁量の存在意義。❸裁量コントロールの具体的方法と使い方。❹処分基準の扱いを意識する。

- -

↘ 解説

❶定番のルールを理解する

本設問は，公務員に対する懲戒免職処分が問題であり，行政法事例ではよく見かける定番である。X が T に期待するアドバイスとは，⑴ Y 市職員として地位を回復させること（地位確認訴訟）と⑵本件処分がなされて以降の給与支払（未払給与支払請求）の二点に集約できる。

公務員の身分は，私企業のような雇用契約という私法上の関係ではなく「処分」による公法上の関係として解されてきた。このことは，処分の効力を排除する手続がとられないまま裁判所に地位回復や未払給与の支払を求めても，裁判所はこれを門前払いする（＝却下）ことに表れる。行政法理論はこの現象を，処分には「公定力」（＝「権限ある機関が取り消すまでは有効とみなすこと」）が備わっているからと説明する。ただし，大半の行政法教科書では，ここにいう「処分」を講学上の「行政行為」と称し説明する。したがって，X が権限ある機関（＝裁判所や処分庁または権限ある行政庁）に本件処分を取り消してもらわなければ A 市職員には戻れない（ただし処分の瑕疵〔キズ〕に関わる論点は **5** で解説）。

以上のほか，懲戒処分の取消しを求めるには，審査請求を経由しないと取消訴訟を提起できないというルール（地公 51 条の 2，審査請求前置主義）があるので（国家公務員も同様である。国公 92 条の 2），これも頭に入れておく必要がある。

❷行政裁量の発見方法（取消しを考える前に）

行政活動は，国会の議決による「法律」を根拠とする法治行政の原理に基づきつつも，問題事象は臨機応変に対処することが求められるため，行政庁に判断の余地を持たせる（＝裁量がある）規定が多い。条文中「○○できる」といった規定がこれである（行為の選択）。もっとも，条文の規定だけでは現代の行政活動に十分対応できるとは限らない。学説では，事実の認定，認定事実の要件への当てはめ，処分の発動タイミング（時の選択），手続の選択という行政過程の各ディメンジョンで，裁量の存在を発見してきた（塩野宏『行政法 I〔第 6 版〕』

138頁）。

本設問はどうか。〔参照法令等〕にある地方公務員法29条1項の規定を読むと，「戒告」にはじまり「免職」に至る複数種の懲戒処分の中から選んだうえで処分をすること（またはそもそも処分を行わないこと）に裁量があるといえる。懲戒処分事例である判例（最判昭和52・12・20民集31巻7号1101頁〔神戸税関事件〕）も，このような「行為の選択」に裁量を認めるが，法令違反の該当事由の有無（事実の認定）には裁量を認めない立場とされる点は，注意したい。

もっとも，裁量があるのだから処分庁の判断は結果オーライかといえば，そうでない。以下では(1)学説・判例の考え方の確認，(2)ルール（規範）の具体的な当てはめ方の各視点から，検討してみる。

③ 学説・判例から考える

裁判所が裁量のある処分を違法と判断することを「裁量コントロール」と称するが，三権分立の原理に照らして慎重になるべきとの見方もできる。しかし，行政事件訴訟法30条が「行政庁の裁量処分については，裁量権の範囲をこえ又はその濫用があつた場合に限り，裁判所は，その処分を取り消すことができる」と規定し，判例の積み重ねによって違法となる基準が形成されてきた。したがって，裁量コントロールでは，行政裁量に価値を見出すのではなく，事案に応じ適宜行政判断の余地を確保しながら，**裁判所による審査密度の向上（＝司法統制の強化）**を図るのが現在の行政法理論の方向性である。学説は密度に応じて(1)最小限審査，(2)中程度の審査として類型化することがある（小早川光郎『行政法講義(下)Ⅱ』195頁以下）。

他方，公務員の懲戒免職処分事例でいうと，判例（神戸税関事件）は「懲戒処分は，それが社会観念上著しく妥当を欠いて裁量権を付与した目的を逸脱し，これを濫用したと認められる場合でない限り，その裁量権の範囲内にあるものとして，違法とならない」とする基準を定立している（社会観点審査）。この文言からもわかるように，違法とされるにはネガティブな基準であるため，「最小限審査」に相当する。そこで，審査密度の強化を要請する学説の傾向に照らせば，**所与の事実を密度濃く処理すること**が求められる。

ところで，判例では審査を高密度化するにあたり，「中程度の審査」に相当する**判断過程統制**という手法が用いられてきた点も重要である。これは，行政庁が判断すべき事柄を判断していない点をもって処分に過誤があると解する枠組みであり，「行政庁は○○と判断すべきなのにしていないこと」や「行政庁は○○と判断してはならなかったのにそれをしたこと」といったように，当為（「～べき」）の判断手法である。このほか，**一般法原則と称される比例原則，平等原則や信義則等**（比例原則は 4 参照），非法定のルールが事案に応じて当てはめられることがあるので，種類の異なる判例を読んで勉強する必要がある。

④ 処分基準を使いこなす

地方公務員法上「行為の選択」に裁量が認められることが分かったので，次に本設問の事実に照らし，果たしてXの行為が本件処分に値するかが問題となる。

第一に，本設問では「Y市懲戒処分の標準例」（以下，「標準例」という）が示されている点に注目したい。これは行政手続法が処分基準（12条）として規定するものであり，行政庁が恣意に走らないための基準である。原則として行政機関はこれに拘束されると解する判例（最判平成27・3・3民集69巻2号143頁）に照らし，本設問でも標準例に沿って解答すべきであろう（大橋洋一『行政法Ⅰ〔第4版〕』240頁も参照）。

標準例2(1)アによると，「学歴詐称」は「免職又は停職」に値するため，学校教育法に規定された当該学校を修了したことは，立派な学歴の一つと解し，採用要件には「高等学校卒業程度」といったあいまいな表現がされていないため，本件処分に瑕疵はない。しかし専門学校修了は，大卒等とは異なり「学歴」としてあえて記載するには値しないとして，TはXにアドバイスすることが考えられる。実際は，議論の余地がある部分だろう。

第二に，処分庁に付与された選択肢の中で最も重い「免職」が採用された点である。標準例1(1)～(8)では，処分の量定に当たり様々な考慮要素を定めており，これを十分に斟酌しているかを検討すべきことになる。

本設問から，仮に「学歴詐称」に該当するとしても，採用時に履歴に関する指摘がなかったこと，採用処分後も特段問題なく業務をこなしていたこと，20年後に明るみに出た事実であること，といったように，Xには一定の年月を経ていきなり行われた処分であることに照らせば，標準例1の列挙事項(2)，(3)と(8)についてXに有利に働く余地がある。さらに，Y市当局は本件処分が「学歴詐称」一点のみで免職に値すると解したと思われ，標準例の「日頃の勤務態度や非違行為後の対応等も含め，総合的に考慮したうえで判断すること」との記載に鑑みれば，**該当事実に比して過重処分であるとして比例原則違反であると主張できる**。

⑤ 瑕疵（キズ）の度合いについて

以上の事柄は処分が取消しに値する瑕疵（キズ）を前提とするが，それが深ければ「無効」と呼ばれる。本設問でもXのとった行動に対し本件処分は過重と解し「無効」と立論できる。判例（一般論として最判昭和34・9・22民集13巻11号1426頁）では具体的事実に基づき**重大明白な瑕疵がある場合**が無効と解されている。

以上の議論は，取消し以外の訴訟類型を原告が選択できる点で，立論に際し実益がある。具体的には(1)本件処分の無効を前提とした地位確認・未払給与支払各請求（行訴4条）または(2)本件処分の無効等確認訴訟（同36条）がある。しかし，(2)は訴訟要件のハードルが極めて高く，本設問のような懲戒処分に係る訴訟事例は，従前より(1)が選択されていることに，留意したい。

🔼 ステップアップ

公務員の分限処分（国公75条以下，地公27条以下）についても，どの程度の裁量が判例上認められているか確かめておこう（高橋滋『行政法〔第2版〕』87頁）。

➡ 次回の設問

食品衛生関連の事例を用いて，行政指導の限界と公表措置の関係性を考える。

行政法 4

日本大学教授

友岡史仁

TOMOOKA Fumito

↘ 設問

　XはW県保健所長Aから営業許可を受け飲食店を営んでいたが，店内の冷凍設備がW県食品衛生法施行条例（以下，「条例」という）4条別表2(2)ア(エ)に該当せず，一日の利用客に比して食料品の保存には不十分であることが分かったため，Aは改善を求める書面（以下，「本件書面」という）をXに交付した。これに対し，Xは飲食店として繁盛しており，書面の交付以前において食中毒が生じたり客からのクレームも一切なく，要求を聞き入れる意思はない旨Aに明言した。このような事実を踏まえ，W県では同県ホームページ（以下，「HP」という）上でも，本件書面内容を公表した。

　その後，AはXに対し改めて10日間の整備改善を命じたものの，やはりXは聞き入れる見込みがなく，営業許可の取消しに値する旨Xに告知し聴聞を実施した。聴聞では新たな事実は提示されなかったが，Aが別途行った職権調査では，冷凍冷蔵施設がトイレのそばに設置されているなど異物混入を容易に招きやすい店舗構造のため，条例4条別表2(1)エ(ア)に該当する事実が判明し，AはXの営業許可を取り消す処分（以下，「本件処分」という）を行った。

　Aによる本件書面の交付および本件処分のそれぞれ前後に分けて，Xの立場に立った行政法上の問題を述べよ。なお，W県行政手続条例では行政手続法と同様の規定を置くものとする。

〔参照法令等〕

○食品衛生法（抄）

第51条　都道府県は，飲食店営業その他公衆衛生に与える影響が著しい営業……であって，政令で定めるものの施設につき，条例で，業種別に，公衆衛生の見地から必要な基準を定めなければならない。

第56条　都道府県知事は，営業者がその営業の施設につき第51条の規定による基準に違反した場合においては，その施設の整備改善を命じ，又は第52条第1項の許可を取り消し，若しくはその営業の全部若しくは一部を禁止し，若しくは期間を定めて停止することができる。

○食品衛生法施行令（抄）

第35条　法第51条の規定により都道府県が施設についての基準を定めるべき営業は，次のとおりとする。

　一　飲食店営業（……）

　二　〔以下略〕

○W県食品衛生法施行条例（抄）

第4条　法第51条に規定する基準は，別表第2のとおりとする。

別表第2（第4条関係）

(1)　共通基準

　エ　汚物処理
　　(ア)　便所は，原則として，施設専用で，従事者数及び客数に応じた規模のものであり，かつ，ねずみ，昆虫等の侵入を防ぐ構造を有すること。

(2)　業種別基準
　ア　飲食店営業
　　(エ)　冷凍食品を保存する場合にあっては，冷凍食品の取扱量に応じた十分な大きさを有し，かつ，零下15度以下の温度に保つことができる冷凍設備が設けられていること

❗ POINT

　❶事実行為の法的性質を学ぶ。❷行政指導の意義と限界を知る。❸公表措置の法的問題を考える。❹聴聞手続の法的性質を考える。

↘ 解説

① 事実行為の意義と行政指導

　行政法理論では，法治主義の観点から，行政活動には法律上の根拠を要することを一般とする。その場合の根拠を「根拠規範」と呼ぶが，それを要する範囲を決めるのが**法律の留保論**という考え方である。しかし，行政機関には根拠規範がなくとも活動が可能とされるものがある。このような行政活動を，**事実行為**と呼び，その行為自体で完結し法的効果を生まないものと考えられている。そこで，事実行為は「処分」ではない（＝取消訴訟等抗告訴訟の対象外）という点で，行政活動の中でも区別する実益がある概念といえる（行政手続法との関係は**4**参照）。

　ところで，本設問の事実関係を時系列でとらえると，Xに対し(1)本件書面の交付→(2)HP上の公表がそれぞれ行われた後に(3)整備改善命令→(4)本件処分という流れになっている。〔参照法令等〕に照らすと(3)と(4)は根拠があるので（56条）「処分」といえるが，(1)と(2)はともに根拠が見当たらないので事実行為であり，AがXに対し"不十分な冷凍設備の改善"を期待した相手の任意の同意に頼る行政活動という共通項があるが，詳細を見ると微妙に異なる。

　すなわち，(1)はXのみを名宛人とし**行政指導**というカテゴリーで説明され，行政指導は行政手続法（または行政手続条例）の規定に従うことが求められる。これに対し，(2)はその事実を広く第三者に知らしめるものであるが，Xにとって不利益となる事実を不特定多数に公表されることになり，行政機関にとってその意思に沿うよう**誘導**する効果を持つ一方，Xにとっては**制裁**と評価でき，行政指導とは独立して論ずる必要がある。本設問に照らした検討は**3**で取り上げる。

② 行政指導のルール（規範）と限界

　行政手続法第4章は，行政指導が行われる場合の基本原則が示されているにすぎず，一般的にそれを行い得るための根拠規範を示したものではない。

　同法はその定義として，所掌事務の範囲内で特定の者に作為・不作為を求める行為であり処分に該当しないものであって，相手方の任意の協力（この部分を取り出し「任意性の原則」と称する。以下同様）によってのみ実現されること（2条6号・32条1項）のほか，指導の趣

旨・内容の明示や書面交付の求めに応ずる義務（35条1項・3項）等の諸規定が置かれる。同法は申請に対する処分に係る行政指導について特に規定を置いているが（33条・34条），本件処分のような不利益処分に係る行政指導は，それ以外の諸規定が適用されることになる。なお，本設問ではW県行政手続条例が行政手続法と同様の規定を置くとされるため，同法の適用関係を論ずる必要はないが，地方公共団体の機関が行う行政指導は適用除外とされる点（3条3項）には，注意を要する。

ところで，本設問では行政指導が書面形式により交付されるなど，それ自体が行政手続法（W県行政手続条例）に求められた諸形式に反するものとは言えない。とはいえ，Xが「要求を聞き入れる意思はない旨Aに明言した」とされるため，仮にAが「任意性の原則」の趣旨に反した運用により，書面交付後にXに何がしかの不利益を被らせる事実を看取すれば，当該行政指導自体が違法となる可能性はある（32条）。

③ 不協力の公表の法的性格

本設問では，Aが行った「HP上の公表」が，行政指導の実効性を担保している点に着目する必要がある。通常，行政指導はそれ自体で完結するものと考えられるが，指導に不協力の事実を不特定多数に公表することが，指導の名宛人を不利益に扱い得ることを意味する。個別法においてこのような扱いが規定されるケースもあるが（例，国土利用26条），本件ではそうでない。学説上，法的根拠のない公表は，そもそも行政指導に従わなければ不利益な取扱いを禁ずる行政手続法32条2項に反する説（阿部泰隆『行政法解釈学Ⅰ』601頁）が見られる。

1 にも触れたように，公表は誘導との違いが相対的であり，明文の根拠がないからといってすべて違法と解するのは正当でなく，個々の態様に照らして個別に判断するのが現実的であろう（同旨，川神裕「法律の留保」藤山雅行＝村田斉志編『新・裁判実務大系25行政争訟』20頁）。ただし，学説上，行政指導の「任意性の原則」（**2** 参照）から，制裁目的の公表については，行政指導の実効性確保策として用いることは原則として許されないとの見解（高橋滋『行政法〔第2版〕』189頁）も見られ，Xのなし得る主張を考えるうえで参考になる。

そこで本設問を検討すると，冷凍設備の改善要求に係る本件書面の交付（＝行政指導）に対し，当該要求を旨とした「HP上の公表」は誘導と制裁いずれにも位置付けられる。しかしXの立場から，Aの行為によって，飲食業の要である衛生管理に大きな支障のある店舗という印象を第三者に与えることになれば，順調な営業が阻害され不利益を被る可能性がある。この可能性を前提に，Xは要求を聞き入れる意思がない旨Aに明言していたにもかかわらずあえて当該公表を行った事実に鑑みると，それが制裁的機能を果たすことが強く期待され，法的根拠もない以上，上記学説に照らし違法と解されよう。なお，Xが実際に営業上の不利益を被った場合には，違法な公表を原因として国家賠償法の規定を根拠に損害賠償請求をW県に提起できる。

④ 聴聞手続と職権調査手続の関係

本設問では，聴聞についても記述されているので，そこからの論点発見も求められる。行政手続法は「聴聞」それ自体の定義規定を置かないが，本件処分のように，不利益処分の中でも許可の取消しという名宛人に特に厳格な場合の事前手続の一環である（13条1項1号イ）。不利益処分の名宛人は証拠書類等の提出（15条2項）や処分の原因となる書類閲覧が可能となる（18条）などの一連の手続を指す。

他方，Aが職権調査を行った事実も本設問から読み取れるが，この調査自体は行政手続法が特に規定しているわけではない。しかし，本設問では店舗が不衛生な冷凍施設の利用やそれがトイレのそばに設置されているなど，異物混入を容易に招きやすい店舗構造であることが聴聞とは別に判明したが，これは，逆に見れば，**公衆衛生の見地からXの飲食業の実態に係る決定的な問題事実が聴聞手続の段階では示されていないことを意味する**。そうなると，Xのような不利益処分の名宛人にとって，聴聞手続中に現れない職権調査によって登場した事実関係に基づき不利益処分を行うことの妥当性が，問題となる。

行政手続法が聴聞手続の規定を置いた趣旨は，**不利益処分の名宛人が処分庁の職員に対し直接質問したり反駁する機会を設けた点にある**。そうであれば，職権調査段階で登場した本設問に掲げる諸事実は，条例の規定に照らせば，本件処分に値する決定打となるものである。逆にこれが聴聞手続に現れないことは，手続の趣旨に悖り，同法が保障する適正手続に反する運用と解して，Xは本件処分の手続的違法性を主張できよう。

⑤ 本件処分前の救済手段を考えておく

本設問は，本件処分の前後も意識することが求められるため，処分前にXがとり得る救済手段についても，検討しておこう。

第一に，行政指導は **1** に触れたように事実行為なので，取消訴訟の対象としての処分ではないが，**行政手続法が行政指導について中止等の求めを可能にしている点**である（36条の2）。しかし，この求めが可能であるのは本件書面の交付に法律上の根拠が存する場合であり，Xに中止の求めはできない。さらに書面交付後に改善命令が出されており，行政指導は継続されていないので，それ自体を攻撃する救済手段はとれない。

第二に，食品衛生法56条の規定は，整備改善命令，許可の取消し，営業の禁止・停止といった複数の選択肢を設ける点にも注目したい。本設問の事実関係に照らすと，整備改善命令後に営業許可の取消しという一番重い処分が10日間という極めて短期間で行われた点で，比例原則に反するものと解されよう。なお，本件処分以前であると，Xはこれを差し止めること（行訴3条7項）が考えられるが，これに関連した訴訟要件などの詳細は割愛する。

📖 ステップアップ

本論に掲げたもの以外にも，どのような公表措置が行政法上問題となるかについて，検討してみよう。

➡ 次回の設問

酷暑の中での運動部の学校事故を素材に，国家賠償法1条1項の適用事例を検討する。

行政法 5

友岡史仁

TOMOOKA Fumito

➥ 設問

XはK県立N高校剣道部で主将を務めていた。また，同部ではN高校教諭で最近顧問として就任したFとそれ以前より「部活動指導員」として外部から採用されていたTとの二人体制で指導に当たっていたが，Fは実技経験者でなかったため，部の運用面を担当する形で，K県教育委員会が公表する「K県の部活動の在り方に関する方針」に沿った「年間指導計画」をN高校校長に提出していた。したがって，Fは校内指導をTに一切委ね，その間は職員室に待機するなどしていた。

Xは酷暑の中，冷房のない体育館で連日練習をし，主将としての責任感もあって，大会での上位成績を目指し練習を続けていた。しかし某日，同じ体育館でバレーボール部員Aが投じたボールが偶然Xに当たり，その場でXは倒れこんだ。その際TがXに対し「大したことはない」などと述べ，一度Xは練習を再開したが，その後しばらくして，体調不良を訴えけいれんし始めたことから，TはFと相談の上救急車を呼んで対応した。

Xはこの事故を契機に重い後遺症を患うことになったが，連日無理を重ねて練習をさせたTとそれを放任したFの責任であるとして，K県に対し国家賠償法（以下，「国賠法」という）1条1項に基づく損害賠償請求を提起しようと考えている。Xが主張し得る行政法上の論点について，FとTの個人責任に着目しながら検討せよ。

〔参照法令等〕

〇学校教育法施行規則（抄）

第78条の2　部活動指導員は，中学校におけるスポーツ，文化，科学等に関する教育活動（中学校の教育課程として行われるものを除く。）に係る技術的な指導に従事する。

第104条①　……第78条の2の規定は，高等学校に準用する。

〇K県の部活動の在り方に関する方針（抄）

1　適切な運営のための体制整備

（1）部活動の方針の策定等

イ　顧問の教員及び部活動指導員（以下「部活動顧問」という。）は，適切な活動を推進するため，目標や運営の方針等を踏まえた年間指導計画を作成し，校長に提出する。

（2）指導・運営に係る体制の構築

ア　学校の設置者は，各学校の生徒や教師の数，部活動指導員の配置状況や校務分担の実態等を踏まえ，部活動指導員を任用し，学校に配置する。

❗POINT

❶国家賠償法1条1項の骨格を知る。❷「国賠違法」と故意・過失の関係を考える。❸求償権行使に関する要

件と公務員の個人責任の関係を考える。

➥ 解説

① 部活動と国賠法1条1項の関係

国賠法1条1項の規定は短文かつ抽象的でありながらも，そこには多くの規範が盛り込まれており，適用事例は広く世間の関心を引くことが多い。さらに，多数の事例が見られるため，演習問題としては類型的な取り上げ方が適当である。本設問では，真夏における運動系部活動でよく発生する「学校事故」を素材にする。なお，ここでは本設問類似の裁判例（大分地判平成25・3・21判時2197号89頁〔以下，「平成25年事例」という〕）に着想を得ているが，詳細な前提事実は異にしている。

ところで，部活動は「生徒の自主的，自発的な参加により行われる」（文科省「高等学校指導要領」第1章第6款1ウ）のであって，正課授業中の事故とは異なる点から，果たして国賠法1条1項が規定する諸要件に該当するかなどが，本設問における課題になる。この点を，本設問における事実関係に照らして関連論点を検討すると，次の諸点を指摘できる。

第一に，部活動そのものが当該規定にある「公権力の行使」に該当するかが問題となる。この点，私経済作用（契約等純粋な民事関係）および国賠法2条の対象活動以外はすべてこれに当たるとする広義説が通説であり，この中に「学校の教育活動」も含まれると解するのが学説（塩野宏『行政法Ⅱ〔第6版〕』324頁）である。正課授業中をこれに含むと解した判例（最判昭和62・2・6判時1232号100頁〔以下，「昭和62年最判」という〕）がある一方，昭和62年最判以前にはすでに課外活動たる部活動を「学校の教育活動の一環」と解する判例（最判昭和58・2・18民集37巻1号101頁〔以下，「昭和58年最判」という〕）があった。本設問でも学説・判例に沿って，Xの主張を組み立てるべきであろう。なお，「公権力の行使」の主体は実際に部活動の指導を行う顧問（＝公務員）であるが，まずはN高校の設置者たるK県の責任が問われることになる。

第二に，部活動における顧問の行為が「職務を行う」に該当するか否かという点である。判例（最判昭和31・11・30民集10巻11号1502頁。ただし学校事故とは無関係）が外形主義（「客観的に職務執行の外形をそなえる行為」）を採用しており，顧問の行為が部活動に何がしか関連することが証明されれば，この該当性は肯定されよう。本設問の場合，「公権力の行使」の該当性が肯定されれば「職務を行う」に該当すると容易に解される。

ただし本設問では，Tは外部からの指導者としてFとは異なる立場にある点で，同一に解してよいかが問題となるが，③で詳述する。

② 国賠違法と故意・過失の関係性を整理する

国賠法1条1項の規定は，⑴客観的要件である行為の違法性（以下，「国賠違法」という）と⑵主観的要件である故意・過失の2つを同時に規定しており，⑴と⑵の関係性が学説・判例において議論されてきた。具体的には，⑵の過失を公務員の注意義務違反（懈怠）にあると観念した場合，それを⑴の国賠違法に組み入れるかが争

点となるが、学説（説の用語法は塩野・前掲書333頁に依拠）は分けて二元的に理解する（公権力発動要件欠如説）のに対し、判例・実務は一元的に理解する（職務行為基準説）。この対立が顕著に表れるのは、**処分の違法性を前提とした賠償請求事案**であり（例、課税処分と国賠訴訟）、学説は一元的な理解（職務行為基準説）が採用された時の批判根拠として、国賠法の諸機能（例、制裁・違法行為抑止・違法状態排除機能）を著しく損なうこと、取消訴訟では違法なのに国賠訴訟では違法でない事態が起こり得ることなどを掲げる（宇賀克也『行政法概説Ⅱ〔第7版〕』472頁以下）。

では、いずれの説に立って立論するのが適当か。先の批判根拠に照らせば二元的な理解に立って立論するのが無難になる。しかし、二元的理解が問題視するのはあくまで処分に係る事案であり、そうでない設問では、解答者の理解に基づく任意の選択に委ねられているといえよう。

本設問の場合はどうか。部活動中の事故に係る国賠事件である平成25年事例もそうだが、昭和58年最判、そして正課授業に係る昭和62年最判いずれにあっても、**国賠違法のみを判断し過失部分は論じていない**（もっとも「職務上の義務」という文言は用いておらず厳格な意味での職務行為基準説にもよらない）。そうなると、本設問のような学校事故の国賠法1条1項適用事例では、学説に照らして律儀に解を導き出す必要はないといえる。

③ 事案処理の方法を検討してみる

以下では、**1**に掲げた学校事故に係る判例・裁判例を前提に本設問を検討しよう。

昭和58年最判では、部活動に係る顧問教諭と学校側に「生徒を指導監督し事故の発生を未然に防止すべき一般的な注意義務のあること」、そして顧問教諭に対し「個々の活動に常時立会い、監視指導すべき義務までを負うものではない」というルール（規範）を立てていた。しかし、危険が内在する場合（柔道等）には立会義務が認められるのが通常とされる指摘もあり（宇賀克也＝小幡純子編著『条解国家賠償法』339-340頁〔角松生史〕）、**部活の性質に応じて義務を認定すべきであろう**。本設問ではTが現場に立ち会っていたので、この種の義務違反を問うことは難しい。

他方、平成25年事例では、正副顧問に対する一連の**注意義務**を認定する。本設問に近似するため詳述すると、正副顧問共通して部員の生命・身体の安全保護義務や救急車出動要請を講ずる義務、正顧問には練習中止と応急措置（適切な冷却措置）を講ずる義務、副顧問には正顧問を制止し練習継続を中止させる義務を認めたうえで、当該義務違反による両者の過失を認定した。ちなみに、正副顧問ともに正教員かつ剣道経験者であった。

本設問ではどうか。酷暑の中で連日練習すれば熱中症等の身体的支障が生ずることは極めて明確との一般論に照らしても、部員の保護に係る注意義務・安全配慮義務はFおよびT双方に存することは、比較的容易に導ける。もっとも本設問では、平成25年事例のようにTが正式採用された教員ではないため、国賠法上、どの程度の注意義務・安全配慮義務をFに対し求めるかは議論の余地があろう。

〔参照法令等〕に掲げる学校教育法施行規則78条の2

に照らしTは「部活動指導員」として技術的指導を期待されていることが分かる。このほか、「K県の部活動の在り方に関する方針」1(2)アによれば、Tの任用に際し「各学校の生徒や教師の数、部活動指導員の配置状況や校務分担の実態等を踏まえ」ることとされており、これが法規範といえるかは別にしても、参考になろう。

以上を踏まえると、N高校では教員であるFの任用が前提となりTは補完的に配置された構造と解し得る。そして、Fが校内指導をTに一切委ね、その間は職員室に待機するなどした日常および事故当日の行動にあっても、**Fは主体的に注意義務・安全配慮義務を負う**という一つの解を導こう。

ところで、Xの後遺症の直接原因がAの投打したボールとする医師の診断結果から、それを回避する注意義務はFよりもTという見方が可能である。しかし、Fが主体的に注意義務・安全配慮義務違反を負うべきとの先の理解に照らせば、この点においてK県の賠償責任を肯定できる。

④ 重過失と公務員の個人責任の関係

国賠法1条2項の規定は、本設問でいえば、FおよびTに過失責任が認められたとしても、それが重過失で**なければK県は求償権を行使できない**とする規定である。本設問では、FとTが酷暑かつ冷房のない中での連日の練習を顧問として中断せず、Aから投打されたボールがXに当たり倒れたにもかかわらずこれを問題視しなかったこと、けいれんという外見的症状が生ずるまで何らの措置をとらなかったことに照らすと、注意義務違反が重過失に値すると解する余地は十分ある。

次に、仮に重過失がF（場合によってはT）に認められれば、K県の賠償責任および国賠法1条2項に基づく求償権行使も可となるが、これとあわせて個人責任の有無を問うことも論点となり得る。学説は制限的肯定説が有力であるが、平成25年事例の控訴審（福岡高判平成26・6・16 LEX/DB 25504144）は判例（最判昭和53・10・20民集32巻7号1367頁）を参照し、個人責任を否定する。しかし、平成25年事例の別訴訟において、同じ原告が県知事を相手に正副顧問への求償権行使の懈怠に係る違法確認を求めた住民訴訟（自治242条の2）では、正顧問の重過失を認めている（大分地判平成28・12・22判自434号66頁、福岡高判平成29・10・2判自434号60頁。季刊教育法193号4頁以下の特集も参照）。

そもそも、公務員の個人責任を容認する論拠として、被害者感情の満足や違法行為の抑止が挙げられる一方、公務の萎縮に伴い適正な執行を妨げる点が否定論拠である。もっとも、仮に否定される場合でも立法論的提言が見られるなど（このあたりの説明は宇賀・前掲書486-488頁）、課題が残されていることにも留意したい。

📖 ステップアップ

学校事故以外にも公務員の個人責任を認める場合に係る行政法上の課題について、深く検討してみよう。

➡ 次回の設問

民間事業者が管理する空港施設からの騒音事例を素材に、国賠法2条1項の適用を検討する。

行政法　6

日本大学教授
友岡史仁　TOMOOKA Fumito

↘ 設問

　A県は自ら所有し管理運営してきたN空港の経営合理化をめざすべく「民間資金等の活用による公共施設等の整備等の促進に関する法律」（以下，「PFI法」という）に基づき民間事業者T社に「公共施設等運営権」を設定し，N空港施設の整備とあわせて運営を全面的に委ねる契約（以下，「コンセッション契約」という）を締結した。

　その後，当該空港周辺では，元々住宅地が密集していたが，当該契約締結以降のインバウンド効果の勢いにのって発着便数の増加に加えて運用時間外の運航が頻発し，ターミナル増設に伴い騒音が顕在化したため，空港設置以前から居住してきたX₁と発着便数増加が見られて以降転居してきたX₂が騒音被害を理由としてA県に対する国家賠償法（以下，「国賠法」という）2条1項に基づく損害賠償請求を提起しようと考えている。この請求の可否について，騒音の種別と指定管理者制度（自治244条の2第3項）に照らしながら，検討せよ。

〔参照法令等〕

○PFI法（抄）

第18条① 公共施設等の管理者等……は，……条例の定めるところにより，実施方針を定めるものとする。

第22条① 公共施設等運営権者は，……公共施設等の管理者等と，次に掲げる事項をその内容に含む契約（以下「公共施設等運営権実施契約」という。）を締結しなければならない。〔以下略〕

○A県N飛行場の設置及び管理に関する条例（抄）

第4条 空港の滑走路，誘導路及びエプロン……運用時間は，午前7時から午後10時までとする。ただし，知事は，定期便の遅延，地震その他の災害，空港に関する工事等のため必要があると認めるときは，これを変更することができる。

第5条① 飛行場の運用時間外に航空機の離着陸のため飛行場の施設を利用しようとする者は，あらかじめ，……知事の許可を受けなければならない。

○N空港特定運営事業等公共施設等運営権実施契約書（抄）

第42条① 運営権者は，運営権者が本事業実施に際し，第三者に損害を及ぼした場合は，直ちにその状況をA県に報告しなければならない。

②　前項の損害が運営権者の責めに帰すべき事由により生じたものである場合は，運営権者が当該第三者に対し当該損害を賠償しなければならない。

③　第1項の損害がA県の責めに帰すべき事由により生じたものである場合は，A県が当該第三者に対し当該損害を賠償しなければならない。

❗POINT

❶民間事業者が管理する場合も「公の営造物」に含まれるか。❷A県が負う賠償責任の範囲。❸損失補償との整合性。

↘ 解説

①「公の営造物」の意義

　国賠法2条1項は「公の営造物の設置又は管理に瑕疵」がある場合に，国・普通地方公共団体（以下，「自治体」という）が損害賠償責任を負うという規定である。例えば，「公の営造物」に起因する騒音は，国賠法2条1項の規定にいう「瑕疵」に該当すると解されてきた。民法だと不法行為（709条）の対象となるのに対し，国賠法は設置管理の瑕疵として構成する点で違いがある。この設置管理の瑕疵の意義を含めた騒音に係る国賠法上の理解は，**2**において詳述する。

　「公の営造物」とは，学説上「公の目的に供されている有体物」とされ，「**公物**」概念に相当すると解される（宇賀克也『行政法概説Ⅱ〔第7版〕』〔以下，「宇賀・救済法」という〕494頁）。道路や河川などは条文において明文化されているが，ほかにも，水道，学校施設等を含む。国・自治体が設置管理する多数の財産がある中で，国賠法2条1項は，同法上責任を問える場合をある程度限定し，民法の規定（717条）の適用と区別している。

　確かに，被告が国・自治体であっても民法に基づく損害賠償請求を提起できるため，原告の訴訟選択に委ねればよく，「公の営造物」の該当性に係る議論の実益は乏しいかもしれない。しかし本設問では，N空港の所有権がA県に残されたうえで運営はT社に委ねられる構造であるため，そうといえるかが問題となる（詳細は**3**で触れる）。

②設置管理の瑕疵の意義と騒音の法的性質

　国賠法2条1項は国・自治体が負うべき設置管理の「瑕疵」を明文で定義していないため，場面に応じて判断しなければならない。道路や河川の場合，**通常有すべき安全性を欠く状態**（他人に危害を及ぼす危険性のある状態）を指すのが判例（例，最判昭和59・1・26民集38巻2号53頁〔大東水害訴訟〕等）であり，学説上も異論はない（ただし「瑕疵」のとらえ方は事例に応じて判断要素を抽出する必要がある。宇賀・救済法499-500頁）。では，騒音はどうか。

　当該施設の利用者以外の第三者（本設問では周辺住民）に被害が及ぶ場合，その瑕疵は供用関連瑕疵（または**機能的瑕疵**）と称されてきた（例，塩野宏『行政法Ⅱ〔第6版〕』364頁〔以下，「塩野・救済法」という〕）。判例（大阪空港訴訟〔最判昭和56・12・16民集35巻10号1369頁〕）では「航空機の離発着」に起因する騒音を指すものと解され，**損失補償と関係する瑕疵**にその特徴がある（**5**参照）。類似の考え方をとるものに，道路走行に起因した騒音に係る国道43号線訴訟（最判平成7・7・7民集49巻7号1870頁）がある。

　このような先例と本設問をパラレルにとらえた場合，騒音の原因が「運用時間外の運航」と解することで「航

空機の離発着」に係る騒音が供用関連瑕疵に当たることは容易に判断できよう。これに対し,「ターミナル増設」に起因する騒音は,当該施設の利用者とは無関係に存する危害とすれば供用関連瑕疵だが,工事という一時的作用に起因する点では性格が異なる。ただし救済の対象になり得る点では結論を左右しないので,これ以上立ち入らない。

③ 民間事業者が 管理者であることとの関係

自治体では,財産施設を民間事業者の設置や管理に委ねる場合が少なくない。特に管理については指定管理者制度がその一角を占めており,コンセッション契約とパラレルに論じられる(例,板垣勝彦『地方自治法の現代的課題』444頁以下参照)。以下,本制度と国賠法2条1項の関係に簡単に触れておこう。

指定管理者制度とは,自治体が所有する公共図書館・スポーツ施設,保育所等を指定された民間事業者が管理する制度である。「公の施設」を公衆の用に供しているのは自治体であり,当該施設は同項に規定する「公の営造物」なので,自治体はその設置管理の瑕疵から生じた損害について賠償責任を負うと解されている(塩野宏『行政法III〔第5版〕』250頁)。訴訟事例は少ないが,指定管理者(民間事業者)が札幌ドームの管理主体であったことで札幌市が管理瑕疵の責任を負わないと主張したのに対し,国賠法2条1項に係る賠償責任は免じられない旨判断した裁判例(札幌地判平成27・3・26判時2314号49頁参照。ただし札幌高判平成28・5・20判時同号40頁は消極)もある。

他方,コンセッション契約の場合,民間事業者による施設管理という実態は指定管理者制度と同様だが,PFI法を法的根拠とするほか,「公共施設管理者」たる自治体が選定した民間事業者に物権である「公共施設等運営権」を設定する(同法16条・24条)など,**民事上の契約をベースとした法律関係が成立するため**,仕組みがかなり異なる。

とはいえ,民間事業者との契約に基づく管理施設であっても,N空港が公の目的に供していることに変わりないと位置付ければ,指定管理者制度と同様にコンセッション契約に基づき管理されていても「公物」と解することは依然可能である(宇賀克也『行政法概説III〔第5版〕』544頁はこの趣旨と思われるが,議論の余地はある)。これを敷衍すれば,N空港も「公の営造物」と解されよう。このような理解を前提に,次に国賠法2条1項との絡みから一歩踏み込んだ検討をしてみたい。

④ 本設問の事案処理方法など

大規模施設からの騒音は関係当事者が多数に上り,その主張も様々と想定される(例,受忍限度をどの程度超えているか等)。しかし本設問では,手掛かりとなる事実関係や〔参照法令等〕を絞っているため,これらを前提に事案処理を行うことが求められる。以下では,関連する主な諸点を摘示しておく。

第一に,A県とT社との法律関係においても,騒音に係る責任をA県に分担し得るか。国営空港のように設置管理の主体が明示的であれば,周辺住民への騒音対策が当然に求められるといった空港の公共性に照らす

と,その責任を認定しやすい。判例(大阪空港訴訟)も国賠法2条1項の規定の適用を肯定するうえで,このような考慮が働いているように思われる。

とはいえ,帰属する責任の明解な論拠は,明文規定がなければ示しにくいのが実情であろう。本設問からA県の管理責任を抽出するなら,PFI法18条の規定を受けて制定されたと解される「A県N飛行場の設置及び管理に関する条例」4条および5条1項の規定を手掛かりとする手法があり得る。これらの規定から,直接的に騒音対策の規定は導き出せないが,例外事由を除き離着陸時間が固定されていることに鑑み,規定の趣旨が騒音への配慮にあると読むことは不可能でない。

本設問には「運用時間外の運航が頻発」とあるため,知事が騒音への配慮を怠り許可を行っていたとすれば,A県の設置管理の瑕疵を導き出す余地はありそうである。ただし,知事の騒音対策の懈怠という作為義務違反を強調すれば,国賠法1条1項による事案処理も可能であることに留意したい。

第二に,民事上の契約により責任の範囲をとらえることは考慮されるか。PFI法22条とそれに基づくT社との間で締結した「N空港特定運営事業等公共施設等運営権実施契約書」によれば,第三者に対する損害につき,帰責事由の存否に応じて賠償責任者が運営権者(T社)かA県かに分けている(42条2項・3項)。Xらが主張する「ターミナル増設」に起因する騒音についていえば,本設問は明示しないが,A県の帰責事由の存否が決め手となろう。

第三に,X₁とX₂とで居住タイミングが別れている点にも注意を払いたい。仮にX₂が危険(騒音)の存在を認識しながらあえてその被害を容認していたと認識できれば,A県(加害者)の免責を認定し得るとの判例(大阪空港訴訟)で示された「危険への接近」理論と関係する(宇賀克也=小幡純子編著『条解国家賠償法』599頁以下[三浦大介])。本設問では,X₂に対するA県の免責事由となり得る決定的事実を発見するのは難しいが,事案処理に際し気付いておきたい論点である。

⑤ 損失補償との関係

行政上の適法な行為に基づく財産上の犠牲がある場合,公平負担の見地から財産的にその損失を補償することを「損失補償」と称する。特に供用関連瑕疵に係る騒音等は「事業損失」として括ったうえで,損害賠償ではなく**損失補償の問題として処理すべきではないか**という問題が提起される。

もっとも,判例(大阪空港訴訟等)からも明らかなように,国賠法2条1項の中で処理が可能であると判例上位置付けられてきた経緯からすれば,騒音被害を国賠法上の救済対象内とすることに学説・判例とも異論はなく,損失補償の有無はあくまで理論上の問題である。

📝 ステップアップ

空港騒音の除去を根本的に狙った**供用差止請求の可否**も検討してみよう(塩野・救済法120-121頁参照)。

➡️ 次回の設問

仮想通貨ビジネスを素材に,抗告訴訟の種類と原告適格の意義を検討する。

行政法 7

日本大学教授
友岡史仁
TOMOOKA Fumito

↘ 設問

将来に不安を感ずる X₁ は仮想通貨を用いて資産を増やそうと思い，たまたまウェブ上で A 社の広告を発見して必要とされる 30 万円の申込金を支払った。その広告には，申込金の入金後は自動的に収入を得られるといううたい文句があったが，実際は仮想通貨の相場などに左右されるため，その通りに必ず儲けが出るはずのないものであった。

他方，このような広告を信頼した結果，多額の損失が生じたとの相談がすでに Y 県消費生活総合センターに多数寄せられていたため，特定商取引に関する法律（以下，「特商法」という）12 条の規定に該当するものとして，Y 県知事は A 社に対し業務改善命令を行った（12条。特商法施行令 19 条 5 項で主務大臣の権限は都道府県知事に委任されている）。これに対し，A 社は依然ウェブサイト上に当該広告を掲載し，自らの正当性を訴えており，改善される気配が一向にないまま今に至る。

そこで，X₁ は自らと状況の似た者らとともに「仮想通貨の問題を考える会」と称する訴訟団体 X₂ を結成して，Y 県が業務停止命令（15 条 1 項）・禁止命令（15条の 2 第 1 項）といった必要な措置を全く講じていないことを理由に X₁ と X₂ それぞれの名で抗告訴訟を提起しようと考えている。この場合の訴訟要件に係る問題について，検討せよ（本件事実関係は東京都生活文化局ウェブサイト掲載事例を参考にした）。

〔参照法令〕 特商法（抄）

第 12 条 販売業者又は役務提供事業者は，通信販売をする場合の商品……について広告をするときは，当該商品の性能……について，著しく事実に相違する表示をし，又は実際のものよりも著しく優良であり，若しくは有利であると人を誤認させるような表示をしてはならない。

第 15 条① 主務大臣は，販売業者若しくは役務提供事業者が……第 12 条……の規定に違反し……た場合において通信販売に係る取引の公正及び購入者若しくは役務の提供を受ける者の利益が著しく害されるおそれがあると認めるとき……は，その販売業者又は役務提供事業者に対し，2 年以内の期間を限り，通信販売に関する業務の全部又は一部を停止すべきことを命ずることができる。

第 15 条の 2① 主務大臣は，販売業者又は役務提供事業者に対して前条第 1 項の規定により業務の停止を命ずる場合において，……当該各号に定める者が当該命令の理由となった事実及び当該事実に関してその者が有していた責任の程度を考慮して当該命令の実効性を確保するためにその者による通信販売に関する業務を制限することが相当と認められる者として主務省令

で定める者に該当するときは，その者に対して，当該停止を命ずる期間と同一の期間を定めて，当該停止を命ずる範囲の業務を新たに開始すること……の禁止を命ずることができる。

❗POINT

❶規制権限の不行使と抗告訴訟の関係。❷団体に原告適格はあるか。❸非申請型義務付け訴訟の要件。

↘ 解説

① 抗告訴訟を概観する

本設問において X らが提起できる「抗告訴訟」について，行政事件訴訟法（以下，「行訴法」という）は「行政事件訴訟」の一つとして「行政庁の公権力の行使に関する不服の訴訟をいう」と定義している（2 条・3条 1 項）。ここにいう「公権力の行使」は，それだけで深い議論が存するが，行政行為の概念を軸に理解するのが原則である（ただし例外があることは意識しておこう）。

本設問では，X らが提起すべき抗告訴訟をいかに的確に選べるかが肝となる。内容審理の段階（本案）前の**訴訟要件**で門前払い（却下）になるので，原告にとってその選択が重大な判断の分かれ目となるからである。同時に，行訴法が法定する抗告訴訟（同法 3 条 2 項ないし7 項に掲げる各訴えを「法定抗告訴訟」と呼ぶ）を知る必要があるが，まずは処分（または裁決）の取消しの訴え（同条 2 項・3 項）を検討するのが第一歩と覚えておこう。取消訴訟が抗告訴訟の基本であり（取消訴訟中心主義），取消訴訟に係る諸規定が他の抗告訴訟にも準用されているからである（38 条）。

② 「規制権限の不行使」と抗告訴訟の類型

本設問では，Y 県が「必要な措置を講じていないこと」をターゲットに X らは抗告訴訟を提起しようとするが，「処分」という行政庁の積極的行為が当てはまるわけではない。これを法的には行政庁に義務付けられた何らかの措置（作為義務）を講じていないのが違法という趣旨で「**規制権限の不行使**」と表現される。本設問は，まさにこの場合に係る訴訟上の問題となる。

通常，この現象は必要時に権限が行使されなくとも「裁量」があるとして適法となるものの，一定の不作為状態があれば違法と認定される場合を指す。不作為による被害者が国家賠償法に基づき損害賠償請求を提起する場合の論点が一般的である（宇賀克也『行政法概説Ⅱ〔第 7 版〕』462 頁以下）。しかし，抗告訴訟を問題とする本設問では，X₁ のような消費者が取引により損害を生じないよう Y 県側に必要な措置を講ずること（＝規制権限の行使）を求めているので，「処分」を特商法上見出せるかが問題となる。

もっとも，X らは求める処分がない状態であり，**取消訴訟によるならば規制権限が行使されるまで待つのが筋であろうが，待っている間に放任されれば損害を受け続けるリスクがある。そこで，規制権限の不行使状態を"拒否処分"と見立てて取消しを求めることも考えられる**ものの，より直截的な法定抗告訴訟があればそちらを利用しない手はないはずである。幸い，行訴法はこのよう

な事態に対応できる別の抗告訴訟を準備している。訴訟類型をめぐる理論的問題の検討は割愛するが，XらはY県に対し特商法に基づく規制権限の行使（＝処分）を求めているので，行政庁に一定の処分をすべき旨命ずることを求める**義務付け訴訟**（3条5項・6項）がそれである。

義務付け訴訟は2パターンに分かれており，原告の(1)申請に対する処分がない場合であれば**申請型義務付け訴訟**（3条6項2号・37条の3）が，(2)申請という行為がなければ裁判所にいきなり処分をする旨命ずるよう訴える**非申請型義務付け訴訟**（3条6項1号・37条の2）が存することを，まずは理解しよう。本設問ではXらに申請行為はないので，(2)非申請型義務付け訴訟の選択が求められる（**4**において詳述）。

③ 第三者による訴えの利益（基本）

抗告訴訟を提起する原告に課された重大なハードルの一つが**原告適格**であり，取消訴訟では処分の取消しを求めて出訴する資格を指す。行政法9条1項は「法律上の利益を有する者」が処分の取消訴訟を提起できるとし，処分の根拠となる「法律」によって原告に訴えの利益が認められるか問う規定である。ここで一番問題となるのが，**処分の名宛人以外の第三者の原告適格の有無**であり，行訴法9条2項が具体的な解釈基準を規定する。本設問との関係では，非申請型義務付け訴訟も同項の規定が準用されるが（37条の2第4項），これは同訴訟が第三者を含む行政法関係を念頭に置くからである。ここでは，A社から直接被害を受けるかもしれないと主張するX₁の原告適格の有無について検討する（X₂は**5**参照）。

「法律上の利益」は抽象的であり，解釈が必要となる。この場合，当該処分が名宛人に不利益であることを前提に，①原告主張の利益が処分の根拠法規により保護される範囲に含まれること（**保護範囲要件**）と②その範囲から原告の利益として個別的に保護していること（**個別保護要件**）を見るのが基本的な判断手法である（小早川光郎『行政法講義(下)Ⅲ』257頁）。このうち②は，例えば大規模施設（鉄道，空港，発電所等）の設置に係る複数の原告が同一の利益があると主張して処分取消訴訟を提起する場合が想定されている（範囲からの切出し方も解釈上重要なので注意）。しかし，X₁の主張はそのような場合に該当しないため，本設問ではもっぱら①が問題となる。

この点，具体的には"**これから被害を受けるかもしれない**"消費者であるX₁を〔参照法令〕に掲げる特商法の諸規定が保護しているか否かを読み取る必要があるが，当該諸規定を見ると，主務大臣を主語とし「○○できる」といった裁量を認める二者間（規制者と被規制者）を規律した規定であって，X₁のような消費者を保護する明文規定とはいいがたい。加えて，本設問からA社の広告がX₁にどの程度の具体的損害となるかは，一義的に決しづらい（商品を買わなければよいというのが常識的な理解だろう）。となれば，明文規定がない限りX₁に原告適格を肯定するのは，残念ながら難しいだろう。

④ 非申請型義務付け訴訟における要考慮事項

仮にX₁に原告適格が認められるとしても，なおも行訴法37条の2が掲げる他の非申請型義務付け訴訟に係る諸要件を充足する必要がある。具体的には，①損害の**重大性**（以下，「重損要件」という）と**補充性**（37条の2第1項），②本案勝訴要件として**処分の羈束性**（同条5項）があるので，条文に照らし覚えておきたい。このうち補充性は「行政過程で特別の救済ルートを定めている場合」とされ（塩野宏『行政法Ⅱ〔第6版〕』251頁），本設問ではそのようなルート（例，税通23条）の存在は前提とされていない。以下，諸論点を列挙する。

第一に，重損要件を厳格にしすぎると認容の余地が限定される懸念から一定の解釈基準が明文化されており（37条の2第2項），実際にはこの規定の該当性が問題となる。性質上回復困難な「生命，健康に生じる損害」を認容した裁判例（例，福岡高判平成23・2・7判時2122号45頁）があるが，本設問はどうか。X₁の損害が填補不可能なほど多額と看取できれば，当該要件の該当性を肯定し得たかもしれないが，X₁には投資能力がありかつ初期費用30万円という時点で消極に解される。

第二に，処分の羈束性とは原告が求める処分が一義的に行使し得る状態になっているか否かである。本設問は**1**にも触れたように「規制権限の不行使」に係る問題であり，Y県知事がA社に対し業務停止・禁止（特商法15条1項・15条の2第1項）といった一定の処分の義務付けを求めるものである。本設問では，A社は業務改善命令後にも「一向に改善される気配がない」とされているので，この点を踏まえれば，業務停止さらには禁止命令にステップアップする羈束性を認定できる可能性はあり得る。ただし，第一の要件に該当しないので，請求は認容されないだろう。

⑤ 団体訴訟と原告適格

本設問のような消費者訴訟のうち抗告訴訟として有名な主婦連ジュース事件（最判昭和53・3・14民集32巻2号211頁）は，消費者に誤認させる表示に係る「公正競争規約」の認定に対する不服申立てにつき，主婦連合会（主婦連）の申立適格（原告適格と同義）を否定した。当該事件では団体が主張する「商品を正しく特定させる権利」等が侵害されても不服申立ては不可との理解に立つため，仮に一消費者の主張でも否定されていたことになる。

X₂のような共通利益を主張する団体が原告となる訴訟は，「**団体訴訟**」と称され，環境訴訟にもみられる。多人数による訴訟の一本化によって紛争の抜本的解決が図られ合理的であり，個人の利益として希薄な場合も団体に集約して訴訟に臨めば泣き寝入りを防止できるなどのメリットがある一方（塩野・前掲書138頁），集団的利益と個人的利益の区別が不明とのデメリットもある。本設問では，X₁のみに原告適格を認めるといった**個人的利益に限定する立論が現実的**だろう。

🔧 ステップアップ

消費者団体が抗告訴訟を提起する場合に考えられるハードルを，立法論に照らしながら検討してみよう（宇賀・前掲書217-218頁参照）。

➡ 次回の設問

水道料金の値上げ事例を素材に，公法上の当事者訴訟等の意義を検討する。

行政法 8

日本大学教授

友岡史仁　TOMOOKA Fumito

▶ 設問

A町水道局はこれまで他の地方公共団体に比べて比較的安価な料金を維持してきたが，人口流出と施設の老朽化が重なり，慢性的な赤字経営に拍車がかかった状態にあった。このため，早急の収益改善を目指すべく，使用料の値上げに係る「A町水道条例の一部改正に関する条例」が町議会で可決成立した（以下，「本条例」という）。

A町水道条例では，従前より使用水量が20㎥までを基本料金とし超過料金を1㎥につき定めていたが，本条例では，使用料の多かった工場用について，現在の超過料金を3倍程度値上げする旨を内容とする一方，一般用（家庭用）など他の用途は反対が根強いことを踏まえて，ひとまず据え置くこととした。なお，この値上げに伴い，供給規程も変更されて厚生労働大臣には関連する必要書類が届け出られている。

以上を受けて，A町で工場を営むXは，このような本条例の内容に不満を抱き，行政事件訴訟法（以下，「行訴法」という）の規定を用いて訴えを提起しようとしている。Xにとって考えられる訴訟について，検討せよ。

〔参照法令等〕○水道法（抄）

第14条①　水道事業者は，料金，給水装置工事の費用の負担区分その他の供給条件について，供給規程を定めなければならない。

②四　特定の者に対して不当な差別的取扱いをするものでないこと。

⑤　水道事業者が地方公共団体である場合にあっては，供給規程に定められた事項のうち料金を変更したときは，厚生労働省令で定めるところにより，その旨を厚生労働大臣に届け出なければならない。

○地方自治法（抄）

第225条　普通地方公共団体は，……公の施設の利用につき使用料を徴収することができる。

第228条①　分担金，使用料，加入金及び手数料に関する事項については，条例でこれを定めなければならない。（以下略）

第244条③　普通地方公共団体は，住民が公の施設を利用することについて，不当な差別的取扱いをしてはならない。

○水道法施行規則（抄）

第12条の6　法第14条第5項の規定による料金の変更の届出は，届出書に，料金の算出根拠及び経常収支の概算を記載した書類を添えて，速やかに行うものとする。

❗POINT

❶条例制定は処分か。❷予防訴訟としての抗告訴訟。

❸公法上の当事者訴訟の意義。

▶ 解説

① 水道料金の法律関係と不当差別取扱いの禁止

水道法上，水道事業者は「料金」を含んだ供給規程（普通契約約款に相当）を定める義務があるので（14条1項），私法関係と解される（碓井光明『行政契約精義』100頁参照）。しかし同法では，使用者との関係では「正当の理由」がない限り給水契約の締結が義務付けられることのほか（15条），地方自治法（以下，「自治法」という）上「使用料」と表現する料金も条例で定める必要があり（228条1項），純粋な私法関係とは異なる。

ところで，水道法14条2項4号は供給規程で定められる料金（使用料）の不当な差別的取扱いを禁止しており，類似の規定が自治法244条3項の規定にも見られる。判例（最判平成18・7・14民集60巻6号2369頁〔旧高根町簡易水道事業給水条例事件，以下，「旧高根町最判」という〕）は，町民と非町民（別荘給水契約者）間で基本料増額に係る改定を違法とする根拠を後者としていた（平成13年改正前水道法の適用事例）。

上記諸規定に照らして本設問を検討すれば，値上げされた工場用とそれ以外の用途の間で超過料金に3倍ほどの格差があったとされるため，Xはこの点に合理性がないと主張すべきである。本設問から制度背景の詳細を看取するのは難しいが，本条例の狙いは使用量が必然的に多い工場用からの増収により一気に事業者の経営改善を図ろうとする点は明らかである。この場合，水道施設の対価は用途を問わず全使用者が共通して支払うべきとの前提に立てば，本条例は使用料を正当に算定したものでなく非合理的といえよう。よって，本条例の内容は，特定者への差別的取扱いの「不当性」が肯定され得る。

② 条例制定の処分性（抗告訴訟の前提）

行政法教科書によれば，条例制定は「一般的行為」と称し「一般的抽象的権利義務を定めるものであって，これによって行政主体と私人との間に個別具体の権利変動が生ずるものではない」として処分性が否定される（塩野宏『行政法II〔第6版〕』110頁）。このように解すると，本条例の制定をターゲットに行訴法の規定を利用することは難しい。旧高根町最判でも，処分性の否定論拠として同町条例が「限られた特定の者に対してのみ適用されるものではな」い点に着目しており，一見本条例制定もこの点に該当しそうである。しかし逆に見れば，**条例の"特定性"を本設問の事実関係から看取できれば，処分性を肯定し得る余地が生まれるため，Xの立場に寄り添い，一歩進んだ検討を試みる必要があろう。**

旧高根町最判の控訴審（東京高判平成14・10・22判時1806号3頁）が着目したように，使用者への値上げの直接根拠となる「供給規程」が条例の形式で定められ，その内容が給水契約の内容として使用者に義務化されるとの理解に立てば，個別具体の権利変動が本条例制定に直接起因すると解されよう。その他，本設問からはXがA町で唯一の工場といった"特定性"までは看取できないものの，値上げ効果が全住民でなく利用量が必

然的に多い工場用のみにターゲットを絞る多額の出捐行為につながる"特定性"もあり得る。

③ 予防訴訟として（適切な抗告訴訟の選択）

本条例制定の処分性が肯定されるのなら、抗告訴訟の可否を検討する必要がある。本設問では"値上げ阻止"という予防訴訟として構成すべきであるので、以下では考えられる訴訟類型について検討してみたい。

第一に、本条例制定行為の取消訴訟が考えられる。ある処分が取り消されると次の段階（処分）に進めないと考えれば、取消訴訟も予防訴訟の一つである（塩野・前掲書88頁、227頁）。しかし、本設問の場合、当該行為に出訴期間の規定（行訴14条）はなじまないため（山田洋「判批」自研81巻1号137頁）、請求が認められる余地はないだろう。

第二に、無効確認訴訟（3条4項）も「当該処分……に続く処分により損害を受けるおそれのある者」（36条前段）に訴えの利益を肯定する予防訴訟であり、出訴期間の適用もないので（38条1項により14条の適用除外）、取消訴訟とは異なり、Xの選択肢に入りそうである（36条後段を前段に含めて一元的に判断する説は学説・判例の傾向からとるべきでない）。この場合、本条例制定の無効に続く処分の存在を本設問の事実関係から抽出する必要があるが、水道利用が私法関係による点を強調すれば（1参照）、成立は困難と解すべきだが議論の余地は残る（旧高根町控訴審は本条例が給水契約の内容として自動的に支払義務を生ずる点を根拠に当該訴訟を肯定する）。

このほか、差止訴訟（3条7項）も予防訴訟の一つだが、本条例は制定済のため制定行為をその対象とするのは難しく、本設問ではXの選択肢から外れる。ただし制定前であれば、①訴訟要件として損害の重大性（重損要件）と補充性（「他に適当な方法があるとき」）、②本案勝訴要件として処分の覊束性が必須だが（37条の4）、訴訟手段の一つとなり得る。この場合、特に①は重損要件の該当性が補充性に比して重要となるが（同条1項に補充性は但書に位置付けられることから。塩野・前掲書262頁）、Xの場合、3倍の超過料金の支払義務という財産的損害の程度が一つの判断要素であろう。

④ 公法上の当事者訴訟の使い方

3では、本条例制定の処分性を肯定した場合に選択し得る抗告訴訟の例を取り上げたが、判例もそうであったように、処分性が否定されれば、他の要件が判断されるまでもなく請求が却下（門前払い）される可能性が高い。そこで、Xの主張を満たす一つの選択肢として公法上の当事者訴訟（4条）があることに気付きたい。

抗告訴訟は処分という行政庁の行為を対象とするのに対し、この訴訟の対象は権利義務という「法律関係」であって、紛争の場面が異なる。具体的には、①形式的（法令の規定による）に存在が認められる当事者訴訟（4条前段。例、土地収用133条3項）と②実質的（「公法上の法律関係」の該当性により決せられる）に存在が認められる当事者訴訟（4条後段）の二つがある。②には公務員の懲戒免職処分の無効を前提とする給付訴訟のほか、本設問との絡みでは「公法上の法律関係」を確認す

る確認訴訟が重要である。確認訴訟は、確認の対象が際限なく広がるおそれがある一方（それゆえ原告にとって利用価値が高い）、処分の存否に迷わず予防訴訟が提起できるからである。

とはいえ、行訴法上、何が対象とされるかなどの明文規定が置かれないため、民事訴訟に準じて確認訴訟の対象と確認の利益が解釈により決せられる（塩野・前掲書274頁。7条により「民事訴訟の例」によって判断されると理解）。具体的には、①判決により解消すべき権利などに対する不安や危険が現に存する場合（即時確定の利益）、②現在の法律関係を対象としている場合（対象選択の適否）、そして③他により適切な訴訟の選択肢がない場合（方法選択の適否）といった定式を頭に入れておきたい（行政法教科書の例として高橋滋『行政法〔第2版〕』415頁参照）。なお、判例もおおむねこれらに沿って判断している（例、最大判平成17・9・14民集59巻7号2087頁〔在外国民選挙権訴訟〕）。

本設問では、確認の対象として、例えば値上げに伴う超過料金の値上げ前との差額分の債務不存在などが考えられる。この点を上記①〜③の要件に照らして検討してみると、料金値上げが当該訴訟の認容判決によって、Xの不利益が即解消されると考えれば、①即時確定の利益は存する。1の検討から本条例の無効性が肯定されれば認定しやすい。②対象選択としての「現在の法律関係」は、上記に掲げた確認請求によって本条例制定後に続く値上げ分が一挙に解消し得る点で、紛争の抜本的解決につながる。このほか、3に取り上げた抗告訴訟の選択肢は本条例の処分性の有無に左右されるため、当該訴訟は③方法選択として適当と解されよう。

⑤ 条文構造にも注意を払っておく

訴訟要件以外にも、条文の構造について注意を払っておきたい。例えば、水道法上の供給規程は厚生労働大臣に届出された内容とは一致するが（14条1項・5項）、自治法において条例で定めるとされる使用料とすべて一致するとは言い切れない点である。

確かに本設問では、本条例制定→供給規程変更→厚生労働大臣への届出とされているので、このあたりの問題はなさそうであるが、上記の理解に立てば、条例で定められていない供給規程の存在も論理的には想定され得る（明示的ではないが水道法制研究会『新訂水道法逐条解説』240頁参照）。直接この点を争点とする事例は見当たらないものの、例えば、一部の使用者に値上げを除外する供給規程が条例により裏付けされていない場合、その効力を即無効としてよいかは議論の余地があろう（このアプローチとは異なるが最判昭和60・7・16判時1174号58頁は市条例がそれ以外の供給条件による契約締結を認めている点を根拠に、条例の規定と乖離した認可料金を適法とした）。

📕 ステップアップ

予防訴訟としての処分差止訴訟と公法上の当事者訴訟の相関関係を確認しておこう。

➡ 次回の設問

メガソーラーの設置事例を素材に仮の救済制度の意義を考える。

行政法 9

友岡史仁　TOMOOKA Fumito

↘ 設問

　Y市に親の代から原野2ヘクタールほど所有していたXは，その土地を活用して出力1MWの大規模太陽光発電施設（以下，「本件メガソーラー」という）を設置し売電ビジネスを行うことを思い立った。

　当初，Y市には太陽光発電施設を設置する者がいなかったが，Xによる本件メガソーラー設置の動きを察知した市側は，景観計画を策定し当該土地の近隣に「景観計画区域」を設定し，急ぎ「Y市再生可能エネルギー発電設備設置事業に関する条例」（以下，「本条例」という）を制定し，本条例8条に基づき，Xの当該土地を「特別保全地区」に急きょ指定した（以下，「本件指定」という）。なお，本条例は「高崎市自然環境，景観等と再生可能エネルギー発電設備設置事業との調和に関する条例」を参考にしている。

　そこでXは，本条例13条1項の規定に従い，必要な書類をそろえて市長に許可申請を行ったが，不許可とされた。これに対しXは，市の一連の行為を問題視しつつ，本条例14条1項所定の許可要件をすべて充足するにもかかわらず不許可とされたことを不服として，行政事件訴訟法（以下，「行訴法」という）に規定された訴訟類型を用いて訴えを提起することとした。

　Xが選択し得る訴訟手続上の問題について，Xの立場に立ち，裁判所による事案処理方法の問題を中心に検討せよ。仮の救済制度もあわせて行うこと。

〔参照法令等〕○景観法（抄）

第8条①　景観行政団体は，都市，農山漁村その他市街地又は集落を形成している地域及びこれと一体となって景観を形成している地域における次の各号のいずれかに該当する土地……の区域について，良好な景観の形成に関する計画（以下「景観計画」という。）を定めることができる。

②　景観計画においては，次に掲げる事項を定めるものとする。

一　景観計画の区域（以下「景観計画区域」という。）

○Y市再生可能エネルギー発電設備設置事業に関する条例（抄）

第3条　この条例において，次の各号に掲げる用語の意義は，当該各号に定めるところによる。

⑵　事業者　再生可能エネルギー発電設備を設置する事業……を計画し，これを実施する者をいう。

第8条　市長は，自然環境，景観等と再生可能エネルギー発電設備の設置との調和が特に必要な地区を特別保全地区として指定するものとする。

第9条①　前条に規定する特別保全地区は，次のとおりとする。

⑷　前各号に掲げるもののほか，次のアからオまでに掲げる地区のいずれかに該当するものとして市長が指定する地区

ウ　地域を象徴する優れた景観が保たれている地区のうち，その景観を保全することが特に必要と認められる地区

第13条①　事業者は，特別保全地区内において事業を行おうとするときは，事業区域ごとに事業計画を定め，当該事業計画について市長の許可を受けなければならない。

第14条①　市長は，前条第1項の規定による許可の申請があった場合において，当該申請が次の各号のいずれにも該当すると認めるときでなければ，同項の許可をしてはならない。

❗POINT

　❶取消訴訟と申請型義務付け訴訟の関係。❷申請型における本案勝訴要件の認定方法。❸仮の救済の意義と申請型の関係。

- - - - - - - - - - - - - - - - - -

↘ 解説
❶本設問におけるアプローチの仕方

　本設問は，大規模太陽光発電施設の設置により，自治体や周辺住民との軋轢が生じる近時の諸事例を念頭に置いたものである（本件類例として，国定公園内の第三種特別地域内での太陽光発電施設設置不許可に係る水戸地判平成30・6・15 LEX/DB 25560541と控訴審の東京高判平成31・3・20 LEX/DB 25563015〔ともに積極〕）。

　施設の設置場所に応じて多様な諸問題が考えられるが（例，板垣勝彦『地方自治法の現代的課題』353頁以下参照），本設問では〔参照法令等〕に照らし，発電施設の設置者であるXとY市との行政法関係（二面関係）において提起可能な行訴法上の訴訟類型を適切に選択できるかを問うている。この場合，原告適格は問題とならないものの，売電ビジネスを行う上で本条例13条1項に基づき必要とされる許可を受けられなかった（不許可）点を問題視する必要がある。本設問では「許可要件をすべて充足」しXの立場になって論ずる前提があるので，以下では実体判断の是非は問わず，訴訟手続上の問題を中心に見ておく。

❷申請型義務付け訴訟の特徴

　本設問では，XのY市に対する不許可の取消しまたは（および）許可を求める義務付けの各訴えが考えられる。この場合，義務付けの対象は一度拒否された行為（申請拒否処分）だが，行訴法はこれを申請型義務付け訴訟（以下，「申請型」という）により対処できると整理し（37条の3第1項2号），取消訴訟との併合提起を求めている（同条3項2号）。

　申請型は非申請型のような損害の重大性や補充性を要件とはしないが，本案勝訴要件が規定される点（37条の3第5項）で共通し，処分の羈束性または裁量権の踰越濫用いずれかが該当することを当該要件とする（詳細は❸で検討。この区別が相対的という趣旨と思われる指摘として小早川光郎『行政法講義（下Ⅲ）』310頁参照）。

　申請型の特徴として，「法令に基づく申請」が訴訟要

件となるが（37条の3第2項），本設問ではXが所有する土地について許可を申請した事案であるため，特段このあたりは争点とならない。その一方，不許可処分＝申請拒否処分が「取り消されるべきものである」ことも申請型の特徴的要件とされるが（37条の3第1項2号），義務付け訴訟本体との関係で検討の余地があるため，次にそれを見ておく。

③ 申請型と取消訴訟の関係性と事案処理方法

２に触れた申請型の特徴的要件から，取消訴訟が不適法却下であれば義務付け訴訟も同様に判断される一方，取消訴訟の認容が即，申請型の認容につながるとは限らない。この場合，裁判所による事案処理方法に係る諸点を列挙しておく。

第一に，申請拒否処分に係る根拠規定の文言を適切に解釈する必要がある。本設問では，本条例14条1項が「当該申請が次の各号のいずれにも該当すると認めるときでなければ，同項の許可をしてはならない」と規定するので，要件を一つでも充足しなければ当該処分は適法といえよう。したがって，Xによる取消訴訟が認容されれば，規定にある諸要件はすべて充足したと解されるので，自動的にYによる許可の義務付けが認められることになる（情報公開訴訟のように不開示事由の該当性という申請拒否処分の要件が一つでも該当すれば処分適法となる場合もロジックは同様）。

第二に，取消訴訟のみ一部（中間）判決を出す必要性はあるか。行訴法上，裁判所が取消訴訟のみの終局判決がより迅速な争訟の解決に資すると認めるときは，当該判決を下せる（37条の3第6項）。例えば，生活保護申請拒否処分にあって，いかなる生活保護を支給すべきか判断にかなりの時間を要する場合に拒否処分の取消訴訟を終局判決とすることが迅速な解決につながる場合が指摘される（宇賀克也『行政法概説Ⅱ〔第7版〕』359頁）。本設問の場合，第一点に鑑みれば，中間判決を出すまでもなく請求は認容されよう。

第三に，取消訴訟が棄却される場合に義務付け訴訟における事案処理方法が異なる場合がある。訴訟要件と解する場合，この状況だと義務付け訴訟がその時点で却下（門前払い）になり，判例（例，最判平成26・7・14判時2242号51頁）にも看取される。これに対し，取消訴訟の認容を本案勝訴要件と解する通説（宇賀・前掲書352頁参照）に従えば，義務付け訴訟は棄却される。これらの事案処理方法が本設問の結論に直接影響するとは思われないが，立論に際し注意すべきであろう。

④ 仮の救済の意義と申請拒否処分の関係

裁判に時間がかかる以上，原告が勝訴してもその利益を実現できない可能性があるため，訴訟制度の実効性を確保するうえで必要な仮の権利保護制度が必要となる。これが仮の救済制度である。本設問が申請拒否処分に係る事案であることに伴う注意点を指摘しておきたい。

行訴法上の仮の救済制度として，①執行停止（25条）ならびに②仮の義務付けと仮の差止め（37条の5）が設けられているが，適法な本案訴訟と連動する仕組みはいずれも変わりない（25条2項・37条の5第1項・2

項）。民事関係でも民事保全法が存在するが，行訴法上，処分について同法が不適用とされることから（44条），行訴法プロパーで論ずる意義がある。以下，関連する諸点を取り上げる。

第一に，Xが取り得る手段は仮の義務付け以外にない。申請拒否処分は，執行停止が申し立てられても申請状態に戻るだけで，本来求める許可を仮に行う義務はY市には生じない（手続のやり直しを求める行訴法33条2項・3項を同条4項で準用していない点に根拠を求めることがある。塩野宏『行政法Ⅱ〔第6版〕』220頁）。

第二に，申請型に係る仮の義務付けの申立要件のうち積極要件（「償うことのできない損害」と「本案について理由があるとみえるとき」）の該当性が問題となる。例えば，運賃認可事例（名古屋地決平成22・11・8判タ1358号94頁）のように，申請者の倒産危機や従業員収入の途絶といった事由があれば認容されやすい。しかし，本設問は売電ビジネスのケースとして，裁判所が申請型を認容する場合であっても，Xにとって死活問題になるほどの具体的損害を発見すべき点は留意したい。

なお，申立てが認容された場合に処分が「仮の処分」のままか「本来の処分」であるかという行政庁側がなすべき処分の在り方について議論があるが，ここでは言及にとどめる（例，塩野・前掲書259頁参照）。

⑤ 不許可以外の訴訟手続上の問題

本設問ではXが「市の一連の行為を問題視し」て訴訟を提起するため，不許可以外にXが主張し得る事由が問題となる。本設問によれば，本件メガソーラー設置の動きを察知して本条例の制定やXの土地に対する「特別保全地区」の指定を急いだ事情を踏まえたときの本件指定の取消訴訟の可否を考えておきたい。

この点，都市計画法8条1項に基づく知事による都市計画区域の指定は「当該地域内の不特定多数の者に対する一般的抽象的なそれにすぎ」ないとして処分性が否定されるので（最判昭和57・4・22民集36巻4号705頁），本件指定も同様の結論になろう。もっとも，当該指定がXのみをターゲットに当てた具体的行為と解し，処分性を肯定できる特定性が存すると解することができよう。このほか，本件メガソーラーの設置阻止に向けて本件指定が可能になるよう，「景観計画区域」の設定や急ぎ本条例を制定した一連の流れをとらえれば，本件指定が行政権の濫用に当たり違法と事案処理する方法も考えられる（目的動機違反の事例として最判昭和53・5・26民集32巻3号689頁参照）。

ただし，Xはすでに事業計画の許可申請を行っており，本件指定の違法性に係る主張は遮断されると考えれば，請求棄却とする結論が妥当だろう。

🔖 ステップアップ

情報公開訴訟（最判平成21・12・17判時2068号28頁）を素材に，申請型に係る論点を検討してみよう（友岡史仁・行政判例百選Ⅱ〔第7版〕206事件解説参照）。

➡ 次回の設問

感染症対策事例を素材に，即時強制の基本をおさえる。

行政法 10

日本大学教授
友岡史仁　TOMOOKA Fumito

✒ 設問

　Xは出張先の某国から帰国したところ，本人は無症状であったが「感染症の予防及び感染症の患者に対する医療に関する法律」（以下，「感染症法」という）6条7項1号に規定された「新型インフルエンザ」に該当する疑いがあると判断され，空港検疫官による停留後に陽性の確定診断が行われ，Y県所在の指定病院に入院した。その後，Xは依然として無症状ではあったが，「念のため」と称して8日間の入院期間の延長を口頭で打診されたのに対し，Xは当初予定されていたA社との重要なビジネス会合をキャンセルせざるを得ないことを理由に拒否したが，病院側はXの了解がないまま入院措置を継続した（以下，「本件措置」という）。現在，Xは退院しており，周囲に「新型インフルエンザ」の発症者は存在しない。

　Xは，本件措置が過剰であったことを理由に，Y県を相手に行政法上の救済を求める手段を講じたいと考えている。本件措置に係るXの主張事由について，入院中と退院後に分けていかなる手段を講ずることが可能かもあわせて，検討せよ。

〔参照法令〕○検疫法（抄）

第14条①　検疫所長は，検疫感染症が流行している地域を発航し，又はその地域に寄航して来航した船舶等……について，合理的に必要と判断される限度において，次に掲げる措置の全部又は一部をとることができる。
　二　第2条第1号又は第2号に掲げる感染症の病原体に感染したおそれのある者を停留し，又は検疫官をして停留させること……。

○感染症の予防及び感染症の患者に対する医療に関する法律（抄）

第8条②　新型インフルエンザ等感染症の疑似症患者であって当該感染症にかかっていると疑うに足りる正当な理由のあるものについては，新型インフルエンザ等感染症の患者とみなして，この法律の規定を適用する。

第16条の3⑤　都道府県知事は，第1項の規定による検体の提出若しくは採取の勧告を……実施する場合には，同時に，当該勧告を受け，又は当該措置を実施される者に対し，当該勧告をし，又は当該措置を実施する理由その他の厚生労働省令で定める事項を書面により通知しなければならない。（以下略）

第20条①　都道府県知事は，一類感染症のまん延を防止するため必要があると認めるときは，……十日以内の期間を定めて特定感染症指定医療機関若しくは第一種感染症指定医療機関に入院……を勧告することができる。（以下略）

②　都道府県知事は，前項の規定による勧告を受けた者が当該勧告に従わないときは，十日以内の期間を定めて，当該勧告に係る患者を特定感染症指定医療機関

……に入院させることができる。

⑤　都道府県知事は，第1項の規定による勧告……しようとするときは，あらかじめ，当該患者が入院している病院……の所在地を管轄する保健所について置かれた第24条第1項に規定する協議会の意見を聴かなければならない。

第22条の2　第16条の3から第21条までの規定により実施される措置は，感染症を公衆にまん延させるおそれ，感染症にかかった場合の病状の程度その他の事情に照らして，感染症の発生を予防し，又はそのまん延を防止するため必要な最小限度のものでなければならない。

第23条　第16条の3第5項……の規定は，都道府県知事が……第20条第2項……の規定による入院の措置並びに同条第4項の規定による入院の期間の延長をする場合について準用する。

第26条　第19条から第23条まで……の規定は，二類感染症及び新型インフルエンザ等感染症の患者について準用する。（以下略）

❗POINT

❶感染症法における即時強制（入院措置）の法的構造。❷即時強制の限界。❸事実行為に対する行政救済とは。

✒ 解説
① 即時強制の位置付け

　私人に対する強制的な行政上の措置は，多岐にわたってとられることがある。行政法教科書ではこれを大きく，①行政庁が相手方に一定の義務を課すことで，それを履行しない場合に講ずる措置として代執行を典型とした**行政上の義務履行確保**および②緊急時のように即時的に措置を講ずる必要がある場合に義務を伴わずに行われる行政上の措置としての**即時強制**に分ける（例，宇賀克也『行政法概説Ⅰ〔第7版〕』117頁参照）。

　①は実定法規に基づき私人に義務を課すという"手間"がかかる一方，②は即時的に行われる分，私人の権利侵害を伴い濫用の危険性があるため，**実定法規が容認する程度に適切に行使されているのかという評価作業が重要**となる。なお，②には税務調査を典型例とする行政調査も含み得る（これを独自制度と位置付ける場合もある。塩野宏『行政法Ⅰ〔第6版〕』283頁以下）。

　本設問では，検疫官による「停留」（検疫法14条1項2号）後の入院（応急入院）時は特に拒否した形跡がないが，入院延長に係る本件措置は即時強制に該当し，その違法性が感染症法に照らして問題となる。

② 本件措置の法的構造を理解する

　本設問では，感染症法の諸規定から読み取れる仕組みに照らし，本件措置を理解する必要がある。なお，同法26条は「新型インフルエンザ等感染症」も「一類感染症」に係る同法20条の規定を準用するため，本件措置はこれらの諸規定を根拠としていることが分かる。以下の解説では，〔参照法令〕外の諸規定も参照することがある。

　第一に，入院延長は勧告が前置とされ（1項），感染症法23条によって準用された16条の3第5項の規定か

ら，勧告手続は書面による必要があるとされる。このほか，保健所に設置された協議会による意見聴取を義務的手続としている（感染症法 20 条 5 項）。なお，本設問から，入院延長の打診が口頭で行われている点が勧告に当たると考えられるが，（〔参照法令〕に照らしても）同法に求められる事前手続は履践されていないことが分かる。

第二に，勧告に従わない場合には強制入院の措置を可能とし（2 項），行政上の義務を命ずることを前提としないため，即時強制に該当することを示すものである。本件措置はこれに当たる（本設問に触れた検疫法上の「停留」もこれに該当）。

以上にあって，感染症法における勧告や入院措置は**事実行為**であり，行政手続法 2 条 4 号イによって「**不利益処分**」に該当しない。このため，同法で保障された事前手続の対象とはならないと解される一方，そのことを理由に，一定の事前手続を保障する規定を置いているといわれる（厚生労働省健康局結核感染症課監修『詳解感染症の予防及び感染症の患者に対する医療に関する法律〔4 訂版〕』128 頁の解説もこの趣旨と思われる）。ただし，このような事実行為は，救済法の観点から抗告訴訟の対象である「処分」とは切り離してとらえるべきであることに注意したい（5 に詳述）。

③ **本件措置と比例原則の関係**

本設問における事実関係から，X は本件措置の過剰性を問題視しているので，それにかかわる主張事由が求められる。即時強制は私人の権利侵害性が強いため一定の制約を課すことが求められるが，行政法教科書は**比例原則の適用**をその原理としている点（塩野・前掲書 280 頁）が，X の主張事由を立論するうえで参考となる。

通常，比例原則は不文法源（一般法原則）の一つに位置付けられ，複数の原則（当該措置により目的達成が可能であるかとの適合性原則，措置が必要な限度を超えてはならないとの必要性原則等。宇賀・前掲書 62 頁）からなる。そこでは，**事実関係を丁寧に拾うことで該当する行政活動の目的とバランスを保てているかの評価を要する。**

ただし，本件措置の場合，感染症法 22 条の 2 の規定が最小限度の措置を求めており，これが比例原則の適用に係る確認規定と解される（厚生労働省健康局結核感染症課監修・前掲書 127 頁は「警察比例との関係」でこの点を指摘）。以下では，明文規定の存在から，本件措置の違法性を判断するうえでは当該規定に沿って結論を導き出したい。

④ **問題事実を抽出する**

本設問から関連事実を抽出すれば，本件措置が① X 本人の了承なく「念のため」に取られていること，②口頭による延長の打診が行われたことがポイントと思われる。以下，それぞれについて検討する。

①について，本設問からは病院側（条文では知事）が「念のため」と称して延長入院を講じているので，X 本人の治療目的である可能性は否定できない。その一方，感染症法が措置を講ずる上での「感染症の発生を予防し，又はそのまん延を防止するため必要な最小限度」（22 条の 2）という基準は，X 退院後の公衆への影響に照らした必要最小限度の措置が求められると解される。

このため，本件措置の過剰性を判断するうえで**新型インフルエンザの強い感染性の有無**という疫学的判断が重要と考えられる。

本設問では，X が無症状であるとの理由から A 社とのビジネス会合を理由に拒否しているが，公衆への影響が存するとの客観的事実が提示されていれば，本件措置は正当化されよう（感染症法 18 条，同法施行規則 11 条 2 項 3 号は一定期間多数者との接客業務を制限するが，X はこの就業制限の対象外）。ただし，疑似感染者であっても感染患者とみなされるが（同法 8 条 2 項），本件措置時にも無症状であった点は，当該措置を必要な最小限度と解し得る疫学的な根拠が明確に示されなければ，過剰性の認定可能性は高くなろう。

②について，2 にも確認したように，勧告→措置といった手続を踏むこと，勧告に際し既定事項を記載した書面提出を義務化し，協議会の意見聴取といった詳細な事前手続が明文で規定されている。本設問では，書面主義による感染症法の諸手続に照らせば，X に対する口頭による入院延長の申出は手続法違反に当たる。このことを敷衍すれば，勧告段階で手続的瑕疵があることから，それを前提とした本件措置も違法と解されよう。

⑤ **X の救済手段について**

本件措置の違法性が認定される場合，X にはどのような行政法上の救済手段を講ずることが可能か。本設問では，勧告後に本件措置に移行しているので，以下ではもっぱら後者について検討する。

3 にも触れたように，本件措置は事実行為であるが，行政事件訴訟法における「処分その他公権力の行使に当たる行為」に属するとされているので（塩野宏『行政法 II〔第 6 版〕』107 頁，118 頁），これを前提に抗告訴訟のカテゴリーから適切な選択をすることが求められる。本件措置については**差止訴訟**（行訴 3 条 7 項）の提起の可能性があるが，本設問では X が入院中であったとしても，短期間である場合は有効な救済方法とはいいがたい（ただし入院期間が 30 日を超える場合は審査請求を口頭でも可とする。感染症法 25 条 1 項）。本設問の事実関係に照らせば，具体的法効果に欠けるものの，感染症法には都道府県知事に対する口頭でも**可能とする苦情申出制度**（24 条の 2）は，X の救済手段となり得るだろう。

退院後の事後救済の可能性はどうか。本設問では，X が A 社との会合に欠席したことにより生じた損害につき，Y 県に対し国家賠償法 1 条 1 項に基づく賠償請求はあり得るだろう。ただし，本件措置自体に手続的違法性があるとしても，感染症の発生予防・まん延防止という目的に照らし入院延長を判断せざるを得なかった場合，損害との因果関係が不成立という見方はあり得よう。

■ ステップアップ

新型コロナウイルス感染症（COVID-19）の疑似感染者に対する検疫法上の隔離・停留措置について，同法の構造と行政法上の問題を検討してみよう。

➡ 次回の設問

知的財産侵害物品の水際取締事例を素材に，行政救済手続の諸問題を検討する。

行政法　11

日本大学教授

友岡史仁　TOMOOKA Fumito

↘ 設問

　映画Ｋの制作会社Ｘは，関連機関を通じ，アパレル輸入業を営むＡが某国製造工場から輸入しようとしていた衣料品（以下，「本件商品」という）には，映画Ｋのものと分かる商標利用の許諾を得ていないマークがプリントされているとの情報を入手した。そこでＸは，本件商品が国内に流通すれば同社は多大な損害を被る可能性があると考え，Ｙ税関長に対し関税法69条の11第１項９号に該当する貨物として認定する手続を執るよう，同法69条の13第１項の規定に基づき申し立てた。

　そこで，Ｙ税関長は，Ｘの申立てにつき，認定手続を執るべきか否かについて専門委員に意見照会を行ったうえで，これを受理したが，その後，受理要件を満たさないと判断しこの受理を撤回した。このため，ＸはＹ税関長に対し審査請求を提起しようとして，Ｔ弁護士に相談した。Ｔにはどのような行政法上の回答が求められるか。Ｘの立場に立って検討せよ。

〔参照法令等〕〇関税法（抄）

第69条の11①　次に掲げる貨物は，輸入してはならない。

　九　特許権，実用新案権，意匠権，商標権，著作権，著作隣接権，……を侵害する物品

②　税関長は，前項……第９号……に掲げる貨物で輸入されようとするものを没収して廃棄し，又は当該貨物を輸入しようとする者にその積戻しを命ずることができる。

第69条の13①　……商標権者……は，自己の……商標権……又は営業上の利益を侵害すると認める貨物に関し，……いずれかの税関長に対し，その侵害の事実を疎明するために必要な証拠を提出し，当該貨物が……輸入されようとする場合は当該貨物について当該税関長……が認定手続を執るべきことを申し立てることができる。（以下略）

②　申立先税関長は，前項の規定による申立てがあった場合において，当該申立てに係る侵害の事実を疎明するに足りる証拠がないと認めるときは，当該申立てを受理しないことができる。

③　申立先税関長は，第１項の規定による申立てがあった場合において，当該申立てを受理したときはその旨及び当該申立てが効力を有する期間……を，前項の規定により当該申立てを受理しなかったときはその旨及びその理由を当該申立てをした者に通知しなければならない。

第69条の14　申立先税関長は，前条第１項の規定による申立てがあった場合において必要があると認める

ときは，知的財産権に関し学識経験を有する者……を専門委員として委嘱し，……当該専門委員に対し，同項の規定により提出された証拠が当該申立てに係る侵害の事実を疎明するに足りると認められるか否かについて，意見を求めることができる。（以下略）

第88条の２①　……この法律又は他の関税に関する法律に基づき行われる処分その他公権力の行使に当たる行為……については，行政手続法第２章……及び第３章……の規定は，適用しない。

第89条①　この法律又は他の関税に関する法律の規定による税関長の処分に不服がある者は，再調査の請求をすることができる。

第91条　この法律又は他の関税に関する法律の規定による財務大臣又は税関長の処分について審査請求があったときは，財務大臣は，……審議会等……で政令で定めるものに諮問しなければならない。（以下略）

〇関税法施行令（抄）

第82条　法第91条（審議会等への諮問）……に規定する審議会等で政令で定めるものは，関税等不服審査会とする。

〇関税法基本通達（抄）

69の４−11（中略）

⑴　輸出差止申立ての受理の撤回

　輸出差止申立てのうち受理要件を満たさなくなったと思料されるものについては，受理を撤回するものとする。ただし，撤回するに先立ち申立人に対して意見を述べる機会を与えるものとし，撤回した場合には，申立先税関の本関知的財産調査官は，……理由を付して申立人に通知する……ものとする。（以下略）

❗POINT

　❶特殊な行政手続の存在と輸入手続。❷行政上の不服申立制度。❸受理の法的性質。❹撤回と不服申立ての対象。

- -

↘ 解説
① 特殊な行政手続とその意義

　処分前の行政手続は，一般法である行政手続法によって規律されるのが基本である。しかし，同法自体にも適用除外規定が設けられるほか（３条・４条），個別法においても同様の規定が見られる。本設問が素材とする「知的財産侵害物品の水際取締り」に係る知的財産侵害物品の認定申立制度（実務上は「輸入差止申立」と称される。例えば小野昌延ほか編『商標の法律相談Ⅱ』410頁以下〔山下英久〕参照）は，関税法において輸出入に係る一連の諸手続を適用除外とする旨規定されている（88条の２第１項）。

　本設問では，後述するように「受理」や「撤回」といった行政法教科書の定番用語が登場するものの，それらが関税法の諸規定の中でどのように解釈されるべきかを検討する必要があることに気付きたい。これを踏まえて，❷以下ではＴがＸに回答する上で，本設問にある事実関係（商標権侵害を想定している）に照らし，行政法上の問題を検討することとする。

② 認定手続に係る諸規定（概観）と「受理」の法的性質

関税法は，認定申立制度について詳細な諸手続を規定するが，本設問ではＡが輸入しようとする未許諾に係る本件商品の輸入差止めをＸが求めるというものである。そこで，制度の骨子としては①当該権利者により税関長に対し「侵害事実の疎明のため必要な証拠」を提出し認定手続を執るべき旨申し立てることができること（69条の13第1項），②税関長は認定手続を執るべき旨の申立てがあった場合，侵害の疎明の有無により受理または不受理とすることが可能であること（69条の13第2項・3項），そして③申立てに際し権利者が税関長に提出した証拠が「侵害の事実を疎明するに足りると認められるか否か」について専門委員に意見を求めること（69条の14）といったことが挙げられる。

以上に掲げた「受理」（「不受理」も含む）は，行政法教科書の取り上げ方とは異なる。通常，行政手続法7条が申請に対する審査応答義務を規定するのに対し，「受理」は行政実務上の事実行為を前提に同法上の概念には位置付けられない（塩野宏『行政法Ⅰ〔第6版〕』320頁）。しかし，関税法上の認定手続は，そもそも行政手続法の適用除外とされること以外にも，**認定申立てに対し税関長による一定の審査を前提としており法的に有意な行為**と解される。

加えて，本件商品が「輸入してはならない貨物」に該当すれば税関長がＡに対し没収し廃棄したり積戻命令を出せるといった効果が発生すること（69条の11第2項）から，受理が輸入業者(A)に直接的な権利利益の範囲を決定する「処分」と解するのが適当だろう（本設問との関係は **3** において詳述）。

③ 行政上の不服申立制度とは

本設問では，「行政上の不服申立制度を利用して」とあるので，裁判手続ではなく**簡易迅速性を狙いとする行政機関への不服申立手続**に照らしＴが回答することを求めている。この制度には**一般法である行政不服審査法**（以下，「行審法」という）のほか，個別法の中に準司法手続を採用する場合（行政審判制度）が見られるように，一様でない。ただし，Ｘが審査請求を提起しようとするため，行審法の適用を前提とすることが分かる。以下では，ＴがＸに回答する上で必要と思われる諸点を整理しておく。

第一に，行審法は「処分に対する不服申立て」として①審査庁への不服申立てである**審査請求**（2条・3条），②処分庁への調査を依頼する**再調査の請求**（5条）および③審査請求を再度行う**再審査請求**（6条）の3つを規定する。Ｘは審査請求を選択するものの，請求期間内（54条）であれば関税法89条1項に基づき再調査の請求も可能である（②→①の順序となる。行審5条1項）。なお，〔参照法令等〕には含まれていないが，関税法93条は取消訴訟を「審査請求に対する裁決を経た後でなければ，提起することができない」と規定するので（審査請求前置），再調査の請求を経ただけでは訴訟提起が許されない。

第二に，審査請求の対象となる「処分」は取消訴訟の対象となる「処分」に係る判断基準に依拠するが（高橋滋『行政法〔第2版〕』441頁），**2**に触れたように，関税法の構造に照らせば認定手続に係る税関長の受理（不受理）がこれに当たる（実務上も関税等不服審査会による平成26年答申103号では受理を「処分」と解し実体判断を行っている）。ただし，本設問におけるＸの審査請求の対象は **4** において検討する。

なお，審査請求は，関税法91条によって財務大臣が審議会（関税法施行令82条により関税等不服審査会）への諮問を義務的手続としている。

④ 受理後の撤回と不服申立ての対象

本設問では，Ｙ税関長が認定に係る受理を撤回しているため，ＴはＸがこの「撤回」を審査請求の対象とできるかを検討しておく必要がある。

「撤回」とは**瑕疵なく成立した法律関係を後発的事情によりその効果を消滅させる必要が生じた場合**に行われる（塩野・前掲書191頁参照）。例えば，営業許可といった名宛人に受益的な行為であって，適法に付与されたものの一定の事情により要件を満たさない状態に陥るとして行政庁が取り消す（＝撤回）場合である。これには法的根拠を要しないのが判例（最判昭和63・6・17判時1289号39頁〔菊田医師事件〕）の立場だが，法的根拠が存することもある（例，浴場7条1項）。ただし，**これは処分時に遡って効力を消滅させる「取消し」（「職権取消し」ともいう）とは異なる概念である**。

本設問の場合，〔参照法令等〕に掲げた通達（関税法基本通達69の4−11）では「受理要件を満たさなくなったと思料される」とされ，後発的事情を要件とするので「撤回」に当てはまる。その一方，ＴはＸに対し，当該撤回を審査請求の対象としてよいと回答できるかは，なおも議論の余地がある。

確かに，撤回には法的根拠が不要との判例の結論に照らせば，撤回されることが即違法というわけではない。しかし，通達を根拠とする点で処分性がなく，不服申立ての対象でないとの見方もできよう。これに対し，関税法69条の13第3項の規定は，侵害事実は一定期間に限定されることを前提に申立てを受理するというものであり，当該事実の喪失に伴う税関長の撤回は同項で当然に前提とされていると解し得る。であれば，Ｘは撤回そのものを審査請求の対象と解することは可能と思われる。

ただし，当該通達によれば，撤回に先立ち申立人の意見陳述の機会を設けるものとされているので，この段階である程度紛争が処理されたとみることも可能である。このため，以上の立論はあくまで理論上のものと考える（議論の余地はあろう）。

📑 ステップアップ

行政不服審査制度を意識して，特殊な行政手続の問題を検討してみよう。

➡ 次回の設問

行政文書の管理をめぐる事例を素材に，行政法上の問題を鳥瞰する。

行政法 12

日本大学教授

友岡史仁　TOMOOKA Fumito

↘ 設問

　Y市立N小学校は，施設建設後に年数が経過して同校の手すりが壊れていることが発覚した。幸い事故にはならなかったものの，児童が怪我する可能性が想定できたため，同市教育委員会が急きょY市立小中学校全てにおいて補修工事を行う旨決定をした。この工事に先立ち，Y市担当部局は日ごろ補修を依頼してきた施設業者Tとの間で見積書の作成をせずに請負契約を締結し（以下，「本件契約」という），工事が終了した。

　N小学校に児童を通わせているXは，教育現場における対応に常に疑問を抱いていた経緯から，「Y市小中学校施設の手すり工事請負に関する契約書面すべて」をY市情報公開条例（以下，「市公開条例」という）に基づき開示請求をした。これに対しY市側は，本件契約の見積書と契約書が対象文書と特定したうえで，「見積書は慣習的に作成を前提としておらず，また，Y市公文書等の管理に関する条例の諸規定に照らし，作成される必要がないと考えていたこと」および「契約書の開示は請負業者との信頼関係を損なうこと」を理由として拒否する処分を行った（以下，「本件処分」という）。このため，Xは本件処分の取消しを求めて出訴した。

　なお，Xは本件処分前に，Y市以外にも類似の開示請求を大量に行ったうえで，情報公開担当部署に直接詰め寄り，長時間にわたり職員を拘束するなどし，開示された文書があってもその場に放置するなどしていた。このためY市は本件処分時に「Xの他市における状況に鑑み請求を拒否すべきこと」も理由として説明している。

　以上の事実関係に照らし，Xに対する事後救済の可否も踏まえ，考えられ得る各当事者の主張について行政法上の問題を検討せよ。

〔参照法令等〕○Y市情報公開条例（抄）

第2条②　この条例において「公文書」とは，実施機関の職員……が職務上作成し，又は取得した文書，図画，写真，フィルム及び電磁的記録……であって，当該実施機関の職員が組織的に用いるものとして，当該実施機関が保有しているものをいう。

第4条　この条例の定めるところにより公文書の開示を請求しようとするものは，この条例の目的に即し，適正な請求に努めるとともに，公文書の開示を受けたときは，これによって得た情報を適正に使用しなければならない。

第5条　何人も，実施機関に対して公文書の開示を請求することができる。

第7条　実施機関は，開示請求があったときは，開示請求に係る公文書に次の各号のいずれかに該当する情報（以下「非開示情報」という。）が記録されている場合を除き，開示請求者に対し，当該公文書を開示し

なければならない。

六　市の機関……が行う事務又は事業に関する情報であって，公にすることにより，……当該事務又は事業の性質上，当該事務又は事業の適正な遂行に支障を及ぼすおそれがあるもの

第11条②　実施機関は，開示請求に係る公文書の全部を開示しないとき（……開示請求に係る公文書を保有していないときを含む。以下同じ。）は，開示しない旨の決定をし，開示請求者に対し，その旨を書面により通知しなければならない。

○Y市公文書等の管理に関する条例（抄）

第3条　実施機関は，政策の形成過程及びその実施について，この条例に定めるところに従い，公文書を適正に作成し，及び管理しなければならない。

第6条①　実施機関は，第3条に規定する責務を果たすため，事案を決定するに当たっては，極めて軽易な事案を除き，文書（電磁的記録を含む。以下この条において同じ。）によりこれを行わなければならない。

②　前項の規定にかかわらず，緊急の取扱いを要する事案については，文書を作成することなく事案の決定をすることができる。この場合においては，事案の決定後，速やかに当該決定に係る文書を作成しなければならない。

！POINT

　❶公文書管理制度を前提とした文書不存在と立証責任の関係，❷開示請求の「権利濫用」，❸事後救済の成否，❹文書提出義務は認められるか。

↘ 解説
① 情報公開制度と公文書管理制度の関係

　本設問は，①行政機関が保有する行政文書の公開に関する情報公開と②その文書の管理に関する公文書管理の二制度をめぐる行政法上の問題の検討を主な狙いとする。国と自治体では根拠法が異なるため，文言上若干の相違はあるものの，制度内容は概ね共通である（〔参照法令等〕は東京都情報公開条例を参考とした）。以下，本設問の検討に際し必要となる①の骨子を掲げる。

　第一に，請求対象とされる情報（市公開条例2条2項は「公文書」）は，行政機関が組織的に共用する文書（組織共用文書）である。この文書の該当性は個別事案ごとに判断され，メモ書きも含むことがある（不存在との関係は2参照）。この規定はすでに作成された文書に係るものであり，作成過程の文書は公文書管理制度によって規律される。

　第二に，不開示情報（市公開条例7条では「非公開情報」と規定）は類型化され，それに該当しなければ開示される（原則開示）。当該情報は必ず諸規定により明文化されているので，その該当性は個別事案による考慮ではなく実体法上の問題となる。

　第三に，請求された文書は原則開示となる以外にも複数の方法がある。不開示情報が含まれていれば全部または一部が黒塗りされる方法（全部不開示・一部開示），文書の存否を明らかにせず判断する方法（存否応答拒否），そして公益上必要があると認めるときには不開示情報を開示する方法（裁量的開示）である。なお，本件

契約との関連で不存在とされた見積書は，市公開条例
11条2項括弧書きから不開示と同様の方法をとられる
ことが分かる。

❷ 文書不存在と取消訴訟の立証責任

本設問においてY市側が本件処分の理由の一つとし
た当該文書の不存在は，Xの主張を構成するうえで，
誰がどのように立証責任を負担すべきかが問題となる。

行政事件訴訟法（以下，「行訴法」という）は立証責
任の分担につき特段の規定を置かないため，法律要件分
類説を通説とする民事訴訟法の例に倣うことも考えられ
るが，学説上は他の方法も提示される（学説の説明とし
て塩野宏『行政法Ⅱ〔第6版〕』171頁以下参照）。

類例として，判例（最判平成26・7・14判時2242号
51頁〔沖縄密約文書訴訟〕）は，請求人側が①「当該不
開示決定時に当該行政機関が当該行政文書を保有してい
たこと」，②「不開示決定時においても当該行政機関が
当該行政文書を保有していたこと」の立証を求めている
（これらが法律要件分類説に沿うと説明するものとして，
金崎剛志・行政判例百選Ⅱ〔第7版〕196事件）。本設
問に照らせば，X側が見積書の存在に係る立証責任を
負担すべきことを意味しよう。

とはいえ，上記判例は「公文書等の管理に関する法
律」施行前の事例であり，本設問ではすでに条例が制定
されているので，Xは当該文書の作成義務がある以上
文書は存在しているはずだ，と主張する必要があろう。
具体的には，Y市公文書等の管理に関する条例では，
政策形成過程・実施に際し文書の作成・管理義務が生じ
ること（3条），文書作成がなされない場合は事案決定
が行えないこと（6条1項），そして文書作成義務が免
除されるのは「極めて軽易な事案」であり「緊急の取扱
いをする事案」の場合も一時的であること（同条1項・
2項）が規定されているので，本件契約の見積書のよう
な平常時の作成文書の場合，Xは政策形成過程・実施
に係る文書として慣習的な不作成は認められないと主張
することになろう。ただし，Y側も「ないものはない」
と主張せざるを得ないとすれば，結局はXに対する事
後救済の問題となる（4に詳述）。

なお，本設問は文書がそもそもないという物理的不存
在の事例であるが，組織共用文書に該当しないので不開
示決定がされる場合は解釈上不存在となる。この場合
は，行政主体が立証責任を負うと解されている（宇賀克
也『新・情報公開法の逐条解説〔第8版〕』147頁参照）。

❸ 請求の「権利濫用」について

開示請求に際し，Xが情報公開担当部署に直接詰め
寄り，長時間にわたり職員を拘束するなどし，開示され
た文書があってもその場に放置するなどしていたことが
あれば，明文の禁止規定がなくとも一般法原則に従い
「権利濫用」と構成することは許される（塩野宏『行政
法Ⅰ〔第6版〕』362頁参照）。市公開条例4条の規定は
直接には「権利濫用」と規定していないが，当該所業に
当てはまると解することは不可能でない。

この点，いわゆる大量請求に係る事案について，「社
会通念上相当と認められる範囲を逸脱するものであるこ
とは明らかであり，権利濫用に該当する」と判示する裁
判例も見られる（例，名古屋高判平成25・10・30判自

388号36頁。第一審名古屋地判平成25・3・28判自388
号41頁も参照）。

本設問では，Y市側が「Xの他市における状況に鑑
み請求を拒否すべきこと」と理由付けているが，Y市
担当者に対する所業の詳細は不明である。情報公開請求
権が何人に対しても認められる重要な権利であることに
鑑みれば，XのY市に対する請求内容が同市以外と類
似するからといって，「権利濫用」等を理由に違法な請
求と構成することは困難であろう。

❹ 事後救済は可能か？

本設問では，Xが本件処分の違法性を理由に国家賠
償法（以下，「国賠法」という）に基づく損害賠償請求
の提起が可能であるかが問題となるが，そもそも請求対
象文書が開示されるか否かが情報公開訴訟の最大の争点
であるので，その可否には丁寧な議論が求められよう。

これまでにも，文書存否にかかわらず不開示決定の違
法性を理由に慰謝料請求が提起されてきた裁判例（東京
高判平成23・6・15判自350号9頁〔積極〕）が見られ
た。これによれば，国賠法による損害賠償請求はXの
事後救済としてあり得ると思われる。この場合，Xは
不開示決定の違法性をもって国賠法上の違法性と構成
し，Y市担当者の「職務上通常尽くすべき注意義務を
尽くしていない」（上記下級審はこれに依拠）か，また
は過失責任の存否を事案に即して立論することが求めら
れよう。

❺ 残された課題

本件処分のうち不開示決定に係る文書（契約書）につ
いて，本設問に残された次のような課題に触れておく。

第一に，Y側が「契約書の開示は請負業者との信頼
関係を損なうこと」と主張する点について。これは，市
公開条例7条6号の規定（事務事業情報）に該当するか
という実体法上の問題となるが，Xは当該文書の第三
者に対する開示に伴う「請負業者の信頼関係」の毀損が
Y市の事務事業の適正な遂行に支障を及ぼす点が明確
にされていないといった主張が可能と思われる。

第二に，Xが訴訟係属中に，民事訴訟法上の文書提
出命令（220条以下）を用いてY市側に当該契約書の
写しを求めることができるかという論点もあり得る。本
制度は取消訴訟について一般的に認められるのに対し，
不開示決定に対する場合は利用できない。仮に認められ
れば，不開示決定の取消訴訟において当事者の審理がな
されないまま原告の請求が認められる可能性があるため
である。なお，検証物提出命令（民訴232条）の適用は
消極に解されていること（最決平成21・1・15民集63
巻1号46頁）に留意したい。

　　　　　＊　　＊　　＊

時事問題を意識した事例作成に努めました。これを機
に行政法"好き"になって頂けたら幸いです。ありがと
うございました。

📕 ステップアップ

公務員の職務上の秘密文書について，情報公開制度と
文書提出義務の規定（民訴220条4号ロ）の範囲の違い
を検討してみよう。

行政法・論点索引

（数字は登場回を示します）

民法

法政大学教授

新堂明子
SHINDO Akiko

民法 1

法政大学教授
新堂明子　SHINDO Akiko

📥 設問

基本　ＡとＢは，Ｈ大学の法学部生で，サークルの先輩後輩の間柄であった。４年生のＡは，卒業に必要な単位をほぼ修得し終え，持っていた六法（平成29年版）（「ａ」）が要らなくなったので，１年生のＢに対し，「ａを500円で売ろうか」と言った。Ｂは，教員Ｓが明日の授業に六法を持ってきなさいと言っていたことを思い出し，これは好都合だと思って，Ａに対し，「そうしましょう。ａを500円で買いましょう」と言った。

上記売買契約の成立要件と効果を挙げなさい。

応用　Ｙは，2006年３月22日以降，その住居に，Ｘ（日本放送協会〔ＮＨＫ〕）の衛星系によるテレビジョン放送を受信することのできるカラーテレビジョン受信設備を設置している。Ｘは，2011年９月21日到達の書面により，Ｙに対し，受信契約の申込みをしたが，Ｙは，この申込みに対して承諾をしていない。

Ｘは，Ｙに対し，Ｙは放送法64条１項（「協会の標準放送……を受信することのできる受信設備を設置した者は，協会とその放送の受信についての契約をしなければならない。」）に基づきＸからの受信契約の申込みを承諾する義務があると主張して，当該承諾の意思表示をするよう求めるとともに，これにより成立する受信契約に基づく受信料として，受信設備設置の月の翌月である2006年４月分から2014年１月分までの受信料合計21万5640円の支払を求めた。

上記受信契約の成立要件を挙げなさい。

❗POINT

❶契約の成立要件と効果を条文から読み取る。❷契約自由の原則の意義を（だいたいでよいので）理解し，その例外の理由を（試しに考えるでよいので）探求する。

📥 解説
① 契約の成立要件と効果・基本

(1) 契約の成立要件

契約は，申込みの意思表示と承諾の意思表示の合致（合意）によって成立するのが，ふつうである。申込みとは，「契約の内容を示してその締結を申し入れる意思表示」（522条１項）であり，承諾とは，特定の申込みに対してなされ，これと相まって契約を成立させる意思表示である。つまり，申込みの意思表示の内容と承諾の意思表示の内容は同じでなければならない。そして，先になされたものが申込みであり，後になされたものが承諾である。

基本では，ＡのＢに対する「ａを500円で売ろうか」

が申込みであり，ＢのＡに対する「そうしましょう。ａを500円で買いましょう」が承諾である。この２つの意思表示の内容は同じであり，すなわち，ａを500円で売り買いする契約が成立している。

応用では，Ｘは，Ｙに対し，申込みをしたが，Ｙは，この申込みに対して承諾をしていない，というのだから，受信契約は成立していない。

(2) 売買契約の成立要件と効果

売買の冒頭規定によれば，「当事者の一方がある財産権を相手方に移転することを約し，相手方がこれに対してその代金を支払うことを約することによって」，売買契約が成立し，これによって，その売買契約の効力が生ずる（555条）。

基本では，Ａがａの所有権をＢに移転する約束をし，Ｂがこれに対してその代金500円を支払う約束をしている。これらの意思表示があれば，Ａはａの所有権をＢに移転し，Ｂがこれに対してその代金500円を支払う，という売買契約が成立し，これによって，その売買契約の効力が生ずる。その結果，Ａは，Ａがａの所有権をＢに移転する約束を実現し，Ｂは，Ｂがこれに対してその代金500円を支払う約束を実現しなければならない。

さらに踏みこみ，上記売買契約の効果を説明しておく。まず，ａの所有権は，売買契約の成立時点で即時に，ＡからＢへと移転する（176条参照。判例および通説）。そして，ＡはＢに対してａの占有（権）の移転（＝引渡し）をする債務を負い，また，ＢはＡに対して代金500円の支払をする債務を負う。

(3) 法律要件（原因）→ 法律効果（結果）

法律の規定は，法律要件（原因）と法律効果（結果）からなる。

① 法律効果とは，権利変動である。権利には，物権と債権があり，変動には，発生（取得），変更，消滅（喪失）がある。この組合せが，法律効果＝権利変動である。

② 法律要件とは，法律効果＝権利変動という結果を発生させる原因である。

(4) 法律行為（原因）→ 法律効果（結果）

① 法律行為とは，法律要件の１つである。すなわち，法律行為（原因）によって，法律効果（結果）が発生する。

② 法律行為以外の法律要件には，さまざまなものがあり，たとえば，不法行為がある。すなわち，不法行為（原因）によって，損害賠償債権が発生（結果）する（709条）。

(5) 法律行為は意思表示により構成される

① 不法行為と法律行為とを比べてみよう。

不法行為はいくつかの要素により構成される。すなわち，「故意又は過失」「によって〔因果関係〕」「他人の権利又は法律上保護される利益を侵害した者は」，「これによって〔因果関係〕」「生じた損害」により構成される（709条）。他方，法律行為は意思表示という要素により構成される。

なお，要素のことを要件ということもある。

② 意思表示とは，一定の法律効果の発生を欲する旨の意思を外部に対して表示する行為である。こういう法律効果が生じて欲しいと思っており，「こういう法律効果が生じて欲しいと思っている」と言った，という具合である。

③ 意思表示の数とその目的の方向により，法律行為を単独行為，契約，合同行為に分類することができる。

ここでは契約だけ説明しておく。契約は相対する目的を有する2つの意思表示が合致して成立する。基本では、AのBに対する意思表示は、AがBに *a* の所有権を移転することにより、Aは *a* の所有権を喪失し、これと引換えに、AはBに対して代金支払債権を取得する、という効果の獲得を目的としている。BのAに対する意思表示は、AがBに *a* の所有権を移転することにより、Bは *a* の所有権を取得し、これと引換えに、BはAに対して代金支払債務を負う、という効果の獲得を目的としている。すなわち、A・Bの相対する目的は、*a* の所有権の喪失・取得および代金支払債権の取得・その裏返しの債務の負担にある。

④　法律行為とは、一定の法律効果の発生を欲する者に対して、その欲する通りの法律効果を発生させるための行為である。「こういう法律効果が欲しいと思っている」と言えば、そういう法律効果が生ずる、これが法律行為（原因）から法律効果（結果）までの流れである。

⑤　不法行為と法律行為とを比べてみよう。

加害者は、損害賠償責任を負いたいと欲して不法行為をし、そう欲した通りに損害賠償責任を負ったのではない。加害者は、民法が不法行為をすれば損害賠償責任を負うと定めたから、損害賠償責任を負ったのである（709条）。他方、基本では、Aは、*a* の所有権の喪失と引換えに代金支払債権を取得したいと欲して契約をし、そう欲した通りになったのである。Bも、代金支払債務の負担と引換えに *a* の所有権を取得したいと欲して契約をし、そう欲した通りになったのである。

② 契約自由の原則と例外・応用

(1) 私的自治の原則，契約自由の原則と法律行為

私的自治の原則とは、近代社会においては、個人はそれぞれ自由かつ平等であるとされるが、そのような個人を拘束し、権利義務関係を成り立たせるものは、それぞれの意思である、とする考え方である。ある個人が権利を取得したり義務を負ったりすることができるのは、その個人がそれを欲し、そう決めた、からである。

契約自由の原則とは、個人の契約関係（契約に基づく権利義務関係）は、契約当事者の自由な意思によって決定されるのであって、国家はこれに干渉せずこれを尊重しなければならない、という近代私法の基本原則である。

こうして見てみると、さまざまな法律要件のうちでも、当事者が欲する通りの法律効果を発生させる法律行為こそが最も重要な法律要件であることがわかるだろう。いいかえれば、意思表示を要素とする法律行為は、上記両原則を実現するための手段なのである。

(2) 契約自由の原則

契約自由の原則は、①契約締結の自由（521条1項）、②内容決定の自由（521条2項）、③方式の自由（522条2項）を内容とする。なお、債権法改正の立案担当者は、相手方選択の自由は①に含まれると注記している。

(3) 契約締結の自由の原則と例外

契約締結の自由が原則なので、これを制限するためには理由が必要である。たとえば、電気、ガス、水道などの独占的事業（ただし、電力自由化〔2016年〕、ガス自由化〔2017年〕、水道15条1項）、公証人などの公共的職務（公証3条）、医師、薬剤師、助産師などの公益的

業務（医師19条1項、薬剤師21条、保助看39条1項）については、契約の申込みを受けたときは、あるいは、業務等を行うことの求めがあった場合には、正当な事由がなければ、これを拒んではならないと定められている。

基本では、3年生の A₂ が六法（平成30年版）（「*a₂*」）を、2年生の A₃ が六法（平成31年版）（「*a₃*」）を売りたいと思っているかもしれないし、あるいは、1年生の B₂ が *a* を600円で、1年生の B₃ が *a* を700円で買いたいと思っているかもしれない。書き込みがあったり、判例つきだったり、と、試験に持ち込めない六法かもしれない。それでも、AとBは *a* を500円で売り買いする契約を締結しなければならない、というわけではないだろう。

①　しかし、応用事例に対し、NHK受信料大法廷判決（最大判平成29・12・6民集71巻10号1817頁）は、「放送法64条1項は、受信設備設置者に対し受信契約の締結を強制する旨を定めた規定であり、Xからの受信契約の申込みに対して受信設備設置者が承諾しない場合には、Xがその者に対して承諾の意思表示を命ずる判決を求め、その判決の確定によって受信契約が成立すると解するのが相当である」とした。

NHKによる放送も民間放送（民放）も受信可能な受信設備を設置したが最後、必ず、NHKと受信契約を締結しなければならない。つまり、受信設備設置者は、受信契約の締結義務ないし承諾義務を課される。そして、受信設備設置者が任意に承諾の意思表示をする義務の履行をしないときは、NHKは、民事執行法の規定に従い、履行の強制を裁判所に請求することができる（民414条1項）。そして、承諾の意思表示をすべきことを受信設備設置者に命ずる判決が確定したときは、受信設備設置者は、その確定の時に承諾の意思表示をしたものとみなされる（民執177条1項）。はれて（？）受信契約成立とあいなることになる（！）。

②　そして、本判決は、「放送法64条1項は、同法に定められたXの目的にかなう適正・公平な受信料徴収のために必要な内容の受信契約の締結を強制する旨を定めたものとして、憲法13条、21条、29条に違反するものではないというべきである」とした。

このような結論に至った理由については、これこそ大事なのだが、筆者に憲法を語る能力がないため、検討を省略する。その理由を説いた箇所を読んだ上で、この結論の当否について各自検討されたし。

ステップアップ

本判決は、さらに、受信契約の効果、すなわち、いつから受信料債権が発生するか、そして、いつから受信料債権の消滅時効が進行するか、について判断している。この判断の読み解きにチャレンジしてほしい。

次回の設問

今回は、契約の成立要件を検討した。次回以降、契約の有効要件を検討する。次回は、意思表示のうちの心裡留保（93条）、虚偽表示（94条）をとりあげる。

板書と〈参考文献〉を法学教室ウェブサポートページにアップしています。右QRコードから是非ご活用ください。

民法 2

法政大学教授
新堂明子　SHINDO Akiko

↘ 設問

設問1　AとBは，H大学の法学部生で，サークルの先輩後輩の間柄であった。4年生のAは，卒業に必要な単位をほぼ修得し終え，持っていた六法（平成29年版）（「α」）が要らなくなったので，1年生のBに対し，「αを500円で売ろうか」と言った。Bは，教員Sが明日の授業に六法を持ってきなさいと言っていたことを思い出し，これは好都合だと思って，Aに対し，「そうしましょう。αを500円で買いましょう」と言った。

Aの意思表示の構造を分析しなさい。

設問2　Aは，1963年2月頃，長崎市内のキャバレーでホステスとして働いていたBと知り合って，同年6月頃から，同人と肉体関係を結び，同年12月末，福岡市内において賃借したアパートで同棲生活を始めたが，Bには夫があり，Aもこのことを知っていたから，互いに婚姻する意思はなかった。

この同棲生活はAがCと結婚式を挙げた1968年2月3日の朝まで継続したが，Bは前年大晦日Aから自分には結納を取り交わした相手があって，近く結婚することになっているので，別れて欲しい旨打ち明けられて，これを納得していたところ，結婚式の前日である1968年2月2日夜，Aが福岡市内のアパートから結婚式場のある小倉に出かけようとした際，Bは突然泣きわめき，Aに対して結婚式場に行く代わりに，Bに2000万円を支払う旨記載した書面を書くよう要求した。Aは明日に迫った結婚式に出席するためやむなく，書面を書くことですむものならばその金額がいくらであろうとそれにこだわる必要はないと考えBの言うままに「Bと別れるに際しまして私が今後自力で稼ぎました金額の内から将来金2000万円を支払います。」と記載した念書を作成し，これをBに交付した。

なお，Aは，Bとの同棲生活を解消するためにとくに金員を支払う意思はなく，また，Aは，当時一介のサラリーマンであって，その収入からして将来2000万円という金員をBに支払えるとは考えていなかった。ところで，1968年当時のサラリーマンの平均年収は63.5万円であった（『賃金センサス（昭和43年）』参照）。

BがAに対して2000万円の支払を求めたのに対して，Aはどのような反論ができるか。

設問3　Aは，先祖伝来の子という壺をBに贈る旨の契約書を作成し，しかし，その意中には，ガラクタ市で買ってきた丑という壺を贈ろうと思っていた。そして，Bはこのことを知っていた。

設問4　Aは，Bと通じて，設問3と同じことを思って，同じことを行った。

❗POINT

❶93条1項の要件を条文から読み取る。❷94条1項の要件を条文から読み取る。

- -

↘ 解説

① 契約の成立要件と有効要件

法律行為（契約など）がその法律効果を生ずるには，さまざまな要件を具備しなければならない。それらのうち，とくに重要なのは成立要件と有効要件である。

（1）契約の成立要件とは，契約の両当事者の意思表示の合致（合意）である（522条1項）。

（2）契約の有効要件とは，つぎのとおりである。契約の内容が強行規定なり公序良俗なりに反することによって，その契約が無効となったり（91条・90条），契約の要素である意思表示が虚偽表示であることによって，その意思表示が無効となり（94条1項），その契約も無効となったり，することがある。文理上，無効要件または効力否定要件ないし効力否定原因と呼ぶ方がよいかもしれない（ご自身の使う教科書を確認されたし）。

なお，「……法律行為は，無効とする。」（90条）と，「……意思表示は，無効とする。」（94条1項）との違いを，どのように考えるべきか（細かい点なので，興味のある学生さんだけが考えてくれればよい）。一方当事者の意思表示が無効となれば，他方当事者の意思表示は宙に浮き，両当事者の意思表示の合致はなくなる。よって契約は成立しない，とも言える。しかし，客観的には両当事者の意思表示の合致があり，これをもって，契約をともかくも成立させておくが，しかし，一方当事者の意思表示の効力が否定されれば，契約それ自体の効力も否定される，とも言える。そして，後者の考え方のほうがふつうである。つまり，このような意味で，一方当事者の意思表示が無効となれば，契約も無効となる，というのである（後掲東京高判昭和53・7・19〔2番目の下線部〕参照）。

② 意思表示の意義と構造

（1）意思表示とは，一定の法律効果の発生を欲する旨の意思を外部に対して表示する行為である。こういう法律効果が生じて欲しいと思っており，「こういう法律効果が生じて欲しいと思っている」と言った，という具合である。なお，意思表示をする者を表意者という。

（2）意思表示の成立過程は，つぎのように心理学的に分析されてきた。すなわち，意思表示は，ある一定の動機に導かれ，効果意思，表示意思，表示行為を経て成立する。なお，動機自体は意思表示に含まれない。

効果意思とは，ある一定の法律効果の発生を欲する旨の意思である。たんに意思ということもあり，内心的効果意思，「真意」（93条1項）ともいう。表示意思とは，効果意思を外部に表示しようという意思であり，表示意識ともいう。表示行為とは，効果意思を外部に表示する行為であり，たんに表示ということもある。

事例問題で，効果意思は何で，表示行為は何か，を解くコツは，（表意者以外の人にも見える）表示行為を考

えた上で，そこから遡って（表意者以外の人からは見えない）効果意思を考えるとよい。それでは，設問1を解いてみよう（解説は省略）。

（3）ところが，表示行為に対応する効果意思が存在しなかったり（93条1項・94条1項・95条1項1号），つまり，表示行為と効果意思とがズレていたり，あるいは，表示行為と効果意思とがズレているわけではないが，他人の違法な行為の下で動機が形成されていたり（96条1項・2項），することがある。前者の場合を意思の不存在といい，後者の場合を瑕疵ある意思表示という（101条1項参照）。

（4）ところで，意思の不存在の場合をどう考えるか。これには，3つの考え方がある。第1に，表意者の意思を，したがって，表意者の効果意思を重視する考え方（意思主義），第2に，相手方の信頼を，したがって，表意者の表示行為を重視する考え方（表示主義），第3に，折衷主義がある。民法は最後の考え方を採用するが，その詳細をこれから何回かに分けて検討していく。

③ 心裡留保（93条1項）の意義

（1）「心裡」（93条見出し）とは，表側ないし外側からは見えない，心の裏側ないし内側のことである。

93条1項本文を読み解けば，表意者の表示行為（「意思表示」）と効果意思（「真意」）とがズレていて，表意者がそのズレを知った上で表示行為をした場合であっても，その意思表示は有効である（「効力を妨げられない」）。表意者を保護する必要がないからである。

93条1項ただし書を読み解けば，相手方が，表意者の表示行為（「意思表示」）と効果意思（「真意」）とがズレていることについて悪意（「知り」），または善意有過失（「知ることができた」のに知らなかった）の場合は，その意思表示は無効である。相手方を保護する必要がないからである。

（2）設問3では，Aの表示行為は「Aは子をBに贈与する。契約書にAのサイン」であり，他方，Bの表示行為は「Aは子をBに贈与する。契約書にBのサイン」である。これらは合致しており，A，Bは子を贈与，受贈する，という契約が成立している。しかし，Aの効果意思は，Aは子をBに贈与しない，Aは丑をBに贈与する，であり，Aの表示行為と効果意思とはズレていて，それをAは知っていた。よって，Aの意思表示は有効であり（93条1項本文），AとBの贈与契約も有効である。しかし，Bは，Aの表示行為と効果意思とがズレていることを知っていた。よって，Aの意思表示は無効であり（同項ただし書），AとBの贈与契約も無効である。

ここで改正法の注意点を1つ。Aが自己の意思表示を無効とするためには，Bが，Aの「子を贈与する」という意思表示＝表示行為が「真意ではないことを知り，又は知ることができた」（現93条1項ただし書。下線は新堂）ことまでを証明すれば十分であり，Bが，Aの，丑を贈与する，という「真意を知り，又は知ることができた」（旧93条ただし書）ことまでを証明する必要はない。なお，従来もこのように解されてきた（後掲東京高判昭和53・7・19〔1番目の下線部〕参照）。

（3）設問2の事件に対する東京高判昭和53・7・19判時904号70頁は，「本件……契約はAの真意に基づ

いてなされたものではなく，かつAとBとのそれまでの関係，……念書の文言及びこれが作成交付された経緯並びにAが一介の給料生活者にすぎぬこと等から考えればBにおいても本件契約がAの真意に基いてなされたものでないことを知っていたか，少くともこのことを知ることを得べかりしものであったと認めるのが相当であり，従って本件契約は，民法第93条但書によりすべて無効である」とした（下線は新堂。「及び」「並びに」，「又は」「若しくは」の意味を各自確認されたし）。

④ 虚偽表示（94条1項）の意義

（1）「虚偽」（94条見出し・1項）とは，「真実ではないと知りながら，真実であるかのように，故意によそおい，見せかける事柄。また，特に誤った思考，知識。うそ。いつわり。そらごと。こぎ。」のことをいう（『精選版 日本国語大辞典』）。

93条1項と94条1項は，表意者の表示行為と効果意思とがズレていて，表意者がそのズレを知った上で表示行為をしたという要件と，相手方の悪意等の要件とを具備すれば，表意者の意思表示が無効となるところまでは同じである。それでは，どこが異なるか，といえば，93条1項では，相手方が悪意等であれば足りるが，94条1項では，相手方が表意者と通謀等をしていなければならない（「相手方と通じて」）。

表意者は虚偽とはいえ意思表示（表示行為）をしており，相手方も同じ意思表示（表示行為）をしている。よって，意思表示は合致（合意）し，契約は成立している。しかし，表意者は，相手方との間で，表意者の意思表示（表示行為）を虚偽のものとする合意をしており，つまり，表意者は，相手方との間で，表意者の意思表示（表示行為）どおりの効果を発生させないとする合意をしている。後者の合意（「しかし」以下と「つまり」以下の「合意」）のことを反対約束ともいう。くどくど説明をしたが，効果不発生の合意とか，意思表示を虚偽とする反対約束とか，と略称されるものである。

（2）設問4では，AとBの意思表示は合致（合意）し，A，Bは子を贈与，受贈する，という契約が成立している。しかし，Aの表示行為は「子を贈与する」であり，Aの効果意思は，子を贈与しない，丑を贈与する，である。これらはズレているだけでなく，Aは，Bとの間で，「子を贈与する」という表示行為を虚偽のものとする合意をしており，すなわち，「子を贈与する」という表示行為どおりの効果を発生させないとする合意をしている。よって，Aの「子を贈与する」という意思表示は無効となり，A，Bの子を贈与，受贈する，という契約も無効となる。

ステップアップ

設問4では，子，丑という壺（動産）を考えたが，これらを日当たりのよい寅という土地と日当たりの悪い卯という土地（不動産）に代えて考えてみよう。売買と登記移転とを混同しないようにすることが考えるコツである。

次回の設問

次回も，引き続き，虚偽表示（94条）をとりあげる。

民法　　3

法政大学教授
新堂明子　　SHINDO Akiko

➡ 設問

以下の(1)〜(6)の後，Ｂは，自分が所有すると言って，(1)では子を，(2)〜(5)では寅を，(6)では寅＆辰を，Ａ・Ｂ間で行われたことについて何も知らないＣに売った。

(1)　Ａは，先祖伝来の子という壺をＢに売る旨の契約をし，その占有も移転した。しかし，その内心では，ガラクタ市で買ってきた丑という壺を売ろうと思っていた。そして，Ａは，Ｂと通じて，以上のことを思って，以上のことを行った。

(2)　Ａは，日当たりのよい寅という土地をＢに売る旨の契約をし，その登記も移転した。しかし，その内心では，日当たりの悪い卯という土地を売ろうと思っていた。そして，Ａは，Ｂと通じて，以上のことを思って，以上のことを行った。

(3)　Ａは，寅をＢに売ろうと思っておらず，また，寅をＢに売る旨の契約をしないで，しかし，Ｂの承諾を得て，その登記を移転した。

(4)　Ａは，寅をＢに売ろうと思っておらず，また，寅をＢに売る旨の契約をしないで，しかし，Ｂの承諾を得ず，Ｂに無断で，その登記を移転した。

(5)　Ｂは，Ａの承認を得ず，Ａに無断で，自己に寅の登記を移転した。その4日後，Ｂは寅をＣに売った。

(6)　Ｂは，Ａの承認を得ず，Ａに無断で，自己に寅および寅上の辰という建物の登記を移転した。その4年後，Ｂは寅＆辰をＣに売った。

その経緯は以下のとおり。

Ａは1952年11月に寅＆辰を買い受けて所有権取得登記を経由し，小料理屋を開業した。

Ａは1951年暮れ頃からＢの妾になり，寅＆辰の買受けについてもＢから相当額の援助を受けたが，その後Ａが他の男性と情を通じているとの噂に心を動かされたＢは，勝手に持ち出したＡの実印や権利証を使用して，寅＆辰につき，1953年6月4日にＡからＢへの売買を原因とする不実の所有権移転登記を経由した。この事実は翌5日にＡの知るところとなり，Ｂは自己の非を認めたので，Ａの登記名義を回復する手続をとるため，両者同道して司法書士の事務所を訪ねたが，諸費用として約2万8000円を必要とすることが分かり，当時その捻出が困難であったので，将来適当の機会を見て登記手続を実行することとしてその場は見送った。

そのうち，1954年7月に両名は婚姻の届出をして夫婦となり，1956年6月頃からは継続して同居するようになった関係もあって，寅＆辰の登記名義は変更せられないまま年月が過ぎ，同年11月にＡが銀行と元本80万円の貸付契約を締結した際にも，寅＆辰についてはＢ名義のままで，Ｂを担保提供者として抵当権設定登記が

されている。

ＡとＢとの関係はその後破綻し，1957年8月19日にＢからＡに対し離婚の訴えが提起されたので，Ａも同月30日（1957年8月30日）にＢに対し寅＆辰の所有権移転登記の抹消登記手続を求める訴えを提起したが，Ｂは翌月26日（1957年9月26日）にＣとの間で寅＆辰の売買契約を締結し，翌27日Ｃに対する所有権移転登記を経由してしまった（横山長「判解」（後掲最判昭和45・9・22）の「事案」に必要な改変を加え，抜き書きした）。

❗POINT

❶94条2項を適用する場合の要件を条文から読み取る。❷94条2項を類推適用する場合の要件を判例から読み取る。

➡ 解説
① 94条2項の適用

(1)　94条2項を適用する場合の要件は以下のとおり。

> ①「虚偽の意思表示〔表示行為〕」（94条1項）
> ②「相手方と通じて」（通謀）（94条1項）
> ③「善意の第三者」（94条2項）

94条1項の①は93条1項によって，その内容が敷衍され，意思表示（表示行為）が真意（効果意思）ではないこと，そして，表意者がそのことを知っていたこと，となる。

94条2項の③にかぎらず，民法や商法において，善意・悪意とは，良い心・悪い心という意味ではなく，ある事情について知らないこと・知っていること，という意味である。善意・悪意が条文にでてきたら，ある事情とは，どの事情か，何について知らないか・知っているか，をつねに明確にする必要がある。

94条2項の③については，94条1項の①②が具備されて表意者の意思表示が無効となることについて第三者が知らない，という意味である。

(2)　設問において，①〜③に該当する事実があるかを検討してみよう。これが，いわゆる当てはめという作業である。

設問(1)では，Ａは子を売る旨の契約（意思表示＝表示行為）をしているが，子を売ろうと思っていなかった（効果意思），あるいは，丑を売ろうと思っていた（効果意思），のだから，①は具備されている。ＡはＢと通じて①をしたのだから，②も具備されている。他方，③も具備されている。よって，Ａは自己の意思表示の無効をＣに対抗することができない。

設問(2)でも，同様である。しかし，設問(2)では，その登記も移転した，との事実をどう扱うかに注意する必要がある（これは応用問題なので，法曹を目指す学生さんのみ，以下の説明を読み，物権法と民事訴訟法の教科書でさらに勉強してくれればよい）。

さて登記には，権利推定力がある。ＡからＢへの寅所有権移転登記があれば，ＡからＢへの寅所有権移転

契約（意思表示＝表示行為）があったと事実上推定される。Aは、AからBへの寅所有権移転契約（意思表示＝表示行為）があったとの事実を立証しなければならないが、その事実を事実上推定してくれるのが、AからBへの寅所有権移転登記があったとの事実である。

教室設例をもじって教室答案とでもいえそうな例を挙げれば、売買契約があったと書かず、移転登記があったとだけ書いて、それによって売買契約があったと事実上推定されると書かなければ、94条1項にいう「意思表示」と登記の関係がわかっているのかなぁ（？）、94条2項の適用と類推適用の違いがわかっているのかなぁ（？）、という答案となる。こちらも教室答案であるが、売買契約があったと書いただけで、必要にして十分なものとなる。

設問(3)以下では、①に該当する事実がないので、94条2項を適用することができない。そこで、94条2項の類推適用ができないかを検討する必要がでてくる。

❷ 94条2項（の）類推適用

(1) 設問(1)(2)には、94条2項を適用することができるが（上記1）、以下では、そのことを度外視してみよう。

一方で、設問(2)のBは、寅（不動産）の権利（所有権）を有していないのに、寅の登記（177条参照）を有していることによって、寅の権利を有しているようにみえる。そして、Cが、Bの寅の登記（外形ないし外観）を信頼し、Bが寅の権利を有していると信じて、無権利者Bから寅を買ったとしても、当然といえば当然であるが、Cは、寅の権利を取得することはない。これを登記に公信力はないという。

他方で、設問(1)のBは、子（動産）の権利（所有権）を有していないのに、子の占有（178条参照）を有していることによって、子の権利を有しているようにみえる。そして、Cが、Bの子の占有（外形ないし外観）を信頼し、Bが子の権利を有していると信じて、無権利者Bから子を買ったとすれば、初学者は不思議に思うかもしれないが、Cは、子の権利を取得する（192条）。これを占有に公信力があるという。

物権法で詳しく習うが、要は、不動産については静的安全をヨリ保護し、真の権利者をヨリ保護するのに対して、動産については動的安全（取引安全ともいう）をヨリ保護し、権利の外形を信頼した第三者をヨリ保護する、というのが日本民法の態度決定なのである。

(2) しかし、その後、判例および学説は、Bのところに虚偽の登記（外形）が作出されたことにつき真の権利者Aに帰責性があれば、94条2項を類推適用して、Bのところの虚偽の登記（外形）を信頼した第三者Cを保護するようになった。ここでは、判例法理をおってみよう。

設問(3)では、上記①はないが、AがBのところに虚偽の外形（登記）を作出し、そのことについてBの承諾がある場合である。判例は、94条2項の類推適用を認めた（最判昭和29・8・20民集8巻8号1505頁）。

設問(4)では、上記①はないが、AがBのところに虚偽の外形（登記）を作出し、そのことについてBの承諾がない場合である。判例は、「登記について登記名義人の承諾のない場合においても、不実の登記の存在が真

実の所有者の意思に基づくものである以上、……94条2項の法意に照らし、同条項を類推適用すべきものと解するのが相当である。けだし、登記名義人の承諾の有無により、真実の所有者の意思に基づいて表示された所有権帰属の外形に信頼した第三者の保護の程度に差等を設けるべき理由はないからである」（最判昭和45・7・24民集24巻7号1116頁）とした。

設問(5)では、上記①はないが、BがBのところに虚偽の外形（登記）を作出し、その存在がAの意思に基づくものでない場合である。上記判例法理によれば、94条2項の類推適用は認められない。

設問(6)では、上記①はないが、BがBのところに虚偽の外形（登記）を作出し、その存続をAが承認していた場合である。判例は、「不実の所有権移転登記の経由が所有者の不知の間に他人の専断によってされた場合でも、所有者が右不実の登記のされていることを知りながら、これを存続せしめることを明示または黙示に承認していたときは、……94条2項を類推適用し、所有者は、……その後当該不動産について法律上利害関係を有するに至った善意の第三者に対して、登記名義人が所有権を取得していないことをもって対抗することをえないものと解するのが相当である。けだし、不実の登記が真実の所有者の承認のもとに存続せしめられている以上、右承認が登記経由の事前に与えられたか事後に与えられたかによって、登記による所有権帰属の外形に信頼した第三者の保護に差等を設けるべき理由はないからである」（最判昭和45・9・22民集24巻10号1424頁。判旨を抜き書きしたが、当てはめの部分も読むとよい）とした。

(3) まとめると、94条2項を類推適用する場合の要件は以下のとおり。

---

❶ 虚偽の外形（登記など）が存在すること
❷ ❶について真の権利者に帰責性があること（意思ないし承認であり、事前でも事後でもよく、明示でも黙示でもよい。）
❸ ❶について善意の第三者であること

🔼 ステップアップ

解説では、いわゆる意思外形対応型（外形自己作出型および外形他人作出型）を検討した。法曹を目指す学生さんは、意思外形非対応型（最判昭和43・10・17民集22巻10号2188頁）、さらに、外形与因型（最判平成18・2・23民集60巻2号546頁）の検討にチャレンジしてほしい。

➡ 次回の設問

今回は、虚偽表示の要件をとりあげたが、次回は、虚偽表示の効果をとりあげる。

民法 4

法政大学教授
新堂明子　SHINDO Akiko

↘ 設問

基本

(1) Aは，Bと通じて，A所有の土地寅(とら)をBに売る旨の虚偽の契約をし，その登記も移転した。上記の虚偽表示の効果を説明しなさい。

(2) (1)の後，Bは，寅を(1)の事実について善意のCに売る旨の契約をし，その登記も移転した。上記の虚偽表示の効果を説明しなさい。

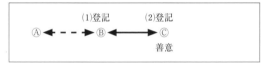

```
          (1)登記        (2)登記
Ⓐ ← - - → Ⓑ ←-------→ Ⓒ
                        善意
```

応用1

(1) Aは，Bと通じて，A所有の土地寅をBに売る旨の虚偽の契約をし，その登記も移転した。

(2) (1)の後，Bは，寅を(1)の事実について善意のCに売る旨の契約をした。

(3) (1)の後，Aは，寅を(1)の事実を告げてEに売る旨の契約をした。

なお，(2)と(3)は順不同である。(1)の虚偽表示の効果を説明しなさい。

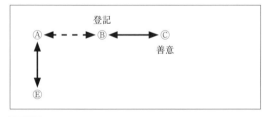

```
            登記
Ⓐ ← - - → Ⓑ ←-------→ Ⓒ
│                       善意
↕
│
Ⓔ
```

応用2

(1) Aは，Bと通じて，A所有の土地寅をBに売る旨の虚偽の契約をし，その登記も移転した。

(2) (1)の後，Bは寅を悪意のCに売る旨の契約をし，さらに，Cは寅を善意のDに売る旨の契約をし，それぞれ，その登記も移転した。

(3) (1)の後，Bは寅を善意のCに売る旨の契約をし，さらに，Cは寅を悪意のDに売る旨の契約をし，それぞれ，その登記も移転した。

なお，(2)と(3)は別問題である。(1)の虚偽表示の効果を説明しなさい。

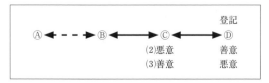

```
                             登記
Ⓐ ← - - → Ⓑ ←----→ Ⓒ ←----→ Ⓓ
                (2)悪意    善意
                (3)善意    悪意
```

❗ POINT

虚偽表示の効果を理解する（基本から応用まで）。

↘ 解説

① 基本

(1) 基本(1)においては，AはBと通じて虚偽表示をしているのであるから，AB間では，Aの虚偽表示は無効となる（94条1項）。AもBもそれぞれ，Aの虚偽表示の無効を主張して，原状回復を請求できる（121条の2第1項）。AはBに対し寅の移転登記の抹消と明渡しを請求でき，BはAに対し代金返還を請求できる。

(2) 基本(2)においては，Aの虚偽表示の無効は，善意のCに対抗することができない（94条2項）。

同条項「にいう第三者とは，虚偽の意思表示の当事者またはその一般承継人以外の者であって，その表示の目的につき法律上利害関係を有するに至った者をいい……虚偽表示の相手方との間で右表示の目的につき直接取引関係に立った者」（最判昭和45・7・24民集24巻7号1116頁）を典型とする。所有権の移転を受けた者（C）が典型だが，地上権や抵当権などの制限物権の設定を受けた者や賃借権の設定を受けた者もこれに当たる。

同条項にいう「対抗することができない」とは，表意者が善意の第三者に対して無効を主張することができない，という意味である。善意の第三者が無効を主張するのは妨げられない（ふつうはそうしないが）。

(3) 表意者が善意の第三者に対して無効を主張できない結果，善意の第三者はどのように所有権を取得したことになるのかは，とくに難問である。Aが善意のCに対してA→Bの虚偽売買の無効を主張できない結果，①94条2項の法定の効果として，A→Cと寅所有権が移転すると考える説（法定効果説，法定取得説）と，②A→Bの虚偽（だったはずの）売買が有効となり，A→B→Cと寅所有権が移転すると考える説（無効主張否認説，承継取得説，順次取得説）とが対立する。

判例および通説は①をとるとされる（最判昭和42・10・31民集21巻8号2232頁参照）。①では，A→Cと寅所有権が移転することにより，BのCに対する寅所有権の移転の義務も履行されたと考える。またAB間では，A→Bの虚偽売買が無効であることに変わりはなく，BはAに対し，原物返還（寅所有権の返還）ができないため，価額償還をしなければならない（121条の2第1項）。

ただ基本(2)では，①と②の対立は先鋭化しない。①でも②でも善意のCが寅所有権を取得できているからである。①と②の対立が先鋭化するのは，応用1においてである。

(4) なお，善意の第三者に無過失まで要求するかについては，表意者の帰責性に鑑み，不要と解すべきである。また，善意の第三者に対抗要件としての登記まで要求するかについては，表意者と善意の第三者とは対抗関係に立たないため，不要である。また，善意の第三者に権利保護資格要件としての登記まで要求するかについては，表意者の帰責性に鑑み，不要と解すべきである。

② 応用1

基本の①をとると，（A→Cと寅所有権の移転を受けた）Cと（A→Eと寅所有権の移転を受けた）Eとが対抗関係に立ち，先に登記を取得した者が勝つことになる（177条）。これに対し，基本の②をとると，（A→Bと寅所有権の移転を受けた）Bと（A→Eと寅所有権の移転を受けた）Eとが対抗関係に立ち，先に登記を取得したBが勝ち（177条），そのBから寅所有権を取得したCもそのままEに勝つことになる。

②においては，善意のCに対する関係では，Aのみならず，他の誰も（Eも），A→Bの虚偽売買の無効を主張できないとされている。そのため，Cが自動的にEに優先する結果となる（中舎寛樹先生）。

②に立ちつつ，この結果を不当と考える説もある。Bは，Eとの関係では，A→Bの虚偽売買が無効であることを否定できない。そうである以上，Bは，Eとの関係では，寅所有権の登記を具備していても，それは無意味なものである。したがって，善意のCは，自ら，寅所有権の登記を具備しないかぎり，A→Eの寅所有権の移転に対抗することができない（177条）（山本敬三先生）。

③ 応用2

(1) 応用2(2)においては，虚偽表示の相手方との間で法律上の利害関係を有するに至った者が悪意の場合，その者は保護されないが，その者との間で法律上の利害関係を有するに至った者が善意の場合，その者が保護されることに争いはない。前掲最判昭和45・7・24は，上記判示（上記1(2)）に続けて，「虚偽表示の相手方との間で右表示の目的につき直接取引関係に立った者のみならず，その者からの転得者もまた右条項〔94条2項〕にいう第三者にあたる」とした。よって，Bとの間で売買契約をしたCが悪意の場合，Cは保護されないが，Cとの間で売買契約をしたDが善意の場合，Dは保護される。

(2) 応用2(3)においては，❶第三者ごとに善意か否かを問うべきであり，善意者だけを保護すべきであると考える説（相対的構成）と❷いったん善意の第三者が出現すれば，それで法律関係は絶対的に確定し，以後の第三者は悪意であっても保護されると考える説（絶対的構成）とが対立する。❶によれば，Dは保護されず，❷によれば，Dは保護される。

判例および通説は❷をとる（大判大正3・7・9刑録20輯1475頁，大判昭和10・5・31民集14巻1220頁）。

❶に対する批判としては，第1に，Aに寅所有権を奪われたDは，Cに対し，他人の権利の売主の責任を問うであろうが（561条→541条・542条・415条），それでは，Aとの関係で善意のCが保護されたことが無意味になってしまう，というものである。これに対しては，他人の権利を売ればその責任を負わざるを得ないが，そもそも，Cは，善意の第三者として寅所有権を取得しており，自己の権利を売っているためその責任を負うことはない，という反論がある。

第2に，善意のCが悪意のDに対し賃借権や抵当権などの制限物権を設定していた場合の処理が困難となる，というものである。悪意のDの制限物権の取得を否定し，善意のCがその負担のない所有権を取得するのもおかしいし，Aが制限物権を取得するのもおかしい。

第3に，善意のCは財産処分の自由を事実上大きく制約される，というものである。❶によれば，Aの虚偽表示を知る者（悪意者）は，善意のCから寅を取得しても，Aからそれを取り戻されることになる。そうなると，そのような者は寅を買おうとは思わないだろう。土地という大きな買い物をしようとする者は，それを確実に自分のものにするため，その権利関係を慎重に調べ上げるだろう。自分で調べなくても，不動産屋に調べてくれと頼むだろう。登記をみるのはもちろんのこと，現地調査などをするのがふつうだろう。このように，より慎重に振る舞う者は，悪意者になる可能性もより高くなる。その結果，善意のCは寅の正当な所有者にもかかわらず，寅を転売する機会を大きく奪われる。したがって❶はとれない（佐久間毅先生はこの理由づけを重視する）。

第4に，いったん善意のCが出現し，それにとどまるかぎり，Aは虚偽表示の無効をCに対抗しえないのであるから，Aにもう諦めろとも言いやすい。したがって❷をとるべし。

このように，判例および通説のとる❷でよい。ただし，悪意のDが善意のCを「わら人形」として介在させた場合はべつである。権利濫用の法理によるか，あるいは，DとCを同一人（CをDの使者ないし代理人）と認定すればよい（中舎寛樹先生）。

📕 参考文献

前々回と前回の演習民法・ウェブサポートページ〈参考文献〉に掲げたもののほか，改正前民法下のものだが，石田喜久夫編『現代民法講義1民法総則』（法律文化社，1985年）〔磯村保〕，山本敬三『民法講義I総則〔第3版〕』（有斐閣，2011年）。

📘 ステップアップ

(1) Aは，A所有の土地卯をEに売る旨の契約をした。

(2) (1)の後，Aは卯を背信的悪意者のCに売る旨の契約をし，さらに，Cは卯を善意のDに売る旨の契約をし，それぞれ，その登記も移転した。

(3) (1)の後，Aは卯を善意のCに売る旨の契約をし，さらに，Cは卯を背信的悪意者のDに売る旨の契約をし，それぞれ，その登記も移転した。

なお，(2)と(3)は別問題である。EとDとの間の法律関係を説明しなさい。

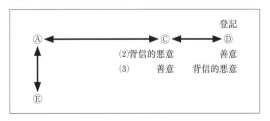

➡ 次回の設問

次回は，錯誤をとりあげる。

民法 5

法政大学教授
新堂明子　　SHINDO Akiko

➤ 設問

（1）～（7）において，契約は成立しているか。そうだとすれば，どのような内容の契約が成立しているか。なお，1 グロスは 12 ダースである。

（1）　A は B に対し「鉛筆を 12 ダース売る」旨の意思表示をし，B は A に対し「鉛筆を 12 ダース買う」旨の意思表示をした。

（2）　A は B に対し「鉛筆を 10 ダース売る」旨の意思表示をし，B は A に対し「鉛筆を 14 ダース買う」旨の意思表示をした。

（3）　A は B に対し「鉛筆を 1 グロス売る」旨の意思表示をし，B は A に対し「鉛筆を 1 グロス買う」旨の意思表示をした。そして，A は 1 グロスを 12 ダースの意味で理解し，B も 1 グロスを 12 ダースの意味で理解していた。

（4）　（3）において，A は 1 グロスを 10 ダースの意味で理解し，B は 1 グロスを 12 ダースの意味で理解していた。

（5）　（3）において，A は 1 グロスを 12 ダースの意味で理解し，B は 1 グロスを 14 ダースの意味で理解していた。

（6）　（3）において，A は 1 グロスを 10 ダースの意味で理解し，B も 1 グロスを 10 ダースの意味で理解していた。

（7）　（3）において，A は 1 グロスを 10 ダースの意味で理解し，B は 1 グロスを 14 ダースの意味で理解していた。

❗POINT

不合意と錯誤のちがいを理解する。不合意とは何かを理解する。

➤ 解説
① 不合意と錯誤のちがい

⑴　意思表示の不合致 ＝ 不合意 → 法律行為の不成立──契約の成立要件の問題，先行問題

この問題には，つぎの 2 つの段階がある。

第 1 に，各当事者の意思表示の意味を確定する段階である（意思表示の解釈）。そして，それらが合致し，すなわち合意があれば，契約は成立する（下記 **2**⑵(c)）。しかし，それらが合致せず，すなわち不合意であれば，契約は不成立である。

第 2 に，第 1 で，契約が成立した場合，その合致した意思表示，すなわち合意の意味を確定する段階である（法律行為の解釈）。どのような内容の契約が成立しているかを確定する段階であり，契約の解釈の問題である（下記 **2**⑵(d)）。

⑵　表示と意思の不一致 → 錯誤に基づく意思表示の取消し──契約の有効要件の問題，後行問題

先行問題である，契約の成立要件が具備されているのであれば，後行問題である，契約の有効要件が具備されているかを検討する段階に入る。意思表示が錯誤に基づくもの（95 条）でないことも有効要件の 1 つである。表意者は，表示と意思の不一致があれば，すなわち表示行為に対応する効果意思が不存在であれば，かつ，それ以外の要件も具備されていれば，その錯誤に基づく意思表示を取り消すことができる（95 条 1 項 1 号）。

② 不合意

⑴　意思表示の意義と構造

意思表示は，ある一定の動機に導かれ，効果意思，表示意思，表示行為を経て成立する。なお，動機自体は意思表示に含まれない。

効果意思とは，ある一定の法律効果の発生を欲する旨の意思であり，たんに意思ということもある。表示意思とは，効果意思を外部に表示しようという意思であり，表示意識ともいう。表示行為とは，効果意思を外部に表示する行為であり，たんに表示ということもある。

⑵　不合意の意義と構造

(a)　意思表示の合致 ＝ 合意 → 契約の成立

設問⑴では，A の意思表示（「12 ダース」）と B の意思表示（「12 ダース」）は合致しているので，契約が成立する。

(b)　意思表示の不合致 ＝ 不合意 → 契約の不成立

設問⑵では，A の意思表示（「10 ダース」）と B の意思表示（「14 ダース」）は合致していないので，契約は成立しない。

(c)　契約の成立に関する意思主義 vs 表示主義──意思表示の解釈の段階

契約の成立に関して，つぎの 2 つの主義が対立する。

① 1 つは，各当事者の表示行為を各当事者が主観的に付与した意味で理解し，それらが合致する場合には，契約は成立し，それらが合致しない場合には，契約は成立しないとする主義である（契約の成立に関する意思主義）。

これによれば，設問⑶では，A の表示行為（「1 グロス」）を A が主観的に付与した意味（12 ダース）で理解し，B の表示行為（「1 グロス」）を B が主観的に付与した意味（12 ダース）で理解し，それらは合致しているので，「1 グロス ＝ 12 ダース」という内容の契約が成立する。設問⑹でも，A の表示行為（「1 グロス」）を A が主観的に付与した意味（10 ダース）で理解し，B の表示行為（「1 グロス」）を B が主観的に付与した意味（10 ダース）で理解し，それらは合致しているので，「1 グロス ＝ 10 ダース」という内容の契約が成立する。他方，設問⑷では，A の表示行為（「1 グロス」）を A が主観的に付与した意味（10 ダース）で理解し，B の表示行為（「1 グロス」）を B が主観的に付与した意味（12 ダース）で理解し，それらは合致していないので，契約は成立しない。設問⑸⑺でも，同様に，契約は成立しない。

これによると，不合意による契約の不成立という制度がはたらく場面を広く認め，逆に，錯誤による契約の取

消しという制度がはたらく余地をほとんど残さないこととなる。

②もう１つは，両当事者の表示行為が合致していれば，契約が成立するとする主義である（契約の成立に関する表示主義）。

これによれば，設問(3)〜(7)のいずれにおいても，Ａの表示行為（「１グロス」）とＢの表示行為（「１グロス」）は合致しているので，「１グロス」という内容の契約が成立する。

これによると，不合意による契約の不成立という制度がはたらく場面を制限し，逆に，錯誤による契約の取消しという制度がはたらく余地を残すこととなる。

錯誤制度がはたらく余地を残す点で，②でよい（通説でもある）。

(d) 客観的解釈説 vs 付与意味基準説——法律行為の解釈の段階

(c)において②をとるとすれば，つぎの段階として，その合致した表示行為の意味内容をどのように確定するか，つまり契約の解釈が問題となる。

❶契約の解釈とは，その合致した表示行為の有する客観的な意味を明らかにすることである，とするのが伝統的通説である。これを客観的解釈説という（契約の解釈に関する表示主義ともいう）。

これによれば，設問(3)〜(7)のいずれにおいても，「１グロス」の客観的な意味は12ダースであり，「１グロス＝12ダース」という内容の契約が成立し，そのように思っていなかった者が錯誤に陥っていることになる。

(e) 双方共通錯誤（設問(6)）

❶によれば，「１グロス＝12ダース」という内容の契約が成立するので，１グロスを10ダースだと思っていたＡとＢは同じ錯誤に陥っていることになる（「双方共通錯誤」）。つまり，ＡとＢは，それぞれ，95条１項１号の錯誤に陥っており，そして，95条１項柱書の要件もクリアでき，そして，95条３項２号の要件もクリアでき，これによって，錯誤に基づく意思表示の取消しをすることができることになる。

しかし，このような結論は妥当であろうか。

❶によれば，「１グロス＝12ダース」というＡもＢも思っていなかった内容の契約が成立し，ＡとＢにおしつけられることになる。

しかし，意思表示とは何か，法律行為とは何か，を思い出してほしい。意思表示とは，一定の法律効果の発生を欲する旨の意思を外部に対して表示する行為であり，法律行為とは，一定の法律効果の発生を欲する者に対して，その欲する通りの法律効果を発生させるための行為である。つまり，意思表示は，一方当事者が他方当事者に対して，逆に，後者が前者に対して，その欲する法律効果が何かを伝える手段なのであり，法律行為は，両当事者が欲する法律効果をその通りに実現する手段なのである。したがって，意思表示ないし法律行為の解釈とは，一般的には，その契約の有する客観的な意味を明らかにすることであるとしても（原則），双方共通錯誤の場合は，その契約の有する主観的な意味を当事者ごとに明らかにし，それらが一致するので，そのような内容の契約が成立すると考えてもよいのではなかろうか（例外則，修正説）。これによれば，「１グロス＝10ダース」

というＡもＢも思っていた内容の契約が成立することになる。

さて，このような伝統的な通説に対し（上記❶），次のような説が有力に説かれている（下記❷）。

❷意思表示ないし法律行為の上記のような性質から，さらには，私的自治ないし意思自治の原則から，各当事者がその表示行為に対して主観的に付与した意味を離れて，それと独立に，その合致した表示行為の客観的な意味を確定することは不要である。まずもって前者の意味を探究し，確定すべきである。そしてこれらが合致する場合には，その主観的に付与した意味内容を有する意思表示，ひいては契約が成立する。しかしこれらが合致しない場合には，いずれの意味付与に正当理由があるかを問うべきである。いずれか一方の意味付与に正当理由がある場合，その意味が妥当し，その意味内容を有する契約が成立する。いずれの意味付与にも正当理由がない場合，逆に，いずれの意味付与にも正当理由がある場合，いずれの意味も妥当せず，いずれかを優先劣後させることができないため，いずれの意味も意思表示の内容とすることができない。この場合には，意思表示，ひいては契約の内容が不確定であるために，意思表示，ひいては契約は不成立となる。これを付与意味基準説という。

❷によれば，Ａも「１グロス」に対して10ダースという意味を付与しており，Ｂも「１グロス」に対して10ダースという意味を付与しており，それらは合致しているので，「１グロス＝10ダース」という内容の契約が成立する。

ちなみに❷によれば，設問(4)では，Ｂの，設問(5)では，Ａの意味付与に正当理由があるため，「１グロス＝12ダース」という内容の契約が成立し，設問(4)では，Ａが，設問(5)では，Ｂが錯誤に陥っていることになる。

(f) 双方非共通錯誤（設問(7)）

❶によれば，「１グロス＝12ダース」という内容の契約が成立するので，１グロスを10ダースだと思っていたＡも，１グロスを14ダースだと思っていたＢも，異なる錯誤ではあるが，それに陥っていることになる（「双方非共通錯誤」）。つまり，ＡとＢは，それぞれ，95条１項１号の錯誤に陥っており，そして，95条１項柱書の要件もクリアでき，しかし，95条３項２号の要件がクリアできず，これによって錯誤に基づく意思表示の取消しをすることができない。❷によれば，Ａは「１グロス」に対して10ダースという意味を付与しており，Ｂは「１グロス」に対して14ダースという意味を付与しており，それらは合致していない。そして，いずれの意味付与にも正当理由はない。よって，契約の内容が不確定であるとして，契約は成立しない。

🔲 ステップアップ

大判昭和19・6・28民集23巻387頁は学説により批判されている。同判決の問題点を検討しなさい。

➡ 次回の設問

今回は，（錯誤の問題に先行する問題たる）不合意を検討した。次回は，錯誤を検討する。

民法　6

法政大学教授
新堂明子　SHINDO Akiko

📥 設問

1　売主Aと買主Bは，鉛筆を1グロス売り買いした。AまたはBは，どのような種類の錯誤におちいっているか。なお，1グロスは12ダースである。

(1)　Aは1グロスを10ダース，Bは1グロスを12ダースの意味で理解していた。

(2)　Aは1グロスを12ダース，Bは1グロスを14ダースの意味で理解していた。

2　売主Bと買主Aは，ある屏風を売買した。AまたはBは，どのような種類の錯誤におちいっているか。

(3)　Aは，俵屋宗達作の風神雷神図（「辰」）を買おうと思っていたが，「緒方光琳作の風神雷神図（「巳」）を買おう」と言ってしまった。

(4)　Aは，そこにあった辰を巳だと思って，「巳を買おう」と言った。

(5)　Aは，そこにあった風神雷神図を俵屋宗達作だと思って，「そこにあった風神雷神図を買おう」と言ったが，実は緒方光琳作だった。

(6)　Aは，そこにあった風神雷神図を真作だと思って，「そこにあった風神雷神図を買おう」と言ったが，実は贋作だった。

(7)　Aは，辰を＄100万で買おうと思っていたが，「£100万で買おう」と言ってしまった。

(8)　Aは，辰を＄100万で買おうと思っていたが，＄と£が同じ価値だと思って，「£100万で買おう」と言った。

(9)　Aは，BをCだと思って，「C」と言った（この設問のみ，売主はCとなる）。

(10)　Bは，AをDだと思って，「D」と言った（この設問のみ，買主はDとなる）。

(11)　Aは，Bを年収10億円の大企業の代表取締役社長だと思っていたが，実は月収10万円のパート従業員だった。

(12)　Bは，Aを年収10億円の大企業の代表取締役社長だと思っていたが，実は月収10万円のパート従業員だった。

3　Aは，どのような種類の錯誤におちいっているか。

(13)　Aは，地下鉄の駅ができると思い違い（誤解）をして，「地下鉄の駅ができるから，付近の土地（「午」。時価4000万円）を5000万円で買う」と言って，買った。

(14)　Aは，自分の子の婚約が破棄されているのを知らないで，「自分の子の結婚を祝うため，8Kテレビ（「未」。時価50万円）を50万円で買う」と言って，買った。

❗POINT

95条にそくして，錯誤の分類を理解する。

📥 解説

錯誤は，意思表示の生成過程のどの段階に錯誤があるかによって，2つに分類される。

① 意思の不存在の錯誤（95条1項1号）

1つは，効果意思を決めた後から表示行為をするまでの過程で錯誤が生じる場合である。従来，意思表示の錯誤，表示行為の錯誤，表示の錯誤とよばれてきた。

改正民法は，「意思表示に対応する意思を欠く錯誤」と規定した（95条1項1号）。「意思表示に対応する意思を欠く」とは，表示行為に対応する効果意思が存在しないことをいい，93条・94条と同じだが，93条・94条と異なり，「錯誤」により意思表示をしたとは，表意者がそのことを知らないで意思表示をしたことをいう（以下，これを「意思の不存在の錯誤」という）。

意思の不存在の錯誤は，さらに，2つに分類される。

(1) 表示上の錯誤

表意者が使用するつもりのない表示手段（表示行為）を使用してしまった場合である。言い間違いや書き間違いが典型である。

設問(3)では，Aは，辰を買おうと思っていたが（効果意思），「巳を買おう」と言ってしまった（表示行為）。設問(7)でも，Aは，＄100万で買おうと思っていたが（効果意思），「£100万で買おう」と言ってしまった（表示行為）。

(2) 表示行為の意味に関する錯誤（内容の錯誤ともいう）

表意者が使用するつもりのある表示手段（表示行為）を使用しているものの，その意味を誤解している場合である。

設問(1)では，Aが，設問(2)では，Bが，1グロスの意味を誤解している。

設問(8)では，Aは，＄と£を同じ価値（意味）だと誤解しているため，＄100万で買おうと思っていたが（効果意思），「£100万で買おう」と言った（表示行為）。

設問(4)では，Aは，そこにあった辰を巳だと誤解しているため，辰を買おうと思っていたが（効果意思），「巳を買おう」と言った（表示行為）。これを物の同一性の錯誤という。

設問(9)(10)は，各自検討されたし。これを人の同一性の錯誤という。

② 基礎事情の錯誤（95条1項2号）

もう1つは，動機の段階で錯誤が生じる場合である。従来，動機の錯誤とよばれてきた。

改正民法は，「表意者が法律行為の基礎とした事情についてのその認識が真実に反する錯誤」と規定した（95条1項2号）。すなわち，「表意者が法律行為の基礎とした事情についてのその認識」によって動機づけられ，意思表示をしたが，「その認識が真実に反する」ものであり，「錯誤」により意思表示をしたとは，先述の通り（1），そのことを知らないで意思表示をしたことをいう（以下，これを「基礎事情の錯誤」という）。

基礎事情の錯誤は，さらに，性質の錯誤とそれ以外の錯誤とに分類される。

⑴ 性質の錯誤以外の錯誤

　従来，狭義の動機の錯誤，理由の錯誤，主観的理由の錯誤，縁由の錯誤とよばれてきた。

　設問⒀では，Aは，地下鉄の駅ができると認識して，地下鉄の駅ができるという事情を基礎として「午を5000万円で買う」と言ったが，Aの，地下鉄の駅ができるという認識は，地下鉄の駅ができないという真実に反している。よって，95条1項2号の錯誤にあたる。

　あるいは，Aは，地下鉄の駅ができるという事情を基礎として「午を5000万円で買う」という契約をしたとはいえない場合もある。Aは，たんにBと世間話をしたにすぎない，かもしれない。その場合には，95条1項2号の錯誤にあたらない。

　設問⒁では，Aは，自分の子が結婚すると認識して，自分の子が結婚するという事情を基礎として「未を50万円で買う」と言ったが，Aの，自分の子が結婚するという認識は，自分の子の婚約が破棄されているという真実に反している。よって，95条1項2号の錯誤にあたる。

　あるいは，Aは，自分の子の結婚という事情を基礎として「未を50万円で買う」という契約をしたとはいえない場合もある。Aは，たんにBに自慢話をしたにすぎない，かもしれない。その場合には，95条1項2号の錯誤にあたらない。

⑵ 性質の錯誤（性状の錯誤，属性の錯誤ともいう）

　人や物の性質や属性についての錯誤である。とりわけ物の性質の錯誤についてさかんに論争されてきたし，いまもなお論争されている。

　設問⑹では，「そこにあった風神雷神図」つまり「その物」，「この物」は世の中に，それしか，これしか，ないので（これを特定物という），「この物」が本物か偽物かを問うことはできない。「この（本）物」は世の中に存在せず，「この（偽）物」しかない。ここから，考え方は2つに分かれる。

　一方で，「この（本）物」は世の中に存在しないのだから，契約の内容とすることができないと考える。つまり，特定物については，本物か偽物かという物の性質を契約の内容とすることができず（特定物ドグマを肯定），動機にすぎないと考える。

　他方で，「この（本）物」は世の中に存在しないとしても，契約の内容とすることができると考える。つまり，特定物については，本物か偽物かという物の性質を契約の内容とすることができる（特定物ドグマを否定）と考える。

　特定物ドグマを肯定する場合，表意者は，これは本物であると認識して，これは本物であるという事情を基礎として「この物を買おう」と言ったが，表意者の，これは本物であるという認識は，これは偽物であるという真実に反している。よって，95条1項2号の錯誤にあたる（物の性質の錯誤）。

　特定物ドグマを否定する場合，この本物を買おうと思って（効果意思），「この（偽）物を買おう」と言った（表示行為）。これは表示行為の意味に関する錯誤となり，95条1項1号の錯誤にあたる（物の同一性の錯誤に近似する）。

　設問⑸でも，特定物ドグマを肯定する場合，Aは，俵屋宗達作と認識して，俵屋宗達作という事情を基礎として「そこにあった風神雷神図を買おう」と言ったが，Aの，俵屋宗達作という認識は，緒方光琳作という真実に反している。よって，95条1項2号の錯誤にあたる（物の性質の錯誤）。特定物ドグマを否定する場合，そこにあった俵屋宗達作の風神雷神図を買おうと思って（効果意思），「そこにあった（緒方光琳作の）風神雷神図を買おう」と言った（表示行為）。よって，95条1項1号の錯誤にあたる（物の同一性の錯誤に近似する）。

　理論的には，このようになるのだが，はたして設問⑸⑹において，特定物ドグマを否定する場合というものを実際に想定することができるのか。

　設問⑹では，それ相応の価格で売買している場合，Aの効果意思は，この本物である。そして，A（とB）の表示行為は，明示にせよ，黙示にせよ，「この（本）物」であり，「この（偽）物」ではなかろう——そう契約を解釈するのが通常であろう——。したがって，そこに意思の不存在はない。よって，AB間の契約は有効に成立し，履行不能による救済方法が検討されるのみとなる。

　設問⑸では，辰も巳も同様の価額である場合，Aの効果意思は，そこにあった俵屋宗達作の風神雷神図である。しかし，A（とB）の表示行為は，「そこにあった（緒方光琳作の）風神雷神図」である場合も想定しうる——そう契約を解釈するのが可能な場合もあろう——。したがって，そこに意思の不存在がある。よって，Aの意思表示は取消しにより無効となりうる。

　そこで，特定物ドグマを肯定するか，否定するか，については，第1に，設問⑸⑹において，特定物ドグマを肯定して，同じ扱いをするのか，否定して，異なる扱いをするのか，を考えるとよい（実践面＋理論面）。さらに，第2に，特定物ドグマを肯定するのが従来の判例の扱いであるが，これらを参照するのを続けるのか，止めるのか（実践面），第3に，特定物ドグマを肯定して，95条2項のフィルターにかけるのか，否定して，その要件を無視するのか（理論面），等々も考慮するとよい。ちなみに，改正債権法の立案担当者は，動機の錯誤に関する判例の趣旨を踏まえ，動機の錯誤を表示の錯誤と区別したうえで，95条2項の要件を定立したとしている。

　なお，瑕疵担保責任ないし契約不適合責任の領域においては，改正債権法により，特定物ドグマは否定されている（483条参照）。

　設問⑾⑿は，各自検討されたし。これを人の属性の錯誤という。

📖 ステップアップ

　最判平成元・9・14判時1336号93頁，最判平成14・7・11判時1805号56頁，最判平成28・1・12民集70巻1号1頁においては，どのような種類の錯誤が問題とされていたか。

➡ 次回の設問

今回は，錯誤の分類を検討した。次回は，錯誤取消しの要件を検討する。

民法　　　7

法政大学教授

新堂明子　　SHINDO Akiko

↳ 設問

Aは，錯誤を理由に，その意思表示を取り消すことができるか。

(1) Aは，その絵を真作だと思って，「その絵を買う」と言って，買った。しかし，その絵は贋作だった。

(2) Aは，「友人の結婚を祝うため，ブライダル商品を買う」と言って，買った。しかし，その友人の結婚はすでに破談になっていた。

❗POINT

95条にそくして，錯誤取消しの要件を理解する。

↳ 解説

錯誤の要件（錯誤により意思表示の効力を否定するための要件）には，大きく分けて，つぎの3つがある。なお，錯誤の効果につき，旧95条は錯誤無効としていたが，新95条は錯誤取消しとしている。

❶ 重要な錯誤（95条1項柱書）

意思の不存在の錯誤（95条1項1号）および基礎事情の錯誤（95条1項2号）に共通する要件である。

旧95条本文は，「意思表示は，法律行為の要素に錯誤があったときは，無効とする。」と規定していた。その下での判例は，要素とは，主要部分を指称し，法律行為の主要部分に錯誤があったときとは，その錯誤がなかったならば，(1)表意者自身がその意思表示をしなかったであろうと認められるほどにその錯誤とその意思表示との間に因果関係があり（主観的因果性），かつ，(2)通常人であってもその意思表示をしなかったであろうと認められるほどにその錯誤が客観的に重要である（客観的重要性）場合をいうとしていた。

そこで，新95条1項柱書は，旧95条本文の要件をより分かりやすいものとするため，「意思表示は」，(1)その「意思表示」が「錯誤に基づくものであって」（主観的な因果関係の存在），かつ，(2)「その錯誤が法律行為の目的及び取引上の社会通念に照らして重要なものであるときは」（客観的な重要性の存在），「取り消すことができる。」と規定している。

❷ 表意者が法律行為の基礎とした事情（95条1項2号）が法律行為の基礎とされていることが表示されていたこと（95条2項）

基礎事情の錯誤（95条1項2号）にのみ課される要件である。

(1) 改正前の判例および学説

旧法の下で，動機の錯誤により意思表示の効力を否定するためには，動機が表示されて意思表示または法律行為の内容となったことが必要である，というのが判例だと説明されてきた。このような判例の理解をめぐって，❶動機が表示されたことを重視すべきだとする説，❷動機が表示されたうえで，その動機が意思表示の内容となったことを重視すべきだとする説，❸動機が表示されたうえで，その動機が法律行為の内容となったことを重視すべきだとする説が対立していた。なお法制審議会民法（債権関係）部会では，❸とそれ以外が激しく対立した。

❶の極論は，表意者が一方的に動機を表示しただけで，相手方の状態や言動と無関係に，表意者は，その意思表示の効力を否定することができるとする。

❷を敷衍すれば，その動機が意思表示の内容となったことによって，相手方もその動機を認識しうるようになった，ことが重視される。

❸の極論は，その動機が法律行為の内容となったとされるためには，相手方もその動機を法律行為の内容とすることに同意した，つまり，表意者と相手方はその動機を法律行為の内容とすることに合意した，ことまで必要とされる，とする（合意主義とよばれる）。

(2) 改正前の判例および学説と改正法

改正債権法の立案担当者は，つぎのように説明している。旧法の下で「判例（最判昭和29年11月26日〔民集8巻11号2087頁〕等）は，動機の錯誤を理由として意思表示の効力を否定するためには，その動機が意思表示の内容として相手方に表示されていなければならないなどとしていた。」「そこで，新法においては，この判例の趣旨を踏まえ，」「『動機の錯誤を理由とする意思表示の取消しは，『その事情〔表意者が法律行為の基礎とした事情（95条1項2号）〕が法律行為の基礎とされていることが表示されていた』場合」「に限り，することができるとしている（新法第95条第2項）。」（下線は新堂。以下同じ。）

「その事情が法律行為の基礎とされていることが表示されていた」（95条2項）については，❶によれば，その文言のとおりに解釈することができる。❷によれば，表意者が，相手方に対し，当該事情を法律行為の基礎とした，という意思表示をしたことにより，相手方も，当該事情が法律行為の基礎とされていることを認識しうる状態となった，と解釈することになる。❸によれば，表意者と相手方は，当該事情を法律行為の基礎とした，という法律行為（合意）をした，と解釈することになる。

新95条2項は，❷に近く，❸を避けたものといえる，とする評価がある（能見善久先生）ことからも分かるとおり，「その事情が法律行為の基礎とされていることが表示されていた」（95条2項）を，❸のように解釈するのは，やってやれないことではないが，少々無理をしなければならない。

(3) 「その事情が法律行為の基礎とされていることが表示されていた」（95条2項）の意義

① 改正債権法の立案担当者は，「『その事情が法律行為の基礎とされていることが表示されていた』場合」を「表意者にとって法律行為の動機となった事情が契約の当然の前提とされていたなど法律行為の基礎とされ，その旨が表示されていたといえる場合」と言い換え，さら

に，「意思表示の動機となった事情が法律行為の基礎とされていることが表示されていたとは，その事情が法律行為の当然の前提となっていることが相手方に対して表示されていた場合であり，黙示的に表示されていた場合も含む」としている。

② ところで，同立案担当者は，「その事情が法律行為の基礎とされていることが表示されていた」（95条2項）をどのように解釈すべきかについて結論づけてはいない。上記(2)のとおり，❶〜❸のいずれによっても説明することができる。ただ最後に注記して，「この要件のより詳細な意味内容については，引き続き，解釈に委ねられた部分が少なくないと考えられる」としている。そのうえで，「法制審議会民法（債権関係）部会における検討の過程においては，法律行為の動機となった事情を表示していたことのみを要件に，その事情についての錯誤を理由とする契約等の取消しを認めることについては〔❶の極論〕，取消しの範囲が広すぎるとして多くの反対意見が出されていた。他方で，動機となった事情を契約を有効とするための前提（条件）とすることについて表意者と相手方との間で合意が成立していなければ，その事情についての錯誤を理由とする契約等の取消しは認められないとすることについても〔❸の極論〕，異論が出されていた」としている。

「その事情が法律行為の基礎とされていることが表示されていた」（95条2項）の解釈は，現在のところ錯綜しているとしかいいようがない。以下では，❸の極論から離れる説を取り上げ（下記④参照），❷の認識の対象についての疑問を提示しておきたい（下記⑤参照）。

③ ちなみに，「表意者が法律行為の基礎とした事情についてのその認識が真実に反する錯誤」（95条1項2号）という文言もわかりにくい。「事情」と「認識」の対象が不明瞭だからである。設問(1)を例にとれば，一方で，「事情」の対象は，その絵の真贋，「認識」の対象は，その絵が真作であること，とも読める。つまり，その絵の真贋という事情に関して（その絵の真贋という問題に関して），その絵は真作であるという認識をもった，とも読める。他方で，「事情」の対象も，「認識」の対象も，その絵が真作であること，とも読める。ところで，95条2項にいう「その事情」の対象は何かと言えば，これを，その絵の真贋とするのはおかしく，その絵は真作であることとするしかない。そうであれば，95条1項2号にいう「事情」の対象も，その絵が真作であること，とするほうが，わかりやすい。法制審議会における法務省民事局付関係官の説明によれば，その読み方でよいそうである。

④ ❸の極論から離れる説

❸の極論は，動機となった事情について表意者と相手方が合意にまで至らなければ，動機となった事情が「法律行為の基礎とされていることが表示されていた」（95条2項）ことを認めない。しかし，合意にまで至らなくても，これを認めてよい場合があるのではなかろうか。

佐久間毅先生は，「表意者がある事情の存在をその契約の『前提』とすることを相手方に表示したと認められる場合に，相手方が異議を唱えず契約が成立したときは，相手方は，その事情の存在が当該契約の前提，すなわち効力の原因であることを受け入れて契約をしたとされても仕方がない。そうであれば，その事情の不存在は，意思表示の効力の例外的な否定を認めるに足る事由

になる」とする。

物の性質の錯誤を例に（設問(1)参照），その性質が契約内容になっている場合だけなのか，という点につき，「買主がある性質……を重視していることを売主に認識させ，売主がその性質や状態が目的物に備わっていないことを明らかにしないまま契約を締結したような場合には，売主の取引の安全を考慮する必要がないから意思表示の効力を否定してよいと考える。つまり，その性質……が契約の内容になっていないような場合でも，契約交渉の過程などから，『契約の基礎とされていることが表示されていた』といえる場合が存在する」とする説もある（山下純司先生の説明を参照）。

⑤ ❷の認識の対象についての疑問

❷によれば，相手方の認識の対象は，動機となった事情とされているようだが，相手方は，表意者の動機を知り得る状態におかれることだけで十分なのか，それをこえて，相手方は，表意者が動機の錯誤におちいっているかもしれないことを知り得る状態におかれることまで必要なのか。設問(2)を例にとれば，店側は，Aの動機を知り得る状態におかれているが，Aが動機の錯誤におちいっているかもしれないことを知り得る状態におかれているとはいえない。店側にはそれを確かめる術がないからである。

相手方の認識の対象をどのように考えるかにより，本要件の具体的な事案に対する有用性は変わってくるように思われる。

❸錯誤が表意者の重大な過失によるものでなかったこと（95条3項）

意思の不存在の錯誤（95条1項1号）および基礎事情の錯誤（95条1項2号）に共通する要件である。

旧95条ただし書は，「表意者に重大な過失があったときは，表意者は，自らその無効を主張することができない。」と規定していた。

新95条3項柱書は，「錯誤が表意者の重大な過失によるものであった場合」においては，表意者は，「意思表示の取消しをすることができない。」と規定している。これは旧95条ただし書と同様である。しかし，「錯誤が表意者の重大な過失によるものであった場合」であっても，(1)「相手方が表意者に錯誤があることを知り，又は重大な過失によって知らなかったとき」（95条3項1号），あるいは，(2)「相手方が表意者と同一の錯誤に陥っていたとき」（95条3項2号。共通錯誤）は，表意者は，意思表示の取消しをすることができると規定している。(1)の場合は，相手方にも落ち度があるから，相手方を保護すべき要請は低く，(2)の場合は，法律行為の当事者が互いに誤解をしていた以上，その効力を維持して相手方を保護すべき要請は低い，からである。

🔧 ステップアップ

ご自身が使用中の教科書を熟読し，それが，上記2要件をどのように説明しているか，検討してほしい。

➡ 次回の設問

今回は，錯誤取消しの要件を説明した。次回は，錯誤取消しの要件の当てはめを行う。

※ 出典については，前回のウェブサポートを参照。

民法 8

法政大学教授
新堂明子
SHINDO Akiko

設問

1　売主Aと買主Bは，鉛筆を1グロス売り買いした。AまたはBは，錯誤を理由に，その意思表示を取り消すことができるか。なお，1グロスは12ダースである。

（1）　Aは1グロスを10ダース，Bは1グロスを12ダースの意味で理解していた。

（2）　Aは1グロスを12ダース，Bは1グロスを14ダースの意味で理解していた。

2　売主Bと買主Aは，ある屏風を売買した。AまたはBは，錯誤を理由に，その意思表示を取り消すことができるか。

（3）　Aは，俵屋宗達作の風神雷神図（「辰」）を買おうと思っていたが，「緒方光琳作の風神雷神図（「巳」）を買おう」と言ってしまった。

（4）　Aは，そこにあった辰を巳だと思って，「巳を買おう」と言った。

（5）　Aは，そこにあった風神雷神図を俵屋宗達作だと思って，「そこにあった風神雷神図を買おう」と言ったが，実は緒方光琳作だった。

（6）　Aは，そこにあった風神雷神図を真作だと思って，「そこにあった風神雷神図を買おう」と言ったが，実は贋作だった。

（7）　Aは，辰を＄100万で買おうと思っていたが，「£100万で買おう」と言ってしまった。

（8）　Aは，辰を＄100万で買おうと思っていたが，＄と£が同じ価値だと思って，「£100万で買おう」と言った。

（9）　Aは，BをCだと思って，「C」と言った（この 設問 のみ，売主はCとなる）。

（10）　Bは，AをDだと思って，「D」と言った（この 設問 のみ，買主はDとなる）。

（11）　Aは，Bを年収10億円の大企業の代表取締役社長だと思っていたが，実は月収10万円のパート従業員だった。

（12）　Bは，Aを年収10億円の大企業の代表取締役社長だと思っていたが，実は月収10万円のパート従業員だった。

3　Aは，錯誤を理由に，その意思表示を取り消すことができるか。

（13）　Aは，地下鉄の駅ができると思い違い（誤解）をして，「地下鉄の駅ができるから，付近の土地（「午」。時価4000万円）を5000万円で買う」と言って，買った。

（14）　Aは，自分の子の婚約が破棄されているのを知らないで，「自分の子の結婚を祝うため，8Kテレビ（「未」。時価50万円）を50万円で買う」と言って，買った。

❗ POINT

95条にそくして，錯誤取消しの要件の当てはめを行う。

➡ 解説

錯誤の分類（前々回）に従って，錯誤取消しの要件（前回）の当てはめを行う。

錯誤には，意思の不存在の錯誤（95条1項1号）と基礎事情の錯誤（95条1項2号）がある。前者には，表示上の錯誤と表示行為の意味に関する錯誤がある。後者には，性質の錯誤とそれ以外の錯誤がある（前々回参照）。

錯誤取消しの要件には，①重要な錯誤（95条1項柱書），②表意者が法律行為の基礎とした事情（95条1項2号）が法律行為の基礎とされていることが表示されていたこと（95条2項），③錯誤が表意者の重大な過失によるものでなかったこと（95条3項）がある。②要件の解釈については，❶表意者が，当該事情を契約の基礎（ないし前提）としたことを表示しただけでよいと解する説，❷表意者が，相手方に対し，当該事情を契約の基礎（ないし前提）とした，という意思表示をしたことにより，相手方が，当該事情が契約の基礎とされていたことを認識しうる状態となればよいと解する説，❸表意者と相手方が，当該事情を契約の基礎（ないし前提（条件））とした，という法律行為（合意）をしたことまで必要であると解する説，などがある（前回参照）。

読者の便宜に大いに欠けるが，前々回（およびそのウェブサポート），前回を参照しながら，今回の問題を検討してほしい。

① 意思の不存在の錯誤（95条1項1号）

（1）　売買における①要件（95条1項柱書）につき概説すれば，売買の両当事者は，目的物（「財産権」〔555条〕）と代金額を重要視するといえる。すなわち，物は何か（物の同一性），どのような物か（物の性質），代金額はいくらか，目的物と代金額は釣り合っているか（物の性質，数量），を重要視するといえる。

設問 (3)または(7)（表示上の錯誤）における目的物または代金額に関する錯誤は，Aにとっても，通常人にとっても，重要な錯誤となる。

設問 (1)または(2)（表示行為の意味に関する錯誤）における目的物と代金額が釣り合っているか（物の数量）に関する錯誤は，AまたはBにとっても，通常人にとっても，重要な錯誤となる。

設問 (4)または(8)（表示行為の意味に関する錯誤。(4)は物の同一性の錯誤）における目的物または代金額に関する錯誤は，Aにとっても，通常人にとっても，重要な錯誤となる。

上記のとおり，設問 (1)(2)(3)(4)，(7)(8)の錯誤は重要な錯誤であり（95条1項柱書），あとは③要件を検討すればよい（95条3項）。

（2）　一方で，買主は，売主が誰か（売主の同一性），どのような人か（売主の属性），を重要視するとはいえ

ない。他方で，売主は，買主が誰か（買主の同一性），どのような人か（買主の属性），を重要視することもあるといえる。とりわけ設問2のような高額な物の売買では，売主は，買主が確実に代金を支払えるほど資力が十分であることを重要視するからである。

一方で，設問(9)（表示行為の意味に関する錯誤。売主の同一性の錯誤）および設問(11)（基礎事情の錯誤。売主の属性の錯誤）における買主Aの売主に関する錯誤は重要なものといえない。他方で，設問(10)（表示行為の意味に関する錯誤。買主の同一性の錯誤）および設問(12)（基礎事情の錯誤。買主の属性の錯誤）における売主Bの買主に関する錯誤は重要なものといえる。

(3) 売買の両当事者は通常，目的物の引渡または代金の支払の期限，場所，方法などを重要視しない（573条・574条参照）。

❷ 基礎事情の錯誤（95条1項2号）

(1) 性質の錯誤

設問(6)では，Aは，そこにあった真作の風神雷神図という事情を契約の基礎としているが，Aの，そこにあった真作の風神雷神図という認識は，そこにあった贋作の風神雷神図という真実に反している。よって，基礎事情の錯誤（95条1項2号）に当たる。

②要件につき，一方で，❷をとれば，Aが，Bに対し，そこにあった真作の風神雷神図という事情を契約の基礎（ないし前提）とした，という意思表示をしたことにより，Bが，そこにあった真作の風神雷神図という事情が契約の基礎（ないし前提）とされていたことを認識しうる状態となった，といえるとすれば，②要件を満たすと考えられる。

②要件につき，他方で，❸をとれば，AとBが，そこにあった真作の風神雷神図という事情を契約の基礎（ないし前提〔条件〕）とした，という法律行為（合意）をしたと認められれば，②要件を満たすと考えられる。

❷によるよりも，❸によるほうが，②要件の具備は認められにくい。しかし，それ相応の価格で売買した場合には，❷によっても，❸によっても，「その事情が法律行為の基礎とされていることが」黙示的に「表示されていた」と認められ，②要件の具備は認められると思われる。

①要件については，Aも，Aの地位にある通常人も，どのような物か，あるいは，目的物と代金額は釣り合っているか（物の性質）を重要視するのが普通なので，明示の真贋不問の特約があれば別であるが，その具備が認められる。

あとは③要件を検討すればよい。

設問(5)でも，このように当てはめを行えばよい。

(2) 性質の錯誤以外の錯誤

設問(13)では，直感的には，錯誤取消しが認められないように思われるが，理論的には，どの要件でその結論を導くかは，②要件の解釈が割れているだけに，難問である。

Aは，そもそも，地下鉄の駅ができるという事情を契約の基礎としていないかもしれない。つまり，基礎事情の錯誤（95条1項2号）に当たらないかもしれない。

Aが，地下鉄の駅ができるという事情を契約の基礎

としていたとしても，地下鉄の駅ができるという事情が契約の基礎とされていることが表示されていないかもしれない。つまり，②要件に該当する事実がないかもしれない。

②要件につき，一方で，❷をとれば，Aが，Bに対し，地下鉄の駅ができるという事情を契約の基礎（ないし前提）とした，という意思表示をしたことにより，Bが，地下鉄の駅ができるという事情が契約の基礎（ないし前提）とされていたことを認識しうる状態になった，といえるとすれば，②要件を満たすと考えられる。

②要件につき，他方で，❸をとれば，AとBが，「地下鉄の駅ができるから，午を5000万円で買う〔または売る〕のであって，地下鉄の駅ができないなら，午を5000万円で買わないまたは売らない〕」という解除条件つき法律行為（合意）をしたと認められるかは，明示の特約でもないかぎり，難しいであろう。

このように，❷をとれば，②要件をクリアできるかもしれない。そこで，①要件を検討する段階に進む。まず，地下鉄の駅ができるという認識と地下鉄の駅ができないという真実とが食い違うという錯誤がなければ，Aは「地下鉄の駅ができるから，午を5000万円で買う」という意思表示をしなかったであろうことは認められる（主観的な因果関係の存在）。また，そのような錯誤がなければ，Aの地位におかれた通常人にとっても，そのような意思表示をしなかったであろうことも認められると思われる（客観的な重要性の存在）。よって，①要件をクリアできると思われる。

ここで客観的な重要性の要件につき補足すれば，本要件を<u>Aの地位におかれた通常人にとっての重要性</u>と解釈すれば，前段落の結論となり，本要件の本設問に対する有用性は低くなる。しかし，本要件を規範化すれば，すなわち，<u>下線部</u>を希釈化すれば，それは高くなる。

前段落の補足を考慮外とすれば，①要件をクリアできると思われる。そこで，③要件を検討する段階に進む。Aの錯誤がAの重大な過失によるものであった場合には，Aは，その意思表示を取り消すことができない。しかし，Aの錯誤がAの重大な過失によるものであった場合でも，BがAに錯誤があることを知っていたり，もしくは重大な過失によって知らなかったり，または，BがAと同一の錯誤に陥っていたりすれば，Aは，その意思表示を取り消すことができる。

以上が一応の解答であるが，唯一のそれではないことをお断りしておく。

設問(14)にも，チャレンジしてほしい。

📘 ステップアップ

最判平成元・9・14判時1336号93頁，最判平成14・7・11判時1805号56頁，最判平成28・1・12民集70巻1号1頁において，錯誤無効が認められたか（旧95条）を確認し，同様の事件が現行法下で発生したと仮定して，錯誤取消しが認められるか（新95条）を検討しなさい。

➡ 次回の設問

次回は，無権代理を検討する。

民法 9

法政大学教授
新堂明子　SHINDO Akiko

↘ 設問

　以下の設問について，ABC 間または DEF 間の法律関係を説明しなさい。

　基本1　Aは，Bに対し，Aの名で，Aの計算で，A所有の動産申（さる）を売却する権限を授与した。そこで，Bは，Cに対し，Aの名ですることを示して，申を売却する契約をした。

　基本2　Aに無断で，Bは，Cに対し，Aの名ですることを示して，申を売却する契約をした。

　応用1　Dは，Eに対し，Eの名で，Dの計算で，D所有の動産酉（とり）を売却する権限を授与した。そこで，Eは，Fに対し，Eの名で，酉を売却する契約をした。

　応用2　Dに無断で，Eは，Fに対し，Eの名で，酉を売却する契約をした。

❗POINT

　有権代理，無権代理，授権，他人の権利の売買（他人物売買）の法律関係を理解する。

- -

↘ 解説
① 「某の名で」，「某の計算で」の意味

　「某の名で」とは，某に契約の効果を帰属させる，という意味である。基本1では，A（とC）が契約の当事者となり，Aは売主としての（Cは買主としての）権利を取得し義務を負う。応用1では，E（とF）が契約の当事者となり，Eは売主としての（Fは買主としての）権利を取得し義務を負う。民法 99 条 1 項にいう「本人のために」，商法 551 条にいう「自己の名をもって」は，このような意味で使用されている。

　「某の計算で」とは，某に経済的な利益と損失を帰属させる，という意味である。商法 551 条にいう「他人のために」は，このような意味で使用されている。

　このように「某のために」といっても，民法 99 条 1 項と商法 551 条とでは異なる意味で用いられているので，注意が必要である。

② 有権代理（基本1）

　Aを「本人」，Bを「代理人」，Cを「第三者」または相手方という（99 条 1 項・2 項）。

　基本1の第 1 文によれば，Aは，Bに対し，Aの名で，申を売却する権限（99 条 1 項「権限」。これを代理権という）を授与する行為＝契約をした。第 2 文によれば，Bは，Cに対し，Aの名ですることを示して（同項

「本人のためにすることを示して」。これを顕名という），申を売却する契約をした（同項「その権限内において」「意思表示」を「した」。これを代理行為という）。これによって，その契約の効果はAに帰属する（同項「本人に対して直接にその効力を生ずる」。これを債権的効果〔帰属の問題〕ということとする）。つまり，A（とC）が契約の当事者となり，Aは売主としての（Cは買主としての）権利を取得し義務を負う。

③ 無権代理（基本2）

　Aを「他人」または「本人」，Bを「代理権を有しない者」つまり無権代理人，Cを「相手方」という（113 条 1 項・2 項）。

　Aに無断で，Bが，Cに対し，Aの名ですることを示して（113 条 1 項「他人の代理人として」），申を売却する契約（これを無権代理行為という）をしても，その契約の効果はAに帰属しない（同項「本人に対してその効力を生じない」）。またBにも帰属しない。Aに帰属しないのは，Bが代理権を有していなかったからであり，Bに帰属しないのは，Bは，Aに契約の効果を帰属させる意思を有しており，B自身に契約の効果を帰属させる意思を有していなかったからである。

⑴ Bの無権代理行為に対して，Aは何ができるか

　第 1 に，Aは，Bがした契約を追認することができる（113 条 1 項・2 項。これを追認権という）。Aが追認をすれば，その契約の効果は，その契約の時点に遡及して，Aに帰属する（116 条）。別の言い方をすれば，追認権は，欠けていた代理権を事後的に補うものである。

　第 2 に，Aは，Bがした契約を追認拒絶することができる（113 条 1 項・2 項。これを追認拒絶権という）。Aが追認拒絶をすれば，その契約の効果がAに帰属しないことが確定する。

　話を少し戻せば，Aが追認も追認拒絶もしない間は，Aは追認をするかもしれないし追認拒絶をするかもしれない。すなわち債権的効果について，いちおう無効（＝債権的効果不帰属）だが，その無効は不確定な状態にあるということができる（121 条と対比されたし）。

⑵ Bの無権代理行為に対して，Cは何ができるか

　第 1 に，Cは，Aに対し，相当の期間を定めて，その期間内に追認をするか追認拒絶をするかを確答すべき旨の催告をすることできる。Aがその期間内に確答をしたときは，そのとおりの効果に確定するが，Aがその期間内に確答をしないときは，追認拒絶をしたものとみなされる（114 条。これを催告権という）。

　第 2 に，Cは，Aが追認をしない間は，その契約を取り消すことができる。ただし，契約時にBが代理権を有しないことをCが知っていたときは，Cは，その契約を取り消すことができない（115 条。これを取消権という）。

　第 3 に，無権代理人を代理人だと信じた者を保護すべき制度として，Cは，Aに対し，表見代理責任を追及することができる（109 条・110 条・112 条）。

　第 4 に，Cは，Bに対し，無権代理人の履行または損害賠償の責任を追及することができる（117 条）。

④ 授権（応用1）

民法は授権に関する規定を有しないが，有力説はこれを認める。

Dを授権者または権利者，Eを被授権者という。

応用1の第1文によれば，Dは，Eに対し，Eの名で，酉を売却する権限（これを処分権限という）を授与する行為＝契約をした。第2文によれば，Eは，Fに対し，Eの名で，酉を売却する契約をした（これを処分行為という）。これによって，酉所有権はDからFへと移転する（これを物権的効果〔発生の問題〕ということとする）。そして，その契約の効果はEに帰属する。つまり，E（とF）が契約の当事者となり，Eは売主としての（Fは買主としての）権利を取得し義務を負う。

判例をみておこう。最判昭和29・8・24集民15号439頁は，「他人の代理人たることを表示しないで，他人の物を自己の物として第三者に売渡す場合においても，その他人が右のような処分行為をすることに予め承諾を与えているときは，右売買は有効であって，右売買と同時に買受人たる第三者は右物件の所有権を取得すると解するのが相当である」としている。

民法（債権法）改正検討委員会案もみておこう。同【1.5.45】（授権）〈1〉は，「権利者が他人に対し当該他人の名で権利者に帰属する権利を処分する権限を与えた場合において，当該他人がこの権限に基づき当該権利を第三者に処分する旨の法律行為をしたときは，当該権利は権利者から第三者に直接移転する」と規定している。

⑤ 他人の権利の売買（他人物売買）（応用2）

応用1では，DはEに対し酉の処分権限を授与していたが，応用2では，授与していなかった。つまり，他人の権利の売買（他人物売買）がされていたことになる。

Dを「他人」または権利者，Eを「売主」または無権利者，Fを「買主」または相手方という（561条）。

Dに無断で，Eが，Fに対し，Eの名で，酉を売却する契約をしても，酉所有権はDからFへと移転しない。しかし，その契約の効果はEに帰属する。つまり，その契約（他人物売買）は有効であり，E（とF）が契約の当事者となり，Eは他人物売主としての（Fは他人物買主としての）権利を取得し義務を負う。そして，その契約（他人物売買）が有効であることを前提として，Eは，酉所有権を取得してFに移転する義務を負う（561条）。Eがこれを取得することができれば，Fに移転しなければならない。Eがこれを取得してFに移転することができなければ，Eは債務不履行の一般的規定に従わなければならない（541条・542条・415条）。

(1) Eの処分行為に対して，Dは何ができるか

第1に，Dは，Eがした処分を追認することができる（これを追完権ということがある）。Dが追認をすれば，その処分の時点に遡及して，酉所有権はDからFへと移転する（116条類推）。別の言い方をすれば，追完権は，欠けていた処分権限を事後的に補うものである。

第2に，Dは，Eがした処分を追認拒絶することがで

きる。Dが追認拒絶をすれば，酉所有権がDからFへと移転しないことが確定する。

話を少し戻せば，Dが追認も追認拒絶もしない間は，Dは追認をするかもしれないし追認拒絶をするかもしれない。すなわち物権的効果について，いちおう無効（＝物権的効果不発生）だが，その無効は不確定な状態にあるということができる（121条と対比されたし）。

判例をみておこう。まず，大判昭和10・9・10民集14巻1717頁は，Dに無断で，Eが，Fに対し，Eの名で，D所有の係争山林を売り渡した事案において，「凡ソ他人ノ権利ヲ自己ノ名ニ於テ処分シタル場合ニ本人カ後日其ノ処分ヲ追認シタルトキハ右ノ処分ハ本人ノ為メニ効力ヲ生スルコト夫ノ無権代理ノ追認ト択フトコロ無シ〔。〕蓋追認ハ代理行為ノ場合ニノミ限局セサル可カラスト云フカ如キハ寧ロ偏狭ニ失スルコトアルモ何等取引ノ円滑ニ資スルトコロ無ケレハナリ〔。〕而シテ此理ハ他人ノ権利ヲ自己ノソレトシテ自己ノ名ニ於テ処分シタル場合ニマテ拡張スルヲ得ヘシ〔。〕」としている。また，最判昭和37・8・10民集16巻8号1700頁は，Dに無断で，Eが，D所有の本件不動産につき，DからEに対する所有権移転登記を経由し，さらに，EからFに対する抵当権設定登記を経由した事案において，「或ル物件につき，なんら権利を有しない者が，これを自己の権利に属するものとして処分した場合において真実の権利者が後日これを追認したときは，無権代理行為の追認に関する民法116条の類推適用により，処分の時に遡って効力を生ずるものと解するのを相当とする」としている。

民法（債権法）改正検討委員会案もみておこう。同【1.5.45】（授権）〈2〉は，「権利者の承諾を得ないまま，他人が権利者に帰属する権利を第三者に処分する旨の法律行為をした場合は，権利者は，その意思により，当該第三者に当該権利を直接取得させることができる」と規定している。

(2) Eの他人物売買に対して，Fは何ができるか

第1に，114条の類推適用を考える説がある。

第2に，115条の類推適用を考える説がある。

第3に，無権利者を権利者だと信じた者を保護すべき制度として，Fは，Dに対し，酉（動産）については，192条の適用（不動産については，94条2項の類推適用）を主張することができる。

第4に，Fは，Eに対し，債務の履行の請求，または，債務不履行の一般的規定に従って，契約の解除および損害賠償の請求をすることができる（541条・542条・415条）。

ステップアップ

今回は，代理や授権の制度内容についての説明をしたが，制度趣旨については説明を省略した。各自，教科書で学習してほしい。

次回の設問

次回も，引き続き，無権代理を検討する。

民法 10

法政大学教授
新堂明子
SHINDO Akiko

➥ 設問

以下の設問について，ABC 間または DEF 間の法律関係を説明しなさい。

基本1　Aは，Bに対し，Aの名で，Aの計算で，A所有の動産申（さる）を売却する権限を授与した。そこで，Bは，Cに対し，Aの名ですることを示して，申を売却する契約をした。

基本2　Aに無断で，Bは，Cに対し，Aの名ですることを示して，申を売却する契約をした。

(1)　その後，Aは，Bがした契約を追認した。
(2)　その後，Aは，Bに対し，申を譲渡した。
(3)　その後，Aが死亡し，AをBが単独相続した。
(4)　その後，Bが死亡し，BをAが単独相続した。

応用1　Dは，Eに対し，Eの名で，Dの計算で，D所有の動産酉（とり）を売却する権限を授与した。そこで，Eは，Fに対し，Eの名で，酉を売却する契約をした。

応用2　Dに無断で，Eは，Fに対し，Eの名で，酉を売却する契約をした。

(5)　その後，Dは，Eがした処分を追認した。
(6)　その後，Dは，Eに対し，酉を譲渡した。
(7)　その後，Dが死亡し，DをEが単独相続した。
(8)　その後，Eが死亡し，EをDが単独相続した。

❗POINT

無権代理，他人の権利の売買（他人物売買）の法律関係を理解する。

- -

➥ 解説
① 無権代理（基本2）

Aに無断で，Bが，Cに対し，Aの名ですることを示して，申を売却する契約をしても，その契約の効果はAに帰属しない（113条1項。これを債権的効果（不）帰属の問題ということとする）。

さて，あらかじめ，基本2(3)(4)を考えるに当たってのコツを伝えておこう。その1は，第1に，本人（または本人の資格にある者）は，追認拒絶をすることができるか（113条），できるとすれば，第2に，無権代理人（または無権代理人の資格にある者）は，無権代理人の責任を負わなければならないか（117条），という順番で検討することである。その2は，本人に表見代理責任が認められない場合を想定することである。本人に表見代理責任が認められるとすれば，本人（または本人の資格にある者）が追認拒絶をすることができても無意味となるからである。

(1)　追認（基本2(1)）

Aは，Bがした契約を追認することもできるし，追認拒絶することもできる。かりに，Aが追認をすれば，Bに欠けていた代理権（＝契約の効果を本人に帰属させる権限）が事後的に補われ，その契約の時点に遡及して，Aにその契約の効果が帰属する（116条）。

(2)　特定承継（基本2(2)）

Bが申所有権を取得しても，Bに欠けていた代理権が事後的に補われることはない。Aは，いぜんとして，Bがした契約を追認することもできるし，追認拒絶することもできる。Aが追認拒絶をすれば（113条），Bは無権代理人の責任を問われる（117条）。Cが無権代理人の履行責任を選択すれば，Bは申所有権を取得しておりCに移転することができるため，そうしなければならない。

最判昭和41・4・26民集20巻4号826頁は，「前記売買契約は，Bの無権代理行為に基づくもので無効であるが，無権代理人たるBは，民法117条の定めるところにより，相手方たるCの選択に従い履行又は損害賠償の責に任ずべく，相手方が履行を選択し無権代理人が前記不動産の所有権を取得するにいたった場合においては，前記売買契約が無権代理人（B）自身と，相手方（C）との間に成立したと同様の効果を生ずると解するのが相当である」（上告人等を基本2(2)の記号に改変した）とする。

(3)　包括承継・本人を無権代理人が単独相続した場合（基本2(3)）

Bが申所有権を取得しても，Bに欠けていた代理権が事後的に補われることはない。B（Aを包括承継し，Aの資格にある）は，いぜんとして，Bがした契約を追認することもできるし，追認拒絶することもできるか？

資格融合説と資格併存説が対立し，さらに，後者の内部でも，信義則説と資格併存貫徹説が対立する。

資格融合説を採る，最判昭和40・6・18民集19巻4号986頁は，「無権代理人が本人を相続し本人と代理人との資格が同一人に帰するにいたった場合においては，本人が自ら法律行為をしたのと同様な法律上の地位を生じたものと解するのが相当であ〔る〕」とする。基本2(3)では，Aの資格とBの資格がBに帰し（Bの中で融合し），Aが自ら契約をした（ことによりそれに拘束される）のと同様な法律上の地位がBに生じる。

資格併存説・信義則説を採る，最判昭和37・4・20民集16巻4号955頁は，「無権代理人が本人を相続した場合においては，自らした無権代理行為につき本人の資格において追認を拒絶する余地を認めるのは信義則に反するから，右無権代理行為は相続と共に当然有効となると解するのが相当である」とする。基本2(3)では，B（Aの資格にある）は，信義則上追認拒絶をすることができないので，Bに欠けていた代理権が事後的に補われ，B（同上）にその契約の効果が帰属する。

資格併存貫徹説によれば，B（Aの資格にある）は，追認拒絶をすることができる。B（同上）が追認拒絶をすれば（113条），Bは無権代理人の責任を問われる（117条）。Cが無権代理人の履行責任を選択すれば，Bは申所有権を取得しておりCに移転することができるため，そうしなければならない。

**(4) 包括承継・本人が無権代理人を
　　単独相続した場合** 基本2(4)

　資格併存説・信義則説を採る，前掲最判昭和37・4・20は，「本人が無権代理人を相続した場合……においては，相続人たる本人が被相続人の無権代理行為の追認を拒絶しても，何ら信義に反するところはないから，被相続人の無権代理行為は一般に本人の相続により当然有効となるものではないと解するのが相当である」とする。基本2(4)では，Aは，信義則上追認拒絶をすることができる。

　Aが追認拒絶をすれば（113条），A（Bを包括承継し，Bの資格にある）は無権代理人の責任を問われる（117条）。最判昭和48・7・3民集27巻7号751頁は，「民法117条による無権代理人の債務が相続の対象となることは明らかであって，このことは本人が無権代理人を相続した場合でも異ならないから，本人は相続により無権代理人の右債務を承継するのであり，本人として無権代理行為の追認を拒絶できる地位にあったからといって右債務を免れることはできないと解すべきである。まして，無権代理人を相続した共同相続人のうちの1人が本人であるからといって，本人以外の相続人が無権代理人の債務を相続しないとか債務を免れうると解すべき理由はない」とする。基本2(4)では，A（同上）は，無権代理人の責任を問われる。

　Aが追認拒絶をすれば（113条），A（Bの資格にある）は無権代理人の責任を問われる（117条）。Cが無権代理人の履行責任を選択すれば，A（同上）は申所有権をもともと有しておりCに移転することができるため，そうしなければならないか？ A（同上）がそうしなければならないとすれば，Aが信義則上追認拒絶をすることができるとしたことが無に帰してしまう。そこで，後掲最大判昭和49・9・4と同様に考える説が有力である。もちろん，A（同上）は，無権代理人の損害賠償責任を負わなければならない。

② 他人の権利の売買（他人物売買） 応用2

　Dに無断で，Eが，Fに対し，Eの名で，酉を売却する契約をしても，酉所有権はDからFへと移転しない（これを物権的効果（不）発生の問題ということとする）。しかし，その契約の効果はEに帰属する。

(1) 追認 応用2(5)

　Dは，Eがした処分を追認することもできるし，追認拒絶することもできる。かりに，Dが追認をすれば，Eに欠けていた処分権限（＝所有権を移転する権限）が事後的に補われ，その処分の時点に遡及し，酉所有権はDからFへと移転する（116条類推。最判昭和37・8・10民集16巻8号1700頁）。しかし，Dが追認をしても，Dにその契約の効果が帰属することはなく，Eにその契約の効果が帰属したままである（最判平成23・10・18民集65巻7号2899頁）。

(2) 特定承継 応用2(6)

　Dは，Eに対し，酉所有権を移転することもできるし，移転しないこともできる。かりに，DがEに対しこれを移転し，Eがこれを取得すれば，Eに欠けていた処分権限（＝所有権を移転する権限）が事後的に補われ，酉所有権はEからFへと移転する——561条に即して言えば，EはFにこれを移転しなければならない——。

**(3) 包括承継・権利者を無権利者が
　　単独相続した場合** 応用2(7)

　第1に，E（Dを包括承継し，Dの資格にある）は，資格併存説・信義則説によれば，信義則上追認拒絶をすることができないので，Eに欠けていた処分権限が事後的に補われ，酉所有権はE（同上）からFへと移転する。

　第2に，Eは酉所有権を取得するので，Eに欠けていた処分権限が事後的に補われ，酉所有権はEからFへと移転する——561条に即して言えば，EはFにこれを移転しなければならない——。

　いずれの解決でもよい。

**(4) 包括承継・権利者が無権利者を
　　単独相続した場合** 応用2(8)

　第1に，Dは，資格併存説・信義則説によれば，信義則上追認拒絶をすることができる。

　第2に，D（Eを包括承継し，Eの資格にある）は酉所有権をもともと有しているので，Eに欠けていた処分権限が事後的に補われ，酉所有権はD（同上）からFへと移転する——561条に即して言えば，D（同上）はFにこれを移転しなければならない——か？ D（同上）がそうしなければならないとすれば，Dが信義則上追認拒絶をすることができるとしたことが無に帰してしまう。そこで，最大判昭和49・9・4民集28巻6号1169頁は，「他人の権利の売主が死亡し，その権利者において売主を相続した場合には，権利者は相続により売主の売買契約上の義務ないし地位を承継するが，そのために権利者自身が売買契約を締結したことになるもの〔資格融合説参照〕でないことはもちろん，これによって売買の目的とされた権利が当然に買主に移転するものと解すべき根拠もない〔資格併存説・信義則説参照〕。また，権利者は，その権利により，相続人として承継した売主の履行義務を直ちに履行することができるが，他面において，権利者としてその権利の移転につき諾否の自由を保有しているのであって，それが相続による売主の義務の承継という偶然の事由によって左右されるべき理由はなく，また権利者がその権利の移転を拒否したからといって買主が不測の不利益を受けるというわけでもない。それゆえ，権利者は，相続によって売主の義務ないし地位を承継しても，相続前と同様その権利の移転につき諾否の自由を保有し，信義則に反すると認められるような特別の事情のないかぎり，右売買契約上の売主としての履行義務を拒否することができるものと解するのが，相当である」とする。もちろん，D（同上）は，債務不履行の一般的規律に従って，損害賠償責任を負わなければならない。

🔖 ステップアップ

　包括承継・本人を無権代理人と他の相続人が共同相続した場合（最判平成5・1・21民集47巻1号265頁，最判平成5・1・21判タ815号121頁）を検討してほしい。

➡️ 次回の設問

次回は，表見代理を検討する。

民法 11

法政大学教授

新堂明子　SHINDO Akiko

↘ 設問

　Xは，かねて自己所有の農地（「本件農地」）を担保として他から金融を得たいと念願していたところ，たまたまAと知り合いAに対しこれを依頼した。AはAで，Y会社から農機具等の商品をB会社名義で買い入れ，それらの商品の売り捌きによって自己の金融を得ようと図り，本件農地をY会社との取引に対する担保として用いようと企てていた。そして，1957年8月30日，本件農地を目的として，XとY会社との間に，商品取引契約に基づく根抵当権設定契約（債権元本極度額金165万円，債務者B会社。「本件根抵当権設定契約」）がなされ，同日，その旨の登記がなされた（「本件根抵当権設定登記」）。

　その経緯を詳述する。まず，Xは，Aに対し，本件農地を担保に他から融資を受けることを依頼し，その手続についての代理権を授与した。そのさい，Xは，Aに，白紙委任状，印鑑証明書，権利証を交付した。そして，Aは，その白紙委任状の代理人欄に「A」と，代理権の範囲欄に「本件農地を目的とする，商品取引契約に基づく根抵当権設定契約（債権元本極度額金165万円，債務者B会社）」と，補充し，印鑑証明書，権利証とともに，Y会社九州営業所長Cに交付した。これを受けて，Cは，本件農地の現地調査を遂げ，Xとも面接し，本件農地に抵当権設定のうえ取引することとなることを告げた。それから数日後，前段落のとおり，本件根抵当権設定契約および登記がなされた（福岡高判昭和37・2・27判時302号20頁をベースとした）。

　そこで，Xは，Y会社に対し，本件根抵当権設定登記の抹消登記手続請求をした。これに対し，Y会社は，どのような反論ができるか。

❗POINT

　109条1項，110条の要件（と効果）を挙げ，それらの要件を事件（の事実）に適用し，結論を導く。

↘ 解説

　Xは，Yに対し，所有権に基づく妨害排除請求権としての本件根抵当権設定登記の抹消登記手続請求をする。これに対し，Yは，有権代理または表見代理を主張して，本件根抵当権設定登記は正当な権原に基づいてなされたという反論をする。

① 有権代理（99条1項）

　有権代理を主張する者が，

> ① 「本人」が「代理人」に対してある一定の事項に

つき「意思表示〔ないし法律行為〕」をする「権限」（代理権）を与えたこと（代理権授与行為）
> ② 「代理人が」「本人のためにすることを示して」（顕名）
> ③ ①の「権限内において」「意思表示〔ないし法律行為〕」を「した」こと（代理行為）

を主張および立証しなければならない（99条1項）。

　設問に当てはめれば，Yが，①XがAに対して本件根抵当権設定契約をすることについての代理権を与えたこと，②AがXのためにすることを示して，③Y（厳密には，Y会社九州営業所長Cだが，以下でも省略する）との間で本件根抵当権設定契約をしたこと，を主張および立証すれば，Yは，Xに対して本件根抵当権設定契約の効果（帰属）を主張することができる。

　しかし，①に関し，XはAに対して本件根抵当権設定契約をすることについての代理権を与えていなかった。したがって，Yは，Xに対して本件根抵当権設定契約の効果（帰属）を主張することができない。

② 代理権授与の表示による表見代理（109条1項）

　代理権授与の表示による表見代理を主張する者が，

> ① Pが「第三者に対して」「他人に」ある一定の事項につき「行為」をすることについての「代理権を与えた旨を表示した」こと（代理権授与表示）
> ② 「その他人が」Pのためにすることを示して（顕名）
> ③ ①の「代理権の範囲内において」「第三者との間で」「行為」を「した」こと（法律行為）

※Pとは，「第三者に対して他人に代理権を与えた旨を表示した者」

を主張および立証しなければならない（109条1項本文）。

　設問に当てはめれば，Yが，①XがYに対して「XはAに本件根抵当権設定契約をすることについての代理権を与えた」旨を表示したこと，②AがXのためにすることを示して，③Yとの間で本件根抵当権設定契約をしたこと，を主張および立証すれば，Xは，本件根抵当権設定契約について，その責任を負う。

　前段落の①を敷衍するため，白紙委任状の動きを見よう。XはAに白紙委任状を交付し，Aはその白紙委任状の代理人欄に「A」と，代理権の範囲欄に「本件根抵当権設定契約」と補充し，Yに交付した，という流れにおいて，Aがしたことを省いて見ると，前段落にいう①となる。

　①について2つのことを補足しておこう。

　第1に，代理権授与表示は，代理権を与える旨の意思表示ではなく，代理権を与えた旨の観念の通知＝事実の通知であるとされる。

　ここで復習として（第2回），意思表示，および意思表示を構成要素とする法律行為の意義を確認しておこう。まず，意思表示とは，一定の法律効果の発生を欲する旨の意思を外部に対して表示する行為である。こういう法律効果が生じて欲しいと思っており，「こういう法律効果が生じて欲しいと思っている」と言った，という具合である。また，法律行為とは，一定の法律効果の発

生を欲する者に対して，その欲する通りの法律効果を発生させるための行為である。「こういう法律効果が欲しいと思っている」と言い，相手方も「そういう法律効果が欲しいと思っている」と言えば，そういう法律効果が発生する，という具合である。

そこで，意思表示ないし法律行為である代理権授与行為と意思表示ではない代理権授与表示を比較しておこう。一方で，XがAに対して「こういう代理権を与えたい」と言い，AもXに対して「そういう代理権を与えられたい」と言えば，XはAに対してそういう代理権を与えたことになる。他方で，XがYに対して「Aにこういう代理権を与えた」と言い，そして，かりに，YもXに対して「わかりました」と言っても，XはAにそういう代理権を与えたことにならない。

しかし，XがYに対して「Aにこういう代理権を与えた」と言った，そのわけをたずねれば，Xは，Aを通じた，Yとの間での，何らかの法律関係の将来的な形成を可能にするためにそう言っている。つまり，Xは，Yとの間での，何らかの法律関係の将来的な形成を目指してそう言っている。その意味では，意思表示，すなわち，何らかの法律効果の発生を欲してそう言っているのと類似する。そこで，意思能力および行為能力，ならびに意思表示に関する規定が，観念の通知＝事実の通知についても類推適用されうると解されている。

第2に，XがYに対して「Aにこういう代理権を与えた」と言った，という流れにおいて，Aは，代理人ではなく，使者であるとされる。

代理人は本人のために自ら意思表示をするのに対し，使者は本人の意思表示（や観念の通知＝事実の通知）をたんに伝達するだけである。したがって，意思表示の瑕疵の有無については，代理人につき判断されるのに対し（101条1項），使者の場合は本人につき判断される。

設問に即して，やや砕けた言い方をすれば，XがYに対して手紙を届けるのに，Aという郵便屋を用いたが，実はAはXを裏切る悪い人だったと考えると分かりやすい。しかし，意思表示の瑕疵の有無についてはXにつき判断されるので，Xが錯誤に陥って手紙を書いてしまってYに届いてしまった，としか評価することができない。実際，設問のような事例を錯誤によって解決する考え方もある（幾代通『民法総則〔第2版〕』373頁）。

さて，以上の代理権授与の表示による表見代理の主張に対し，これを覆したい者は，

❹「第三者が，その他人が代理権を与えられていないことを知り，又は過失によって知らなかった」こと （悪意または善意有過失）

を主張および立証すればよい（109条1項ただし書）。

設問に当てはめれば，Xは，❹Yが，Aが本件根抵当権設定契約をすることについての代理権を与えられていないことについて悪意または善意有過失であったこと，を主張および立証すれば，本件根抵当権設定契約について，その責任を負わない。

109条の❹の判断方法については，110条の❹の判断方法のところで詳説する。

❸ 権限外の行為の表見代理（110条）

権限外の行為の表見代理を主張する者が，

> ① 本人が代理人に対してある一定の事項につき「行為」をすることについての「権限」（基本代理権）を与えたこと
> ②「代理人が」本人のためにすることを示して （顕名）
> ③ ①の「権限外の行為をした」こと （法律行為）
> ④「第三者が代理人」に③の「行為」をすることについての「権限があると信ずべき正当な理由がある」こと （正当な理由）

を主張および立証しなければならない（110条）。

設問に当てはめれば，Yが，①XがAに対して本件農地を担保に他から融資を受けることについての（基本）代理権を与えたこと，②AがXのためにすることを示して，③①の本件農地を担保に他から融資を受けることについての（基本）代理権の範囲外の行為であるところの本件根抵当権設定契約をしたこと，④YがAに③の本件根抵当権設定契約をすることについての代理権があると信ずべき正当な理由があること，を主張および立証すれば，Xは，本件根抵当権設定契約について，その責任を負う。

④の意義は，YがAに③を行う代理権があると信じたことにつき過失がないこと（善意無過失）である（我妻栄『新訂民法総則』371頁など）。

④の判断方法については，第1に，Aに③を行う代理権があることを推測させる事情が存すれば，すなわち，Aが徴憑（ちょうひょう）を有すれば，特段の事情のないかぎり，Yには正当な理由がある。この徴憑とは，Aに③を行う代理権があることを，AがYに対して証明するための手段のことであり，実印，印鑑証明書，委任状，登記済権利証，登記識別情報などがある。第2に，特段の事情がある場合とは，Aに③を行う代理権があるか否かにつき疑問を抱いて然るべき事情がある場合のことであり，徴憑上に不自然な点がある場合，取引の経緯に不自然な点がある場合，契約の内容がA（またはAに近い者）に利益をもたらしXに不利益をもたらすものである場合，契約の内容がXに重大な責任を負わせるものである場合，契約の内容がXの重要な財産の処分にかんするものである場合，などである。第3に，特段の事情がある場合には，Yは，Aに③を行う代理権があるか否かにつき，Xに直接照会するなど，可能な手段によりそれを確認すべきであり，かような手段を講ずることなく，たやすく信じたとしても，Yには正当な理由があるとはいえない（最判昭和51・6・25民集30巻6号665頁など）。それでは，設問にチャレンジしてみよう。

📘 ステップアップ

上記徴憑が，代理の場面で，どのように機能しているか，教科書等で確認しておこう。

➡ 次回の設問

次回は，177条を検討する。

民法 12

法政大学教授
新堂明子

📌 設問

以下の設問において，Xの請求は認められるか，論じなさい。

(1) 2021年1月1日，Aは，Xとの間で，A所有の土地αの売買契約をし（「第一譲渡」），同日，XはAに代金を支払った。同年2月1日，Aは，Yとの間で，αの売買契約をし（「第二譲渡」），同日，YはAに代金を支払い，AはYに所有権移転登記をした。そこで，Xは，Yに対し，所有権に基づく妨害排除請求権としての所有権移転登記手続請求をした。

(2) 「本件〔所有権移転登記抹消請求ノ件〕請求の原因は，Xは明治38年3月8日其先代Aの隠居により家督相続を為し，係争地は其相続財産の一部なるに，其後明治39年7月24日Aに於て之をYに贈与し，其登記を為したるを以て，之が抹消を求むと云ふに在りて，本件の請求は，隠居に因る家督相続に因り取得したる地所の所有権に基くものなること明かなり」（後掲変動原因無制限判決の原判決である東京控判明治41・5・1新聞503号23頁）。

(3) 「本件〔建物所有権確認請求ノ件〕ニ於テ，Xハ係争家屋ヲ前所有者Aヨリ買受ケテ之ヲ所有スル事実ヲ主張シ，又，Yハ自ラ之ヲ建築シテ所有スル事実ヲ主張シタ」（後掲第三者制限判決）。なお，未登記か，既登記か，登記がどこにあるかは，すべて不明である。

❗POINT

177条に関する，後掲変動原因無制限判決と後掲第三者制限判決を読む。

📌 解説

①2つの大審院連合部同日判決

大審院連合部は，1908年12月15日，177条に関して，2つの重要な判決を言い渡した。驚くべきことに，この2つの判決は，112年を過ぎた今でも，判例としての命脈を保っている。1つは，「物権の得喪及び変更」に関して無制限説をとった，大連判明治41・12・15民録14輯1301頁（「変動原因無制限判決」）であり，もう1つは，「第三者」に関して制限説をとった，大連判明治41・12・15民録14輯1276頁（「第三者制限判決」）である。

②変動原因無制限判決

(1) 同判決は，177条の規定は，「物権の得喪及び変更」（設問(1)では第一譲渡）が意思表示によって生じた

場合のみならず，意思表示によらずして生じた場合にもまた適用されるべきであるとして，変動原因無制限説をとった。

> 「第177条ノ規定ハ独リ第176条ノ意思表示ノミニ因ル物権ノ設定及ヒ移転ノ場合ノミニ限リ之ヲ適用スヘキモノニシテ，其他ノ場合，即チ，意思表示ニ因ラスシテ物権ヲ移転スル場合ニ於テ之ヲ適用スヘカラサルモノトスルヲ得ス」

同判決が変動原因無制限説をとった理由を探ろう。

第1に，176条と177条は，「全ク別異ノ関係ヲ規定シタルモノナリ」。176条は，「物権ノ設定及ヒ移転ニ於ケル当事者間ノ関係ヲ規定シ」，177条は，「物権ノ得喪及ヒ変更ノ事為ニ於ケル当事者ト其得喪及ヒ変更ニ干与セサル第三者トノ関係ヲ規定シタルモノナリ」。「故ニ偶〔たまたま〕第177条ノ規定……カ前顕第176条ノ規定ノ次条ニ在ルトノ一事ヲ以テ」の後に，上掲の判示が続く。

第2に，177条の規定の法意に関して，「第177条ノ規定ハ，同一ノ不動産ニ関シテ正当ノ権利若クハ利益ヲ有スル第三者ヲシテ登記ニ依リテ物権ノ得喪及ヒ変更ノ事状ヲ知悉〔しっしつ〕〔悉く知っていること〕シ，以テ不慮ノ損害ヲ免ルルコトヲ得セシメンカ為メニ存スルモノニシテ，畢竟〔ひっきょう〕〔つまるところ〕，第三者保護ノ規定ナルコトハ，其法意ニ徴シテ，毫〔ごう〕〔少し〕モ疑ヲ容レス」。これは，後述のとおり（後記3(1)の第2），第三者制限判決でも，繰り返されている。

第3に，相続人と第三者との利益衡量に関して，まず，第三者にあっては，物権の得喪および変更が，意思表示により生じたると，家督相続のごとき法律の規定により生じたるとは，少しも異なるところがない。つぎに，意思表示により物権を取得した者と均しく，家督相続のごとき法律の規定により物権を取得した者においては，登記をすることをもって自らその権利を自衛し，第三者をも害せざる手続をすることができる。したがって，意思表示による物権変動の場合に登記をしなければ対抗することができないとし，家督相続のごとき法律の規定による物権変動の場合に登記をしなくても対抗することができるとして，その間に区別を設ける理由はない。

そして，同判決は，設問(2)の請求に対し，「原院ニ於テ，本件ノ如キ隠居ニ因ル不動産ノ取得モ亦民法第177条ノ適用ヲ受ケ，其登記ヲ為スニ非サレハ第三者ニ対抗スルヲ得サルモノ判定シタルハ，結局，其当ヲ得タルモノ」であるとした。

(2) 学説についても概説しておこう。変動原因無制限説が多数説であると思われるが，変動原因制限説も有力に主張されている。①単純無制限説（すべての物権取得について登記を要すると考える説），②修正無制限説（原則としてすべての物権取得について登記を要するも，事実上登記を不要とする場合があれば，その場合だけ例外的に登記を要しないと考える説。たとえば，建物新築）に対し，③意思表示制限説（意思表示による物権変動だけにつき登記を要すると考える説），④原始取得除外説（現存する当事者間の権利関係に基因する変動だけにつき登記を要すると考える説。これによれば，生前相続による権利取得には登記を要するが，死亡相続による権利取得，建物新築による権利取得，時効取得などには

登記を要しない），等々が主張されてきた。さらに，⑤対抗問題限定説（対抗問題が生ずる場合に限って登記を要すると考える説。後掲❶と同じ説）も有力に主張されている。

❸ 第三者制限判決

（1）　同判決は，177条にいう「第三者」（設問(1)ではY）は，つぎのように制限されるべきであるとして，第三者制限説をとった。

　　「本条ニ所謂第三者トハ，当事者若クハ其包括承継人ニ非スシテ，不動産ニ関スル物権ノ得喪及ヒ変更ノ登記欠缺ヲ主張スル正当ノ利益ヲ有スル者ヲ指称ス」

同判決が第三者制限説をとった理由を探ろう。

第1に，制限説をとる消極的な理由を説示しているが，本稿では省略する。

第2に，177条制定の理由に関して，「本条ノ規定ハ，同一ノ不動産ニ関シテ正当ノ権利若クハ利益ヲ有スル第三者ヲシテ登記ニ依リテ物権ノ得喪及ヒ変更ノ事状ヲ知悉シ，以テ不慮ノ損害ヲ免ルルコトヲ得セシメンカ為メニ存スルモノ」である。これは，前述のとおり（前記2(1)の第2），変動原因無制限判決でも，繰り返されている。

第3に，「其条文ニハ特ニ第三者ノ意義ヲ制限スル文詞ナシト雖モ，其自ラ多少ノ制限アルヘキコトハ，之ヲ字句ノ外ニ求ムルコト豈難シト言フヘケンヤ」。なぜならば，「対抗トハ彼此利害相反スル時ニ於テ始メテ発生スル事項ナルヲ以テ，不動産ニ関スル物権ノ得喪及ヒ変更ニ付テ利害関係アラサル者ハ本条第三者ニ該当セサルコト尤著明ナリト謂ハサルヲ得ス」。

第4に，上記第2の「本条制定ノ理由ニ視テ，其規定シタル保障ヲ享受スルニ直セサル利害関係ヲ有スル者ハ亦之ヲ除外スヘキハ蓋疑ヲ容ルヘキニ非ス」。

上記第3，第4において制限説をとる積極的な理由を説いた後に，上掲の判示が続く。

上記第3，第4の「利害相反」，「利害関係」，ひいては，上掲判示における物権変動の「登記欠缺ヲ主張スル正当ノ利益ヲ有スル者」の意味内容を究明しなければならない。しかし，これら判示からは，それ以上の意味内容を引き出すことは難しいと思われる。しかし，下記第5，第6の例示から帰納的に究明できるだろう。

第5に，第三者に当たる例を列挙する。すなわち，同一の不動産に関する所有権，抵当権などの物権または賃借権を正当の権原によって取得した者，同一の不動産の差押債権者または配当加入申立債権者は，第三者に当たる。

第6に，第三者に当たらない例を列挙する。すなわち，同一の不動産に関して正当な権原によらずして権利を主張する者，不法行為によって損害を加えた者は，第三者に当たらない。

上記第5，第6は，第三者の客観的要件を説示しているといえよう。

そして，同判決は，設問(3)の請求に対し，「若シ，Xノ主張真実ニシテ，Yノ主張真実ナラサルトキハ，Yハ，帰スル所，係争家屋ニ関シテハ正当ノ権利若クハ利益ヲ有セサル者ナルヲ以テ，民法第177条ニ所謂第三者

ニ該当セサル者ト謂ハサルヲ得ス」とした。

（2）　学説についても概説しておこう。第三者制限説が通説である。

まず，客観的要件については，上記(1)の第5，第6のように，具体的な類型ごとに判断する以上に，一般的な判断基準を定立しようとするものがある。代表的な考え方を概説すれば，❶対抗問題限定説（対抗関係に立つ者のみが第三者であると考える説。この対抗関係とは，あるいは，同一物上に競合する物権の優劣を決定する関係，あるいは，両立しえない物権相互間の優先的効力を争う関係，のことである。前掲⑤と同じ説），❷取引関係説（当該不動産に関して有効な取引関係に立てる第三者には登記なくして対抗しえないと考える説），などである。

つぎに，主観的要件については，判例は，❸善意悪意不問説を前提としたうえで，❹背信的悪意者排除論を採用している。これに対し，❺悪意者排除論も有力に主張されている。

❹ 2つの大審院連合部同日判決の意義，関係，以後の判例と学説

この2つの判決は，177条の規定の趣旨が第三者保護にあることを前提とする（前記2(1)の第2，3(1)の第2）。そして，一方で，こうした第三者保護の一般的実現のために物権変動無制限説を採用し，他方で，具体的紛争においては，第三者制限説を採用することによって衡平な解決を図っていると考えられる。

しかし，変動原因無制限判決以降，判例は，変動原因によっては，登記を要しない物権変動があることを認めている。これをどう評価するか。一方で，これらの判例は変動原因制限説の適用の結果のようにみえるが，あくまで第三者制限説の適用の結果であると評価する学説があり，他方で，およそ第三者が定型的に登場しない場合（たとえば，建物新築，法定相続分に応じた相続不動産の取得〔新899条の2第1項〕）については第三者の範囲の問題ではなく，変動原因の範囲の問題であると評価する学説がある。

最後に，対抗問題限定説（前掲⑤❶）について付言しておく。同説は，177条は「対抗問題」が発生する場合にのみ適用されるべき規定であるとしたうえで，あらかじめ「対抗問題」とは何かを論定し，その意義ないし定義から，演繹的に177条の適用されるべき範囲を——変動原因の範囲の問題と第三者の範囲の問題を統一的に把握して——導くものである。その要たる「対抗問題」の意義を狭く解することによって（前掲❶参照），「対抗問題」以外の問題を浮かび上がらせた点で，同説が後の学説に与えた影響は大きい。

※ 判決原文については，旧字体を新字体に直し，適宜読点を付し，ふりがなを削除したり付加したりした。

🔶 ステップアップ

「相続と登記」，「取得時効と登記」，「取消しと登記」と「解除と登記」の問題に関する法令，判例および学説について教科書等で整理しておくとよいでしょう。

民法・論点索引

（数字は登場回を示します）

商法

大阪市立大学教授

小柿徳武
KOGAKI Noritake

商法　1

大阪市立大学教授
小柿徳武　　KOGAKI Noritake

❱ 設問

　甲株式会社は，和菓子の製造・販売を業とする公開会社であり，その株式を東京証券取引所に上場している。甲社の発行済株式総数は100万株であり，株主は約1000名である。

　甲社では，自社商品を宣伝する目的のために，株主優待制度として，営業年度末（3月31日）時点の株主に対し，自社商品を送付している。その内容は，100株以上300株未満の株主に1000円相当の商品を，300株以上1000株未満の株主に2000円相当の商品を，そして，1000株以上の株主に3000円相当の商品を送付するというものである。

　甲社の定時株主総会には，毎年200名程度の株主が参加し，会場として300名収容可能なホテルの宴会場が利用されていた。しかし，20XX年6月の定時株主総会（本件株主総会）に際し，改装工事等の影響で，従前通りの会場の確保が困難な状況となった。

　そこで甲社は，100名収容可能な宴会場を2つ利用して，それぞれ第1会場，第2会場とし，第2会場についてはビデオ中継で第1会場の模様を中継することにした。もっとも，第2会場の株主も，第1会場にいる取締役等に対し質問できるように，カメラやマイク等の設備が整えられた。

　甲社の株主であるAは，本件株主総会の開始時刻である午前10時の30分前に会場に到着したが，甲社の受付担当者から，すでに第1会場は定員に達しているとして，第2会場に誘導された。ところが，その後，Aは，明らかにAよりも遅く会場に到着したBが，第1会場に誘導されているところに遭遇した。

　後に判明した事実によると，本件株主総会では，甲社の代表取締役であるCの指示に基づき，甲社の元従業員である株主を優先的に第1会場に誘導するような運用がなされていた。Bは甲社の元従業員である株主であった。

　本件株主総会では，取締役の選任等の議案が可決された（本件株主総会決議）。採決に際して，Aは第2会場から質問を行い，それについてCから適正に説明がなされた。

問1　甲社の株主優待制度は，株主平等原則に違反するか。
問2　Aは，本件株主総会決議の取消しを求めることができるか。Aの立場において考えられる主張およびその当否について論じなさい。

❶POINT

❶株主平等原則の意義とその限界について。❷株主平等原則と株主の平等取扱いの関係について。

❱ 解説
❶ 株主平等原則の意義と限界

(1)　会社法109条1項は，「会社は，株主を，その有する株式の内容及び数に応じて，平等に取り扱わなければならない」と定める。これは株主平等原則と呼ばれている。

　株主平等原則の意義について，伝統的には「正義・衡平の理念からすべての団体に当然に認められる原則」であると説明されてきた。これに対して，近時は，出資者である株主の合理的な期待を保護する必要があることから説明されることが多い。すなわち，もしこのような原則がなければ，たとえば会社が恣意的に一部の株主を有利に取り扱う可能性があり，そうなると，そもそも誰も安心して出資できなくなって株式会社制度が成り立たなくなってしまう。そこで，この原則を認めるべきであると説明される（神田秀樹『会社法〔第23版〕』75頁参照）。

(2)　平成17年以前は，株主平等原則に関する明文の規定はなかったが，これは不文の原則（不文律）だと考えられていた。また，その内容には二種類あり，一つには，株式数に応じて株主を比例的に扱うべきであること（株式平等原則と呼ばれる），もう一つには，株主総会の場面などで個別の株主を平等に取り扱うべきこと（頭数平等原則と呼ばれる）であると考えられていた。

　平成17年に制定された会社法では，上記に挙げた109条1項のほかに，株主総会における議決権や，剰余金の配当を受ける権利などについて，株式の数に応じて平等に扱うことを定める個別の規定がある（308条1項・454条3項等）。これらの個別の規定は，上記の分類でいえば，株式平等原則に対応する。そこでは，株式の数に応じた厳格な比例的扱いが求められる。

　これに対し，いわば一般原則を定めた109条1項について，どこまで厳格に比例的な扱いが求められるかについて，学説の立場が定まっているとは言いがたい。その中では，剰余金配当のように個別の規定がない場面では，厳格に比例的な扱いまで求められず，会社と株主との間における株主の公正かつ合理的な取扱いが要請されていると解する見解が有力である（加藤貴仁「株主優待制度についての覚書」江頭憲治郎先生古稀記念『企業法の進路』120頁。なお，109条1項の立法の経緯について，北村雅史「株主平等の原則」浜田道代＝岩原紳作編『会社法の争点』46頁参照）。

❷ 株主優待制度と株主平等原則

　株主優待制度によって，上場会社が，株主に対して，毎年一定の時期に，自社商品や自社のサービス券の交付をすることがある。設問のような自社商品や，鉄道会社における無料乗車券の交付がその典型例である。

　もっとも，株主優待制度は，一般的に，必ずしも株主の持株数に応じて比例的になされていない。甲社の場合も，100株を保有する株主は1000円の商品を受け取れ

るが，1000 株を保有する株主は 3000 円分の商品しか受け取れない（比例的に扱うのであれば 10000 円分の商品を受け取れるはずである）。このような扱いは，株主平等原則に反するか。

この点について，かつては反するという見解もあったが，現在の多数説は，合理的な目的が認められ，優待取扱いの程度が軽微であって株主間に実質的な不平等が生じていない場合，株主優待制度は株主平等原則には反しないと解している（伊藤靖史ほか『会社法〔第 5 版〕』89 頁，髙橋美加ほか『会社法〔第 3 版〕』45 頁など。学説の状況について，江頭憲治郎『株式会社法〔第 8 版〕』135 頁(注 8)参照）。

なぜそのように解するのかについて，立場の違いがありうるが，先にみた有力な見解に従えば，剰余金の配当のように厳格な株式平等原則が要請される場面以外については，厳格に比例的な処理が常に要求されているわけではないことから説明することができよう。

設問の甲社の株主優待制度についてみると，自社商品の PR のために，無差別に商品サンプルを配布するより，株主にターゲットを絞って配布する方が効果が高いものと思われ，合理的な目的が認められる。また，優待の程度も，株式数に応じて段階的に 1000 ～ 3000 円という少額の商品を送付するものであって，軽微であるといえる。したがって，多数説によれば，甲社の株主優待制度は株主平等原則に反しない。

③ 株主平等原則と 株主の平等取扱い

(1)　A と B は，同じように，甲社の株主である。A は B よりも本件株主総会の会場に早く着いていた。にもかかわらず，A は第 2 会場へ誘導され，B は元従業員であるために第 1 会場に誘導された。このような場合，A は，本件株主総会決議の効力を争うことはできるか。

(2)　株主総会の決議の効力を争う方法には 3 つの類型があるが，今回のケースは，株主総会の会場での不平等な取扱いという株主総会の決議の方法の瑕疵が問題となっているため，株主総会決議取消しの訴えが問題となる（831 条 1 項 1 号）。では，設問のような扱いは，109 条 1 項に違反し，決議の方法の法令違反といえるか。

この点について，異論なく法令違反であるように思われるかも知れないが，そう単純ではない。というのも，109 条 1 項をよく読むと，「その有する株式の内容及び数に応じて」平等に取り扱わなければならないとされている。これに対して，A と B を平等に取り扱うかどうかは，むしろ，株主を「その有する株式の内容および数にかかわらず」平等に取り扱わなければならないのか，という問題であるからである（髙橋ほか・前掲 45 頁）。

学説において，この点については見解が分かれている。一つの立場は，①109 条 1 項から，上記のような株主間の平等の取扱いについても広く要請されていると考える立場である。これに対して，②明文の規定を重視し，このような株主間の平等の取扱い（「頭数平等原則」）については，109 条 1 項の対象外であるとする立場がある。この立場では，株主間の平等取扱いは，平成

17 年前と同じく，不文律から導かれる（高橋英治・法教 377 号 106 頁参照）。

(3)　①の立場からは，A は，決議の方法の法令違反（109 条 1 項違反）を理由として，決議取消しを求めることになる。これに対し，②の立場からは，A は，不文律の法令違反を主張するか，不平等な取扱いが決議方法の著しい不公正にあたると主張することになろう（831 条 1 項 1 号）。

(4)　では，A の主張の当否はどのように考えるべきか。

設問の場合，会場を 2 つ設けたこと自体は不適切とはいえないが，元従業員について優先的に第 1 会場に誘導した点について合理性があるとはいえまい。

参考となる判例として，最判平成 8・11・12 判時 1598 号 152 頁（三宅新・会社法判例百選〔第 4 版〕215 頁参照）がある。株主総会の会場への入場時に，従業員である株主が他の株主よりも優先的に入場が許されたため，早朝から会場前に並んでいたにもかかわらず前列に座れなかった株主が，精神的損害を被ったとして会社に対して不法行為に基づく損害賠償責任を求めたものである。この判例では，「従業員株主らを他の株主よりも先に会場に入場させて株主席の前方に着席させる措置」は，適切なものではなかったとされた。

(5)　もっとも，A は，本件株主総会において質問をしており，それに対して適正に説明がなされている。したがって，A の主張を認めるべきかについてはなお検討が必要である。

まず，②の立場にたって A が主張した場合どうか。確かに甲社の取扱いは合理性を欠くが，結果として A は，株主総会に参加して質問権を行使することができている。そのため，決議方法が著しく不公正であったとすることは難しいように思われる。不文律の法令違反の主張を認めることも難しい。結論としては，決議取消しは認められないことになろう。

また，①の立場にたって A が主張した場合どうか。この場合，まず，合理性を欠く株主間の不平等な取扱いについて，（明文から直接読み取れないにもかかわらず）109 条 1 項に違反すると解することができるかが問題となる。これを肯定的に解した場合でも，設問の場合，A が結果的に質問権を行使できていることなどから，瑕疵が重大とはいえず，決議の結果に影響を及ぼさなかったとして，裁量棄却されることになるだろう（831 条 2 項）。

上記の判例においても，当該株主が実際に動議を提出することができたなどの事実があったため，法的な利益は侵害されていないとして，結論としては株主からの請求は認められなかった（ただし，この判決を契機として，従業員株主を特別扱いする実務はみられなくなった）。

🔼 ステップアップ

大株主にのみ剰余金の配当を行うというような，株主平等原則に反する内容の株主総会決議がなされた場合，その効力はどのように考えればよいか。

➡ 次回の設問

株主総会に関する問題を扱う。

商法 2

大阪市立大学教授

小柿徳武　　KOGAKI Noritake

↘ 設問

　甲株式会社は，取締役会設置会社であり，その定款には，発行する全部の株式の内容として，譲渡による株式の取得について会社の承認を要する旨の定めが設けられている。

　甲社の株主は，A，B，C，D，Eほか4名の計9名である。甲社の発行済株式総数は1万株であり，そのうち，Aが4000株を，BおよびCが各1000株を保有し，残りの4000株をD，Eほか4名の計6名が保有している。

　甲社の取締役は，Aほか3名の計4名であり，Aが代表取締役を務めている。

　20XX年の甲社の定時株主総会の招集において，一部の株主に対して，招集通知が送付されなかった。同年6月30日に甲社の定時株主総会が開催され（本件株主総会），取締役の選任や剰余金の処分などの決議がなされた（本件株主総会決議）。

　以下の問1および問2について，それぞれ独立した設問として解答しなさい。

問1　Aは，D，Eほか4名の計6名の株主に対して，本件株主総会の招集通知を発しなかった。そのことを後から知ったDが，20XX年11月1日の時点で，この瑕疵を理由として本件株主総会の決議の効力を争った場合，認められるか論じなさい。

問2　Aは，Dに対してのみ，招集通知を発しなかった。本件株主総会に出席したEは，自らの質問に対するAの説明義務違反を理由として，20XX年7月20日に，本件株主総会決議の取消しの訴えを提起した。その後，Dに対して招集通知が発せられなかったことを知ったEが，同年11月1日の時点で，Dに対する通知漏れの瑕疵を決議取消事由として追加することは認められるか，論じなさい。

❗POINT

　❶株主総会の決議取消事由と決議不存在事由の相違について。❷決議取消しの訴えにおける，他の株主に対する招集手続の瑕疵の主張および提訴期間経過後の決議取消事由の追加について。

- - - - - - - - - - - - - - - - - - - -

↘ 解説
① 決議取消事由と決議不存在事由の相違

⑴　株主総会の決議の瑕疵を争う方法には3つの類型がある。まず，相対的に軽度であると考えられる手続的瑕疵（招集手続の法令違反など）については，決議取消しの訴えによる（831条1項1号。このほか決議内容が定款に違反する場合なども決議取消しの訴えによる。同2号および3号参照）。

　次に，決議が物理的に存在しない場合や，相対的に重大な手続的瑕疵があって決議が法的に存在しないものと評価される場合には，この瑕疵については決議不存在確認の訴えの対象となる（830条1項）。さらに，決議の内容が法令に違反する場合は，決議は無効であるとされ，決議無効確認の訴えの対象となる（同条2項）。

　決議取消しの訴えは，形成訴訟であり，決議取消判決の確定によって決議が取り消されるまでは決議が有効である点，および，提訴期間が決議の日から3か月に限定されている点が他の2つの訴訟と異なっている。また，提訴権者も，取締役や株主など，会社に重大な利害を有する会社関係者に限られており，訴えをもってのみ主張することが許される。

　これに対して，決議不存在確認の訴えおよび決議無効確認の訴えは，確認訴訟であり，不存在事由または無効事由があれば当該訴訟の確定判決がなくても，決議は当然に不存在または無効である。したがって，いつでも誰でもその不存在または無効を，訴えによらなくとも主張することができる。とはいえ，確認訴訟によって確定判決を得れば，訴訟当事者でない第三者に対しても効力が生じる（838条）という利点があることから，会社の利害関係者に利用される。

　このように，訴訟の性質からみると，決議取消しの訴えと決議不存在・決議無効確認の訴えが対置される（ちなみに，設立無効の訴えや新株発行無効の訴えは，確認訴訟ではなく形成訴訟である。伊藤靖史ほか『会社法〔第5版〕』58頁図表2-3参照）。

⑵　実際に問題となるのは，決議取消事由と決議不存在事由の区別である（松井秀征「決議取消事由，決議不存在事由，決議無効事由とその効果の違い」浜田道代＝岩原紳作編『会社法の争点』120頁参照）。すなわち，問1のように，招集通知漏れの程度がかなり大きいケースでは，決議取消事由となることは当然として，決議不存在事由にもなる可能性がある（なお，実際の招集通知漏れの事例は，株主構成の争いなど，他のトラブルに関連して生じることが多い）。

　決議の日から3か月以内であれば，Dは，決議取消事由として株主総会の効力を争うことができた。しかし，問1の場合，すでに4か月以上経過している。そのため，決議の効力を争うことができるかは，瑕疵が決議不存在事由になるかどうか次第となる。

⑶　では，問1の場合の瑕疵は，決議不存在事由と解すべきか。瑕疵がどの程度であれば，不存在事由となる

かはきわめて相対的な問題である。これを検討する際には，そもそも株主総会という機関が，株主が集まって議論した上で，その持株数の多数決によって意思決定を行うものであることを踏まえると，株主の数およびその持株数の（いずれか一方でなく）両方を考慮すべきであろう。

甲社の発行済株主総数が1万株であるところ，4000株を有する株主に招集通知が発せられていない。また，株主の数でみると，9名中6名の株主に招集通知が発せられていない。

持株数からすれば，過半数の株式を有する株主に対して招集通知が発せられており，不存在事由にあたらないと解することも可能かも知れない（髙橋美加ほか『会社法〔第3版〕』162頁参照）。もっとも，上記に述べたように，持株数だけでなく，株主の数の点からも検討すべきである。3分の1の株主にしか通知がなされていない場合，判断が微妙な事例ではあるが，社会通念上，大体において株主全体に招集の通知があったとはいいがたく，不存在事由にあたると解すべきであろう（大隅健一郎＝今井宏『会社法論中巻〔第3版〕』141-142頁参照）。

判例においても，株主数9名，発行済株式総数5000株の会社において，2100株を有する6名に対して通知がなかったことが不存在事由にあたるとした事例がある（最判昭和33・10・3民集12巻14号3053頁。ただし，同時に他の瑕疵も存在した事案である）。

❷ 他の株主に対する招集手続の瑕疵

(1) 問2において論じるべき点として，まず，Dに対する招集通知漏れを，別の株主であるEが株主総会の決議取消事由として主張できるか否かという問題がある。

これを否定する見解として，株主は，取締役と違って，自分にとっての手続的瑕疵を問題にすることができるだけであって，問2のようにE自身には招集通知が発せられたが，他の株主であるDに発せられなかった場合は，EがDにとっての瑕疵を問題とすることができないとする見解がある。この見解の背後には，株主総会決議取消権は，株主自身の利益のために行使すべきであるという考えがあるとされている。

これに対し，招集手続の瑕疵が決議取消事由とされるのは，その瑕疵によって公正な決議の成立が妨げられたかも知れないことを是正するためであるとして，他の株主についての手続的瑕疵を主張することを肯定する見解がある（周劍龍・会社法判例百選〔第4版〕71頁参照）。

(2) 株主総会決議取消権は株主に与えられた監督是正権の1つである。監督是正権は，一般に株主自身の利益のためではなく，株主全体ひいては会社のために行使できると考えられている。そうすると，これを肯定する見解が妥当ということになろう。

判例（最判昭和42・9・28民集21巻7号1970頁）も，問2と同様に他の株主に対する招集通知漏れが問題となった事例において，「株主は自己に対する株主総会招集手続に瑕疵がなくとも，他の株主に対する招集手続に瑕疵のある場合には，決議取消の訴えを提起し得る」としている。

❸ 提訴期間経過後の 決議取消事由の追加

(1) では，Eは，決議の日より3か月（提訴期間）が経過した後である11月1日の時点で，当初の決議取消事由に加えて，Dに対する招集通知漏れを決議取消事由として追加することができるか。

(2) これを肯定する見解として，株主の側からすると，3か月という短い期間に攻撃材料となる瑕疵をすべて発掘するのは容易ではないため，民訴法157条1項の制限を越えて取消事由の主張時期を制限する必要はなく，提訴期間経過後に追加することは許されるとする見解がある（龍田節＝前田雅弘『会社法大要〔第2版〕』208頁）。

これに対し，法的安定性の観点から，これを否定する見解がある。この見解は，会社法831条1項が提訴期間を制限している趣旨は，決議の効力について会社が早期に見通しを持ち，それを前提に業務を執行できるようにするところにあるため，原告である株主がどのような瑕疵を問題としているかについても，提訴期間内に明らかにされる必要があるとする（小塚荘一郎・会社法判例百選〔第4版〕72頁参照）。

(3) 提訴期間が制限されている趣旨や，かりに追加の主張を許すと実際の訴訟において原告から無制限に瑕疵の主張が追加されるおそれがあることを踏まえると，否定する見解が妥当であろう。この見解によると，Dは，取消事由を追加することはできない。

判例（最判昭和51・12・24民集30巻11号1076頁）も，取消しを求められた決議は，たとえ瑕疵があるとしても，取り消されるまでは一応有効のものとして取り扱われ，その意味で提訴期間の制限は，瑕疵のある決議の効力を早期に明確にさせるための制度であること，追加主張を無制限に許せば会社が予測をたてることが困難となり，決議の執行が不安定となって，瑕疵のある決議の効力を早期に明確にさせるという趣旨が没却されてしまうことを理由として，「決議取消しの訴えを提起した後……所定の期間経過後に新たな取消事由を追加主張することは許されない」としている。

📘 ステップアップ

問1において，Dが，招集通知漏れを理由として，20XX年7月20日の時点で，決議不存在確認の訴えを提起していたとする。その場合，同年11月1日の時点で，招集通知漏れが決議取消事由にあたるとして，決議取消しの訴えに訴えを変更することは認められるか。

➡ 次回の設問

取締役会に関する問題を扱う。

商法 3

大阪市立大学教授

小柿徳武　　KOGAKI Noritake

▶ 設問

甲株式会社は、公開会社であり、監査役会設置会社である。甲社の取締役は、A、B、C、D、E、FおよびGの7名であり、Aが代表取締役（社長）を務めている。甲社の総資産額は約100億円である。

甲社の取締役会規則において、取締役会は代表取締役である社長によって招集されるとの定めがある。この定め以外に、取締役会の招集に関して、甲社の定款や取締役会規則において特段の定めはない。

甲社では、近時、経営方針をめぐる対立が生じていた。AおよびBが事業の拡大を優先しようとするのに対し、CおよびDは、堅実な事業運営を優先しようとしていた。E、FおよびGは、中間的な立場であった。なお、Gは、持病により入院中であった。

20XX年6月10日、Aは、甲社の取締役会を同年6月17日に開催する旨の招集通知を送付した（本件招集通知）。

以下の問1および問2について、それぞれ独立した設問として解答しなさい。

問1　本件招集通知は、Aが宛先を誤ったため、Dに届かなかった。6月17日に開催された取締役会には、DおよびGを除く全取締役および監査役が出席し、Aから事業拡大のための3億円の借入れが提案された。Cは、甲社が同業他社に比べて借入金の比率が高いことを理由に反対したが、採決において、A、Bに加えてE、Fが賛成したため、提案通りの借入れが承認された（本件取締役会決議①）。Dは、本件取締役会決議①が無効であることの確認を求めることができるか。

問2　日頃からAの強引な経営手法に疑問を抱いていたCは、密かにDおよびFに相談を持ちかけ、Aを代表取締役から解職する計画をたてた。6月17日に開催された取締役会には、Gを除く全取締役および監査役が出席した。当該取締役会において、審議事項が終了し、Aが会議の終了を告げようとしたところ、突然、Cが立ち上がり、「Aを代表取締役から解職すること提案します。ご賛同の方は起立願います。」と発言した。事前の打ち合わせ通り、DおよびFが起立したため、Cは、賛成がC、DおよびFの3名、反対がBおよびEの2名であり、本提案は可決された旨の発言を行い、当該取締役会においてAを代表取締役から解職する決議があったとされた（本件取締役会決議②）。Aは、本件取締役会決議②が無効であることの確認を求めることができるか。

❗POINT

❶取締役会に招集通知もれがあった場合の効果について。❷取締役会において代表取締役の解職決議がされる場合、当該代表取締役は議決に参加できるか。

▶ 解説
① 取締役会の招集通知もれと　特段の事情

(1) 取締役会を招集するには、原則として会日の1週間前までに、すべての取締役・監査役に招集通知を発しなければならない（368条1項。例外として同条2項、376条3項参照）。

取締役会の招集権者については、取締役会規則で定めを置くことが一般的である（368条1項）。実務上、第一位の招集権者（たとえば社長）に加え、第一位の者に事故がある場合の定め（たとえば副社長）も規定される。

問1において、招集通知の時期および招集権者については問題がない。しかし、Aのミスにより、Dに招集通知が届かなかった。明文上は、「発しなければならない」とされているが、一般に、取締役会の招集通知は、各取締役に到達することが必要だとされている（東京地判平成29・4・13判時2378号24頁）。したがって、本件取締役会決議①には、一部の者に招集通知が欠けたという瑕疵がある（なお、総資産額100億円の甲社において3億円の借入れは、多額の借財〔362条4項2号〕にあたると解される）。

(2) では、一部の者に招集通知が欠け、その者が出席しなかった場合、その決議の効力はどうなるか。これについては、違法な手続によってなされた決議は無効であるという一般原則により、無効であると解されている（これは、例外的に手続の違法があっても取り消されるまでは有効とされる株主総会決議〔831条参照〕とは異なる。なお、取締役会決議の無効確認の訴えについては、株主総会の場合と異なり、特別の訴えの制度はない〔830条参照〕。もっとも、画一的確定の必要から、訴えが認容された場合、838条の類推適用により判決には対世効があるとされる。伊藤靖史ほか『会社法〔第5版〕』190頁）。

(3) しかし、原則は無効であるとしても、通知を受けなかった取締役が出席してもなお決議の結果に影響がないと認めるべき特段の事情がある場合に、決議を有効なものとして取り扱うことができるかが問題となる。この点については、見解が分かれている。

これを肯定する見解がある一方で、これを否定する見解は、取締役会のような少数の会議体では、当該取締役がもし出席していた場合、その者の説得的な発言によって他の取締役に与える影響の程度をはかることは不可能であるとして、そのような理論構成を認めない（大隅健一郎『全訂会社法論㊥』110頁。青竹正一『新会社法〔第5版〕』310頁参照）。

取締役会が構成員の全部による意見の交換と討議を通じて決定または監督をする機関であることを考えると

（362条2項1号2号参照），招集通知が欠けることは，決議の成立過程における重要な瑕疵であり，否定説の主張は説得的である。確かに，単純にその取締役の議決権の行使が賛否いずれであっても，票数のうえで決議の結果が変わる可能性がなかったというだけで特段の事情を認めることは，妥当ではない。

他方で，その取締役が他の取締役との関係で取締役会において占める実質的影響力や，その予想される意見などから，同人の意見が決議の結果を動かさないであろうことが確実に認められるような場合には，特段の事情を認めてもよいだろう（吉井直昭・最判解民事篇昭和44年度(下)696頁）。それゆえ，特段の事情について厳格に解釈すること前提とした上で，肯定説をとることが妥当だと思われる。判例（最判昭和44・12・2民集23巻12号2396頁）も，肯定説をとる（ただし，特段の事情の有無について審理を尽くさせるために原審に差し戻した事例）。

(4) では，問1の場合，Dが出席してもなお決議の結果に影響がないと認めるべき特段の事情があるといえるか。この事情は，決議の有効を主張する側（甲社）が主張・立証すべきことになる。甲社（の代表取締役A）とすれば，かりにCとDが反対しても，A，B，EおよびFが賛成したはずであり，決議の結果に影響はないと主張するだろう。

しかし，票数のうえで決議の結果が変わる可能性がなかったというだけで特段の事情を認めることは妥当ではない。EおよびFは中間派であり，審議の過程においてDが（Cよりも）説得的に反対意見を述べた場合，考えを変えた可能性がある。したがって，決議の結果が変わらないことが確実であるとはいえない。本件取締役会決議①は，無効である。

なお，かりに設問の事実とは異なり，EやFが，従来からAやBと同じように事業の拡大を優先する立場であった場合，特段の事情が認められる可能性がある（もっとも，決議の結果に影響がないとされるためには，当該取締役の実質的影響力や予想される発言などについて十分に考慮される必要がある。山田純子・会社法判例百選〔第4版〕129頁参照）。

② 代表取締役の解職決議における特別利害関係

(1) 取締役会の決議は，議決に加わることができる取締役の過半数が出席し，出席取締役の過半数の賛成により成立する（369条1項）。定款によってこの要件を加重することができるが，緩和することはできない。甲社において，定款の特段の定めはない。

議決に加わることができる取締役とは，決議に特別の利害関係を有する取締役を除く趣旨である。議決に加わることができるか否かは，法的に可能かどうかという問題であり，実際に可能かどうかは問題とならない。したがって，Gが入院のため欠席したとしても，議決に加わることができない取締役には含まれない。

(2) 本件取締役会決議②においては，Aが特別利害関係を有することが前提となっている。Aを除く6名の取締役のうち過半数である5名の取締役が出席し，その過半数にあたる3名の取締役が賛成しているため，本件取締役会決議②が成立したとされた。

これに対して，かりにAが特別利害関係を有しないとなると，Aも，解職に反対する1名として算入されるべきであり，本件取締役会決議②には出席した6名の取締役のうち3名の賛成では過半数に達しないという瑕疵がある。この場合，取締役会決議の無効の確認を求めることができる。

(3) では，代表取締役からの解職が決議される場合，当該代表取締役は特別利害関係を有すると解すべきか。この点について，見解は分かれている。

肯定説は，当該代表取締役には公正な議決権の行使が期待できないとして，特別利害関係を有すると解している（山本哲生・会社法判例百選〔第4版〕131頁参照）。

判例（最判昭和44・3・28民集23巻3号645頁）も，「本人の意志に反してこれを代表取締役の地位から排除することの当否が論ぜられる場合においては，当該代表取締役に対し，一切の私心を去って，会社に対して負担する忠実義務……に従い公正に議決権を行使することは必ずしも期待しがた〔い〕」として，決議の公正を担保するため，利害関係を有するとしている（なお，株主は，株主総会において自己の利益を図ることが許されており，株主である取締役の解任に関する株主総会の決議について，当該株主は，特別利害はないとされる。最判昭和42・3・14民集21巻2号378頁）。

他方で，これを否定する見解も有力である。議決権を排除する事由は，取締役の忠実義務と矛盾するような個人的利害関係に限定すべきであり，代表取締役を誰にするかについて，取締役間の争いはあっても会社と取締役の間に利害対立はないとする（龍田節＝前田雅弘『会社法大要〔第2版〕』122-123頁）。代表取締役の選定の場面では，候補者である取締役が自らに1票を投じることができるとされていることとのバランスを指摘する見解もある（髙橋美加ほか『会社法〔第3版〕』186頁参照）。

確かに，代表取締役として誰が相応しいかは，会社支配をめぐる争いの一貫であり，理論的には，否定説にも相当の説得力がある（問2についていえば，A・B・E派とC・D・F派が対立する。江頭憲治郎『株式会社法〔第8版〕』436頁参照）。とはいえ，自らの解職が決議される場面では，決議の公正さを守るという会社に対する忠実義務を履行するために，その者を除外して決議の公正を図るべきであるという考え方がより妥当であるといえよう（奈良次郎・最判解民事篇昭和44年度(下)914頁。二派の争いは，最終的には，株主総会における取締役の選解任によって決着をつけるほかない）。肯定説をとった場合，本件取締役会決議②に瑕疵はなく有効である。

🔼 ステップアップ

問1において，かりにDが所有する不動産を甲社が取得する契約（利益相反取引）について決議がなされた場合，決議の結果に影響を及ぼさないと認めるべき特段の事情があるといえるか。

➡ 次回の設問

取締役の義務に関する問題を扱う。

商法　4

大阪市立大学教授

小柿徳武　KOGAKI Noritake

↘ 設問

甲株式会社は，洋菓子の製造・販売を業とする公開会社であり，監査役設置会社である。甲社の取締役は，A，Bほか5名の計7名であり，Aが代表取締役として選定されている。

甲社では，日本各地に点在する工場から販売先に向けて商品を効率よく配送するために，新たに自社独自の物流倉庫を建設する計画が持ち上がった。そこで，甲社の取締役会は，営業部門担当の取締役であるBのもとに，新倉庫建設の候補地を選定するためのプロジェクトチーム（新倉庫PT）を発足させ，新倉庫PTが選定した候補地の中から最終的な建設地を決定し，当該土地を購入した上で倉庫を建設することを決定した。

その後，新倉庫PTは，社外の専門家の助言を得て，P市の土地①およびQ市の土地②の2つの候補地を選定し，甲社の取締役会において，下記のような報告を行った。すなわち，専門家による試算によれば，土地①に倉庫を建設した場合，販売数量が増加すれば収益を改善させる効果があるが，販売数量が減少すれば収益を悪化させる見込みであること，これに対して，土地②に倉庫を建設した場合には，販売数量に関係なく一定の収益の改善効果があるが，販売数量が増加した場合の効果は土地①には及ばないという報告である。

新倉庫PTの報告を受けて，甲社の取締役会において審議が行われた。その過程で，今後の販売数量の見通しについて，その時点で客観的に必要であると考えられる資料（資料によれば，販売数量が増加する見込みが80%であり，減少する見込みが20%であった）をもとに議論がなされた。議論の結果を踏まえて，Aから，候補地として土地①を選定したいとの提案がなされ，この提案が取締役の全員一致で可決された。

取締役会の決定に従って土地が購入され，倉庫が建設された。しかしながら，甲社の販売数量はその後減少し，その結果，甲社に約1億円の損害が発生した。

AおよびBは，甲社に対して，上記の損害の賠償責任を負うか。取締役の会社に対する善管注意義務の意義について説明した上で，論じなさい。

❗POINT

❶取締役の善管注意義務の意義について。❷経営判断原則について。

↘ 解説
① 取締役の善管注意義務

取締役は，株主総会において選任され（会社329条1項），会社との間で就任契約を結ぶ（髙橋美加ほか『会社法〔第3版〕』174頁参照）。取締役と会社との関係は，委任に関する規定に従う（会社330条）ことから，受任者である取締役は，「委任の本旨に従い，善良な管理者の注意をもって，委任事務を処理する義務」を会社に対して負っている（民644条）。これにより，取締役は，同様の職業・地位にある者に対して一般的に期待される水準の注意義務を負う。この義務は，「自己の財産に対するのと同一の注意」（民659条）と比べて，より高い水準の義務であると考えられている。

なお，会社法355条は，「取締役は，法令及び定款並びに株主総会の決議を遵守し，株式会社のため忠実にその職務を行わなければならない」と定めており，後段部分の義務は，一般に忠実義務と呼ばれている。この2つの義務について，両者は性質の異なる義務を定めたものであると解する立場もあるが，通説・判例（最大判昭和45・6・24民集24巻6号625頁）は，両者を同質のものと解している。

② 取締役の善管注意義務と経営判断の原則

(1) 取締役が任務を怠ったときは，会社に対し，これによって生じた損害を賠償しなければならない（会社423条1項）。任務懈怠としては，具体的な法令違反のほか，設問のような，一般的な善管注意義務違反が問題となる。

一般的な善管注意義務が問題となる場面では，責任を追及する側（株主代表訴訟であれば株主側）が，取締役が「本来であれば，取締役は，〜のように行動すべきであったのにそれを怠った」ことを立証しなければならない（この立証が尽くされると取締役の側で帰責事由がなかったという立証はほぼできなくなると考えられている。伊藤靖史ほか『会社法〔第5版〕』239頁・244頁）。

(2) では，AおよびBに善管注意義務違反があるだろうか。結果的に損害が発生していることから，取締役に義務違反があったと単純に考えることはできない。株式会社は利益を得ることを目的にしているが，利益を得るには一定のリスクがつきものである。一定のリスクをとって取締役が行動したところ，結果的に損害が生じたという設問のような場合，いわゆる経営判断の原則が問題となる。

経営判断の原則については，なぜこのような原則が必要なのかという点と，裁判所においてどのような枠組みで取締役の注意義務違反が判断されてきたかという点を理解することが重要である。

(3) まず，この原則の必要性については，裁判所がいわゆる「後智恵」（結果が分かった後から出てくる，あのときこうしておくべきであったという智恵）によって取締役に責任を負わせると，取締役が萎縮して，リスクを

とって会社に利益をもたらすような行動をしなくなり，これは株主の利益にならないからだと説明されている（髙橋ほか・前掲 223-224 頁参照）。結果として，取締役には幅広い裁量が与えられることになる（なお，経営判断の原則は，対象となる行為が故意による法令違反の場合や，取締役と会社との間で利益相反がある場合には適用されない。伊藤ほか・前掲 241 頁）。

(4) 次に，裁判所における判断の枠組みについて，従来，下級審裁判例においては，経営判断について，情報収集などの「判断過程」と最終的な「判断内容」の 2 つを区別し，前者については，「合理性を欠いているか否か」という基準により審査するが，後者については，「明らかに不合理なものであったか否か」という基準で審査することが一般的であった（たとえば，東京地判平成 16・9・28 判時 1886 号 111 頁①事件など）。

つまり，経営判断の過程については厳格に審査するが，最終的な判断自体については（取締役の責任が認められにくい）緩やかな基準で審査されてきた（後者の基準は，「著しく不合理か」と表現されることも多い。吉原和志・会社法判例百選〔第 4 版〕101 頁参照）。

これに対して，近時の最高裁の判例（最判平成 22・7・15 判時 2091 号 90 頁）は，事業再編の一環として子会社株式を取得する方法や価格を決定する場合，「その決定の過程，内容に著しく不合理な点がない限り」善管注意義務に違反しないとする。これは，判断過程と判断内容のいずれについても，「著しく不合理か」どうかという緩やかな基準で判断したものと評価されている。

学説において上記の 2 種類の判断枠組みをめぐって種々の議論がある（堀田佳文「経営判断原則とその判断基準をめぐって」落合誠一先生古稀記念『商事法の新しい礎石』275 頁以下参照）。その中で，ある経営判断のためにどの程度の調査・検討をするべきかは，問題となる事柄の性質や経営判断の内容と相関するものであるため，両者（判断過程と判断内容）の審査基準を分けるべきではなく，最高裁の判例の枠組みに従うべきであるとする見解（伊藤靖史・商事法務 2009 号 56 頁など）が支持を集めつつある（吉原・前掲 101 頁参照）。以下の(5)のあてはめにおいては，この枠組みに従うこととする。

もっとも，下級審裁判例においては，上記の最高裁の判例の後も，従来の下級審裁判例と同じく，両者について異なる審査基準に従って判断したものが存在する（たとえば，東京地判平成 27・10・8 判時 2295 号 124 頁は，株式投資に失敗した取締役の責任について，「情報を収集して分析，検討して認識する過程に不注意な誤りに起因する不合理な点がなく，そのような認識を前提にして投資行為を行った判断の推論過程及び内容に著しく不合理な点がない限り」善管注意義務に違反しないとしている）。

このような状況を前提とすると，たとえ両者の審査基準に違いがないとしても，善管注意義務違反を判断する際には，経営判断の判断過程と判断内容を分けて判断することが，現時点では説得力があると思われる。

(5) 設問において，甲社の取締役は，土地①または土地②のいずれを購入するべきかという経営判断を迫られた（厳密にいえば，どちらも選択しないという選択肢もあるし，土地を借りるという選択肢等もあるが，本演習ではその点については考慮しないこととする）。取締役会による議決を通じて，A および B は，いずれも土地①を建設地として選定するという経営判断を行っている（なお，設問のような倉庫の新設は，その規模にもよるが，監査役設置会社において取締役会の決議が必要な「支店その他の重要な組織の設置」に該当する可能性が高い〔会社 362 条 4 項 4 号〕）。

この経営判断において，まず，情報収集などの判断過程について「著しく不合理」であるといえるか。候補地選定のために新倉庫 PT を立ち上げて検討していること，新倉庫 PT による報告は専門家の助言を得たものであること，また，今後の販売数量の予測についても客観的な資料をもとに議論がなされたものであることを考え合わせると，外形的にみて，経営判断の判断過程については，「著しく不合理」であるとはいえない。

次に，判断内容について「著しく不合理」であるといえるだろうか。かりに土地②を選択した場合，損失が発生する可能性はなく，確実に収益が改善したであろうことから，土地②を選択すべきであったという批判の余地はあるかもしれない。しかしながら，販売数量が増加する場合には，土地②よりも土地①の方が利益をあげられるという前提のもとで，客観的資料から販売数量の増加が見込まれる場合に，土地①を選択することは，「著しく不合理」であったとはいえないであろう（設問の設定と異なり，販売数量が増加する見込みが 50％であったとしても同様に考えられる。これに対して，たとえば 30％であった場合には判断は分かれるだろう）。

したがって，取締役の責任を追及する側が，A および B は建設地として土地①を選定するべきではなかったという立証を尽くすことはできず，損害賠償責任は認められない。

🔖 ステップアップ

かりに土地①について，その所有者である乙株式会社の唯一の取締役が B であるという事情があった場合，A および B は，甲社に対してどのような責任を負うか。

➡️ 次回の設問

取締役の義務に関する問題を扱う。

商法　　　　　5

小柿徳武　　　　KOGAKI Noritake

↘ 設問

　甲社は、出版を業とする株式会社であり、取締役会および監査役会を設置する会社法上の大会社である。甲社の取締役は、A、B、Cほか2名の計5名であり、代表取締役としてAが選定されている。

　甲社は、著名な週刊誌αを発行しているが、αに掲載された記事をめぐり、名誉毀損を理由により、これまで度々損害賠償義務を負ってきた。そこで、甲社では、取締役会で決定した内部統制システムの構築に関する基本方針に従って、Aを内部統制システムに関する責任者と定め、名誉毀損を防止するために定期的に弁護士を講師に迎えて勉強会を開催するとともに、出版物発行前のチェック体制として各雑誌の担当取締役が各編集部を監督する体制をとることとした（αの担当者はB取締役）。

　もっとも、勉強会の開催は2年に1回程度にすぎず、その成果は、従業員が名誉毀損をめぐる法制度について何らかの認識を深める程度にとどまっていた。また、Bは、個々の記事の内容の当否の判断は、基本的に編集部がすべきであると考え、αの編集長の説明に対しいくつか質問をする程度にとどまっており、上記以外に名誉毀損を防止する仕組みや体制は作られていなかった。

　Dはテレビ等でも活躍する著名なタレントであるが、αにDの名誉を毀損する内容の記事が掲載されたことにより500万円の損害を被った。そこで、Dは、甲社に対して民法709条の不法行為責任に基づいた損害賠償を求めるとともに、A個人に対しても、会社法429条1項の責任を追及することを考えている。この責任の追及は認められるか、論じなさい。

❗POINT

　❶取締役の対第三者責任の枠組みについて。❷なぜ一定以上の規模の会社では内部統制システムの構築が必要となるのか。❸内部統制システムが構築されていないことにより取締役が第三者に対して責任を負うのはどのような場合か。

↘ 解説
①取締役の対第三者責任

⑴　会社法429条1項によれば、取締役がその職務を行うについて悪意または重大な過失があったときは、当該取締役は、これによって第三者に生じた損害を賠償する責任を負う。この責任は、取締役の対第三者責任と呼ばれている。

　会社法429条1項は、実際に裁判で争われることが多

い規定であるが、文言が抽象的であるため、初学者にとっては理解することが難しい規定である。まず、ここでいう第三者とは、会社以外の第三者を指す。

⑵　取締役は会社と委任契約を結んでいるのであるから、善管注意義務に違反する場合に、会社に対して責任を負うことは理解しやすい（対会社責任〔会社423条1項〕）。では、なぜ取締役は会社以外の第三者に対しても、一定の場合に（単なる過失ではなく、悪意または重過失がある場合）、損害賠償義務を負うと定められているだろうか。

　この問いは、取締役の責任の理論面に関する最も難しい問いといってもよい。この点について、判例は「株式会社が経済社会において重要な地位を占めていること、しかも株式会社の活動はその機関である取締役の職務執行に依存するものであることを考慮して」、第三者を保護するために設けられた規定であるとしている（最大判昭和44・11・26民集23巻11号2150頁）。

　資本主義の重要な担い手である株式会社の舵取りをする取締役には、それ相応の重い責任が負わされているということになる。とはいえ、直接の契約関係のない相手方に対して責任を負うことの説明として、上記のような理由付けによって説明が尽くされているかについては疑問が生じうる（洲崎博史・会社法判例百選〔第4版〕136-137頁参照）。

⑶　また、上記の問いに関連して、取締役（設問ではA）の「悪意・重過失」は何について必要かという問題が生じる。これに関して、上記の判例は、第三者（設問ではD）に対する加害についてではなく、会社（設問では甲社）に対する任務懈怠について必要であるとしている。

　設問の場合であれば、Dに名誉毀損による損害が発生するであろうことについて、Aの悪意または重過失があったことではなく、Aが名誉毀損を防止する体制を構築していなかったことについて悪意または重過失があれば、その不作為によってDに生じた損害を賠償する責任が生じる（会社法429条1項については、このほか不法行為責任との関係や責任の範囲についての論点がある。判例の立場は固まっているが、学説ではなお議論が続いている〔洲崎・前掲137頁参照〕）。

②内部統制システム

⑴　一定規模以上の会社の取締役は、善管注意義務の一内容として、会社の業務の適正を確保するために必要な体制（内部統制システム）の構築義務があると解されている（田中亘『会社法〔第3版〕』282頁参照。整備義務と呼ばれることも多いが、後述するように、整備と運用を分けて考察する必要があることから、本演習では、整備義務と運用義務を合わせて構築義務と呼ぶ）。

　一定規模以上の会社において、取締役が個々の従業員の行為を監視することは現実的ではないため、不正を防止する仕組みを構築することが必要となる（伊藤靖史ほか『会社法〔第5版〕』244頁参照）。たとえば、経理業務を担当する部門では、資金の移動に際して必ず複数の者が点検することにより、不正を防止する。

⑵　設問では、内部統制システムの中でも法令遵守体制

88 ｜ 問題演習 基本七法 2021 ｜

の構築が問題となっている。この点について，初期の裁判例では，取締役は，自ら法令を遵守するだけでなく（会社355条参照），従業員が違法な行為をすることを未然に防止し，会社全体として法令遵守経営を実現しなければならず，取締役が直接すべての従業員を指導・監督することは不可能であることから，従業員によって違法行為がなされないようにするための法令遵守体制を確立する義務があり，この義務が，取締役の善管注意義務の内容となるとしている（大阪地判平成12・9・20判時1721号3頁。なお，内部統制システム構築義務については，近時，①〔代表取締役などの〕業務執行取締役が自分の配下の使用人の不適切な業務執行を防止するためのツールとしての側面のほかに，②取締役会が代表取締役などの業務執行取締役の職務執行を監督するためのツールとしての側面があり，両者を区別して考察すべきであるという見解が有力に主張されている〔藤田友敬「取締役会の監督機能と取締役の監視義務・内部統制システム構築義務」上村達男先生古稀記念『公開会社法と資本市場の法理』377-378頁〕。設問では，主として①の側面が問題となる）。

(3) 大会社および委員会型の会社（指名委員会等設置会社・監査等委員会設置会社）では，明文上，取締役会が内部統制システムの構築について決定することが義務づけられている（会社348条3項4号・4項，362条4項6号・5項，416条1項1号ホ・2項，399条の13第1項1号ハ・2項）が，それ以外の会社においても，一定程度以上の会社については，内部統制システムを構築することが，取締役の善管注意義務の一内容であると解されていることに注意が必要である。

　もっとも，どの程度の内部統制システムを構築するかについては，会社の事業規模や特性などに応じて，取締役に幅広い裁量が認められる（野村修也・会社法判例百選〔第4版〕105頁参照）。不適正な会社業務が行われる可能性を完全に排除するような体制を構築することまでは求められていない（田中・前掲284頁。一定のリスク管理体制が構築されていたとされた事例として，最判平成21・7・9判時2055号147頁参照）。

❸ 内部統制の構築義務違反に基づく取締役の対第三者責任

(1) 設問において，DによるAに対する会社法429条1項の損害賠償責任の追及は認められるか。Aは*a*の直接の担当者ではないため，名誉毀損の記事が*a*に掲載されたことにつき，単純な監視義務違反によって責任を追及することは難しい。そのため，Aが内部統制システム構築の責任者として名誉毀損を防止する体制を構築していなかった点について任務懈怠があり，それによって記事が掲載されたとDが主張することが考えられる。

　このように内部統制システムの構築に関連する任務懈怠を問題とする場合，その整備と運用に分けて考察する必要がある。たとえば，マニュアルを作成することはシステムの整備にあたり，作成されたマニュアルに従って業務遂行を点検することは，システムの運用にあたる（野村・前掲105頁参照）。

(2) では，Aが，名誉毀損を防止する体制を整備または運用していなかったことについて，悪意または重過失があると評価できるだろうか。

　この点について，設問と同様，名誉毀損の記事について，出版業を営む株式会社の代表取締役の対第三者責任が争われた事例が参考になる。判旨は，「出版を業とする企業は，出版物による名誉毀損等の権利侵害行為を可及的に防止する効果のある仕組，体制を作っておくべきものであり，株式会社においては，代表取締役が，業務の統括責任者として……体制を構築すべき任務を負う」とした上で，具体的な任務として，①記事を執筆する従業員に研修などを通して名誉毀損等について十分な認識を持たせること，②出版物の公刊前に，名誉毀損等の違法性がないかをチェックさせる仕組みを作ること，③出版物の公刊後に，第三者的な視点をもった者により点検させることが考えられるとした（東京地判平成21・2・4判時2033号3頁。設問とほぼ同様の事実に基づいて，代表取締役の責任を認めた事例）。

(3) 甲社においては，取締役会において内部統制システム構築の基本方針も定められ，それに従って勉強会が開催されており，また，事前のチェック体制も整備されていた。事後の点検体制はなかったものの，全体として一定のシステムの整備がなされている。前述の通り，どの程度の内部統制システムを構築するかについては取締役に幅広い裁量が認められるので，システムの整備についてAに任務懈怠があるとはいえないだろう。

　他方で，システムの運用については，勉強会の成果が何らかの認識を深める程度にとどまっており，Bによる事前のチェックも実質的になされているとはいえない。甲社がこれまで名誉毀損により度々損害賠償義務を負ってきたことを踏まえると，Aとしては内部統制システム構築の責任者として，名誉毀損の再発を予防するために，整備されたシステムが適切に運用されているかどうかを点検し，その結果を踏まえて運用を見直すように指示すべきであった。異論もありうるが，この点について責任者であるAに重過失があるとすることは可能だろう（重過失の認定に慎重な立場として，伊藤雄司「取締役等の第三者に対する責任の性質」浜田道代＝岩原紳作編『会社法の争点』167頁）。

(4) 最後に，Aの任務懈怠と名誉毀損によるDの損害との間に因果関係があることが必要となる。Aが名誉毀損を防止する体制を重過失によって適切に運用していなかったことにより，Dについての名誉毀損の記事が掲載され，それにより損害を被ったことをDが主張立証することができる場合には，Aに対する損害賠償責任は認められる（この点は，設問の事実からは明らかではないため，場合分けが必要となる）。

🔼 ステップアップ

　DがCに対して，会社法429条1項による責任を追及する場合，どのようなことを主張立証しなければならないか。

➡ 次回の設問

監査に関する問題を扱う。

商法　6

大阪市立大学教授

小柿徳武　　KOGAKI Noritake

↘ 設問

甲社は，大会社ではない公開会社であり，監査役設置会社である。甲社には，監査役会も会計監査人も置かれていない。甲社は，定款で，事業年度を4月1日から翌年3月31日までの1年とすること，および，定時株主総会を毎年6月に開催することを定めている。

202X年4月の時点での甲社の取締役は，Aほか4名の計5名であり，Aが代表取締役を務めている。また，同時点での甲社の監査役は，Bのみである。

以下の問1および問2について，それぞれ独立した設問として解答しなさい。

問1　Bの監査役の任期は，202X年の甲社の定時株主総会（株主総会①）の終結の時までであった。202X年5月に開催された取締役会では，株主総会①における議題および議案について審議され，Aから，監査役の選任を株主総会①の議題とするとともに，Cを監査役候補者とする議案が提案された。Bは，この議案について反対する意見を述べたが，出席した取締役5名の全員一致で承認された。

株主総会①において，Cが監査役に選任された（株主総会決議①）。Bが，株主総会決議①について決議取消しの訴えを提起した場合，この請求は認められるか，Bの原告適格について説明した上で，論じなさい。

問2　202X年の甲社の定時株主総会（株主総会②）において，甲社の202X-1年度の計算書類について，承認する決議がなされた（株主総会決議②）。もっとも，202X-1年度の甲社の計算書類は，Bによる監査を受けていなかった。そこで，甲社の株主であるDは，株主総会②の直後に，株主総会決議②について決議取消しの訴えを提起した。

この訴えが係属中の202X+1年6月の甲社の定時株主総会において，202X年度の計算書類について，これを承認する決議が適法になされた。この場合，上述のDによる決議取消しの訴えは認められるか，論じなさい。

❗POINT

❶監査役の選任に関する監査役の同意。❷株主総会決議取消しの訴えの原告適格。❸必要な監査を経ずに計算書類が株主総会で承認された場合の株主総会決議の効力。

- - - - - - - - - - - - - - - - - - -

↘ 解説
① 監査役の選任に関する監査役の同意

(1)　監査役は，取締役の職務の執行を監査する（381条1項）。監査役による監査の実効性を確保するために，兼任規制（335条2項）をはじめとして，その独立性を確保するためのルールが多数用意されている。

その一つが，監査役の選任に関する議案を株主総会に提出するには，監査役の同意を得なければならないというルールである（343条1項。監査役会設置会社では，監査役会の同意〔同条3項〕）。監査役の選任プロセスを経営陣が支配することを防ぐことにより，監査役の独立性を確保する趣旨である（田中亘『会社法〔第3版〕』298頁。なお，会計監査人の選任に関する議案は，監査役・監査役会が決定する〔344条〕）。

甲社は，監査役設置会社であるが，監査役会は設置されていない。次期監査役の選任議案を株主総会に提出するには，現監査役であるBの同意が必要である。しかしながら，Bの同意は得られていない。このように343条1項の同意なく監査役が選任された場合，このことは，招集手続または決議方法が法令に違反することにより，決議取消事由となると解されている（831条1項1号。東京地判平成24・9・11金判1404号52頁）。

(2)　なお，決議取消事由として，上記のほかに，監査役の同意を得ずに取締役会決議がなされていることから取締役会決議に瑕疵があり，無効な取締役会決議に基づいて提出された議案であることが，決議取消事由にあたるとすることも考えられる。

まず，取締役会設置会社では，株主総会の議題の決定は，少数株主により招集される場合（297条）を除き，取締役会で行われなければならない（298条1項2号・4項）。監査役の選任も議題の一つである。また，議案としてCを候補者とするものを株主総会に提出する場合，その議案についても取締役会で決定しなければならない（298条1項5号・4項。株主総会参考書類を利用する会社については，会社則63条3号イ・73条1項1号・76条。利用しない会社については同63条7号イ）。

したがって，取締役会において監査役の選任に関する議案が決定される際に監査役の同意が得られていない場合，この取締役会決議が343条1項に違反するとして無効であると解することもできるだろう（もっとも，株主総会参考書類を利用しない会社では，株主総会を招集する際に必ずしも議案まで確定させる必要がないため〔会社則63条7号〕，別の解釈も可能である。決議取消事由としては，(1)で検討した監査役による同意がないこと自体を主たる瑕疵と考えればよいだろう）。

(3)　ちなみに設問の事実からは離れるが，Bとしては，Cの選任に反対である旨の意見を株主総会において述べる権利もある（345条4項）。また，Bが適任であると思う監査役候補者についての議案を株主総会に提出するように取締役に請求することもできる（343条2項）。これらの規定に違反した場合，関連する監査役選任議案について決議取消事由となると解される。

② 株主総会決議取消しの訴えの 原告適格・監査役権利義務者

(1) では，Bが株主総会決議①の取消訴訟を提起することができるか。Bの任期は，株主総会①の終結時までであり，株主総会の終結後は，監査役でなくなるため，831条1項前段の「株主等」（828条2項1号）にはあたらない。

(2) もっとも，831条1項後段により，「株主等」だけでなく，「当該決議の取消しにより……監査役……となる者」にも原告適格が認められている。これは，たとえば，株主総会の決議により解任された取締役も，当該決議が取り消されれば取締役の地位を回復するため，その者にも原告適格を与える趣旨である。

Bは株主総会において解任されたわけではないので，単純に決議が取り消されたからといって，監査役の地位が復活する者ではない。しかし，かりに本件決議①が取り消されると，Cの監査役としての選任がなかったことになり，甲社では監査役設置会社にもかかわらず，監査役が不在ということになる。

その場合，役員に欠員が生じた場合の規定である346条1項が適用され，Bはなお監査役としての権利義務を有する。結果として，Bは，831条1項後段の規定により，原告適格を有することになる（346条1項は見過ごされやすい規定であるため，注意が必要である）。

(3) 問1について，上記の通りBには原告適格があり，決議取消事由が存在する。監査役の同意を欠くという瑕疵は重大でないとはいえないため，裁量棄却されることはなく，Bの請求は認められる（831条2項参照。なお，前掲東京地判平成24・9・11は，監査役会設置会社において監査役会の同意を欠く場合に，結論として裁量棄却を認めているが，その理論について批判が強い。高橋陽一・会社法判例百選〔第3版〕227頁）。

③ 監査役の監査を経ない 計算書類の承認決議

(1) 甲社は，会計監査人設置会社ではないため，計算書類は定時株主総会において承認されることが必要である（438条2項。会計監査人設置会社では，一定の条件が整えば，計算書類は株主総会の承認事項ではなく報告事項となる〔439条〕）。その前提として，監査役設置会社では計算書類は監査役の監査を受けなければならない（436条1項）。しかし，202X-1年度の甲社の計算書類は，Bによる監査を受けていなかった。

必要な監査を経ていない計算書類の承認決議には，招集手続または決議方法が法令に違反することにより，決議取消事由があると解される（831条1項1号。最判昭和54・11・16民集33巻7号709頁。これに対して，決議の内容が法令に違反するとして無効原因と解する立場もある。梅津昭彦・会社法判例百選〔第4版〕85頁参照）。

(2) もっとも，甲社では，202X+1年6月の定時株主総会において，202X年度の計算書類が適法に承認されている。この場合，前年度の202X-1年度の計算書類の承認の効力を争うことに訴えの利益があるかが問題となる。

すなわち，株主総会決議取消しの訴えは形成の訴えであり，原告は，法律の規定する要件を充たすかぎり，訴えの利益を有するのが通常である。しかし，決議取消しの訴えについては，その後の事情の変化によりその利益を欠くに至る場合があると解されている。判例でも，たとえば，役員選任についての株主総会の取消しの訴えの係属中に，その決議に基づいて選任された役員がすべて任期満了により退任した場合，特別の事情のない限り，訴えの利益を欠くとされた事例がある（最判昭和45・4・2民集24巻4号223頁）。

(3) では，後続年度の計算書類が適法に承認された場合，過年度の計算書類を承認する株主総会決議の取消しの訴えについて，訴えの利益を欠くといえるだろうか。

この点について，計算書類の承認決議の取消しによって決議が遡及的に無効となるとしても，計算書類の内容自体に違法・不当なものがないかぎり，その無効は後続年度の計算書類の承認の効力に影響を及ぼさないとし，後続年度の計算書類が適法に承認されている以上，過年度の決議の取消しを求める訴えの利益はないとする見解がある（弥永真生・会社法判例百選〔第4版〕79頁参照）。

しかし，この見解に対しては，取り消された年度の計算書類が未確定となる結果，それを前提とする後続年度の計算書類は部分的に未確定になると批判されている。判例も，「株主総会における計算書類等の承認決議がその手続に法令違反等があるとして取消されたときは，たとえ計算書類等の内容に違法，不当がない場合であっても，右決議は既往に遡って無効となり，右計算書類等は未確定となるから，それを前提とする次期以降の計算書類等の記載内容も不確定なものになる」として，訴えの利益を認めている（最判昭和58・6・7民集37巻5号517頁）。

(4) 問2について，上記の通り，決議取消事由が存在し，訴えの利益もある。監査役の監査を受けていないという瑕疵は重大でないとはいえず，裁量棄却されることはなく，Dの請求は認められる。

なお，決議が取り消された場合，問題となった年度の事業年度の計算書類についてのみ再決議をすればよいのか，それとも，後続するすべての年度について再決議が必要となるかも問題となる。

この点について，問題となる年度のみ適法に再決議がなされれば，後続する年度の計算書類は完全に適法となるとするのが一般的である（かつては，後続する年度の各計算書類が，連鎖的にすべて違法，無効となり，再度各決議をすべきとする見解も唱えられていた。塩崎勤・最判解民事篇昭和58年度221頁，225頁参照。なお，前掲最判昭和58・6・7の事例では，問題となる年度の計算書類について，10年以上経ってから，内容を一切変更することなく再決議がなされた。龍田節・ジュリ797号76頁参照）。

■ ステップアップ

問1において，かりにAが甲社の株主でもあるとして，Aによる（監査役の選任を議題とするとともに議案としてCを監査役とする旨の）株主提案によって，Cが監査役に選任された場合，Bによる決議取消しの訴えは，認められるか。

➡ 次回の設問

議事録などの閲覧等請求権に関する問題を扱う。

商法　7

大阪市立大学教授

小柿徳武　KOGAKI Noritake

↘ 設問

　甲社は，衣料品の製造販売業を営む，監査等委員会設置会社である。甲社の監査等委員である取締役はAほか2名の計3名であり，それ以外の取締役はBほか6名の計7名である。甲社の取締役のうち，社外取締役は半数未満であり，甲社の定款において会社法399条の13第6項の定款の定めは置かれていない。

　乙社は，甲社の子会社であり，甲社製品を中心として，衣料品の販売業を営む株式会社である。乙社は，インバウンド向けの販売に強みを有していた。

　202X年3月以降，乙社の業績は，販売環境の大幅な変化に伴い急速に悪化した。そこで，乙社は，甲社に対して，乙社が従前甲社から借り入れた3000万円（返済期日は202X年4月30日）の返済を免除してほしいと申し入れた。

　202X年4月に開催された甲社の取締役会（本件取締役会）では，上記の返済免除（債権放棄）について審議された。取締役会には，甲社の財務部が作成した資料に加えて，Aによる乙社の業務および財産の状況の調査をもとに，甲社の監査等委員会が作成した資料が提出された。本件取締役会では，審議の結果，乙社に対する債権を放棄することが決定された。

　丙社は，甲社の発行済株式の7％を有する株主であり，スーパーなどの小売業を営む株式会社である。丙社の代表取締役であるCは，業界紙を通じて，甲社が乙社に対する債権を放棄したとの報道に接した。

問1　Cは，上記の債権放棄に関する取締役の善管注意義務違反について株主代表訴訟の提起の要否を判断するために必要があるとして，丙社を代表し，甲社の取締役会の議事録のうち，(a)乙社に対する債権放棄について審議および決定の記録がなされた部分，ならびに，(b)債権放棄の前提となる事項について審議および決定の記録がなされた部分について，閲覧および謄写の許可を裁判所に申し立てた。この申立ては認められるか，論じなさい。

問2　Bは，今後株主代表訴訟が提起される場合に備えて，本件取締役会に提出された監査等委員会の資料が作成された回の監査等委員会の議事録を確認したいと考えている。Bは，監査等委員会の議事録について，閲覧および謄写を請求することはできるか，説明しなさい。

❗POINT

❶どのような場合に株主による取締役会の議事録の閲覧謄写が認められるか。❷監査等委員でない取締役は監査等委員会の議事録の閲覧謄写を請求することができるか。

↘ 解説

①株主による取締役会の議事録の閲覧謄写請求権

⑴　株主に認められている監督是正権として，各種書類等の閲覧謄写請求権がある（会計帳簿について433条，株主名簿について125条参照）。そのうち，取締役会議事録については，取締役会設置会社のうち，監査役設置会社，監査等委員会設置会社または指名委員会等設置会社において，株主は，その権利を行使するため必要があるときは，裁判所の許可を得たうえで，取締役会議事録の閲覧謄写請求をすることができる（371条2項・3項。議事録には，取締役会が開催された日時・場所，出席者の氏名のほか，議事の経過の要領およびその結果などが記載される〔369条3項，会社則101条3項〕。取締役会に提出された資料のすべてが議事録に含まれるわけではない）。

　その場合，裁判所は，株主の閲覧謄写によって，当該会社またはその親会社もしくは子会社に著しい損害を及ぼすおそれがあると認めるときは，株主による閲覧謄写を許可することができない（371条6項）。

　甲社は，監査等委員会設置会社であるため，権利行使のための必要性が認められれば，当該会社等に著しい損害を及ぼすおそれがない限り，株主である丙社（を代表するC）による申立ては認められる（433条と異なり，単独株主権）。なお，許可の裁判は非訟事件であり，会社法868条以下の手続による。

⑵　まず，権利行使のための必要性があるかが問題となる（この点については，申立人であるCが疎明しなければならない〔869条〕。なお，会計帳簿の閲覧謄写請求においては，株主が必要性を立証する必要はなく，会社側が，一定の拒絶事由があること〔いわば必要でないこと〕を立証しなければならない〔433条2項〕）。

　Cは，債権放棄に関する取締役の善管注意義務違反についての株主代表訴訟の提起の要否を判断するために甲社の取締役会の議事録を閲覧謄写する必要があると主張している。条文においては「権利を行使するため」とされているところ，Cは「権利を行使するかどうかの判断のため」に必要があると主張しているので，このような場合に必要性を認めてよいかが問題となる。

　この点について，学説では，比較的緩やかに必要性を認めてきた。設問のように，当該議事録を閲覧謄写しその内容を検討してはじめて，株主代表訴訟を提起する必要があることが判明することがある。それゆえ，権利行使のための必要性を厳格に要求することは，制度自体の機能を大幅に低下させることになるからである（落合誠一編『会社法コンメンタール(8)』327頁〔森本滋〕参照）。

　裁判例においても，「権利を行使するため必要があるといえるためには，権利行使の対象となり得，又は権利行使の要否を検討するに値する特定の事実関係が存在し，閲覧・謄写の結果によっては，権利行使をすると想定することができる場合であって，かつ，当該権利行使に関係のない取締役会議事録の閲覧・謄写を求めている

ということができないときであれば足りる」としたものがある（東京地決平成 18・2・10 判時 1923 号 130 頁）。

(3) 次に，Cは，(a)および(b)の議事録について閲覧謄写の必要があると主張しているが，この点についてはどうか（なお，近時は，必要性の要件について，①株主の権利行使のためであるかどうかの「目的の要件」と②その権利行使のためにその取締役会議事録の閲覧謄写が必要であるかどうかの「範囲の要件」に分けて検討することが一般的になりつつある〔野田耕志・ジュリ 1484 号 121 頁，松元暢子・会社法判例百選〔第 4 版〕219 頁参照〕。そのような分類に従えば，上述(2)は①に関する検討であり，以下の解説は②に関する検討に相当する。もっとも，申立ての対象としてどの範囲の議事録を指定するかは目的の要件の判断の一要素となるものであり，両者は相互に密接に関連する）。

閲覧謄写の範囲をどのように特定すべきかという問題について，株主としては，いつの取締役会において問題となる審議がなされたかをあらかじめ特定することは不可能である。そのため，〇〇年〇月〇日の取締役会の議事録というような範囲を特定することまでは要求されないと解される。(a)のように債権放棄が決定された取締役会の議事録とされていれば，必要性の要件を満たすことになろう。裁判例でも，特定の程度は，「当該申請に係る取締役会議事録の閲覧・謄写の範囲をその外の部分と識別することが可能な程度で足りる」としたものがある（前掲東京地決平成 18・2・10）。

他方で，(b)のように債権放棄の「前提となる事項」となると，対象が漠然として広すぎ，必要かどうかを判断することが難しい。したがって，(b)について必要性の要件を満たすとはいえないだろう。

(4) なお，株主権の行使のためという理由がうわべだけの理由であって，真の目的が株主権の行使とは別の目的である場合には，必要性の要件は認められない（福岡高決平成 21・6・1 金判 1332 号 54 頁参照）。たとえば，かりに設問において，Cが個人的なBに対する怨恨から嫌がらせ目的で申し立てたとか，Cが丙社自身の子会社再建のために甲社の事例を参照する目的で申し立てたといった事情が示されていた場合，必要性の要件は認められない（なお，このような事実は会社側が主張することになる。結果として，会計帳簿の閲覧謄写における 433 条 2 項 1 号に基づく会社側の拒絶事由と機能的に類似する）。

(5) 最後に，著しい損害を及ぼすおそれがあるかが問題となる（この点については，会社側に立証責任があると解されている）。通説は，株主の利益と会社等の損害とを比較衡量し，会社等に多大な損害が生ずるおそれがあるときに，この要件を満たすとする（元木伸『改正商法逐条解説〔改訂増補版〕』133 頁。佐賀地決平成 20・12・26 金判 1312 号 61 頁参照）。もっとも，著しい損害という文言からは，株主の利益にかかわらず，会社等に多大な損害が生じるおそれがあれば要件が認められるのではないかという批判がある〔弥永真生・ジュリ 1383 号 123 頁〕）。

設問における，乙社に対する債権放棄に関する決定については，甲社の企業秘密等が含まれているとは通常考えにくい（前掲東京地決平成 18・2・10 参照）。このた

め，丙社の利益と会社等の損害を比較衡量するまでもなく，甲社またはその子会社である乙社に著しい損害を生ずるおそれがあるとはいえないであろう。

Cによる申立てのうち，(a)について，申立ては認められるものと考えられる。

❷ 監査等委員会の議事録の閲覧謄写

(1) 監査等委員会設置会社は，平成 26 年の会社法改正で導入された比較的新しい会社形態であり，重要財産の処分や多額の借財などの重要な業務執行の決定を，定款または取締役会決議によって，代表取締役などの取締役に委任することができる（399 条の 13 第 5 項・6 項）。

もっとも，その委任の内容は，各社ごとに自由に決定することができる。そのため，設問の甲社のように，定款の定めを設けず（取締役会決議によって委任するには，取締役の過半数が社外取締役であることが必要であり〔399 条の 13 第 5 項〕，甲社は要件を満たさない），監査役会設置会社に近い形で運用することもできる。これに対し，大幅に委任することによって，指名委員会等設置会社に近い形で運用することもできる（416 条 4 項参照）。

(2) 指名委員会等設置会社の監査委員会の議事録については，監査委員でない取締役も，閲覧謄写請求をすることが認められている（413 条 2 項）。委員会は，取締役会の内部機関であり，取締役会と委員会の緊密な連携が求められていること，また，取締役には委員会の職務執行を監視する職務権限が認められているためである（岩原紳作編『会社法コンメンタール(9)』161 頁［森本滋］。なお，Aによる乙社の業務財産調査について，399 条の 3 第 2 項参照）。

これに対して，監査等委員会設置会社の監査等委員会の議事録については，監査等委員でない取締役は，閲覧謄写の請求をすることは認められていない（399 条の 11 参照）。これは，監査等委員会設置会社の取締役会から，監査等委員会の独立性を確保するためであり，監査役会設置会社の取締役会に監査役会の議事録の閲覧謄写権が認められていないのと同趣旨である（坂本三郎編著『一問一答 平成 26 年改正会社法〔第 2 版〕』51 頁）。このことから，監査等委員会は，取締役会の内部機関というよりは，一定程度，取締役会から独立した機関として制度設計されていることが分かる。

したがって，Bは，監査等委員会の議事録の閲覧謄写を請求することはできない（もちろん，実務上，監査等委員会が任意に監査等委員でない取締役に対して議事録の内容を開示することはあり得る）。

📓 ステップアップ

Cが，丙社を代表して，監査等委員会の議事録の閲覧謄写を請求することはできるか。また，本件取締役会に提出された甲社の財務部が作成した資料の閲覧謄写を請求することはできるか。

➡ 次回の設問

株主の権利に関する問題を扱う。

商法　8

小柿徳武　　KOGAKI Noritake

設問

　甲株式会社は，通信教育業を営む公開会社であり，その株式を東京証券取引所に上場している。甲社は，定款で100株を1単元とする旨を定めている。201X年の1月時点における甲社の取締役は，A，B，Cほか4名の計7名であり，AおよびBが代表取締役として選定されている（Aが社長，Bが副社長）。Dは，甲社の株式を3万株保有する株主である。

　201X年1月に，甲社において，従業員による顧客データの情報漏洩事件が起こった。その後，甲社では，被害者に対して商品券を配布するなどの措置がとられた。

　201X年3月上旬に，Dは甲社の総務部を訪れ，総務部の従業員Eに対し，上記の情報漏洩事件に関連して将来的に甲社の取締役の責任を追及する株主代表訴訟を提起することを考えており，まず次期の甲社の株主総会において株主提案権を行使するとともに質問する予定であるが，甲社の今後の対応次第では断念してもよいと述べた。その上で，Dは，Eに対して，自らの銀行口座の口座番号を伝えるとともに，Dが代表として発行している小冊子α（総頁数30頁で定価1万円と記載されているものの，実際には高くても1000円の価値しかない）の見本誌を渡した。

　Eから報告を受けた総務部長のFは，ただちにこの件をAに伝えた。Aは，Bとも相談の上，Dの身元や素性を確認した上で，次期の株主総会を円滑に進行させるためにはやむを得ないと判断し，Dの銀行口座にα300冊の購入費用として300万円を振り込むようFに指示した。Fは，総務部の予備費からこれを支出した。

　201X年3月中旬に，再び，Dが甲社の総務部を訪れ，新しい小冊子ができたので宜しくと告げて，小冊子β（内容はαと同様である）をEに渡して立ち去った。この件について，Eを通じて報告を受けたAは，Dによる要求が今後エスカレートすることをおそれ，対策を講じることとした。具体的には，身元調査会社を通じて，Dに対して影響力のある人物Gを探しだした上で，Gに対して，甲社の子会社である乙社から，融資の形をとって3500万円を提供するので，その資金を利用して，GがDから株式を買い取ってほしいと依頼した（Gは甲社の株主ではない。当時の甲社の株価は1000円前後で推移していた。買取りの依頼について，Aは他の取締役には一切相談していない）。その後，乙社からGに資金提供がなされた。この資金提供は融資の形をとっているが，Gから乙社に対して返済される見込みはないものであった。

　甲社の経営陣はその後交替し，現在は，Hが代表取締役として選定されている。Hは甲社を代表して，会社法上，DおよびGに対してどのような請求をすること

ができるか，Hが主張すべき内容について説明した上で，その請求が認められるか論じなさい。

❗POINT

　❶120条2項の推定規定について。❷120条1項の「株主の権利の行使に関し」の意義について。

解説

① 利益供与規定の沿革および対象

　120条1項は，株式会社は，何人に対しても，株主の権利の行使に関し，財産上の利益の供与をしてはならないと定めている。文言が抽象的であることから，理解しにくい規定の一つである。

　この規定の趣旨を理解するためには，沿革を知ることが有益である。かつて上場会社の株主総会においては取締役に対して嫌がらせのように質問を繰り返したり，あるいは質問をすることを示唆することによって，会社側から金品の提供を受ける特殊な株主（総会屋と称される）が存在し，株主総会の実務において大きな課題となっていた。このため，対策の一つとして，本条に相当する規定が昭和56年改正で新設された。

　もっとも，立法技術的な問題もあり，「何人に対しても」利益供与を行ってはならないという文言が採用された。そのため，規制対象は総会屋に限定されない。現在の通説は，この規定の趣旨を，会社経営の健全性を確保するとともに，会社財産の浪費を防止する趣旨だとしている（神田秀樹『会社法〔第23版〕』76頁。髙橋美加ほか『会社法〔第3版〕』47頁参照）。

　この規定に違反した場合，供与の相手方は，利益を返還しなければならない（120条3項。供与の相手方から返還を受けられない事態も想定されるため，関与した取締役は，連帯して供与した利益の価額に相当する額を支払う義務を負う。同条4項，会社則21条〔利益供与した取締役の責任は無過失責任〕。847条1項も参照）。

② 財産上の利益の供与と推定規定

(1)　Dに対する300万円の振込みは，株主の権利の行使に関し，財産上の利益が供与されたといえるか（なお，利益供与の対象は，「何人に対しても」とされており，株主であるDに対する利益供与は，当然に要件を満たす）。

　まず，「財産上の利益」は，当該株式会社またはその子会社の計算においてなされたものに限定される（120条1項）。300万円の振込みは，総務部の予備費から支出されたとされており，甲社の計算でなされている。

(2)　次に，「株主の権利の行使」については，株主総会における議決権の行使に限られず，設問のような株主代表訴訟提起権や株主提案権の行使も含まれる（なお，Dは，3万株保有し，300個の議決権を有しているため〔100株が1単元〕，株主提案権行使の要件を満たす。303条2項）。

(3)　120条1項の要件が満たされるためには，利益供与と株主の権利行使の間に関連性があることが必要である（「に関し」）。この関連性については，要件が満たされることを主張する側が立証しなければならない。

　この立証をするには，利益供与をした側の主観的な事

情について明らかにする必要があるため一定の困難が伴う。そこで，①会社が特定の株主に対して，無償で財産上の利益の供与をしたとき，または，②有償で財産上の利益の供与をした場合において，当該会社またはその子会社の受けた利益が当該財産上の利益に比して著しく少ないときは，会社は，株主の権利の行使に関し，財産上の利益の供与をしたものと推定するという規定が定められている（120条2項）。

設問の事例において，300万円の振込みはα300冊の購入費用であるが，実際のαの価値は高くても30万円程度（1000円×300冊）であることから，②の場合にあたるといえる。

(4) Hがこの推定規定に従った主張をすると，これに対してDの側で関連性がないことを証明することは難しい。したがって，甲社はDに対して，300万円の返還を求めることができる（120条3項前段。なお，Dは甲社に対してαの返還を求めることができる〔同項後段〕）。

❸ 株式の譲渡は「株主の権利の行使に関し」といえるか

(1) Gに対する資金の提供は120条1項の要件を満たすか。同項では，「何人に対しても」とされていることから，Gは甲社の株主でなくとも構わない。また，乙社からの資金提供は，子会社の計算においてされたものであり，3500万円という金銭が，返済の見込みがない形でGに対して融資されている。これは，財産上の利益の供与に該当する。

(2) では，「株主の権利の行使に関し」，財産上の利益が供与されたといえるか。「株主の権利の行使に関し」とは，「株主の権利行使に影響を与える趣旨で」の意味であると解される（前田庸『会社法入門〔第13版〕』387頁）。

Gは甲社の株主ではないため，2で説明した推定規定（120条2項）は適用されない。そのため，同条1項の要件が満たされることを主張する側が，Gに対する利益供与が，Dの株主の権利の行使に影響を与える趣旨でなされたものであることを立証する必要がある。

2では，株主代表訴訟提起権や株主提案権の行使が問題となっていた。これらは，株主の権利の行使として典型的である。しかし，Gに対する利益供与は，DからGへの株式の譲渡の対価としてなされたものである。このような場合に，「株主の権利の行使に関し」て利益供与がなされたといえるかどうかが問題となる（以下では，株主の権利行使の要件と，株主の権利行使と利益供与の関連性の要件を合わせて考察することになる）。

(3) この点については，見解が分かれている。一つは，株式の譲渡は，株主の地位の移転に過ぎないため，原則として，株主の権利の行使には当たらないとしつつ，態様や会社の認識によっては例外的に当たる場合もあるとする見解である。この見解のもとでは，120条1項の適用を主張する側が，たとえば，株式譲渡の対価として利益供与を行う意図・目的が，会社にとって好ましくない株主に議決権等の行使をさせないことであることを立証する必要がある。

もう一つは，株主からその持株の全部または一部を買い取ったりすることも，議決権をはじめとして株主のあらゆる権利の行使の機会をなくすものであるため，株主の権利行使に関するものといえるとする見解である。もっとも，この見解においても，すべての株式譲渡の対価としての利益供与が本条の利益供与に当たるというわけではなく，これを否定する側が，利益の提供が株主の権利行使に関する目的以外の目的でなされたことを立証した場合には，120条1項の要件を満たさないと考えられる。そのため，両説の違いは，もっぱら会社の意図および動機についての立証責任の差にある（太田晃詳・最判解民事篇平成18年度(上)492頁）。

(4) 後者の見解をとると，たとえば従業員持株会に対し，株式取得に際して補助金を支出するような場合，120条1項の適用を否定する側が福利厚生目的であることを立証しなければならなくなる（同条2項に関してそのような立証が認められた事例として，福井地判昭和60・3・29金判720号40頁参照）。

他方で，前者の見解をとると，本条の適用を主張する側が会社側の意図・目的を立証しなければならない。この立証について，一部に困難だという指摘もあるが，会社側が何の目的もなく株式の購入資金を提供することは考えにくいため，会社の意図・目的について立証することはそれほど難しくないと考えられる（得津晶・会社法判例百選〔第4版〕29頁参照。120条1項の趣旨を踏まえると，ここで立証するべき意図・目的は，株主の権利の行使に影響を与えることである。ただし，利益供与やその目的に社会通念上の相当性が認められる場合には，同項の違反にはならない。神田・前掲77-78頁参照）。株式の譲渡そのものを，株主の権利の行使にあたるということは文言上困難であることを考え合わせると，前者の見解にたつことが妥当だろう。

判例も，株式の譲渡は株主たる地位の移転であり，それ自体は株主の権利の行使とはいえないとした上で，「会社からみて好ましくないと判断される株主が議決権等の株主の権利を行使することを回避する目的で，当該株主から株式を譲り受けるための対価を何人かに供与する行為」は，120条1項の規定にいう「株主の権利の行使に関し」利益を供与する行為というべきであるとしている（最判平成18・4・10民集60巻4号1273頁）。

(5) Hとしては，Dという会社からみて望ましくないと判断される株主が代表訴訟提起権などの株主の権利を行使することを回避する目的で，Dから株式を譲り受けるための対価として，甲社の子会社である乙社からGに対して3500万円が供与されたと主張することになる。

GがDに対して影響力のある人物であるとされていたこと，また，Dによる要求が今後エスカレートすることをおそれたAによる対策として利益が供与されていることから，この主張は認められるべきである。したがって，甲社はGに対して，3500万円の返還を求めることができる。

ステップアップ

甲社の株主は，A，BおよびCの取締役としての責任を株主代表訴訟により追及できるか，論じなさい。

次回の設問

株式に関する問題を扱う。

商法　9

大阪市立大学教授

小柿德武　　KOGAKI Noritake

↘ 設問

　甲株式会社の定款には，その発行する全部の株式の内容として，譲渡による株式の取得について会社の承認を要する旨の定めが設けられている。甲社は，取締役会を置いていない。甲社の発行済株式は，1万株（本件株式）であり，そのすべては，創業者であるAが保有していた。なお，甲社の定款において，取締役の任期に関する特段の定めおよび単元株の定めは置かれていない。

　甲社の取締役は，創業以来Aのみであったが，Aが持病を悪化させてきたこともあり，201X年6月の甲社の定時株主総会において，Aのほかに，従業員出身のEが取締役として選任された。

　201X+2年4月に，Aは持病の悪化により死亡した。Aの相続人は，長男B，長女Cおよび次男Dであり，法定相続分は各3分の1ずつである。Aの死後，その遺産分割協議は難航し，現在に至るまで整わない状況にある。なお，株式名簿における本件株式の名義はB，CおよびDの共有名義に書き換えられている。

　201X+2年6月に，甲社の定時株主総会（本件株主総会）の招集通知がB，CおよびDに適法に発出された。Cは，本件株主総会に先立ち，本件株主総会には都合により出席できない旨を甲社に通知し，本件株主総会には出席しなかった。Dもまた，本件株主総会には出席しなかった。

　本件株主総会には，Bのみが株主として出席した。本件株式について，会社法106条本文所定の権利行使者の指定および通知はなされていなかったが，Eは株主総会の議長として，Bが本件株式について議決権を行使することに同意した。本件株主総会において，本件株式についてBによる議決権行使がなされた結果，Bの配偶者であるFを取締役として選任する旨の決議（本件株主総会決議）がなされた。

　Cは，単独で本件株主総会決議の決議取消しを求めることができるか，論じなさい。

❗POINT

　❶会社法106条ただし書によって，会社が株式の共有者のうち一人を権利行使者として認めることはできるか。❷会社法106条本文所定の権利行使者の指定・通知がなされていない場合に，共有者のうち一人が株主総会決議の瑕疵を争うことはできるか。

↘ 解説
① 会社法106条ただし書の法意

（1）　一人株主の死亡により，複数の相続人が共同相続した場合，民法898条が適用され，株式は共有（正確には「準共有」〔民264条〕）されると解されている（最判昭和45・1・22民集24巻1号1頁。これに対して，当然に分割して相続されるという考え方もあるが，株式は議決権その他の会社の経営に参画する権利も含んでおり，単なる金銭債権と同列に扱うべきでないという理由から支持を得ていない〔伊藤靖史ほか『事例で考える会社法〔第2版〕』119-120頁［田中亘］参照］）。

　そのため，遺産分割の協議が整わない間，議決権はどのような規律に従って行使されるべきかという問題が生じる。この点について，会社法106条本文は，「株式が二以上の者の共有に属するときは，共有者は，当該株式についての権利を行使する者一人を定め，株式会社に対し，その者の氏名又は名称を通知しなければ，当該株式についての権利を行使することができない」と定めている（この場面で権利行使者を定めるためには，共有者全員一致ではなく，株式の持分割合の過半数で足りるとするのが判例・通説である〔最判平成9・1・28判時1599号139頁。川村力・会社法判例百選〔第4版〕24頁参照］）。

（2）　もっとも，会社法106条にはただし書があり，「ただし，株式会社が当該権利を行使することに同意した場合は，この限りではない」と定められている。とすると，設問のように，会社を代表するEが，共有者の一人であるBが権利行使することに同意した場合には，Bによる権利行使が認められるようにも解釈できる。

　裁判例の中には，そのような解釈をとったものもある（横浜地川崎支判平成24・6・22民集69巻1号38頁参照〔後掲の平成27年の最高裁判例の第一審判決〕）。しかしながら，遺産分割協議が整わない中で，会社側が共有者のうちの任意の一人を権利行使者として認めることができるという解釈は，受け入れられるものではない（福島洋尚・会社法判例百選〔第4版〕27頁。これを許すと，会社側にとって都合のよい議決権行使をしてくれそうな株主を，いわば一本釣りすることを許すことになってしまう）。

（3）　では，会社法106条ただし書はどのように解釈されるべきであろうか。この点については，以下のように考えることができる。まず，そもそも準共有に関する規定である民法264条は，本文において，所有権以外の財産権について同法第3章第3節の共有の規定を準用すると定めた上で，ただし書で，法令に特別の定めがある場合にはこの限りではないと定めている。

　次に，会社法106条本文の権利行使者の指定・通知の規律は，民法264条ただし書にいう，法令の特別の定めであると解される。そして，会社法106条ただし書の「……この限りではない」という部分は，この特別の定めが排除されることを定めたものと解釈するのである。結果的に，会社による同意がなされた場合には，民法264条本文の原則にもどり，共有の規定を準用することになる。権利行使者の指定・通知は，会社の事務処理上の便宜のためのものであり，会社がその方法によらずに共有者が株主権を行使することを認めた場合には，それを禁じる理由はないからである（田中亘『会社法〔第3版〕』127頁）。

　判例も，会社法106ただし書は，「会社が当該同意をした場合には，共有に属する株式についての権利の行使の方法に関する特別の定めである同条本文の規定の適用

が排除されることを定めたものと解される」としている（最判平成27・2・19民集69巻1号25頁）。

(4) 設問のような取締役の選任議案について議決権を行使する行為は，民法252条本文における共有物の管理に関する事項であると解されている。したがって，各共有者の持分の価格に従って過半数で決することが要求される（これに対し，組織再編行為や解散に関する議決権行使については，持分の価格の過半数では決することができないことになろう〔民251条〕。福島・前掲27頁参照）。

判例も，「共有に属する株式についての議決権の行使は，当該議決権の行使をもって直ちに株式を処分し，又は株式の内容を変更することになるなど特段の事情のない限り，株式の管理に関する行為として，民法252条本文により，各共有者の持分の価格に従い，その過半数で決せられるものと解するのが相当である」としている（前掲最判平成27・2・19）。

(5) 設問において，Eが株主総会の議長として同意をしたことから，民法252条本文に従って，議決権は行使されるべきであった。にもかかわらず，1/3の割合を有するにとどまるBが単独で議決権行使をしており，これは，株主総会の決議方法の法令違反にあたる（会社831条1項1号）。したがって，本件株主総会には，株主総会決議取消事由が存在する。

② 権利行使者の指定・通知がなされていない場合に，株主総会の瑕疵を争う方法

(1) 1で考察したように，本件株主総会には，株主総会決議取消事由が存在する。もっとも，Cは株式の共有者のうちの一人である。このような場合，株主総会決議取消しの訴えを提起するために，Cは会社法106条本文の権利行使者の指定・通知をしなければならないのだろうか。

(2) この点について，学説上，株主総会決議取消しの訴えなどの監督是正権については，会社法106条の「株主についての権利」に含まれないという見解がある。その理由として，同条が会社の事務処理上の便宜のための規定であるところ，監督是正権については事務処理上の煩雑さが必ずしも問題にならないこと，また，共有者間に紛争が生じて権利行使者を指定することができない場合には，問題のある株主総会決議の効力について最低限の対抗手段すら否定されることになることが挙げられる（仲・後掲24-25頁参照）。

しかしながら，明文で「株式についての権利」とされているにもかかわらず，一部の権利のみ解釈上除外することは，できるだけ慎重であるべきであるように思われる。

(3) では，設問のような場合において，Cが単独で株主総会決議取消しの訴えを提起することはできないのだろうか。この点については，信義則を用いることにより，Cのような株主の保護をはかることが考えられる。

すなわち，設問のような場合，甲社は，共有者の一人であるBによる議決権行使を認めることにより，会社法106条で保護される会社の事務処理上の便宜を享受することを放棄したと考えられる。そして，一方でそのように便宜を享受することを放棄しておきながら，他方

で，別の共有者であるCによって会社訴訟が提起された場面で同条に基づいて（事務処理上の便宜の必要性から）指定・通知のない権利行使は認められないと主張することは，信義則に反すると解される。そこで，このような場合には，特段の事情があるとして，株主総会決議取消しの訴えにおいてCが単独で原告適格を有することを認めるべきであると解することができる（伊藤ほか・前掲135-136頁［田中］参照）。

(4) 判例も，共同相続人が株主総会の瑕疵を争う訴訟において，権利行使者の指定・通知が必要であることを前提とした上で，会社の発行済株式全部に相当する株式が相続され，共同相続人のうちの一人を取締役に選任する旨の株主総会決議がされたとしてその旨登記されているケースでは，権利行使者の指定・通知を欠く場合であっても，以下のような理由から，他の共同相続人の原告適格を認めている。すなわち，「会社は……共同相続人により権利行使者の指定及び会社に対する通知が履践されたことを前提として株主総会の開催及びその総会における決議の成立を主張・立証すべき立場にあり，それにもかかわらず……右手続の欠缺を主張して，訴えを提起した当該共同相続人の原告適格を争うということは，右株主総会の瑕疵を自認し，また，本案における自己の立場を否定するものにほかならず，右規定の趣旨を同一訴訟内で恣意的に使い分けるものとして，訴訟上の防御権を濫用し著しく信義則に反して許されない」としている（最判平成2・12・4民集44巻9号1165頁）。

(5) 設問の事例をはなれるが，かりに，CとDが共同で，株主総会決議の取消しの訴えを提起した場合はどのように考えるべきだろうか。この場合にも，権利行使者の指定を欠くという会社の主張は，信義則に反するように思われる。もっとも，CとDの持分を合わせると，本件株式の2/3となるため，持分の価格の過半数により権利行使者の指定および通知をしようと思えばできる立場にある。したがって，このような場合には，特段の事情を認めることはできないと解されよう（前掲最判平成9・1・28参照。このように，信義則違反を理由として特段の事情が認められる場合は，かなり限定的な場合に限られる〔荒谷裕子・会社法判例百選〔第4版〕23頁参照〕。そのため，判例の立場とは異なるが，少なくとも会社訴訟を提起する権利は，会社法106条の「株式についての権利」には該当しないという解釈をとることも十分説得的であるように思われる〔仲卓真『準共有株式についての権利の行使に関する規律』232頁参照〕）。

📖 ステップアップ

かりに，B，CおよびDが協議の上，全員一致で，BおよびCを取締役として選任することを合意した上で，Bを権利行使者として指定・通知したところ，実際の議決権行使において，Bが自らを取締役に選任する議案のみに賛成し，Cを取締役として選任する議案に反対したために，Bのみを取締役として選任する決議が成立した場合，当該議決権行使の効力はどのように解されるか。また，Bらによる合意の内容についてEが知っていた場合に結論は変わるか。

➡ 次回の設問

募集株式の発行に関する問題を扱う。

商法 10

大阪市立大学教授
小柿徳武　　　KOGAKI Noritake

設問

　甲社は，発行済株式 10 万株の株式会社である。甲社は公開会社であり，種類株式発行会社ではない。甲社の株主は，A，B，C，D，E，F，G ほか約 50 名である。甲社の定款において，定時株主総会において議決権を行使できるのは，毎年 3 月 31 日における株主であるとの基準日の定めがある。

　201X 年 3 月 31 日時点での甲社の持株状況は，以下の通りであった。すなわち，A の持株比率は 5％，B の持株比率は 4％，C の持株比率は 3％，D の持株比率は 2.5％，E の持株比率は 1.8％，F の持株比率は 1.5％，G の持株比率は 1.2％であり，その他の株主の持株比率はすべて 1％以下であった。

　201X 年 4 月頃から，甲社では，主流派の取締役 4 名と非主流派の取締役 3 名との間で，経営方針をめぐって争いが起こった。その結果，同年 5 月 15 日の甲社の取締役会において，同年 6 月 27 日に開催される定時株主総会の議案として，非主流派の取締役 3 名の解任を会社提案の議案（本件会社提案）とすることが決議された。

　その後，201X 年 5 月 22 日の甲社の取締役会において，甲社の株主である H と K に各 1 万株ずつ合計 2 万株を割当て，払込期日を同年 6 月 10 日とする募集株式の発行を行うこと（本件新株発行）が決議された。なお，本件新株発行の払込金額は H および K に特に有利な金額ではない（払込金額の総額は 2000 万円）。

　かりに本件新株発行がなされた場合，H の持株比率は 9％となり，K の持株比率は 8.5％となる一方で，E の持株比率は，1.5％となる。なお，甲社の過去数年の定時株主総会における出席株主は，約 40％程度であった。

　H と K に対しては，会社法 124 条 4 項に基づき，201X 年 6 月 27 日に開催される定時株主総会において議決権の行使を認めることが予定されている。H と K は，あらかじめ上記の定時株主総会において本件会社提案に賛成する意向を表明していた。

　甲社においては，3 年契約で銀行から借り入れた債務の返済時期が 201X 年 7 月末に迫っていた（債務の総額は 1500 万円）。もっとも，ほぼ同一の条件で，新たに 3 年契約で同じ金額を借り入れることができることが可能な状況であった。

　E は，201X 年 5 月 23 日になされた本件新株発行にかかる公告により，本件新株発行がなされる予定であることを知った。E は，本件新株発行の差止めを求めることができるか，E の立場において考えられる主張およびその主張の当否について，甲社の立場において考えられる主張を踏まえた上で論じなさい。なお，E による請求がされる時点は同年 6 月 9 日以前であるものとする。

POINT

　❶公開会社において新株発行を取締役会決議で決定できるのはどのような場合か。❷新株発行の差止めが認められる不公正発行事由について。❸新株発行の差止めを求める株主の不利益のおそれについて。

解説
① 取締役会決議によって決定できる新株発行の範囲

(1)　会社法において新株発行に関する規律は，「募集株式の発行等」として規制されている（199 条以下。第 2 編第 2 章第 8 節のタイトル参照）。これは，新株の発行と自己株式の処分について同じ規律を適用しているためである（新しく株式が発行される場合と，従前発行された株式をいったん会社が取得したのち，再度それを新たな株主に交付する場合とで，既存株主に与える影響は変わらない）。以下では，「新株発行」という用語を用いて説明する。

(2)　公開会社における新株発行は，以下のような規律に従う。まず，原則として募集事項（199 条 1 項各号）の決定は取締役会決議で行うことができる（201 条 1 項による 199 条 2 項の読替え）。この場合，株主総会が開かれないため，株主の知らない間に新株発行が行われる可能性がある。そこで，募集事項を払込期日の 2 週間前までに株主に対して通知するか，公告しなければならないことになっている（201 条 3 項・4 項）。これにより，株主に新株発行について差止めを求める機会が与えられる（時間的な制約があることから，実務上，差止訴訟を本案とする仮処分〔民保 23 条 2 項〕が申し立てられるのが通例である。髙橋美加ほか『会社法〔第 3 版〕』315 頁）。

(3)　ただし，二つの例外が定められている。一つめの例外は，新株発行が有利発行にあたる場合である。有利発行とは，新株発行における払込金額が新株の引受人に特に有利な金額である場合であり，この場合，公開会社であっても，新株を発行するには株主総会の特別決議によらなければならない（201 条 1 項前段・199 条 2 項・309 条 2 項 5 号。199 条 3 項参照）。

　もう一つの例外は，支配権の異動を伴う発行の場合である。新株が発行された結果として，新株の引受人が有することとなる議決権の数が総株主の議決権の数の 50％を超える場合，会社は，払込期日の 2 週間前までに，株主に対し当該引受人（特定引受人）の氏名・名称等を通知するか，それらを公告しなければならない（206 条の 2 第 1 項・2 項）。そして，通知・公告の日から 2 週間以内に，総株主の議決権の 10％以上の議決権を有する株主が特定引受人による引受けに反対する旨の通知をした場合には，会社は，払込期日の前日までに，株主総会の決議（役員の選任と同じ定足数の制限がある）によって，引受けに関する承認を受けなければならない（同条 4 項。なお，同項ただし書参照）。

(4)　設問において，本件新株発行の払込金額は H および K に特に有利な金額ではないとされており，また，本件新株発行によって H または K の持株比率が 50％を超えることにはならない。したがって，上記の例外のいずれにも該当しない。

② 新株発行の差止めの要件としての不公正発行

(1) 新株発行の差止請求が認められるためには，差止事由が存在し（210条各号），当該発行により株主が不利益を受けるおそれのあること（同条柱書）が必要である。

差止事由として，法令・定款違反による発行（同条1号）と著しく不公正な方法による発行（同条2号）がある。設問では，発行手続に法令・定款違反は見当たらない（**1**参照）。著しく不公正な方法による発行（不公正発行）かどうかが問題となる。

(2) 一般に，著しく不公正な方法による発行とは，不当な目的を達成する手段として新株の発行が利用される場合を指すとされている（伊藤靖史ほか『会社法〔第5版〕』338頁）。具体的には，会社の支配権に関して争いがある場合に，取締役が自己の支配権を維持する目的で行われる新株発行がこれにあたる。

裁判例において不公正発行にあたるかが争われる場合，新株発行の目的として，取締役による支配権維持目的が疑われつつも，それ以外の目的（典型的には資金調達目的）も存在することが多い。そこで，従来の裁判例では，その他の目的に比して，支配権維持目的が主要な目的である場合に，不公正発行にあたるとされてきた（いわゆる主要目的ルール。松中学・会社法判例百選〔第4版〕196頁参照。たとえば，東京地決平成20・6・23金判1296号10頁は，「会社の支配につき争いがあり，既存の株主の持株比率に重大な影響を及ぼすような数の新株が発行され，それが第三者に割り当てられる場合に，その新株の発行が既存の株主の持株比率を低下させ現経営者の支配権を維持することを主要な目的としてされたものであるときは，不当な目的を達成する手段として新株の発行が利用される場合に当たる」とする）。

(3) では，差止めを求めるEは，具体的にどのような主張をすることになるだろうか。まず，甲社においては，主流派と非主流派との間で経営方針をめぐって争いが起こり，非主流派の取締役の解任議案が次期の株主総会において審議される予定である。Eとしては，このことが，会社の支配について争いがある場合にあたると主張するだろう。

また，甲社においては，上位7名の持株比率を合計しても20％程度であって，株主の持株は広範に分散している。さらに，過去数年の株主総会における出席株主は約40％程度である。このような中で，あらかじめ会社提案に賛成することを表明している株主に対して20％近い新株を発行することは，株主の持株比率に重大な影響を及ぼす数の新株が発行されるものであり，既存の株主の持株比率を低下させ，主流派が会社の支配権を維持することを主要な目的として新株が発行される場合にあたるとEは主張するものと考えられる。

これに対して甲社は，本件新株発行の目的は支配権維持目的ではなく，銀行から借り入れた債務の返済にあてるためであり，資金調達目的であると主張することが考えられる。

(4) 設問を検討する上で最も重要な事情は，124条4項に基づいて，HとKに定時株主総会における議決権行使が認められる点であろう。本来であれば，議決権を行使できるのは3月31日の基準日時点での株主のみであ

るはずのところ，基準日後に発行された株式についても議決権行使が認められる予定である。しかも，HとKは，あらかじめ本件会社提案に賛成する意向を表明していた。このような事情は，本件新株発行の主要目的が支配権維持目的であることを推認させるものである（神田秀樹『会社法〔第23版〕』164頁参照）。

他方で，確かに，甲社には債務の返済という一定の資金需要があった。しかし，この債務は，ほぼ同一の条件で借り換えることが可能な状況であった。異論もありうるが，設問の事実関係のもとでは，資金調達目的が，支配権維持目的を上回ると評価することは困難であるように思われる。本件新株発行は，現経営者の支配権を維持することを主要な目的としてなされたものであるといえる。

(5) 裁判例においても，設問とほぼ同様の事例について「会社の支配権につき争いがある状況下で，既存の株主の持株比率に重大な影響を及ぼすような数の新株が発行され，それが第三者に割り当てられる場合であって，かつ，それが，成否の見通しが必ずしもつかない反対派取締役の解任が議案となっている株主総会の直前に行われ，しかも，予め反対派取締役を解任する旨の会社提案に賛成することを表明している割当先に会社法124条4項に基づき議決権を付与することを予定しているというのであるから，他にこれを合理化できる特段の事情がない限り，本件新株発行は，既存の株主の持株比率を低下させ現経営者の支配権を維持することを主要な目的としてされたものであると推認できるというべきである」とした事例がある（前掲東京地決平成20・6・23）。

③ 株主が不利益を受けるおそれ

Eが本件新株発行によりEが不利益を受けるおそれがあると主張するのに対して，甲社は，Eの持株比率は1.8％から1.5％へとわずかに減少するだけであり，Eが不利益を受けるおそれはないと主張すると考えられる。

確かに，一般的な割合としては，0.3％の減少幅は大きいとはいえない。しかし，前述の通り，甲社の株主構成は広く分散しており，単独で支配権を左右できるような株主は存在していない。Eがいわばキャスティングボートを握る可能性も少なくないのである。

したがって，少なくともこのような事情のもとでは，本件新株発行によりEが不利益を受けるおそれがあり，新株発行の差止めは認められるものと考えられる（前掲東京地決平成20・6・23参照。なお，かりに単独で支配権を左右できる株主が存在する事例で，持株比率の下落がわずかにとどまる場合，不利益を受けるおそれがないと判断される余地もあるが，将来的に株主構成が変化する可能性などもあることからそのような場合でも不利益を受けるおそれは認められるべきであろう）。

🔼 ステップアップ

Eが公告に気づかないまま本件新株発行がなされた場合，Eは本件新株発行について無効の訴えを求めることはできるか。また，かりに公告がなされていなかった場合，結論は変わるか。

➡ 次回の設問

組織再編に関する問題を扱う。

商法 11

大阪市立大学教授

小柿徳武　　　KOGAKI Noritake

設問

　甲株式会社および乙株式会社は，いずれも取締役会設置会社である。乙社は，その定款において，公告方法として官報に掲載する方法を定めている。甲社および乙社の直近の貸借対照表における純資産額はそれぞれ，甲社が5000万円，乙社が1億5000万円である。また，甲社と乙社が有する相互の株式の割合はそれぞれ20％未満である。

　201X年2月1日，乙社の取締役会は，甲社との間で，合併により乙社を存続会社とし，甲社を解散するという合併契約（以下「本件合併契約」という）を締結することを承認した。本件合併契約において，合併の効力発生日は同年4月30日とされた（以下，甲社と乙社の合併を「本件合併」という）。

　乙社の知れている債権者は，A，BおよびCの三者であり，それぞれ乙社に対して3000万円の債権を有している。乙社の代表取締役Dは，201X年3月1日，AおよびBに対して，債権者が同年4月15日までに異議を述べることができる旨など，知れている債権者に催告すべき内容を催告した。もっとも，上記の内容について乙社が官報に公告することはなく，Cに対する催告もなされなかった。

　EおよびFは，乙社の株主であり，それぞれ300個の議決権を有している。乙社は，201X年3月27日，本件合併契約を承認するために臨時株主総会を開催した（本件株主総会）。EおよびFは，本件株主総会に先立って本件合併に反対する旨を乙社に通知した。本件株主総会に，Eは出席したが，Fは出席せず自らの議決権を代理行使させることもなかった。本件株主総会において，Eの反対にもかかわらず，本件合併契約を承認する決議がなされた。同日，甲社も臨時株主総会を開催し，本件合併契約を承認する決議がなされた。

　201X年4月10日，Aは，乙社に対して本件合併について異議を述べた。これに対して，乙社は，Aに対して弁済することも，相当の担保を提供することも，また信託会社等に財産を信託することのいずれもしなかった。Bは，同年4月15日までに本件合併について異議を述べなかった。

　201X年5月1日，甲社について解散の登記が，乙社につき変更の登記がなされた。

問1　EおよびFは，本件合併に際して，反対株主による買取請求権を行使することができるか，説明しなさい。

問2　A，BおよびCは，201X年8月1日の時点で，本件合併の無効を求めることはできるか，論じなさい。

!POINT

❶合併における反対株主の買取請求権。❷合併におけ

る債権者異議手続。❸合併無効の訴えと債権者。

解説
① 合併の手続における株主の保護

(1)　株式会社同士が合併する場合，各当事会社の株主に与える影響は大きい。そこで，合併をするためには，各当事会社における株主総会の特別決議による承認が必要となる。

　本件合併は吸収合併である（会社2条27号）。吸収合併存続株式会社である乙社は「存続株式会社等」として（会社795条1項。同794条1項参照），吸収合併消滅株式会社甲社は「消滅株式会社等」として（会社783条1項。同782条1項1号参照），株主総会の承認が必要である（なお，本件合併がいわゆる簡易合併にあたる場合，存続株式会社等について株主総会決議は，原則として必要ないが〔会社796条2項。同条3項参照〕，甲社と乙社の純資産額の比率から，本件合併は簡易合併にはあたらない。また，甲社と乙社が有する相互の株式の割合はそれぞれ20％未満であることから，いわゆる略式合併にも該当しない〔会社796条1項参照〕）。

　株主が自らの意思を決定するためには，適切な情報が与えられなければならない。そこで，株主総会に先立って，合併対価の相当性などの情報が開示される（事前開示と呼ばれる〔乙社について会社794条1項，会社則191条〕。なお，株主総会参考書類にも，事前開示の内容の概要のほか，吸収合併を行う理由や合併契約の内容の概要が含まれる〔会社則86条〕）。

(2)　合併という会社の基礎に本質的変更をもたらす行為を株主の多数決で行う場合，これに反対する株主には，保有株式の公正な価格を受け取って会社から退出する機会が保障されている（田中亘『会社法〔第3版〕』669頁）。多数派による決議内容の当・不当，適法・違法に関わりなく救済が受けられる点，および，大勢の株主が買取請求権を行使するような事態になれば，会社財産の社外流出が生ずるため多数派を慎重にさせる効果がある点に特徴がある（江頭憲治郎『株式会社法〔第8版〕』873頁(注1)参照。なお，買取請求権が行使されると自己株式の取得になるが，この場合には財源規制はない〔会社155条13号，会社則27条5号。会社464条参照〕）。

(3)　吸収合併等をする場合には，反対株主は，存続株式会社等に対し，自己の有する株式を公正な価格で買い取ることを請求することができる（会社797条1項本文。もっとも，簡易合併などの場合は請求できない〔同項ただし書参照〕）。

　ここでの「反対株主」とは，まず，吸収合併等をするために株主総会決議が必要かどうかで場合分けされ，さらに，当該株主総会において議決権を行使することができるか否かによって場合分けされる。問1の場合，株主総会決議が必要な場合で，かつ，EおよびFが乙社の株主総会において議決権を有しているため，株主総会に先立って合併に反対する旨を会社に通知した上で，実際に株主総会において反対することが必要である（会社797条2項1号イ。なお，株主総会決議が必要である場合において，〔たとえば相互保有規制により〕議決権を行使することができない株主は，すべて「反対株主」となる〔同項1号ロ〕。さらにそもそも株主総会決議が必

要でない場合，すべての株主が「反対株主」になる〔ただし，略式合併の場合の特別支配株主会社が反対することは考えられないため除外される。同項 2 号〕）。

　EおよびFのいずれも株主総会に先立って反対する旨を通知している。もっとも，Eは株主総会において反対しているが，Fは株主総会に出席せず代理権行使もしていない。したがって，Eは買取請求権を行使できるが，Fは買取請求権を行使できない。

❷ 合併の手続における債権者の保護

(1) 合併の手続に瑕疵がある場合，合併の無効が問題となる。もっとも，設立や新株発行における瑕疵の場合と同様に，法的安定性をはかるため，その無効は，一定の提訴権者のみが一定の期間内に訴えをもってのみ主張できるとされている（会社 828 条 1 項 7 号，同条 2 項 7 号）。さらに，無効原因は，解釈上，手続の瑕疵のうち重大なものに限定されている（田中・前掲 698 頁，699 頁）。

　以下では，まず，債権者異議手続の概要をみた上で，各債権者がどのような無効原因によって無効の訴えを提起できるかを検討する。

(2) 相手方となる会社の経営状態が悪いときは，合併によって債権回収が困難になる危険が増大し債権者にとって不利益となる。また，合併契約による資本金・資本準備金に関する事項の定め方次第では，資本金・準備金の額の減少の効果を生じさせる（江頭・前掲 913 頁参照）。そこで，各当事会社の債権者に，合併に対して異議を述べる機会が与えられている（会社 789 条 1 項 1 号〔甲社の債権者〕，会社 799 条 1 項 1 号〔乙社の債権者〕。なお，合併と異なり，会社分割の場合，異議を述べることができる債権者は限定されている〔会社 789 条 1 項 2 号〕）。

(3) 債権者が異議を述べることができる場合には，存続株式会社等は，債権者が一定の期間内（1 か月以上）に異議を述べることができる旨などを官報に公告し，かつ，知れている債権者には各別に催告しなければならない（会社 799 条 2 項。なお，官報のほか，日刊新聞紙または電子公告によっても公告する場合には催告を省略できるが〔同条 3 項〕，設問はこの場合にあたらない）。

　債権者が期間内に異議を述べなかった場合，当該債権者は，当該吸収合併について承認したものとみなされる（会社 799 条 4 項）。異議を述べた場合，存続株式会社等は原則として相当の担保を提供するなどの措置を講じなければならない（同条 5 項）。なお，債権者が異議を述べるかどうか判断するために，事前開示において，存続会社の債務の履行の見込みに関する事項などが開示される（会社 794 条 1 項，会社則 191 条〔**1**(1)参照〕）。

(4) 吸収合併の無効の訴えを提起できる債権者は，吸収合併について「承認をしなかった債権者」に限られる（会社 828 条 2 項 7 号）。承認をしなかった債権者とは，合併について異議を述べることができる債権者であって，異議を述べた（承認しなかった）ものをいうと解されている。

　問 2 において，Aは異議を述べた債権者にあたり，無効の訴えを提起することができる。これに対して，Bは期間内に異議を述べなかったので，承認をしたものとみなされ（会社 789 条 4 項），無効の訴えを提起することはできない。Cは実際に異議を述べることはしていないが，それは公告がなされず催告もなされなかったためである。このような場合，承認をしたものとはみなされず，無効の訴えを提起することができると解される。

(5) Aが無効の訴えを提起する場合，①乙社が法定の公告・催告手続を怠ったこと，および，②Aが異議を述べたにもかかわらず，担保が提供されなかった点を無効原因として主張することが考えられる。

　このうち①に関しては，債権者がすべての手続上の瑕疵を無効原因として主張できるかが問題となる。提訴権者のうち，存続会社の株主や取締役などは会社運営確保のため提訴権を認められていることから，すべての無効原因を主張できると解すべきであるが，消滅会社の株主や取締役であった者は当該会社にかかる事由のみを無効原因と主張でき，合併を承認しなかった債権者は，会社外部者として，自己の利益に関係する理由のみを無効原因として主張できると解すべきである（江頭・前掲 926 頁(注 4)）。確かに公告はなされてないものの，Aに対する催告はなされており，Aの利益には関係しない。したがって，Aが①を理由として無効を求めることはできないと解される。

　では，②を理由とする場合どうか。合併が債権者を害するおそれがないときは，そのような担保の提供などをする必要がない（会社 799 条 5 項ただし書）。財務状態が健全な会社との合併であるため，債権の回収可能性が悪化しない場合がそれに当たる（田中・前掲 685 頁。この事情については乙社側に立証責任がある〔江頭・前掲 914 頁(注 2)〕）。

　Aの債権額は 3000 万円であり，これに対して，甲社の純資産額は 5000 万円，乙社の純資産額は 1 億 5000 万円である。このような純資産額を前提とする限り，乙社は債権者を害するおそれがないことについて立証できるものと考えられる。したがって，Aによる合併の無効の訴えは認められない（東京地判平成 27・1・26 商事法務 2074 号 70 頁参照）。

(6) Cが無効の訴えを提起する場合にも，上記①および②の無効原因を主張することが考えられる。このうち②については，(5)で検討したのと同様に，Cの利益に関係しないため，そのことを理由に無効原因を主張することはできないと解される。

　では，①を理由とする場合どうか。一般に，債権者異議手続の不履践は，重大な瑕疵として無効原因となると解されている。Cが，効力発生日から 6 か月以内に（会社 828 条 2 項 7 号参照）合併無効の訴えを提起した場合，合併無効の訴えは認められることになりそうである（もっとも，(5)で検討したように，結果として債権者が害されるおそれがなかった点が立証されれば，瑕疵が重大ではないとして無効原因とならないと解することにも相当の説得力があるものと思われる）。

🔼 ステップアップ

　Fは，本件合併の効力が発生する前に本件合併の差止めを求めることはできるか。また，効力発生後に無効を求めることができるか，論じなさい。

➡ 次回の設問

会社法総則・雑則に関する問題を扱う。

商法　12

大阪市立大学教授
小柿徳武　KOGAKI Noritake

↘ 設問

　甲株式会社は電子機器の卸売業を営む取締役会設置会社であり，監査役設置会社である。202X 年 4 月 1 日時点での甲社の取締役は，A，B，C および D の 4 名であり，A および B が代表取締役に選定されている。甲社における内規により，A は社長，B は副社長という肩書きを付与されている。

　202X 年 4 月 10 日に開催された甲社の取締役会において，B は代表取締役から解職された。ただし，当面の間，副社長という肩書きを使用してもよいとされた。さらに，甲社の登記簿において B の代表取締役からの退任登記がなされたのは，同年 5 月 20 日であった。

　乙株式会社（乙社の代表取締役は E）および丙株式会社（丙社の代表取締役は F）は，従前から，継続的に甲社との間で取引を行っている会社である。202X 年 5 月 1 日に，E は乙社を代表して，B との間で甲社に対して 300 万円分の電子部品を納入する契約を締結した（本件第 1 取引）。同年 6 月 1 日に，F は丙社を代表して，B との間で甲社に対して 400 万円分の電子部品を納入する契約を締結した（本件第 2 取引）。本件第 1 取引および本件第 2 取引の契約書には，いずれも甲社代表取締役副社長という肩書きとともに，B の署名がなされており，E および F はいずれも，契約の時点において B が代表取締役でないことを知らなかった。

問 1　202X 年 7 月 1 日に，E は，本件第 1 取引について，代金の支払いを甲社に請求した。甲社は，B が代表取締役でなかったことを理由として，この請求を拒むことができるか説明しなさい。

問 2　202X 年 8 月 1 日に，F は，本件第 2 取引について，代金の支払いを甲社に請求した。甲社が B について代表取締役からの退任登記がなされていることを理由としてこの請求を拒んだ場合，F がなしうる主張としてどのような主張が考えられるかについて説明した上で，それぞれの主張が認められるか論じなさい。

❗POINT

　❶商業登記の一般的効力。❷商業登記の積極的公示力における正当事由の意義。❸商業登記の一般的効力と外観保護規定との関係。

↘ 解説
① 商業登記の一般的効力

⑴　商業登記とは，商人に関する一定の事項を商業登記簿に記載してなす登記のことをいう（株式会社については株式会社登記簿が登記所に備えられる〔商登 6 条 5

号。同 1 条の 3 参照〕。登記簿は磁気ディスクをもって調製される〔同 1 条の 2 第 1 号〕）。商業登記は，法律に特別の定めがなければ，事実・法律関係の公示の機能を有するだけであり，不動産登記が権利の公示と権利変動の対抗要件とされている点と異なる（落合誠一ほか『商法 I 総則・商行為〔第 6 版〕』109 頁〔大塚龍児〕。特別の定めとして，会社 49 条〔株式会社の設立登記〕参照）。

　株式会社の場合，登記すべき事項は，会社法 911 条 3 項各号において定められている（目的，商号，本店・支店の所在地，資本金の額，発行可能株式総数，取締役の氏名，代表取締役の氏名・住所など）。これらに変更が生じた場合，原則として 2 週間以内に変更の登記をしなければならない（会社 915 条 1 項。例外として，同条 2 項 3 項参照）。

⑵　会社法 908 条 1 項は，「この法律の規定により登記すべき事項は，登記の後でなければ，これをもって善意の第三者に対抗することができない。登記の後であっても，第三者が正当な事由によってその登記があることを知らなかったときは，同様とする」と定めている。これは，商業登記の一般的効力と呼ばれている（なお，個人商人については，商法 9 条 1 項の規定による）。

　登記すべき事項について，登記すべき事実・法律関係が実体法上存在していても，それを登記しなければ，当事者（登記義務者）はそのことを善意の第三者に主張することができない（会社 908 条 1 項前段）。ここでの善意については，第三者に重過失があってもよいと解されている。その理由は，かりに重過失の場合に悪意と同視すると，第三者の側に登記を確認するだけにとどまらず，一定の注意義務を課すことになってしまうが，これは，商業登記制度の趣旨に反するからである（北村雅史編『スタンダード商法 I 商法総則・商行為法』35 頁〔清水円香〕参照）。

⑶　甲社では，4 月 10 日の時点で B は代表取締役から解職されているが，これについて登記がなされたのは 5 月 20 日である。本件第 1 取引がなされた 5 月 1 日の時点では，登記すべき事項が登記されていない状態であった（会社 911 条 3 項 14 号。なお，甲社は監査役設置会社であることから，指名委員会等設置会社ではない。同項 23 号，会社 327 条 4 項参照）。また，E は，B が甲社の代表取締役でないことを知らなかった。

　したがって，甲社は，本件第 1 取引について，B が代表取締役でなかったこと（すなわち B による無権代理であること〔民 113 条 1 項〕）を理由として代金の支払いを拒むことができない。

② 商業登記の積極的公示力における正当事由

⑴　登記すべき事項について，登記した後であっても，第三者が正当な事由によってその登記があることを知らなかったときは，登記があることをもって第三者に主張することができない（会社 908 条 1 項後段）。したがって，登記すべき事項について登記した後は，第三者に正当事由がない限り，当事者（登記義務者）は，その事項について善意の第三者に対しても，その事項を主張することができることになる（正当事由の立証責任は第三者

側にあると解されている〔落合ほか・前掲119頁［大塚］〕）。

通説によれば，以上のことは，登記されることによって第三者の悪意が擬制される（悪意擬制説。たとえ第三者が知らなくとも知っているとみなされる）と説明されている（舩津浩司・商法判例百選16頁参照）。

⑵　Bの退任登記がなされたのは5月20日であり，本件第2取引がなされた6月1日の時点では，すでに登記がなされている。したがって，たとえFが，Bが甲社の代表取締役でないことについて善意であったとしても，Fが正当な事由によって登記があることを知らなかった場合を除いて，甲社は，丙社に対して，Bが代表取締役でなかったこと（すなわちBによる無権代理であること〔民113条1項〕）を理由として代金の支払いを拒むことができる。

⑶　したがって，Fとすれば，正当事由があると主張することが考えられる。ここでの正当事由は，交通の途絶や，登記簿の滅失汚損など，登記の閲覧を妨げる客観的事由に限られ，病気や長期旅行のような主観的事由は含まれないと解されている。その理由は，かりに主観的事由について正当事由を認めると，せっかく当事者が登記の義務を果たしているにもかかわらず，相手方の事情によってその効力が左右されることになってしまい，商業登記制度の趣旨に反するからである。

設問の事実からは，交通の途絶など客観的理由によってFが登記簿をみることができなかったという事情はうかがえない。したがって，正当事由があるという主張は認められない（なお，Fとしては，丙社と甲社はこれまで継続的に取引をしてきたのであるから，逐一，代表取締役について登記を確認することは期待できないなどとして，正当事由があると主張することも考えられる。この点について，「毎日のように手形取引を繰り返していたような場合で，しかも突然代表者の交代の変更登記がなされた」ような場合については，相手方に改めて登記の調査を要求することが無理である特段の事由があるとして正当理由にあたるとする裁判例もあるが〔大阪高判昭和52・3・30下民集28巻1=4号327頁〕，この裁判例においても，一般的に継続的取引関係が存在するだけでは，そのような特段の事由にはあたらないとして正当理由は否定されている。さらに，同判決の上告審は，登記簿がいつ閲覧可能になったかのみを指摘して結論を是認しており〔最判昭和52・12・23判時880号78頁〕，判例は，通説と同様に正当事由を客観的事情に限っていると理解されている〔舩津・前掲17頁参照〕）。

③ 商業登記の一般的効力と外観保護規定

⑴　Bは，甲社の代表取締役でなくなった後も，代表取締役副社長という肩書きで契約書に署名している。そこで，Fとすれば，民法および会社法の外観保護規定の適用を主張することが考えられる。

⑵　まず，代理権消滅後の表見代理の規定である民法112条1項については，会社法・商法は，民法の特別法であるため，会社法908条1項（商9条1項）が優先的に適用され，これとは別に民法112条1項が適用または類推適用されることはないと解されている。

判例も，商業登記の一般的効力について，「商人の取引活動が一般私人の場合に比し，大量的，反復的に行われ……利害関係をもつ第三者も不特定多数の広い範囲の者に及ぶことから，商人と第三者の利害の調整を図るために，登記事項を定め，一般私法である民法とは別に，特に登記に右のような効力を賦与することを……相当とするから」定められたものであるとしている（最判昭和49・3・22民集28巻2号368頁）。

したがって，Fが民法112条1項に基づく主張をしても，認められない。

⑶　次に，会社法354条の表見代表取締役の規定についてはどうか。かりに，通説に従い，Bの代表取締役の退任についてFの悪意が擬制されると解すると，相手方が善意であることという同条の要件を満たさないことになり，同条の適用を主張できなくなりそうである。

しかしながら，通説は，この点について，会社法354条などの外観保護規定は，登記義務者の側で登記された事実と異なる外観を創出している場合についての特別規定であり，会社法908条1項の例外にあたると解している（例外説）。

このほかに，会社法908条1項によって悪意が擬制されるとしても，会社法354条などの外観保護規定とは矛盾しないという見解も有力である。この見解によれば，たとえばPが代表取締役として登記されているからといって，P以外の者，たとえばQが代表取締役ではないことの悪意が擬制されるわけではない（設問の事例でいえば，Bについて代表取締役からの退任登記がなされたとしても，その後，Bが再び代表取締役に選定された可能性はある）。したがって，Pが代表取締役であることについて第三者の悪意が擬制されても，それはQに代表取締役らしい名称を付したためにQが代表取締役とみなされることとは，何の関係もないと説明される（落合ほか・前掲120頁［大塚］。これ以外の説について，荒達也・商法判例百選15頁参照）。

⑷　上記のどちらかの見解にたてば，Fは，会社法354条が適用されることを主張できることになる。具体的には，「副社長」が株式会社を代表する権限を有するものと認められる名称にあたること（外観の存在），会社の内規によりBに副社長という名称が与えられており，また，代表取締役を退任した後も当面副社長という名称を使用することが許されていたこと（帰責性），Fは，Bが代表取締役でないことについて善意でかつ重過失もないこと（相手方の信頼）を主張することになる（重過失がある場合は，悪意と同視される〔伊藤靖史ほか『会社法〔第5版〕』194頁〕）。

外観の存在と，帰責性については設問の事実から認められる。相手方の信頼について，FはBが代表取締役でないことについて善意であった。したがって，本件第2取引の時点で善意であることについてFに重過失があった場合を除き，Fが会社法354条の適用を主張した場合，この主張は認められる。

ステップアップ

設問の事実と異なり，Bが202X年4月10日の時点で甲社の取締役を辞任していた場合はどのように考えられるか。

商法・論点索引

民事訴訟法

慶應義塾大学教授
芳賀雅顯
HAGA Masaaki

民事訴訟法 1

慶應義塾大学教授
芳賀雅顯　HAGA Masaaki

▶ 設問

　Xは，ある大学の校友会であり，その校友会員の数は5万人を超える。Xの規約によると，Xの意思決定機関は年に一度開催される総会であり，総会は校友会名簿に基づいて事前に開催時期と場所が書面で通知され，出席者の過半数によって決議がなされている。Xの代表である校友会長は，この総会によって選任されたAが現在務めている。また，規約によると，校友は年に5000円を会費として納めるものとされている。

　Xは，大学のキャンパス内にある建物の一室を借りて校友会業務を行っていたが，プールしていた校友会費が相当額になったことから校友会館の建設計画が持ち上がり，その用地として大学近隣の甲土地をその所有者Yから2億円で購入することが校友会の総会で諮られた。総会では，出席者の過半数の同意を得て甲土地を購入する案が可決された。その後，XY間で甲土地の売買契約が締結された。

　しかし，Xが売買代金を支払ったにもかかわらず，Yは甲土地の所有権を移転する登記手続に協力しなかった。そこで，Xは，甲土地について，代表者であるA名義に登記を移転することを求めて訴えを提起した。これに対して，Yは，Xは当事者能力を有さず，また，かりに当事者能力を有したとしても当事者適格を有していないため，訴えは却下されるべきであるとして本案前の抗弁を主張した。また，Yは，かりにXが当事者能力そして当事者適格を有する場合には，本件売買契約は無効である，かりに契約が有効である場合にはXの未払代金があるとして，その支払いを求める反訴を提起した。裁判所は，証拠調べを行ったうえで，Xは当事者能力も当事者適格も認められるとしてXの請求を認めたが（本訴認容），売買代金2億円のうち5000万円が未払いであるとして残代金の支払いをXに命ずる判決を下した（反訴認容）。

問（各設問は相互に独立している）

1　Xが民訴法29条にいう法人でない社団または財団として扱われるためには，どのような要件を満たしている必要があるか。

2　Xは，本件訴訟で当事者適格を有するか。

3　Xに5000万円の未払代金の支払いを命ずる判決の効力は，Xの構成員である校友会員に及ぶか。

❶POINT

❶法人でない社団または財団に当事者能力が認められるのはどのような場合か。❷法人でない社団または財団に，登記請求訴訟の当事者適格は認められるのか。❸法

人でない社団または財団に対して下された判決の効力は，その構成メンバーに及ぶのか。

- -

▶ 解説
①法人でない社団または財団の当事者能力

　民事訴訟は，権利義務の帰属主体間における紛争に実体法を適用して当該紛争を解決する。したがって，当事者能力は，権利義務の帰属主体である権利能力者が有する（自然人，法人。また，胎児も一定の場合に権利能力者として扱われる。民721条・886条1項などを参照）。そのことは，民訴法28条が宣明している。

　しかし，現実には，多様な団体が社会活動を行っている。このうち，法人でない社団または財団（以下では，法人格のない団体とよぶ）については，民訴法29条が一定の場合に当事者能力を有することを認めている。しかし，条文は，法人格のない団体について「代表者又は管理人の定めがある」ことを要求するのみである。では，この要件だけで足りるのか。最高裁は，①団体としての組織性があること，②多数決原理を採用していること，③構成員の変更にもかかわらず団体そのものが存続していること，④団体としての主要な点（代表の方法，総会の運営，財産の管理）の確定が必要であるとしている（最判昭和39・10・15民集18巻8号1671頁，最判昭和42・10・19民集21巻8号2078頁を参照。前者は，「権利能力なき社団」の成立要件に関する判例であり，後者は，前者の判例が民訴法29条の「法人でない社団又は財団」にも妥当するとした）。学説は，判例の立場を整理し，民訴法29条の適用を受ける法人格のない団体は，①対内的独立性（構成員の変動とは無関係に団体の同一性が維持されること），②対外的独立性（代表者が定められ，他の法主体から独立していること），③内部組織性（代表者の選出や団体の意思決定方法が定まっていること），④財産的独立性（団体がその構成員から独立した財産を有していること）が求められると説く。

　上記の要件のうち，団体の財産的側面について，どのように解すべきか議論がある（高橋宏志『重点講義民事訴訟法(上)〔第2版補訂版〕』178頁）。財産的独立性を独立の要件として捉える立場，あるいは，金銭訴訟の場合にのみ不可欠の要件とする立場，さらには，独立した要件であることを否定して他の要件判断に際しての補助的な資料とする立場が説かれている。最判平成14・6・7民集56巻5号899頁は，「財産的側面についていえば，必ずしも固定資産ないし基本的財産を有することは不可欠の要件ではな」いとした。しかし，団体固有の財産をまったく有しない場合には，団体としての運営を行うことは考えにくい。そのため同判決は，固定資産や基本財産を有する必要はないが，必要な収入を得る仕組みや収入管理体制などが備わっている事情を総合的に考慮するとし，一定の財産的基礎を求めているものと解される（髙部眞規子・最判解民事篇平成14年度(上)453頁）。

　本件では，校友会は毎年卒業生を受け入れつつも同一性を維持していること，校友会長は総会で選任され，ま

たその総会において規約に則って校友会の意思決定がなされていること，校友会費が定期収入として見込まれることから，民訴法29条の要件を満たしていると解される。

② 登記請求訴訟における法人格のない団体の当事者適格

法人格のない団体でも，民訴法29条により当事者能力を有することがある。しかし，当該団体が権利能力を有していないことからすると，当事者適格との関係で問題が生ずる。というのも，当事者適格は，従来，実体法上の管理処分権を基準に認められてきたが，団体が権利能力を有しないということは管理処分権の帰属主体とはなりえないはずだからである。そこで，団体に当事者能力が認められている以上は，当該訴訟との関係においては権利能力が認められると解する見解が有力に説かれる（兼子一『新修民事訴訟法体系〔増訂版〕』111頁）。しかし，登記実務においては，権利能力なき団体の存在を公証する方法がないことから，この場合には団体名義の登記は認められていない。

このように，法人格のない団体が権利義務の帰属主体であることを前提にした判決を下すことには問題がありそうである。そこで，どのような対応が可能なのかが問われる。この団体の財産形態は，全構成員の総有と解されることから（最判昭和32・11・14民集11巻12号1943頁，最判昭和55・2・8判時961号69頁参照），団体が求める登記請求訴訟は構成員全員の名義への変更を求める訴えとなる。そこで，実体法上の管理処分権を当事者適格の基礎とすると，全メンバーを当事者とする固有必要的共同訴訟となる。だが，そうすると，本件の校友会のメンバーが5万人を超えることから，訴訟を全員で行うことは現実的とはいえないし，また，このような扱いは，法人格のない団体に当事者能力を認めて，紛争解決手続の簡素化を意図した民訴法29条の実質的な意義を失わせることになる。

この点，判例は，権利能力なき社団が有する不動産について登記請求を行う場合には，社団名義の登記請求を行うことはできないが，代表者個人名義の登記請求を行うことを認める（最判昭和47・6・2民集26巻5号957頁）。この判決は，代表者が，構成員のために不動産の登記名義人になったとして，不動産の登記請求につき当事者適格を有すると考える立場であり，権利能力なき社団は登記請求について当事者適格を有しないことを示すものと解される。

他方，学説は，権利能力なき団体に当事者能力が認められている以上は当該事案との関係では権利能力が認められると解する立場を前提に，Xが登記請求権を主張しているのであるから，Xは当該訴えの当事者適格を有するとの見解が多数を占めている（兼子一原著『条解民事訴訟法〔第2版〕』173頁など）。近時，判例は，当事者能力を有する入会団体は，構成員の総有財産に属する不動産について，不動産の帰属を争う者を被告とする総有権の確認訴訟を追行する原告適格を有するとしている（最判平成6・5・31民集48巻4号1065頁。なお，本判決は代表者以外の構成員が登記名義人になることを

認める）。また，判例は，社団の財産である不動産が実質的に社団に帰属していることに鑑みると，当該社団に不動産登記請求訴訟の当事者適格を認めるのが簡明であり，また当事者の意識にも合致するとしている（最判平成26・2・27民集68巻2号192頁）。これらの判例は，本来は，入会団体の財産は構成員に総有的に帰属するため，入会権者全員による固有必要的共同訴訟になるはずであるが，手続の煩雑さを回避するため団体に訴訟担当を認めたものと解される。この場合の法的構成としては，任意的訴訟担当と法定訴訟担当が考えられる。構成員の意思に基づいてこそ団体に当事者適格が認められるとするならば，任意的訴訟担当と解する立場が支持されよう（三木浩一ほか『民事訴訟法〔第3版〕』388頁）。他方，最判平成6年および26年が授権を問題としていないことから，法定訴訟担当と解する立場も有力である（参照，田邊誠・民事訴訟法判例百選〔第5版〕25頁，山本和彦・同27頁）。

このように，法人格のない団体が有する不動産について登記請求を行う場合には，選択肢は複数ある。まず，全構成員，代表者または名義人とされた構成員個人名義の登記請求を行うことが考えられる。つぎに，法人格のない団体自体が固有の当事者適格を有する，あるいは訴訟担当者として原告となる方法が考えられる。かりに任意的訴訟担当と構成して団体の当事者適格を認める場合には，どのようにして授権がなされたのか問題となりうるが，団体への加入や団体の意思決定への関与が認められるならば，黙示的に授権がなされたものと評価しうる。本件では，校友会に加入していることや，定期総会に関与する機会が与えられていたことからするならば，授権を肯定することができよう。

③ 法人格のない団体が受けた判決の効力は団体の構成員に及ぶか

通説は，権利能力なき団体が当事者となった訴訟において下された判決は，その団体にのみ効力が及ぶ（民訴115条1項1号）と解する。この考えは，法人格のない団体が，民訴法29条によって，法人の場合と同様に扱われることを理由とする。

もっとも，前掲最判平成6年および平成26年は，構成員に対しても判決効が及ぶとしている。この扱いは，上記2判例が，団体ではなく構成員に実体法上帰属する権利義務について，団体が訴訟担当者として当事者となる訴訟担当的構成を採用していると解される根拠でもある（伊藤眞『民事訴訟法〔第7版〕』130頁。なお，民訴115条1項2号も参照）。訴訟担当と解すると，構成員に対する執行を認めるのが容易になる点に利点がある。

🔧 ステップアップ

Xが，民法上の組合である場合には，本設問はどのようになるであろうか。また，「民法上の」と限定を付していることは，なにか意味があるのであろうか。

➡ 次回の設問

代理と訴訟担当。

民事訴訟法　2

慶應義塾大学教授
芳賀雅顯　　　HAGA Masaaki

↘ 設問

訴外Aは，老舗の和菓子店を営んでいたが，令和元年8月に死亡した。Aには子Bがいたものの，Bは家業を継がないことを明言していた。そこで，Aは，自身のもとで長年修業し店を支えてきたCを数年前に養子に迎え入れていた。Cは，養子縁組がなされた当初はAと円満な関係であったが，Aが亡くなる少し前から，Aの財産をめぐりいさかいが絶えなくなっていた。そのこともあってか，Aは，亡くなる前に遺言を作成していた。また，遺言では，Dが遺言執行者として指定されていた。

問（各設問は相互に独立している）

1　遺言では，Aの所有する甲地をBに遺贈するとしていた。そこでDは，甲地について，Bを名義人として相続を原因とする所有権移転登記の手続をおこなった。これに対して，Cが，本件の遺言はAの意思に基づかないで作成されたとして，Dを相手に遺言の無効確認と登記の抹消を求める訴えを提起した。Dは当事者適格を有するか。

2　遺言では，Aの所有する甲地をBに遺贈するとしていた。しかし，甲地について，Cを名義人として相続を原因とする所有権移転登記の手続がなされた。そこで，Bは，Dを相手に遺言の執行として所有権移転登記を求める訴えを提起した。Dは当事者適格を有するか。

3　遺言では，「Bに甲地を相続させる」となっていた。ところが，Bが甲地の所有権移転登記の申請をする前に，Cの債権者Eが，相続人に代位して相続を原因とする所有権移転登記をし，Cの持分を差し押さえた。この場合，Dは，移転登記の抹消を請求し，またBに登記の移転を求める権限を有するか。

❗POINT

❶訴訟担当と代理の区別。❷遺言執行者の法的地位。❸遺言執行者の職務の範囲。

↘ 解説
① 訴訟担当と訴訟上の代理の区別

訴訟担当とは，訴訟物である権利義務の帰属主体の代わりに，または，帰属主体とともに第三者が訴訟物との関係で当事者適格を有する（訴訟担当の根拠が法律の規定に基づく場合は法定訴訟担当，権利義務の帰属主体である当事者の意思に基づく場合は任意的訴訟担当と呼ぶ）。これに類するが，区別すべき制度として訴訟上の代理がある。

訴訟担当と訴訟上の代理の相違は，大別して，当該第

三者が当事者適格を有するのか否か（訴訟担当の場合は肯定されるのに対して，訴訟上の代理では否定される），また，当該第三者が既判力の主観的範囲に含まれるのか否か（訴訟担当の場合は民法115条1項1号により肯定されるのに対して，訴訟上の代理の場合は否定される），といった点に現れる。このように両者は観念的には截然と区別されるが，具体的な制度が，そのいずれに該当するのかが必ずしも明確でない場合がある。その1つが，遺言執行者であった（議論の詳細は，笠井正俊・民事訴訟法判例百選〔第5版〕29頁などを参照）。この点については，平成30年の民法改正が関係するので，改正によってどのような扱いになったのかを確認してみる。

② 遺言執行者の法的地位

遺言執行者の法的地位をめぐってはかねてから争いがあった。平成30年7月6日成立の「民法及び家事事件手続法の一部を改正する法律」（平成30年法律第72号）により（以下では改正民法と呼ぶ），遺言執行者の法的地位の明確化が図られた（堂園幹一郎＝野口宣大編著『一問一答　新しい相続法』113頁）。

そこで，改正前の議論を確認してみる。まず，遺言執行者は，相続人の代理人であるとする立場がある（代理説と呼ぶ）。これは，民訴法28条が，訴訟上の法定代理等については，民訴法に特別の定めがある場合を除いて民法等の規定に従うとしており，また，改正前民法1015条が「遺言執行者は，相続人の代理人とみなす。」と規定していたことから，訴訟上も代理人であると解する立場であった。しかし，学説上は，遺言執行者は訴訟担当であると解する立場（訴訟担当説と呼ぶ）が多数を占めていた（参照，伊藤眞『民事訴訟法〔第7版〕』143頁以下，菊井維大＝村松俊夫原著『コンメンタール民事訴訟法Ⅰ〔第2版追補版〕』284頁，三木浩一ほか『民事訴訟法〔第3版〕』126頁）。この見解は，代理説に対しては，つぎのように批判する。すなわち，遺言執行者は，相続人の廃除（民法893条）の場合などのように，必ずしも相続人の利益のために活動するとはいえないというものである。また，訴訟担当であることの根拠としては，遺言執行者は遺言の執行に必要な一切の行為をする権限を有すること（改正前民法1012条），遺言執行者が選任されている場合には，相続人は遺言の執行を妨げる行為ができないこと（改正前民法1013条），つまり相続人は遺言執行者の選任によって相続財産の管理処分権を失うことがあげられていた。それでは，代理説の根拠となった改正前民法1015条を，訴訟担当説はどのように説明するのか。訴訟担当説は，条文の文言から直ちに遺言執行者の法的地位を判断するのではなく，ここでの代理の意味を考えたうえで判断すべきであるとする。そして，遺言執行者は相続人の利益を図るためだけでなく，遺言者の意思を受けて遺言内容の実現を図るものであること，また，前述の改正前民法1012条および1013条の規定を考慮すべきであるとする。そこで，遺言執行者は自己の名で当事者として訴訟追行し，その効果が本人に及ぶものと説明していた（梅本吉彦『民事訴訟法〔第4版〕』407頁）。また，判例（最判昭和31・9・18民集10巻9号1160頁，最判昭和51・7・19民集30巻7号706頁など）も，遺言執行者を法定訴訟担当として

いた。

改正民法は，1012条に第2項を新設した。同項は，遺言執行者が選任されている場合には，遺贈の履行義務は「遺言執行者のみ」が負うと定める。そして，遺言執行者の義務は，実体法上のそれだけでなく，訴訟追行権も含まれる。これによって，受遺者は遺贈の履行請求を行う相手方を明確に判断できるようになった（潮見佳男編『民法（相続関係）改正法の概要』49頁参照）。また，1015条で規定されていた「相続人の代理人とみなす」との文言は削除された。現行法は，訴訟担当説によらせる方向で条文が整備されたと言える。

③ 遺言執行者の職務の範囲

遺言執行者が訴訟担当であるとすると，その職務の範囲内であれば，遺言執行者が当事者適格を有する。しかし，その範囲が必ずしも明確ではなかったため（改正前民法1012条1項は，遺言執行者の権利義務の範囲を「相続財産の管理その他遺言の執行に必要な一切の行為」と定めていた），議論があった。

改正前には，つぎのような判例がある。相続人が遺言の有効性を争い，相続財産につき共有持分権の確認を請求した訴訟について，遺言執行者は被告適格を有する（前掲最判昭和31・9・18）。特定不動産について相続人が相続を原因として所有権移転登記を経由したが，当該不動産の遺贈を受けた者が遺言の執行として所有権移転登記を請求する場合は，遺言執行者のみが被告適格を有する（最判昭和43・5・31民集22巻5号1137頁）。しかし，この昭和43年判決に対しては，この場合の登記義務者は最初に登記を行った相続人であるから，遺言執行者に被告適格があるとすることに疑問が呈されていた（兼子一原著『条解民事訴訟法〔第2版〕』163頁，高橋宏志『重点講義民事訴訟法(上)〔第2版補訂版〕』273頁）。遺贈の目的物について遺言に基づく所有権移転登記ないし仮登記を済ませたところ，相続人が遺言の無効確認と登記の抹消を請求した場合は，受遺者が被告適格を有する（前掲最判昭和51・7・19）。この昭和51年判決は，すでに遺言執行として受遺者に登記が経由された以上は，登記についての権利義務は受遺者に帰属しているという理解に基づくものである。

改正民法1012条1項には，「遺言の内容を実現するため」という文言が新たに付け加えられた。そのため，遺言執行者の権利義務の範囲は，それぞれの遺言の内容から解釈・判断することになる。しかしながら，遺言の記載内容からは，遺言者の意思が明確でない場合も考えられる。この点，改正民法1012条2項は，遺言執行者が選任された場合には，「遺贈の履行」は遺言執行者のみが行うことができるとしている。そのため，特定不動産の受遺者が遺言執行として所有権移転登記を請求する場合には，相続人ではなく遺言執行者が当事者適格を有するとの，前掲最判昭和43・5・31の立場が明文で示された（潮見佳男『詳解相続法』445頁）。

④ 特定財産承継遺言

いわゆる「相続させる遺言」は，特定の遺産を特定の相続人に相続させるとするものである。判例は，これを特段の事情がない限り遺贈ではなく遺産分割の方法に関する指定であり，被相続人の死亡時に特定の遺産が特定の相続人に単独で相続により承継されるものとする（最判平成3・4・19民集45巻4号477頁）。現行法はこのことを，特定財産承継遺言として規定している（改正民法1014条2項）。

改正前は，相続させる遺言によって特定の相続人が不動産の所有権移転登記を請求する場合，遺言執行者は，遺言の執行として登記手続の義務を負うものではないとされていた（最判平成7・1・24判タ874号130頁）。というのも，被相続人の死亡により特定の遺産が直ちに特定の相続人に承継され，その相続人（受益相続人）が登記の単独申請をすることができるからである。もっとも，他の相続人が自己名義への移転登記をすでに済ませている場合，遺言の執行が妨害されているため，遺言執行者は，他の相続人に対し移転登記の抹消と，受益相続人への移転登記を請求することができるとされていた（最判平成11・12・16民集53巻9号1989頁）。

改正法は，特定財産承継遺言について，遺言執行者は，特定の相続人が対抗要件を備えるために必要な行為をすることができるとしている（改正民法1014条2項）。したがって，前掲最判平成7・1・24の立場は，この改正法によって変更を受けた（大村敦志＝窪田充見編『解説民法（相続法）改正のポイント』108頁）。登記申請権限は，受益相続人と遺言執行者が有する。

⑤ 設問の検討

問1については，Dは被告適格を有しないと考えられる。なぜならば，遺言執行としてBに登記が経由された後は，登記に関する権利義務はBにのみ帰属するからである（前掲最判昭和51・7・19も参照）。この場合は，Cは，Bを相手に訴訟を提起すべきである。

問2については，Dは被告適格を有すると考えられる。改正民法1012条2項により，当該不動産の遺贈を受けたBが遺言の執行として所有権移転登記を請求する場合は，Dが被告適格を有するからである（前掲最判昭和43・5・31も参照）。

問3については，Bに移転登記がなされる前に，Cの債権者Eが当該不動産について相続人に代位して所有権移転登記を行ったうえでCの持分を差し押さえており，遺言の実現が妨げられている。そこで，改正民法1014条2項に基づき，Dは，Bが対抗要件を備えるために必要な行為である抹消請求および移転登記請求を行うことができる（前掲最判平成11・12・16も参照）。

📋 ステップアップ

1　相続財産管理人（民918条3項・926条2項など）は，どのような法的地位にあるか。

2　任意的訴訟担当は，明文で認められる場合がある（民訴30条など）。では，明文のない任意的訴訟担当は認められるか。民訴法54条（弁護士代理の原則）や信託法10条（訴訟信託の禁止）との関係は，どう考えるべきか。認めるメリットはどの点にあるか。

➡ 次回の設問

訴えの利益。

民事訴訟法 　3

慶應義塾大学教授

芳賀雅顯　　HAGA Masaaki

📥 設問

運送業を営むＹは，新たな営業所用の土地を郊外に探していたところ，訴外Ａと，甲地につき賃料月額60万円で賃貸借契約を締結した。その後，Ｙの事業は順調に業績を伸ばしたため更にトラックの駐車スペースを必要としたが，不動産業者Ｘがビル建築用に取得した，甲地に隣接する乙地（甲地の約半分の面積）が空き地だったので，Ｙは一時的な使用なら文句を言われないと考えトラックを駐車するようになった。Ｘは当初これを大目に見ていたが，やがてＹが乙地に従業員用の休憩所を建てて，トラックの出入りも激しくなったので，Ｙに土地を更地にして乙地から立退くことを求めた。しかし，Ｙは代替地を見つけるので待ってほしいなどと言ったものの応じる様子はなかった。そこで，ＸはＹを相手に，乙地について所有権に基づく建物収去土地明渡しと，明渡しまでの賃料相当損害金（月額30万円）の支払いを求める訴えを提起したところ，請求認容判決が下され，判決は確定した（第１訴訟）。

Ｘは，Ｙが急成長の企業であることから，今後の関係を考慮して第１訴訟の判決について強制執行を行うことを躊躇していた。第１訴訟が確定してから３年後，乙地から比較的近い場所に鉄道の新駅が設置される構想が持ち上がり，地価が高騰した。Ｘは，現在では乙地の賃料相当損害金は月額90万円が適切であるとして，差額分をＹに求めることを考えている（第２訴訟）。

問（各設問は相互に独立している）

1　第１訴訟について，乙地明渡しまでの賃料相当損害金の支払いを求める訴えの利益は，どう考えるべきか。

2　第２訴訟について，Ｘは賃料相当損害金の差額を求めることができるか。これを肯定する場合，どのような法的枠組みに基づくのか。

❗POINT

❶現在給付と将来給付の訴えの利益。❷継続的不法行為における将来給付の訴え。❸将来給付の訴えで確定した賃料相当損害金の支払いを命ずる判決が，その後の事情変動により相当でなくなった場合の対応。

📥 解説
① 訴えの利益の意義と制度趣旨

訴えの利益とは，ある訴えについて本案判決を下す必要性ないし正当性を判断する概念である（三木浩一ほか『民事訴訟法〔第３版〕』356頁）。訴えの利益には２つの内容がある。１つは，訴えによって定立された請求が本案判決の対象となりうるのかを問題にし，権利保護の

資格あるいは請求適格と呼ばれる。もう１つは，権利保護の資格があることを前提に，本案判決を通じて訴訟物をめぐる紛争が解決されるかどうかを問題とするものであり，権利保護の利益または必要と呼ばれる。近時，前者は「審判権の限界」として論じられることが多く，訴えの利益は通常は後者を指す。訴えの利益は訴訟要件であり，これを欠く訴えは却下される。

なぜ訴えの利益という概念を設定するのか。紛争が発生した場合，原告は，裁判所での紛争解決を求めて訴訟を提起するが，すべての紛争が裁判所での解決に適しているわけではない。民事訴訟手続は実体法を適用して本案判決を下す以上，実体法を適用するのに適した紛争でなければならないし，これが肯定されても，司法資源が限られているため，本案判決を通じて合理的解決が期待できる紛争とそうでないものを選別する必要がある。その選別機能を果たすのが訴えの利益である。

② 現在給付と将来給付の訴えの利益

給付訴訟における訴えの利益は，現在給付の訴えと将来給付の訴えに区別される。前者は，事実審の口頭弁論終結時までに履行すべき状態となった給付請求権を主張する訴えであり，後者は，事実審の口頭弁論終結時において履行すべき状態にない請求権（期限未到来や停止条件未成就の請求権等）について，あらかじめ給付判決を求める訴えである。

現在給付の訴えは，履行すべき状態であるにもかかわらず，履行されていない給付請求権の履行を求めることから，原則として，そのことだけで本案判決を求める正当な利益が認められる。もっとも，債権者が，給付訴訟につき確定した勝訴判決を得ている場合，債権者には再訴を提起する利益は認められない。しかし，判決原本が滅失して執行正本が得られない場合や，時効の完成猶予のために必要な場合（後者につき大判昭和6・11・24民集10巻1096頁）には，訴えの利益は肯定される。

他方，将来給付の訴えは，「あらかじめその請求をする必要」がある場合に，訴えの利益が認められる（民訴135条）。というのも，将来給付の訴えは，債務者の履行義務が生じる前にあらかじめ債務名義を取得させることから，限定する必要性があるからである。つぎの3つの場合，将来給付の訴えの利益が認められる。①給付義務が現実化した場合に，ただちに履行される必要があるもの。たとえば，定期行為（民542条1項4号）や扶養料請求権がこれにあたる。②履行期が未到来の債権や，停止条件付債権について，履行期到来後あるいは条件成就後に履行が期待できない場合。義務者がすでに義務の存在や内容を争っている場合が該当する（最判平成3・9・13判時1405号51頁）。③代償請求の場合。本来の給付請求権（たとえば，特定物の引渡し）が不履行である場合に備えて，損害賠償請求（代償請求）の併合が認められる（大連判昭和15・3・13民集19巻530頁）。

③ 継続的不法行為における
　将来給付の訴えの請求適格

継続的不法行為に基づいて将来発生する損害賠償請求権について，どのような場合に将来給付の訴えが認めら

れるか請求適格をめぐり議論がある。具体的には，航空機騒音に基づく将来の損害賠償請求や，所有権に基づく不動産の明渡請求に併合して口頭弁論終結後土地明渡しがなされるまでの賃料相当損害金の支払請求がこれにあたる。このような場合に，将来の分も含めて請求ができるなら，債権者は，現在給付の訴えを幾度も提起する煩雑さから解放される。他方，将来の権利関係が現在と同じ内容を有するとは限らない。そこで両者の調整が問題となる。

この点，最高裁は，(i)損害賠償の基礎となるべき事実関係および法律関係が既に存在し，その継続が予想されること，(ii)損害賠償請求権の成否およびその内容について，債務者に有利な影響を生ずるような将来における事情の変動があらかじめ明確に予測できる事由に限られること，(iii)その事由について請求異議の訴えによりその発生を証明してのみ執行を阻止しうるという負担を債務者に課しても格別債務者に不当とは言えないこと，を満たす場合には将来給付の訴えにおける請求適格が認められるとした（最大判昭和56・12・16民集35巻10号1369頁。なお，請求適格と将来給付の訴えの利益の関係につき，三木ほか・前掲363頁参照）。不動産の不法占有者に対して明渡しまでの賃料相当損害金を求める場合は，上記要件を充足する（前掲最大判昭和56・12・16）。学説も，賃料相当損害金を将来給付の訴えで請求することを認める（伊藤眞『民事訴訟法〔第7版〕』184頁，兼子一原著『条解民事訴訟法〔第2版〕』788頁）。他方，航空機騒音に基づく将来の損害賠償請求については，防音対策の効果次第では損害賠償が否定されたり減少することから，将来における事情変動の把握が困難なため，判例と学説で議論の対立がある（議論の詳細は，長谷部由起子・民事訴訟法判例百選〔第5版〕50頁など）。

④ 賠償額とその後の事情変動

このように，判例は，不動産の不法占有の場合には，賃料相当額が定型性を有することから，将来給付の訴えの利益を肯定する。しかし，実際には，賃料算定に際して口頭弁論終結時に基礎としていた事情が，その後大きく変動することがあり，それに伴って賃料相当額も上昇，下降しうる。そこで，判決を下した当時における合理的な予測を超えた事情がその後生じ，当初の認容判決で確定した損害額がのちに著しく相当性を欠くに至った場合には，その調整を図る仕組みが求められる（議論の詳細は，高橋宏志『重点講義民事訴訟法(上)〔第2版補訂版〕』360頁，三上威彦・民事訴訟法判例百選〔第5版〕176頁など）。最高裁は，賃料相当損害金が増増したとしてその差額分を求めた訴訟について，一部請求論を用いてこれを認めた（最判昭和61・7・17民集40巻5号941頁）。その理由として，当事者の意思や借地法（当時）の趣旨からは，賃料相当損害金を将来の損害賠償として請求する場合，明渡しが近い将来になされることを予定しており，不法占拠者の妨害等により明渡しが長期間なされない結果，認容額が適正な賃料相当損害金と比べて不相当となった場合には，この部分を請求から除外するものと解されるとした。しかし，学説からは，不法占有の態様は一貫して同じであり，当初の訴えと追加請求した時点での訴えの相違は損害額の算定基準でしかな

いことから残部はない等として，批判的な立場が唱えられている。学説上有力であるのは，民訴法117条類推適用である（伊藤・前掲544頁，中野貞一郎ほか編『新民事訴訟法講義〔第3版〕』489頁，松本博之＝上野泰男『民事訴訟法〔第8版〕』700頁）。その理由としては，民訴法117条は現在給付に関する規定であるが（同条は「口頭弁論終結前に生じた損害」について規定），口頭弁論終結後に生じた事情により金額が相当性を欠くに至った点で，将来給付の訴えの場合と共通性があること，現在給付の定期金賠償も将来給付も金銭賠償が現実化するのは将来の時点で共通性があること，などをあげる。

⑤ 設問の検討

(1) 問1について

まず，口頭弁論終結時までに発生している賃料相当損害金については，弁済期が到来しているので，現在給付の訴えの利益が認められる。つぎに，口頭弁論終結から明渡しまでの賃料相当損害金の請求適格については，前掲最大判昭和56・12・16の3要件に従った場合，これらの要件を充足していると考えられる。(i)については，将来の請求権の発生原因である不法占有の状態が，将来においても継続することが予想される。(ii)については，請求額が明確であり，また，債務者に有利な将来の事情変動は土地の明渡しであるが，この事情変動はあらかじめ明確に予測可能である。(iii)については，債務者が，請求異議（民執35条）によって不動産の明渡しによる賠償請求権の消滅を主張する負担を負うとしても，格別不当ではない。したがって，請求適格は肯定される。また，狭義の訴えの利益も肯定されよう。

(2) 問2について

賃料相当損害金の差額分を請求することは，認められよう。判例は一部請求論に基づいて肯定するが，学説では上述のように民訴法117条類推適用説が近時有力である。民訴法117条は，(a)口頭弁論終結前に生じた損害につき，(b)定期金賠償を命ずる確定判決がある場合に，(c)口頭弁論終結後に，損害額算定の基礎となった事情に著しい変更が生じたことを求めている。(a)は，口頭弁論終結後に生じた損害についても，前述の理由により類推を認める余地がある。(b)は，不動産の不法占有に基づく賃料相当損害金の支払いは，継続的不法行為に基づき定期金賠償を命ずる判決の典型例とされ（参照，法務省民事局参事官室編『一問一答 新民事訴訟法』132頁），肯定される。(c)も，口頭弁論終結後に新駅設置構想により著しく賃料相当損害金が高騰したため肯定されよう。

📑 ステップアップ

1　訴えの利益の存否が不明であるものの，請求に理由がないことが明らかになった場合，ただちに請求棄却判決を下すことができるか。

2　確認の利益の有無は，どのような基準で判断されるか。また，遺言者が重篤なアルツハイマー型認知症となった後に，遺言書の無効確認訴訟を推定相続人が提起した場合，確認の利益は肯定されるか。

➡ 次回の設問

二重起訴の禁止。

民事訴訟法 4

慶應義塾大学教授

芳賀雅顯　　　HAGA Masaaki

↘ 設問

　A市在住のXとYは，幼馴染で40代を迎えても頻繁に交流があった。Yは，オートバイが趣味で，Xが経営する自動車整備工場で修理やチューニングを依頼していた。しかし，Xは，長年のよしみから，とくに修理代等は請求していなかった。また，Yは，天気の良い休日にはXを誘ってツーリングを楽しんでいた。Yは，A市内でスーパーを複数店舗経営しており，売上は好調であった。しかし，Xの整備工場は経営が苦しかった。そのため，Yは，複数回にわたり工場の運転資金用にXに金銭を貸していた。その甲斐もあってか，Xの整備工場はしだいに経営を持ち直してきた。

　ある日，XとYは，近所の居酒屋で，つぎのツーリングの場所を決める相談をしていたところ，意見が対立したまま互いに譲らなかった。普段は温厚なYが酒の勢いで，Xの工場が持ち直したのは自分の資金援助があったからだから，自分の意見を聞くべきだと強い調子で怒鳴ってしまった。その場は，とくに揉めることはなかったが，次回のツーリングの話は立ち消えとなった。

　しばらくして，XはYを相手に，バイクの修理代等の代金150万円の支払いを求める訴えを提起してきた。これに対して，Yは，バイクの修理等は無償でなされたものであるから代金債権は発生していない，かりに代金債権が発生していた場合には，Xへの貸付金350万円のうちの150万円で相殺をするとの抗弁を提出した（第1訴訟）。その後，Yは，Xを相手に，上記貸付金350万円のうち，残りの200万円の支払いを求める別訴を提起した（第2訴訟）。これに対して，Xは，同一の債権を2つの裁判所で審理することは民事訴訟法142条の趣旨に反するとして，訴え却下の判決を求めた。

問
　別訴（第2訴訟）は，適法か。また，かりに別訴（第2訴訟）が不適法と解される場合，第1訴訟における相殺の抗弁は必ずしも審理されないことをどう考えるべきか。

❗POINT

　❶二重起訴の禁止の制度趣旨・効果。❷二重起訴の禁止の判断基準。❸相殺の抗弁と二重起訴の禁止。❹債権を分割行使した場合における相殺の抗弁の主張と二重起訴の禁止。

↘ 解説
①二重起訴の禁止の制度趣旨・効果

　民事訴訟法142条は，「裁判所に係属する事件については，当事者は，更に訴えを提起することができない。」と定める。このように，当事者が同一事件について重ね

て本案審理を求めることを禁ずる原則を，二重起訴の禁止とよぶ。この規定が置かれた趣旨は，①相矛盾する判決が発生することの防止，②審理の重複から生ずる訴訟不経済，③二重に応訴を強いられることになる被告の応訴負担である（伊藤眞『民事訴訟法〔第7版〕』234頁。なお，三木浩一ほか『民事訴訟法〔第3版〕』526頁も参照）。

　訴えの提起が二重起訴の禁止に抵触しないことは，訴訟要件に該当する。そのため，後で提起された訴えが二重起訴の禁止に抵触するときは，不適法な訴えとして却下される（最近は，併合審理強制など柔軟な対応を説く見解もある）。二重起訴の禁止を看過して下された本案判決は上訴により取り消されるが，前訴よりも先に後訴の判決が確定した場合には前訴裁判所は後訴判決に拘束される（民訴338条1項10号も参照）。

②二重起訴の禁止の判断基準

　民事訴訟法142条が適用されるためには，後訴が，すでに「裁判所に係属する事件」と同一事件であることが求められる。この事件の同一性は，①当事者の同一性と，②審判対象の同一性によって判断される。②について，伝統的な立場は，訴訟物が同一である場合に限定していた（兼子一『新修民事訴訟法体系〔増訂版〕』175頁）。ここで訴訟物の同一性を判断する要素としては，請求原因が同一であればよく，請求の趣旨（給付や確認といった判決の形式）まで完全に一致する必要はないとされる。審判の重複および裁判の矛盾が生じる危険性は，請求原因が同一の場合に存在することが，その理由である。したがって，同一債権をめぐる給付訴訟と債権の不存在確認訴訟は，請求の趣旨は同一ではないが事件の同一性が認められる。しかし，近時は，訴訟物に限定しない立場が有力に説かれている。この立場は，審理の重複や抵触を防ぎ，相手方当事者や裁判所の負担を回避する二重起訴の禁止の趣旨からは，訴訟物が同一の場合に限定するのは狭すぎるとの基本的視点から，主要な争点が共通する場合（新堂幸司『新民事訴訟法〔第6版〕』224頁，小島武司『民事訴訟法』289頁）や，訴訟物たる権利関係の基礎となる社会生活関係が同一であり，主要な法律要件事実を共通にする場合（伊藤・前掲235頁）に同一性を肯定する。これに対して伝統的な立場は，判断基準として適切であるのか，また，二重起訴の禁止の範囲を広げることにより生ずる弊害（本来は任意である反訴が事実上強制される等）を問題点として指摘する（兼子一原著『条解民事訴訟法〔第2版〕』826頁）。

③相殺の抗弁と二重起訴の禁止

　相殺の抗弁が二重起訴の禁止との関係で問題となるのは，つぎの2つの局面である。①すでに係属している訴訟の訴訟物となっている債権を，別訴において自働債権として相殺の抗弁を提出することは許されるのか（訴訟先行型），また，②すでに訴訟上の相殺の抗弁として主張された自働債権を，別訴で訴訟物として請求することは許されるのか（抗弁先行型）。相殺の抗弁は，訴えの提起ではなく攻撃防御方法の提出であるため訴訟係属が生じず，また，相殺の抗弁に対する裁判所の判断は理由中でなされる。しかし，相殺の抗弁に対する判断には既判力が生ずる（民訴114条2項）。そのため，同一債権

を相殺の抗弁で主張することを認めつつ，これとは別個に訴訟でも請求できるとすると，既判力の抵触が生ずるおそれがあるため，相殺の抗弁について二重訴訟の禁止の趣旨が妥当するのではないかが問題となる。

判例は，訴訟先行型の場合について，審理が重複して訴訟不経済であること，また判決の抵触が生じうることを理由に，相殺の抗弁の主張は二重起訴の禁止の趣旨に反するとして不適法とした（最判平成3・12・17民集45巻9号1435頁。解説として，内海博俊・民事訴訟法判例百選〔第5版〕82頁）。抗弁先行型について最高裁の判例はないが，近時の下級審裁判例には民事訴訟法142条の趣旨に照らして不適法とするものがある（東京高判平成8・4・8判タ937号262頁）。

学説は，いくつかの立場に分かれる（議論の詳細は，菊井維大＝村松俊夫原著『コンメンタール民事訴訟法Ⅲ〔第2版〕』183頁）。まず，先の①②いずれの場合も適法であるとする立場がある（兼子原著・前掲824頁，松本博之＝上野泰男『民事訴訟法〔第8版〕』355頁）。かつての通説とされる。その理由としては，相殺の主張は必ずしも審理されるわけではないため（予備的な攻撃防御方法にすぎない），つねに判決の矛盾が生ずるとはいえないこと，相手方が無資力の場合における相殺の担保的機能を確保すべきこと，などが説かれる。これに対して，近時の多数説は，①②いずれの場合も不適法と解している（伊藤・前掲238頁，梅本吉彦『民事訴訟法〔第4版〕』277頁，河野正憲『民事訴訟法』304頁，小島・前掲292頁以下）。その理由は，適法とした場合には相殺の抗弁と別訴での審理に重複が生ずることや，判断が抵触する可能性があることに求めている。また，上記①と②を区別して論ずる見解も主張されている。たとえば，①の訴訟先行型においては，別の訴訟で相殺の抗弁を主張することは許されるが，②の抗弁先行型において別訴提起をすることは許されないとする見解がある（高橋宏志『重点講義民事訴訟法(上)〔第2版補訂版〕』141頁以下，三木ほか・前掲535頁）。この見解は，①については，つぎのように説く。前訴被告は反訴提起が可能であったにもかかわらず別訴を提起している。そこで，二重起訴の禁止を類推する立場では，前訴原告が相殺の担保的機能を貫徹するためには，前訴を取り下げて後訴で相殺の抗弁を提出することになるが，前訴被告が訴え取り下げに同意（民訴261条2項）する可能性は低いため，相殺の担保的機能への期待を保護する観点から相殺の抗弁を認めるべきであるとする。他方，②の抗弁先行型においては，別訴を禁じても反訴提起が可能であることから，別訴は不適法とする。

④ 債権を分割行使した場合における相殺の抗弁の主張と二重起訴の禁止

ある債権が分割行使されて，一部は相殺の抗弁として主張され，残部は別訴で請求された場合，二重起訴の禁止との関係ではどのように考えるべきであろうか。

判例は，前訴において一部請求訴訟を提起し，後訴において残部請求を相殺の抗弁として主張した場合に（訴訟先行型），相殺の抗弁を適法としている（最判平成10・6・30民集52巻4号1225頁。解説として，内海・前掲82頁）。最高裁は，相殺の抗弁を適法とするに際し

て，大きく分けて2つの点を論じている。第1に，明示的一部請求訴訟では，訴訟物は当該明示部分に限られることから既判力も当該一部についてのみ生じ，残部には既判力が及ばないことから（最判昭和37・8・10民集16巻8号1720頁），残部による相殺の抗弁は許されるとする。第2に，一個の債権が分割行使される場合，審理の重複や被告や裁判所の負担，事実上の判断の抵触が生じる可能性もあるが，相殺の抗弁は相手方の提訴を契機に防御手段として用いられ，相手方の訴求債権との簡易迅速で確実な決済機能を有するため，債権の分割行使による相殺の主張が権利濫用に当たるなどの特段の事情がない限り許容されるとした。本判決は，重複審理の回避に重点を置いていた判例の流れが，相殺の担保的機能重視へと転換したとも評される（高橋・前掲143頁。なお，最判平成18・4・14民集60巻4号1497頁も参照）。

⑤ 設問の検討

設問は，本訴原告による金銭支払請求に対して，被告が債権の一部を自働債権として相殺の抗弁を提出した後に残部債権を別訴で請求したことが，二重起訴の禁止に抵触しないのかを問うものである。相殺の抗弁は，訴えではなく攻撃防御方法であるため，民事訴訟法142条の適用はない。しかし，相殺の判断には既判力が生じ（民訴114条2項），実質的には反訴と同視しうる面があるため，二重起訴の禁止の趣旨を及ぼすことが考えられる。二重起訴の禁止の趣旨が妥当するとした場合，事件の同一性が認められるのかが問題となる。本設問では，当事者の同一性は認められる。他方，審判対象の同一性については，訴訟物が同一である場合に限定する立場からすれば，明示の一部請求肯定説を前提にすると，相殺の抗弁として提出した自働債権と，別訴で訴求した残債権は審判対象の同一性を欠くことになる。しかし，このような割り切り方は，同一債権の判断について矛盾する判決が実際には生じうることとなる。設問前段はいずれを重視するかで結論が異なる。つぎに，設問の後段を検討しよう。本問は，すでに前訴で債権の一部を相殺の自働債権として提出し，債権の残部を別訴で請求している（前述の最判平成10・6・30とは異なり，抗弁先行型である）。相殺の抗弁で主張された債権は必ずしも判断されるとは限らないが，矛盾判断の回避を重視すると，残債権を請求した別訴は不適法となる。しかし，相殺の抗弁が判断されない場合を考慮するならば，たとえ残債権の請求について別訴は許されないとしても，反訴（民訴146条）は認められると解すべきであろう。

🔖 ステップアップ

AがBに対して300万円の支払いを求める訴えを提起した（本訴）。これに対して，BがAに300万円の支払いを求める反訴を提起した。その後，Bは，反訴で請求した債権300万円を自働債権として，本訴で相殺の抗弁を提出した。この場合，本訴での相殺の抗弁と反訴請求はどのように扱われるか。

➡ 次回の設問

債務不存在確認訴訟の訴訟物。

民事訴訟法 5

慶應義塾大学教授

芳賀雅顯　HAGA Masaaki

↘ 設問

　Xは，ある世界的に活躍する日本人指揮者が，本場の音楽を学ぶためにヨーロッパをスクーターで一人旅をする自伝的エッセーを読み，大いに感銘を受けた。そして，自分も若いうちに見聞を広めるべきだと思い立ち，会社を辞めて海外を放浪する決心をした。しかし，入社3年目のXは，貯金もそれほどなかった。Xは，さすがに自分の計画が無謀だと思っていたので両親に自分の計画を言い出せなかった。もっとも，金銭的な工面はどうしても必要なため，普段から悩みがあるといろいろと相談してきた親戚のYに，自分の考えを打ち明けたところ，300万円を貸してもらえることになった。Xは，Yに日本に戻ったら必ずこの金額を返すことを書面に記して金銭を受け取った。数年後，Xは日本に戻り，自身の経験をまとめた本を出版したところ予想外の反響がありマスコミにも取り上げられた。Xは，Yのもとにお礼を兼ねて何度か足を運び，その都度，印税から借金をいくらか返済していたが，しだいに足が遠のいていった。そこで，Yは，ワイドショーのインタヴューに答える形で，Xに貸した金銭の返済が滞っていることを明らかにした。あわてたXは，Yのもとを訪ねて残金の支払いを申し出たが，Yは態度を硬化させて話し合いに応じようとしなかった。そこで，XはYに対して，100万円を超えて貸金債務を負っていないことの確認を求める訴え（前訴）を提起した。

問（各設問は相互に独立している）
1　審理の結果，残債務が150万円であることが判明した場合，裁判所はどのような判決を下すべきか。
2　審理の結果，残債務が50万円であることが判明した場合，裁判所はどのような判決を下すべきか。
3　前訴において，Xが主張するとおりの100万円を超えて貸金債務が存在しない旨の判決が下された。この判決が確定した後，Xは，自認額である100万円の債務不存在確認訴訟を提起した。後訴の裁判所は，自認額についてどのように判断すべきか。

❗POINT

　❶債務不存在確認訴訟における訴えの利益。❷債務不存在確認訴訟の訴訟物。❸申立事項と判決事項の不一致。❹自認額と既判力の範囲。

- -

↘ 解説
① 債務不存在確認訴訟における訴えの利益

　確認訴訟については確認の利益が問題となる。とくに債務不存在確認訴訟の場合（以下では金銭債務を前提に

する），給付訴訟と表裏の関係に立つ（給付訴訟の反対形相）と説かれることから（三ケ月章『民事訴訟法〔法律学全集〕』112頁），債権者による給付の訴えの提起を待つべきで，債務不存在確認訴訟は確認の利益を欠くのではないかが問題となる。しかし，債権者側から給付訴訟が提起されない場合，債務者側からすると，不安定な法的状態が継続するため，このような状態を除去する必要性が生じる。そこで，この場合には確認の利益が肯定される。

　債務不存在確認訴訟では，債務者が原告となり，債権者が被告となる。訴訟物である債務は，原告が特定する。しかし，証明責任の所在は給付訴訟の場合と異ならない（松本博之＝上野泰男『民事訴訟法〔第8版〕』212頁）。また，被告である債権者が勝訴しても，債権が存在する点について既判力が生ずるが執行力は得られない。そこで，債権者は，債務名義を獲得するために給付の反訴を提起することが考えられる。債権者が給付の反訴を提起した場合，先行する債務不存在確認訴訟の訴えの利益は事後的に消滅する（最判平成16・3・25民集58巻3号753頁。解説として，小林秀之・民事訴訟法判例百選〔第5版〕64頁）。

② 債務不存在確認訴訟の訴訟物

　債務不存在確認訴訟の訴訟物はどのように把握すべきか。訴訟物は，被告にとっては防禦の対象であり，また，裁判所にとっては審判の対象である。とくに被告の立場からすると，金額が示されることは，応訴にどれだけの人的・経済的エネルギーを費やすべきか判断する目安となる。では，たとえば，請求の趣旨欄（民訴133条2項2号）で，つぎのような記載がなされた場合，請求の特定として十分であろうか。①総額を示して全部不存在の確認を求める場合（たとえば，被告に対する300万円の債務が存在しないことの確認を求める），②総額を示さずに自認額を示す場合（たとえば，被告に対する債務の元本は100万円を超えては存在しないことの確認を求める），③総額も自認額も示さない場合（たとえば，○○年○月○日の△で生じた交通事故に基づく損害賠償債務が存在しないことの確認を求める）である。①は，総額が示されているため特定について問題はない。②は，債務の上限が記載されていないため特定を欠いているとも考えられる。しかし，判例は，当事者の意思を理由に挙げて，訴訟物は債務の総額から自認額を控除した一部の不存在の確認であるとし，その際には「本件請求の趣旨および請求の原因ならびに本件一件記録」をもとに判断することとしている（最判昭和40・9・17民集19巻6号1533頁。解説として，菅原郁夫・民事訴訟法判例百選〔第5版〕162頁）。また，③について，有力説は2つの類型に分けて検討する（高橋宏志『重点講義民事訴訟法(下)〔第2版補訂版〕』264頁，中野貞一郎ほか『新民事訴訟法講義〔第3版〕』471頁）。それによると，貸金債権のように契約関係による金銭債権の場合は，原告である債務者も金額を知っているはずであり訴状に金額を記載させるべきであるが，不法行為に基づく損害賠償債務の場合は，原告が債権額を知らない場合もありうるため，金額を明示しない債務不存在確認訴訟も適法であるとする。

❸ 申立事項と判決事項の不一致

債務不存在確認訴訟で当事者が申し立てた金額と，裁判所が認定した金額とが一致しない場合，処分権主義（民訴 246 条）との関係が問題となる。この点について，残債務が自認額を超えていることが明らかになった場合でも，裁判所はただちに請求棄却判決を下すのではなく，残債務の額を確定する一部認容判決を下すべきであるとされる（通説。兼子一原著『条解民事訴訟法〔第 2 版〕』1358 頁）。以下では前掲最判昭和 40・9・17 の立場を前提に，いくつかの場面に分けて検討する（伊藤眞『民事訴訟法〔第 7 版〕』228 頁，三木浩一ほか『民事訴訟法〔第 3 版〕』419 頁）。①原告が 1000 万円の債務すべてについて不存在確認の訴えを提起したところ，裁判所が 300 万円の債務が存在するとの判断をした場合，裁判所は，1000 万円の債務のうち 300 万円を超えて債務が存在しない旨の一部認容判決を下す。このような扱いが許される根拠としては，訴訟物の範囲内における判決といえること，原告である債務者は残債務を裁判所によって明確にしてもらう意図で訴訟提起をしていること，請求棄却よりも一部認容判決で残債務を確定した方が紛争解決に資すること，一部認容判決は被告に不意打ちとはならないことがあげられる。②原告が 1000 万円中 300 万円を超えて債務を有しないことの確認を求める訴えを提起したところ，裁判所が 400 万円の債務が存在すると判断した場合，裁判所は，1000 万円の債務のうち 400 万円を超えて債務は存在しない旨の一部認容判決を下す。この場合，訴訟物は不存在が求められている部分（1000 万円 − 300 万円 = 700 万円の不存在）であり，判決は量的な一部認容として認められる。これに対して，③原告が 1000 万円中 300 万円を超えて債務を有しないことの確認を求める訴えを提起したところ，裁判所が 200 万円の債務が存在すると判断した場合，裁判所は，1000 万円の債務のうち 300 万円を超えて債務は存在しない旨の全部認容判決を下す。この場合，原告の自認額 300 万円よりも少ない金額を残債務として認定して，債務が存在しない部分を 700 万円よりも多く認めることは，原告の申立てを超えた裁判であり民事訴訟法 246 条に反するからである。④原告が債務の上限を示さずに，300 万円を超えて債務は存在しないことの確認を求める訴えを提起した場合，裁判所は，請求原因や一件記録などをもとに債務の総額を明確にしたうえで，上記②③の扱いをする。

❹ 自認額と既判力の範囲

債務の一部不存在確認訴訟に際して，原告である債務者は，一定額につき債務の存在を認めている。この自認の効力をどう考えるか議論がある。前掲最判昭和 40・9・17 は，債務の総額から自認額を差し引いた部分が訴訟物となるとし，自認部分は訴訟物を構成しないとする。そのため，自認部分には前訴判決の既判力が生じず，債務者である原告は，後訴で自認部分の存在を争うことが可能になる。しかし，このような扱いは，自認額の部分を債務者が明示的に審判対象から除外し，それ以外の部分についてのみ裁判所の判断を求めた経緯とは相容れない。そこで，自認額の部分について拘束力を認めるさまざまな見解が主張されている（菅原・前掲 163

頁，高橋・前掲 267 頁などを参照）。たとえば，自認額については請求を放棄したと扱う見解や，認諾の効力を認める見解が主張されている。しかし，前者に対しては，自認部分は当初より争われていないため，争ったうえで請求を放棄するとの考えは原告にはないのではないか，また，後者に対しては，請求の認諾は被告が行うのであり，原告が認諾を行うとの構成に疑問が呈されている。別の見解は，判例の立場を前提に，後訴で請求された自認額の部分は前訴の訴訟物とは異なるが，債務者が前訴で一定の金額が債務として存在することを認めている以上，後訴は信義則（民訴 2 条）に反して許されないとする（この場合，信義則の効果について議論がある）。また，別の見解は，債務の一部不存在確認訴訟の訴訟物においても債務の全額が訴訟物であり，申立事項が訴訟物の一部に限定されたとして，全債権額に既判力が生じると解する。この見解の根拠は，前訴において，実質的に全債権額について審理がなされている以上は，自認額を後訴で争えるのは紛争解決の実効性を損なうこと，自認額に対する債権者の期待（この部分はすでに決着済み）を保護する点を挙げる（新堂幸司『新民事訴訟法〔第 6 版〕』342 頁）。

❺ 設問の検討

問 1 と 2 を検討してみる。まず，債務不存在確認訴訟の訴えの利益であるが，X からすると，Y が債務の支払いの交渉に応じない状況が続き，また Y から給付訴訟が提起されない場合には，不安定な法的状態が継続することとなる。そこで，このような不安定な法的状況を除去する必要があるといえ，確認の利益は認められよう。つぎに，債務の一部不存在確認訴訟の訴訟物を，判例が説く，債務の総額から自認額を差し引いた債権の一部とする立場で考えると，貸金債権の総額 300 万円から自認額 100 万円を差し引いた 200 万円の部分が債務不存在確認訴訟の訴訟物となる。問 1 のように残債務が 150 万円であると判明した場合には量的な一部認容となり，裁判所は，150 万円を超えて債務が存在しないとの確認判決を下す。他方，問 2 のように残債務が 50 万円であると判明した場合，X が不存在の確認を求めた 200 万円よりも多い金額について不存在を確認することは民事訴訟法 246 条に反する。そのため，裁判所は 100 万円を超えて債務が存在しない旨を確認する。

問 3 については，判例の立場では，自認部分の 100 万円は訴訟物ではないので既判力は生じない。そこで，信義則などを用いて後訴で自認額を争えなくする構成が考えられる。他方，一部請求を全面的に否定する立場では，本件の場合，訴訟物は債務の全額である 300 万円であり，既判力も 300 万円全体に生ずるため，後訴の裁判所を拘束する。

📘 ステップアップ

前掲最判昭和 40・9・17 の立場を前提とした場合，問 1 について債権の存在・不存在が既判力によって確定されるのはどの金額の部分か。

➡ 次回の設問

裁判上の自白。

民事訴訟法 6

慶應義塾大学教授

芳賀雅顯　HAGA Masaaki

設問

　Yは，営業マンとして勤めていた会社を定年で退職し，田舎でペンションを経営することにした。そこで居住マンションを売却し，退職金とあわせてスキー場にほど近い場所でペンション経営を始めた。しかし，客足が伸びず経営に苦労していた。Yは，評判を得るには時間がかかることは十分理解していたが，従業員に支払う給料など運転資金が気になりだしてきた。そこで，営業マン時代に懇意にしてくれた顧客だった，町工場の経営者Xに事情を話して500万円を借り受けた。また，ペンションの目玉として露天風呂を併設した方がよいと考え，Xに改修を依頼した。費用は700万円ほど要したが，Xは，支払いは経営が軌道に乗ってからでいいと述べ，改修費用の請求書の日付を2014年12月1日として，後払いを約束してくれた。Xは，その後たびたび客としてYを訪れたが，しだいに本業の多忙さから訪問が途絶えた。ところが，その後，Xは会社の資金繰りに窮するようになった。そこで，Yへの貸し付けを思い出し，返済を求めたが，Yは応じなかったため，Xは，貸金返還請求訴訟を提起した（以下では説明の便宜上，平成29年改正民法の適用を前提とする。なお，改正民法附則10条を参照）。

問（各設問は相互に独立している）

1　Yは，2020年9月1日に開かれた第1回口頭弁論期日で，2019年8月20日に貸金債務につき400万円を弁済したと主張したところ，Xもこれを認めた。しかし，Xは，第2回口頭弁論期日で，これは会社の経理のミスによるものであり実際は改修費用の一部弁済であったとして主張を変更した。これに対して，Yは，自白にあたるので認められないとした。Xの主張の変更は可能か。

2　Yは，2020年9月1日に開かれた第1回口頭弁論期日で，貸金債権につき貸付日は2013年12月1日で返済期限は1年後であったと主張し，Xもこれを認めた。ところが，Xは，貸金債権が時効期間を徒過していることに気が付き（民166条1項1号），第2回口頭弁論期日で，契約日が2014年12月1日であったと主張を変更した。Xの主張の変更は可能か。

3　Xは貸金返還請求訴訟において，50万円についてYの一部弁済がなされていると主張した。Yも口頭弁論期日でこれを認めたところ，今度は，Xは残金450万円について時効の更新（民152条1項）が認められると主張した。そこで，Yは，一部弁済についてのXの陳述の援用を撤回したいと考えたが可能か。

POINT

❶裁判上の自白の意義。❷裁判上の自白の要件，とくに不利益性の要件。❸自白の撤回の可否。

解説

① 裁判上の自白の意義，効果と機能

　裁判上の自白（民訴179条参照。以下では，自白と表記する）とは，当事者が口頭弁論または弁論準備手続においてなす，相手方の陳述と一致する自己に不利益な陳述をいう。自白がなされると，裁判所に対する拘束力と当事者に対する拘束力が生じる。①裁判所拘束力とは，自白が認められる場合には，裁判所は陳述をしたとおりの事実認定をしなければならない効果である（審判排除効。最近は，審判排除効を(a)審理排除効「裁判所は自白された事実に関して審理を行ってはならないものとする効果」と(b)判断拘束効「裁判所は自白された事実を必ず判断の基礎にしなければならないものとする効果」に分けて論ずる立場も有力である。参照，三木浩一ほか『民事訴訟法〔第3版〕』232頁）。また，②当事者拘束力とは，自白が認められる場合には，陳述をした当事者はその撤回が制限されることをいう（不可撤回効）。また，当事者は，自白された事実については証明する必要がなくなる（証明不要効）。その意味で，自白は争点を縮小させる機能を有する。民事訴訟法179条は，直接的には，この証明不要効のみを定めているが，自白の効果はこれに限られないことになる。自白が認められる根拠は，弁論主義による。

② 裁判上の自白の要件

　自白の成立要件は以下の4つである。(i)口頭弁論または弁論準備手続における陳述であること（弁論としての陳述），(ii)相手方の陳述と一致する陳述であること（陳述の一致），(iii)自己に不利益な陳述であること（不利益性の要件），(iv)事実に関する陳述であること（事実の陳述），である。(iii)については要件として認めるべきかをも含めて激しい議論があるため，❸で別個に取り上げることとして，各要件の内容を補足しておく。(i)陳述は，口頭弁論だけでなく，弁論準備手続におけるものでもよい。その理由は，民事訴訟法179条は「裁判所において」と述べ口頭弁論に限るとしていないこと，また，自白は争点を縮小させる機能を果たすところ，弁論準備手続において争点縮小機能を認めるメリットがあることによる。しかし，当事者尋問での陳述は訴訟資料ではなく，証拠資料であるため自白とはならない。また，裁判外でなされた自白には拘束力は認められない。この場合は，裁判官の自由心証の対象となるにすぎない。(ii)陳述の一致があればよく，いずれの当事者が先に述べたかは問わない。ある事実について不利となる当事者が先に陳述し，相手方がこれを援用する場合は先行自白となる。(iv)証明の対象となるのは，事実である。そうすると，当事者の立証負担を解放させる自白も，その対象は事実となる。しかし，その場合の事実は，主要事実に限られるのか，それとも間接事実も含まれるのか議論がある。判例は，間接事実の自白について裁判所拘束力も（最判昭和31・5・25民集10巻5号577頁），当事者拘束力も（最判昭和41・9・22民集20巻7号1392頁。解説として，伊東俊明・民事訴訟法判例百選〔第5版〕116頁），

否定する。学説では，判例と同様に解する見解が多数説といえるが，近時は肯定説も有力である（議論の詳細は，高橋宏志『重点講義民事訴訟法(上)〔第2版補訂版〕』491頁）。

③ 不利益性の要件をめぐって

不利益性の要件については議論がある。証明責任説は，不利益性の要件は相手方が証明責任を負う事実を認めることをいうとする（伊藤眞『民事訴訟法〔第7版〕』364頁，中野貞一郎ほか編『新民事訴訟法講義〔第3版〕』315頁，三ケ月章『民事訴訟法〔法律学全集〕』388頁）。その理由として，基準が明確であること，自白制度は，陳述の一致によって証明責任を負う当事者の立証負担を解放させる制度であることをあげる。判例もこの立場を支持する（最判昭和54・7・31判時942号39頁）。本説に対しては，証明責任の分配が争われることで自白の成否が左右されるため基準として不安定であるとの指摘がある（高橋・前掲484頁）。他方，通説である敗訴可能性説は，証明責任の所在がいずれの当事者にあるかを問題とせずに，当該事実に基づいて下される判決が自己に全部または一部敗訴をもたらすことをいうとする（兼子一『新修民事訴訟法体系〔増補版〕』246頁，兼子一原著『条解民事訴訟法〔第2版〕』1029頁，菊井維大＝村松俊夫原著『コンメンタール民事訴訟法IV〔第2版〕』56頁，新堂幸司『新民事訴訟法〔第6版〕』584頁，高橋・前掲484頁，松本博之＝上野泰男『民事訴訟法〔第8版〕』331頁）。その根拠として，当事者は裁判の場で慎重に判断したうえで陳述を行っている以上は，自己責任を負うべきであるとする。本説に対しては，有利不利の判断が一義的には定まらないとの批判がある（伊藤・前掲365頁）。これに対して，近時は，不利益性の要件を不要とする見解も主張されている（三木ほか・前掲240頁）。この見解は，ある陳述がいずれの当事者に有利であるのかは手続の進展に応じて変化するため決定できないこと，あるいは，自白の争点縮小機能を重視する観点（訴訟の完結が早まる）から，両当事者の事実主張に一致がある場合，当事者双方に自白の成立を認めるべきであるとする。本説に対しては，自白の成立範囲が広がりすぎる，不利でないなら自白を認める必要がないといった批判がある。本説は前者の批判に対して，争点整理手続終了前であれば自白の撤回を広く認めることで対応できると反論する。これに対しては，不利益性の問題を自白の撤回の問題に先送りにしたに過ぎないとの指摘がある（中野ほか・前掲315頁注12)）。

証明責任説と敗訴可能性説の差は，後説では自己が証明責任を負う事実の陳述についても自白の成立が認められる点にあるが，いずれも基本的に不利益陳述を行った当事者の一方にのみ自白の撤回効の問題が生じる。不利益要件不要説は，陳述の一致があると双方の当事者に自白の撤回効が問題となる点で，前二者と異なる（三木ほか・前掲239頁）。

④ 自白の撤回

自白が成立しても撤回が認められる場合がある。第1に，相手方が同意した場合である。第2に，自白が刑事上罰すべき他人の行為に基づいてなされた場合である（民訴338条1項5号参照）。第3に，自白が真実に反

し，かつ錯誤による場合である。判例は，反真実の証明があると，錯誤によってなされたとの推定を認める（最判昭和25・7・11民集4巻7号316頁）。学説では，反真実あるいは錯誤のみを要件とする見解も主張されている（議論の詳細は，高橋・前掲499頁）。

⑤ 設問の検討

(1) 問1について

本問では，当初，貸金債権の弁済につき陳述の一致があったものの，その後にXが，弁済の対象となる債権は改修費用であったとして主張を変更した。この場合，弁済はYが証明責任を負う事実であるため，証明責任説ではXに自白が成立する。また，敗訴可能性説では，弁済が認められれば請求は一部棄却となるため，同様にXに自白が成立する。不利益要件不要説では，双方に自白が成立する。

(2) 問2について

本問では，Xが，契約日の主張を変更したいと考えている。証明責任説の立場では，契約の成立はXが証明責任を負う事実であることから，自白は成立しない。そのため主張の変更は可能である。他方，敗訴可能性説では，当初の主張では消滅時効にかかるため，その事実を前提にすると敗訴判決がXに下されることになる。したがって，不利益性が肯定されXに自白が成立する。不利益要件不要説では，双方に自白が成立する。

(3) 問3について

本設問は，債務承認の局面で，Yが，Xの主張の援用を撤回することの可否が問題となる。弁済は，債権の消滅事由であるから，債務者が証明責任を負う事実である。本問ではYが証明責任を負う。他方，一部弁済は，債務の残額との関係では「承認による時効の更新」事由となる（民152条1項）。この場合，Xが証明責任を負う。このように証明責任説では，一部弁済という同一の事象が債権消滅の場面と残額の時効更新の場面とで，証明責任を負う当事者が異なることになるが，この場合には双方に自白が成立すると説かれる（参照，高橋・前掲484頁）。つぎに，敗訴可能性説について検討するに，本設問は同説に対する批判としてあげられる事例である。すなわち，本事例は局面に応じて有利ともなるし不利ともなるため，自白の成否につき判断がつかないというものである（中野ほか・前掲314頁）。もっとも，同説は「全部又は一部敗訴になる可能性」があることを基準にしており（兼子・前掲246頁），双方に不利益性を肯定することも可能であろう。不利益要件不要説では，双方に自白が成立する。

(4) その他

問1から問3まで，各説に従い設問で問題となった当事者について自白が成立した場合には，自白の撤回を検討することになる。

ステップアップ

権利自白とは何か。権利自白は事実の自白と同じように扱うことができるのか。

次回の設問

証明責任の分配。

民事訴訟法 7

慶應義塾大学教授
芳賀雅顯　HAGA Masaaki

↘ 設問

　Xは，おもに住宅リフォームを行う工務店を個人で経営している。また，リフォームに際して，顧客から大型家電製品を購入したいとの問い合わせが多いことから，顧客から要望があったときには大型家電の販売や設置も行っていた。Xが住む地域は，近年，夏場の雨量が極端に増えることがしばしばあったが，ついに近くの川の堤防が決壊する豪雨に見舞われてしまった。そのため，Xは，顧客のYから浸水した家屋の工事を依頼された。Xは，以前にYの住宅を和室から洋室にリフォームしており，その際にYは冷蔵庫とテレビをXから購入していたが，これらの代金はまだ支払われていなかった。そのため，XはYの依頼を引き受けるべきか迷ったが，Yが災害により住む場所に困っている状況であったため，引き受けることにした。その後，後になされた災害に伴う家屋の工事代金の支払期限が過ぎたが，Yからの支払いはなされなかった。Xは，とくに最初のリフォーム代金や家電製品の代金が時効によって消滅してしまわないか気になっていた。また，Yとのこれまでの複数の契約を1つにまとめた方が簡潔に処理できると考えた。そこで，二度にわたる家屋の工事費用と家電製品代金をまとめて貸金としてXがYに貸し付けたことにする契約を提案し，Yもこれに同意した。ところが，返済期限を過ぎてもYは返済しなかった。そこで，XはYを相手に貸金返還請求訴訟を提起した（以下では説明の便宜上，平成29年改正民法の適用を前提とする）。
問
　Yは，二度の工事費用，および冷蔵庫とテレビの代金の存在を争った。これらの代金債権の存在はいずれの当事者が証明責任を負うか。

❗POINT

　❶証明責任の意義と機能する場面。❷証明責任の本質。❸証明責任の分配基準。❹具体的局面における修正。

↘ 解説
①問題の所在

　金銭その他の代替物を給付する債務があるときに，債権者と債務者の合意によってこれを消費貸借上の債務にすることを準消費貸借契約という（民588条）。その例として，売買代金債務や請負代金債務があるときに，これを消費貸借上の債務とする場合や，既存の消費貸借上の債務を新たな消費貸借上の債務とする場合があげられる。準消費貸借契約の特徴としては，債務の弁済期の延期を可能にすること，従前の複数の債務をまとめて1つ

の債務とすることで債務の明確化が可能となること，あるいは新たに保証契約を加えることが可能になることなどが説かれる（幾代通＝広中俊雄編『新版注釈民法⒂〔増補版〕』20頁〔平田春二〕，潮見佳男『民法（全）〔第2版〕』405頁）。
　準消費貸借契約に基づいて金銭の返還を請求する場合，①旧債務の存在，②準消費貸借の合意，③弁済期の合意および④弁済期到来の事実が必要とされる。条文からは，これらはいずれも原告である債権者が証明責任を負うと読めるが，はたしてそのように解すべきであろうか。証明責任の分配基準が問題となる。

②証明責任の意義

　証明責任とは，訴訟において，裁判所がある主要事実の存否について確定できない場合（真偽不明）に，判決において，その事実を要件とする自己に有利な法律効果の発生または不発生が認められないことになる当事者の危険または不利益であるとされる（中野貞一郎ほか編『新民事訴訟法講義〔第3版〕』395頁参照）。たとえば，書面によらない消費貸借契約に基づく貸金返還請求訴訟において，金銭の授受が真偽不明の場合，消費貸借契約の成立は認められないことから（民587条），請求棄却判決が下される。この証明責任は，後述の主観的証明責任と区別するために客観的証明責任と呼称されることもある。

③証明責任の機能する場面

　証明責任は主要事実についてのみ妥当する（三木浩一ほか『民事訴訟法〔第3版〕』265頁）。なぜならば，証明責任は主要事実の真偽不明に伴う裁判不能を回避するための概念だからである。したがって，間接事実や補助事実について証明責任は観念することができない。また，ある事実の真偽不明は弁論主義・職権探知主義を問わずに生じる。そのため，証明責任による解決は双方の手続原則のいずれにおいても妥当する。
　証明責任の所在は，通説の理解では訴訟以前に実体法に基づき一般的・抽象的に定まっている。そして，当事者双方がある事実の存否について主張立証を尽くして審理を終えた段階で，事実の存否が真偽不明の場合に機能する。そのため，自由心証が尽きたところから証明責任の機能がはじまると説かれる。このことから，（客観的）証明責任は行為責任ではなく，確定責任（結果責任）であるとされる。このように，証明責任は，訴訟の最終段階（判決の段階）において事実が真偽不明の場合にいずれの当事者がその不利益を負担するのかを，訴訟前において一般的に示していることから，訴訟の全般において当事者の訴訟活動および裁判所の訴訟指揮の指針となる。その意味において，証明責任は民事訴訟のバックボーンであると言われる。この客観的証明責任と区別すべきものに，審理段階における当事者の行為責任として位置づけられる主観的証明責任がある。

④証明責任の本質

　証明責任の本質をどのように説明するのかについては，見解が分かれる。通説・実務である法規不適用説によると，ある事実が存否不明の場合には，その事実を要件とする法規を適用することができないため，その法規

が適用されることで有利な法律効果を得られるはずの当事者が不利益を受けるとする（伊藤眞『民事訴訟法〔第7版〕』380頁，兼子一原著『条解民事訴訟法〔第2版〕』1016頁）。これに対して，証明責任規範説は，実体法規がその法律効果の発生に結び付けているのは事実の存否であり，当該事実の存否が不明の場合に法規の適用・不適用のいずれとなるのかは示されておらず，そのことを解決するのは実体法とは別個の証明責任規範であるという（高橋宏志『重点講義民事訴訟法(上)〔第2版補訂版〕』519頁，松本博之＝上野泰男『民事訴訟法〔第8版〕』451頁）。もっとも，いずれの見解によっても，ある主要事実の存否が不明である場合に，その事実を要件とする法律効果の発生が認められない点では異なるところはない。また，証明責任規範の基礎は実体法規範に求められる。そのため，あえて証明責任規範を設定する意義に乏しいとの批判がある（三木ほか・前掲264頁）。

⑤ 証明責任の分配基準

(1) 法律要件分類説

ある事実の証明責任は，一方の当事者が負う。また，「証明責任あるところ敗訴あり」といわれるように，ある事実について証明責任を負う当事者が当該事実につき証明不奏功となった場合には，その当事者は敗訴する危険がある。そこで，いずれの当事者が証明責任を負うのか，その分配基準が問題となる。通説である法律要件分類説は，実体法規範を①権利根拠規定，②権利消滅規定，③権利障害規定の3種類に分類する（司法研修所編『民事訴訟における要件事実(1)〔増補〕』6頁は，これらに加えて権利行使を一時的に阻止する権利阻止規定も認める）。①は，権利の発生を定める規定であり，当該権利を主張する者が証明責任を負う。たとえば，書面によらない消費貸借契約に基づく貸金返還請求訴訟について，原告である債権者は，金銭の授受，返還の合意，弁済期の合意とその到来について証明責任を負う（民587条）。②は，すでに発生した権利の消滅を定める規定である。たとえば，債権の消滅事由である，時効の完成（民166条以下），契約の解除（民540条以下），弁済（民473条以下）の証明責任は，権利の消滅を主張する者が負う。③は，権利根拠規定や権利消滅規定による効果の発生を妨げる規定であり，その法律効果を争う者が証明責任を負う。たとえば，通謀虚偽表示（民94条1項）は，契約の無効を主張する者が証明責任を負う。また，時効の完成猶予（民147条以下）は，時効による権利消滅を否定する者が証明責任を負う。①から③の分類は，実体法上の論理的構造，すなわち条文の構造に求められる。たとえば，ある条文が本文と但書によって構成されている場合，本文は権利根拠規定，そして但書は権利障害規定となる。

これに対して，利益衡量説は，日本の立法者は証明責任の所在よりも分かりやすさを優先して条文を規定する場合もあったことを指摘し（高橋・前掲543頁），むしろ，法規の立法趣旨や当事者の公平の観点から証明責任を分配すべきであると説く（新堂幸司『新民事訴訟法〔第6版〕』613頁以下）。しかし，本説による場合には，事案ごとに証明責任の所在が定まることから，訴訟運営に支障が生じることや，当事者の予測可能性を損なうと

いった批判がある。

(2) 法律要件分類説の修正

利益衡量説の批判を受けて，法律要件分類説は，条文の文言に従って証明責任の分配を行った場合に，公平の観点から適切でないと考えられるときには，分配の修正を認める（修正法律要件分類説とよばれる）。たとえば，債務不履行責任における債務者の帰責性については，平成29年改正前の民法415条の文言に従うと，債権者が証明責任を負うと解される。しかし，通説・判例（最判昭和34・9・17民集13巻11号1412頁）は，債務者は本旨に適った履行をする義務を負っているため，債務者に帰責事由の不存在につき証明責任を負わせることが公平に合致するとしていた。平成29年改正民法415条1項の規定は，この議論を反映した規定となっている。他方，虚偽表示における第三者の善意（民94条2項）について，判例は，第三者が自己の善意について証明責任を負うとしている（最判昭和35・2・2民集14巻1号36頁。解説として，大村雅彦・民事訴訟法判例百選〔第5版〕134頁）。善意の第三者との取引を保護するため，法律行為の無効が制限される特別規定と解するならば判例の結論が支持されるが，学説では修正法律要件分類説の立場から無効を主張する者（虚偽の外観を作出した者）が第三者の悪意につき証明責任を負うとする見解も有力である（その他の例としては，長谷部由起子『民事訴訟法〔第3版〕』247頁以下を参照）。

⑥ 設問の検討

本説例は，旧債務であった二度にわたる家屋の工事代金，そして家電製品の代金を1つにまとめて消費貸借契約としてXとYとの間で締結された契約であり，準消費貸借契約にあたる。そして，Yが旧債務の存在を争っている場合，その証明責任は，民法588条の文言によれば債権者Xが負うと解されよう。しかし，通説・判例は，旧債務の不存在につき債務者が証明責任を負うとしている（最判昭和43・2・16民集22巻2号217頁。参照，伊藤・前掲385頁，中野ほか・前掲403頁，三木ほか・前掲270頁）。その理由として，両当事者は旧債務が存在するからこそ準消費貸借契約を締結したと考えられること，また，準消費貸借契約を締結するに際して，債権者は旧債務証書を返還するか破棄するのが通常であると考えられるため（そうしないと，債務者には二重払いの危険が生じる），債権者に証明責任を負わせるのは酷であることがあげられる。したがって，設例についても，Yが旧債務の不存在について証明責任を負うと解される。

🔖 ステップアップ

証明責任を負わない当事者に対して，事案を解明するために主張・証明する訴訟上の義務を認める考えとして事案解明義務理論がある。この理論が提唱された背景や問題点を検討しなさい（最判平成4・10・29民集46巻7号1174頁参照。解説として，垣内秀介・民事訴訟法判例百選〔第5版〕132頁）。

➡ 次回の設問

文書提出命令。

民事訴訟法 8

慶應義塾大学教授

芳賀雅顯　　HAGA Masaaki

↘ 設問

　Xは、介護サービスを業とする法人である。Zは、Xのもとで事業を統括する管理職の立場にあった。しかし、Xの経営方針をめぐり、経営者と対立したため、ZはXを退職した。その後、Xの比較的近くに、介護施設Yがオープンすることとなった。Yのオープン前後から、Xの利用者数が大きく減少した。XとYは近くにあることから、ある程度の利用者の減少は見込んでいたものの、介護のニーズが高いことを考えると、利用者の大幅減にXの従業員は納得がいかなかった。そこで、Xの関係者がこの状況を調べたところ、ZがYの施設開所に関わり代表者に就任していること、Xの利用者に対してY施設開所の挨拶と称して個別的に連絡をし、Xの評判を貶める言動を用いてY利用の勧誘を行っていたことを知った。しかし、Zは、退職後も競業避止義務を負うとの記載がなされた、雇用契約書および退職時の誓約書のいずれにも署名しており、また、Xの就業規則にも同様の規定がおかれていた。そこで、XはZに対して、競業避止義務に反してXの顧客を奪ったことから損害が生じたとして、不法行為に基づく損害賠償請求訴訟を提起した（本案訴訟）。

　Xは、Yに対して、不正に奪われた顧客を特定し損害額を確定するために、文書提出命令の申立てを行い、「サービス種類別チェックリスト」（介護サービス事業者が介護給付費等を請求するため審査支払機関に伝送する情報のうち、利用者の個人情報を除いて一覧にまとめた文書）の提出を求めた（本件申立て）。しかし、Yは、この文書はY事務所内部での利用のみを予定し、また、職業の秘密が記載されているとして、提出を拒んだ。

問（設問は相互に独立している）
1　当該文書は、自己利用文書（民訴220条4号ニ）に該当するか。
2　当該文書は、職業の秘密（民訴197条1項3号）に関する事項に該当し、黙秘義務が免除されていないものが記載されている文書（220条4号ハ）といえるか。
3　Yが文書提出命令に従わなかった場合、どのような効果が生じるのか。

❗POINT

　❶文書提出命令の制度。❷文書提出義務の範囲。❸文書提出義務が除外される場合（自己利用文書、職業秘密文書）。❹文書提出義務違反の効果。

↘ 解説
① 文書提出命令の制度

　当事者間で事実の存否について争いのある場合、その事実を証明するために当事者は証拠を提出する。そのなかでも、文書は重要な役割を果たす。しかし、証明の対象となる事実について証明責任を負う当事者が、文書を所持しておらず、相手方や第三者が有する場合がある。この場合に、適正な裁判を実現するために、文書の所持者に対して裁判所に文書を提出させる制度として、文書提出命令（民訴219条）や文書の送付嘱託（民訴226条）がある。前者は強制的な提出方法であるが、後者は任意的である。

② 文書提出義務の範囲

　文書提出命令の制度は、挙証者の立証の便宜だけでなく、適正な裁判を実現するための公益目的をも有しており、公法上の義務と解される（三木浩一ほか『民事訴訟法〔第3版〕』319頁）。文書提出命令の申立ては、提出義務が認められる範囲において可能である。民訴法220条は、旧法以来提出義務が認められてきた同条1号から3号の文書に、平成8年の改正によって4号を追加し、同号が定める除外事由が存在しない場合に提出義務を認める（1号から3号までの規定と追加された4号の解釈上の問題については、たとえば、中野貞一郎ほか編『新民事訴訟法講義〔第3版〕』359頁）。設問との関係では、4号の除外事由ニおよびハが認められるのかが問題となる。そこで、これらの除外事由をみていく。

③ 文書提出義務が除外される場合（自己利用文書、職業秘密文書）

　民訴法220条4号は、提出義務が除外される文書を定めている。これらの除外文書の中でも、多くの最高裁判所の判断が下されており、学説でも議論が盛んである4号ニは、「専ら文書の所持者の利用に供するための文書」を提出義務から除外するとしている。この規定の趣旨は、個人のプライバシーの保護、あるいは個人や団体の自由な意思形成が阻害されることに対する不利益の回避にある。たとえば、日記や備忘録、稟議書などがこれに該当するが、いかなる場合においても、これらの文書が提出義務から除外されるのかは検討の余地がある。この点について、判例（最決平成11・11・12民集53巻8号1787頁。解説として、上野泰男・民事訴訟法判例百選〔第5版〕146頁）は、銀行の貸出稟議書について文書提出命令の申立てがなされた事案で、つぎの3つの要件に基づいて4号ニの除外事由該当性を判断している。すなわち、①外部非開示性、②不利益性、③特段の事情の不存在である。①は、作成目的、記載内容、現在の所持者がこれを所持するに至った経緯、その他の事情を考慮して、専ら内部の者の利用に供する目的で作成され、外部の者に開示することが予定されていない文書とされ、②は、開示されると個人のプライバシーが侵害されたり、個人ないし団体の自由な意思形成が阻害されたりなど、開示によって所持者の側に看過し難い不利益が生じるおそれがあると認められる場合とされ、これらが認められる場合には、③特段の事情がない限り、自己利用文書に当たるとされる。この判断枠組みは、銀行の貸出稟議書にとどまらず、ひろく自己利用文書の該当性判断に用いられている。たとえば、保険業法に基づき破綻した損害保険会社の調査委員会が作成した調査報告書（提出義務肯定。最決平成16・11・26民集58巻8号2393

頁），監督官庁への提出が予定されている自己査定資料（提出義務肯定。最決平成 19・11・30 民集 61 巻 8 号 3186 頁），政務調査費報告書（提出義務否定。最決平成 22・4・12 判時 2078 号 3 頁）などがある。③の提出義務を否定する特段の事情としては，たとえば，金融機関の貸出稟議書につき，申立人が当該文書の利用関係において所持者と同一視できる場合（最決平成 12・12・14 民集 54 巻 9 号 2709 頁。ただし，結論として特段の事情を否定），文書作成者である金融機関が清算手続に入っている場合（最決平成 13・12・7 民集 55 巻 7 号 1411 頁）などがあるが，認められる場合は多くない。この判断枠組みそれ自体は，学説においても受け入れられている（学説の状況については，高橋宏志『重点講義民事訴訟法(下)〔第 2 版補訂版〕』168 頁以下）。

民訴法 220 条 4 号ハは，技術または職業の秘密に関する文書の提出について定めている。ここでの技術または職業の秘密とは，その事項が公開されると，当該技術の有する社会的価値が下落し，これによる活動が困難になるもの，または，当該職業に深刻な影響を与え，以後の遂行が困難になるものをいうとされる（最決平成 12・3・10 民集 54 巻 3 号 1073 頁）。また，職業の秘密に基づいて提出義務が除外されるためには，判例は，職業の秘密のうち「保護に値する秘密」に該当することを求めている。そして，その判断は当該情報の内容，性質，その情報の開示により所持者に与える不利益の内容，程度等と，当該民事事件の内容，性質，当該民事事件の証拠として当該文書を必要とする程度等の諸事情を比較衡量によりなされる（最決平成 20・11・25 民集 62 巻 10 号 2507 頁。解説として，北島(村田)典子・民事訴訟法判例百選〔第 5 版〕144 頁）。学説も，多数説は，訴訟における真実発見と秘密保護の利益との調和を図るために柔軟な判断を可能にする解釈であるとして，この立場を支持する（菊井維大＝村松俊夫原著『コンメンタール民事訴訟法Ⅳ〔第 2 版〕』431 頁，兼子一原著『条解民事訴訟法〔第 2 版〕』1207 頁，高田裕成ほか編『注釈民事訴訟法(4)』532 頁〔三木浩一〕）。他方，有力説は，比較衡量説では予測可能性が損なわれるなどとして，当該事項の客観的性質を考慮して職業の秘密に当たるか否かを検討すべきであると説く（伊藤眞『民事訴訟法〔第 7 版〕』408 頁，小島武司『民事訴訟法』504 頁，松本博之＝上野泰男『民事訴訟法〔第 8 版〕』528 頁）。

④ 文書提出義務違反の効果

文書提出命令に違反した場合の効果は，文書の所持者が当事者である場合と，第三者である場合とで異なる。まず，文書の所持者が当事者である場合には，文書の記載に関する相手方の主張を真実と認めることができる（民訴 224 条 1 項）。これは，文書の性質，内容，成立の真正についての申立人の主張を認めるものである。しかし，これによって当該文書によって説明すべき事実（要証事実）（民訴 221 条 1 項 4 号）が真実であるとは擬制されない。他方，文書の所持者である当事者が提出を拒んだなどの場合に，文書の記載について具体的主張をすることおよび要証事実を他の証拠によって証明することが著しく困難なときは，要証事実に関する申立人の主張を真実と認めることができる（民訴 224 条 3 項）。現在の民訴法 224 条 3 項が定められる前であるが，自衛隊機が墜落した原因が整備不良であるとして遺族が損害賠償を請求した訴訟において，国に対して航空機事故調査委員会が作成した事故調査報告書の提出が命じられたものの，文書の提出が拒否されたところ，整備不良があったとする原告の主張を真実と認めた下級審裁判例がある（東京高判昭和 54・10・18 判時 942 号 17 頁）。つぎに，文書の所持者が第三者である場合に，この第三者が文書提出命令に従わなかったときには，20 万円以下の過料に処せられる（民訴 225 条 1 項）。

⑤ 設問の検討

問 1 の自己利用文書に該当するかについてであるが，外部非開示性の要件を充足していないため，提出義務が認められると解される。最高裁は，本設例と同様の事案において，サービス種類別利用チェックリストは，相手方が指定サービス事業者として介護給付費等を審査支払機関に請求するために必要な情報をコンピュータに入力することに伴って自動的に作成されるものであり，その内容も，介護給付費等の請求のために審査支払機関に伝送される情報から利用者の生年月日，性別等の個人情報を除いたものにすぎず，審査支払機関に伝送された情報とは別の新たな情報が付加されているものではなく，介護給付費等の請求のために審査支払機関に伝送した情報の請求者側の控えというべき性質であるとして，リストの記載内容は第三者への開示が予定されていたと判断した（最決平成 19・8・23 判時 1985 号 63 頁）。本設例についても，同様に解することができよう。

問 2 の職業の秘密文書に該当するのかについて，前掲の最高裁決定は，傍論であるが比較衡量アプローチに従って判断し，これを否定している（前掲最決平成 19・8・23）。すなわち，本件で提出が申し立てられた文書は本案訴訟において取調べの必要性の高い証拠であると解されるが，一方で，本件で文書提出命令の申立対象となった文書に係る顧客は申立人における介護サービスの利用者として認識されている者であることから，本件対象文書を提出させた場合に相手方の業務に与える影響はさほど大きいものとは言えないとした。本設問でも，比較衡量アプローチでは同様の結論となろう。また，客観的アプローチでは，当該秘密の客観的性質を考慮して職業の秘密に該当するか否かを判断することになる。設問における文書の内容は，申立人の介護サービス利用者として認識されている者の個人情報に係る部分を除いた事項であることから，客観的アプローチによっても提出義務が肯定されよう。

問 3 の文書提出命令違反の効果についてであるが，本設例においては，文書提出命令の被申立人は本案訴訟の当事者 Z ではなく，Y である。したがって，民訴法 225 条 1 項が適用される。

ステップアップ

公務秘密文書が文書提出義務から除外されるのは，どのような場合か（民訴 220 条 4 号ロ）。

次回の設問

既判力の主観的範囲。

民事訴訟法　9

慶應義塾大学教授

芳賀雅顯　HAGA Masaaki

↘ 設問

　Ｙは，芸能人が山奥で一人キャンプをするテレビ番組を見て，「ソロキャンプ」に興味を持ちインターネットで調べたところ，山間部の土地は思ったよりも手頃な値段で売買されていることを知った。そこで，Ｙは，大学時代のサークルのOB会で久しぶりに会った同級生のXに，ソロキャンプ用の土地を人里離れた場所で購入したいと考え，車で2時間くらいの場所を探していることを話した。すると，Xから，相続で取得した実家付近にある山林の一部を自由に使ってもよいと言われた。その際に，Xからは，自身が経営する会社の営業が苦しく，債権者から，将来，Xの個人財産を売却して債務に充てるよう迫られた場合に備え，一時的に山林の名義をYにしてほしいと懇請された。Yも，この申出を受け入れ，契約書を交わし，登記も売買を原因としてY名義に変更したが，実際には代金は支払われなかった。その後，Xの会社は経営を持ち直したため，XはYに対して登記名義をXに戻してほしいと告げたが，Yはこれに応じなかった。そこで，XはYを相手に，本件山林の売買契約は虚偽表示であると主張し，所有権移転登記抹消請求訴訟（前訴）を提起したところ，Xが勝訴し，同判決は確定した。

問（各設問は相互に独立している）

1　Yは，前訴の口頭弁論終結後，Xが，前訴確定判決に基づく抹消登記を完了する前に，第三者Zに本件山林を譲渡し，移転登記を済ませた。そこでXは，Zに対し，真正な登記名義の回復を原因とする所有権移転登記請求訴訟を提起した。Zが，譲受時にXY間の虚偽表示につき善意であった場合，前訴判決の既判力はZに及ぶか。

2　Yは，前訴の口頭弁論終結前に，Xによる執行を回避することを目的として，意を通じたZに本件山林をZに譲渡し，移転登記を済ませていたことが判明した。そこで，XはZに対し，所有権移転登記請求訴訟を提起したが，前訴判決の既判力はZに及ぶか。

❗POINT

　❶既判力の主観的範囲：原則と例外。❷口頭弁論終結後の承継人。❸口頭弁論終結前の承継人。

- -

↘ 解説

① 既判力の主観的範囲：原則と例外

　既判力とは，訴訟物に関する確定判決中の判断について生じる通用力または拘束力である。既判力に拘束される者の範囲は，民事訴訟法115条1項に定められている。同項は，①当事者，②訴訟担当における利益帰属主

体，③口頭弁論終結後の承継人，および④請求の目的物の所持者に対して確定判決の効力が及ぶとしているが，①と，②から④までは位置づけが異なる。民事訴訟は，紛争当事者間における私的な法的紛争を解決する制度であるため，判決も当事者のみを拘束することで十分である。また，当事者とならなかった者は，手続関与の機会が与えられていないため，判決に服する合理性を有していない。このため，原則として，①当事者が判決の効力に拘束される（相対性の原則）。しかしながら，民事訴訟法は，上記②から④について主観的範囲の拡張を認めている。設問では，③および④が検討対象となる。

② 口頭弁論終結後の承継人

　民事訴訟法115条1項3号は，事実審の最終口頭弁論終結後に，当事者や訴訟担当における利益帰属主体（上記①②）からの承継人に対して，既判力が拡張されることを定める。たとえば，不動産の所有権確認訴訟につき請求認容判決が下されたところ，事実審の口頭弁論終結後に被告が第三者に不動産を売却し，この第三者が自らを所有者と主張している場合を考えてみよう。上記の相対性の原則からは，この第三者には判決の効力は及ばないため，原告はこの者を相手に再度，所有権確認訴訟を提起しなければならなくなる。しかし，このことは，時間と労力を注いで下された判決の実効性を著しく減じる。そこで，判決の実効性確保の観点から，大正15年改正により本号が導入された（高橋宏志『重点講義民事訴訟法(上)〔第2版補訂版〕』691頁）。

　口頭弁論終結後の承継人をめぐっては，議論が多い。すなわち，承継とはなにを承継した場合を指すのか，承継の対象が物権的性質・債権的性質によって区別されるのか，承継人が実体法上の固有の抗弁（対抗要件など）を有するか否かで区別されるのかが論じられる。

　まず，承継の対象についてであるが，訴訟物である権利・法律関係を承継した場合が含まれることに争いはない（たとえば，給付請求の訴訟物である債権の譲受人）。問題は，どこまで広げられるのかである。この点，適格承継説は口頭弁論終結前の承継とパラレルに捉えて，口頭弁論終結後に当事者適格を承継した者とする。たとえば，所有権に基づく建物収去土地明渡請求訴訟の口頭弁論終結後に，第三者に建物の譲渡があった場合には，新所有者に被告適格が移転したと理解することで，既判力を及ぼすことになるという。しかし，この見解に対しては，たとえば，所有権に基づく建物収去土地明渡請求訴訟の口頭弁論終結後に，第三者が当該建物を賃貸借契約によって占有している場合，当該第三者は建物の所有者ではないため建物収去請求について被告適格を承継したとはいえない。つまり，前訴と後訴の訴訟物が異なるため，当事者適格の承継では承継人の説明ができない。また，当事者適格は訴訟を追行する局面における概念であることから，手続終了局面における既判力拡張の概念として用いることは適切ではないとの批判がある。そこで，近時の多数説は，紛争主体たる地位が移転した場合に既判力の拡張を認める（紛争主体移転説。新堂幸司『新民事訴訟法〔第6版〕』705頁は，「前訴で解決された紛争およびそれから派生した紛争の主体たる地位を，基準時後に取得した者」とする）。判例もこの立場に立つと解されている（最判昭和41・3・22民集20巻3号

484頁。解説として，中島弘雅・民事訴訟法判例百選〔第5版〕228頁）。これに対しては，紛争の主体たる地位という概念が不明確であるとの指摘がある。依存関係説は，前主との実体法上の関係を基準に据え，訴訟追行の結果を含めた権利義務の伝来的取得者をいうと理解する（伊藤眞『民事訴訟法〔第7版〕』580頁，三木浩一ほか『民事訴訟法〔第3版〕』454頁）。この見解は，立法者が，当事者適格や紛争主体たる地位の移転を基礎づける実体法上の権利関係の承継を基準に考えていたことなどを根拠にする。他方，この見解に対しては，実体法上の依存関係が，なぜ手続法上の効力に影響を及ぼすのか，その理由が示されていないとの批判がある。

つぎに，かつては訴訟物をめぐる実体法上の属性が物権的か債権的かで区別をし，物権的である場合にのみ，承継人に既判力が拡張されるとする見解が主張された。この問題は，訴訟物理論との関連性が指摘されて展開されていた。しかし，近時は，実体法上第三者に権利主張することができるか否かという問題と，既判力によって確定した権利が及ぶ者の範囲をめぐる問題は異なるとして，実体法上の属性いかんにかかわらず第三者に対して既判力が拡張されると考えられている（三木ほか・前掲456頁）。

承継人が実体法上の固有の抗弁を有することが，承継人の範囲に影響を及ぼすのか否かも議論がある。たとえば，虚偽表示にもとづく移転登記請求訴訟の口頭弁論終結後に，敗訴当事者から善意で目的物を譲渡されて登記を有する第三者は，実体法上保護される（民94条2項）。そこで，この第三者は，そもそも承継人に該当せず，既判力はこの者に及ばないとする見解がある（実質説。上田徹一郎『民事訴訟法〔第7版〕』510頁）。この見解は，固有の抗弁がある以上は前主の地位を受け継いだとはいえないことを理由とする。これに対しては，既判力の拡張が第三者の主観に左右されるため，法的安定性を欠くとの批判がある。他方，上記の場合でも，承継人に該当するとの立場がある（形式説）。この立場は，第三者が固有の抗弁を有する場合でも紛争の主体たる地位（あるいは当事者適格）を承継していると解されること，また，第三者が固有の抗弁を主張立証する機会を保障されている以上は，その者は不当に不利益な立場にあるとは言えないこと，が根拠としてあげられている。学説は形式説が多数を占めるが（兼子一原著『条解民事訴訟法〔第2版〕』575頁，高橋・前掲694頁），判例は実質説に立つと説かれる（最判昭和48・6・21民集27巻6号712頁。しかし，判例の位置づけには議論がある。解説として，山本克己・民事訴訟法判例百選〔第5版〕184頁）。最近は，実質説・形式説という概念区分に疑問を呈する見解も有力である（伊藤・前掲586頁，松本博之＝上野泰男『民事訴訟法〔第8版〕』653頁）。この見解は，承継人に拡張される既判力の内容は，前訴当事者間の基準時における訴訟物たる権利の存否についての判断であり，承継人による固有の抗弁の主張は，これと矛盾するものではないと説く。

③ 口頭弁論終結前の承継人

口頭弁論が終結する前に訴訟当事者から第三者に登記名義が変更された場合，民事訴訟法115条1項3号の適用はない。この場合，民事訴訟法は訴訟承継という方法を用意している（民訴49条〜51条）。そこで，前訴の

訴訟係属中に，登記が一方の当事者から第三者に変更されたことを相手方当事者が知った場合，相手方当事者はこの第三者に対して訴訟引受の申立てを行い（民訴50条），従前での訴訟状態を第三者に引き継がせて訴訟を続行する。他方，相手方当事者が登記名義の変更を知らずに弁論が進み，判決が下された場合には，口頭弁論終結後の承継人の場合と異なり既判力の拡張は認められない。しかし，このような結論は執行免脱を可能にしてしまう。そこで，相手方当事者は，予め処分禁止の仮処分を得ておくことにより，従前の当事者に対する勝訴の確定判決によって仮処分後の登記を抹消する方法（参照，民保53条1項・58条，不登111条）が考えられる（仮処分の当事者恒定効）。では，訴訟承継を行うことができず，また，処分禁止の仮処分も得ていなかった場合は，第三者に対し新たに訴訟を提起して，登記請求権を一から主張せざるを得ないのか。下級審裁判例には，登記名義人を請求の目的物の所持者（民訴115条1項4号。所持の開始時期は基準時の前後いずれでもよい）に準じた者であるとして，既判力を拡張したものがある。これは，原告が被告会社に対して売買を原因とする所有権移転登記請求訴訟を提起して勝訴したところ，被告会社は係属中に同社社長の子（第三者）に贈与を原因とする所有権移転登記を行っていた事案で，裁判所は，通謀虚偽表示であることを認定し，第三者は単に被告会社のために形式上の登記名義人になっているに過ぎないとして，前訴の既判力が及ぶとした（大阪高判昭和46・4・8判時633号73頁）。有力説は，この場合には既判力を拡張させる必要性が大きく，他方で譲受人の保護すべき利益はないとして，これを支持する（新堂・前掲713頁，中野貞一郎ほか編『新民事訴訟法講義〔第3版〕』536頁）。

④ 設問の検討

問1について Zが，民事訴訟法115条1項3号の承継人に該当するか否かが問題となる。承継人概念について，適格承継説，紛争主体移転説，依存関係説のいずれの立場によっても，Zは，これに該当しよう。また，Zは，虚偽表示における善意の第三者（民94条2項）に該当するため，固有の抗弁を有する者である。そこで，形式説では承継人に該当し，実質説では承継人に該当しないことになる。形式説・実質説の区別を否定する見解では，承継人に該当する。

問2について 民事訴訟法115条1項3号の問題とはならない。しかし，同項4号の類推を認める見解では，Zが単にYのために形式上登記名義人であるに過ぎないことが認定された場合には，Zに既判力が拡張されよう。

🔖 ステップアップ

債権者Xが債務者Yに対して金銭債務の支払いを求める訴えを提起したところ，請求棄却の判決が下され，その判決は確定した（前訴判決）。そこで，Xは，同一債務の保証人であるZに対して，保証債務の履行を求める訴えを提起した。Zに前訴判決の効力は及ぶか。

➡ 次回の設問

既判力の客観的範囲。

民事訴訟法 10

慶應義塾大学教授

芳賀雅顯　　　HAGA Masaaki

↘ 設問

　Yは，イタリアのレストランで数年修行した後に日本に帰国し，雇われ店長として働いていたが，この間に貯金をしてようやく自分の店を持つことができた。開業後，20年経ったことから，Yは店をリニューアルしようと考え，キッチン周りの機材も一新することとし，Xと厨房機材の購入契約を締結した。ところが改装工事中，Xが大型冷蔵庫を店内に搬入しようとした際に，誤って壁に掛けてあった絵画に大きな穴をあけてしまった。この絵画は，Yが雇われ店長として働いていたころからの馴染み客で，世界的に有名な画家が開店祝いに自ら描いた絵を寄贈したものであったが，その画家は数年前に亡くなっていた。Xは，自らの非を認め機材の代金500万円から100万円を減額することを申し出たが，Yは，絵画そのものの価値や画家との個人的な想い出が傷つけられたことへのショックの対価としては低すぎるとして，これに応じなかった。そこでXはYを相手に，売掛代金債権500万円のうち400万円に限定して支払いを求める訴えを提起した。これに対して，Yは，Xに対して200万円の損害賠償請求権を有するとして，この債権を自働債権とする相殺の抗弁を提出した。

問（各設問は相互に独立している）

　裁判所が売買代金につきX主張の金額を認めたときに，つぎの各場合について既判力が生じる範囲を説明しなさい。

1　裁判所が，Yの有する債権は200万円であるとして相殺を認めた場合。

2　裁判所が，Yの有する債権は50万円であるとして相殺を認めた場合。

3　裁判所が，Yは裁判外で200万円の債権につき相殺を行っていたことを認めた場合。

❗POINT

　❶既判力の客観的範囲に関する基本原則。❷相殺の抗弁についての例外。❸一部請求訴訟における相殺の抗弁と既判力。

↘ 解説

① 既判力の客観的範囲に関する基本原則

　既判力は，確定判決において裁判所の判断につき生じる拘束力をいう。そして，裁判所の判断の中でいかなる事項について既判力が生じるのかを論じるのが，既判力の客観的範囲の問題である（既判力の客体的範囲という名称が用いられる場合もある）。

　民訴法114条1項は，「主文に包含するもの」に限り既判力が生じるとしている。ここで主文とは，本案判決の場合には，訴訟物である権利関係に対する判断を意味する。したがって，例えば，原告が被告に対して1000万円の貸金債権の返還を求める訴訟を提起し，①請求認容判決が下された場合には（「被告は，原告に対し，金1000万円及びこれに対する令和○年○月○日から支払済みまで年3%の割合による金員を支払え。」との主文），1000万円の貸金債権の存在につき既判力が生じ，②請求棄却判決が下された場合には（「原告の請求を棄却する。」との主文），同債権の不存在につき既判力が生じる。他方，判決理由中の判断には既判力は生じないことになる。したがって，先決的法律関係や攻撃防御方法については，既判力は生じない。たとえば，先の例において，被告が，(i)債権の不成立や，(ii)弁済，(iii)消滅時効といった主張をしたにもかかわらず，請求認容判決が下された場合，これら(i)から(iii)の事情が認められないことについて既判力が生じることはない。

　判決理由中の判断に既判力が生じない理由として，いくつかの根拠が挙げられている。まず，当事者が解決を望んでいるのは訴訟物をめぐる争いであり（上記の例では，1000万円の貸金債権），判決理由中の判断（(i)から(iii)の事情）ではないことから，訴訟物について終局的解決を与えれば十分である。また，判決理由中の判断に既判力が生じないことで，訴訟における審理の柔軟性を確保することができる。つまり，例えば上記の例で，被告は，(i)から(iii)の事情のうち，請求棄却判決という目的に最も効率的に達しやすい攻撃防御方法を選択して原告の請求を争うことができ，また，裁判所としても，実体法の論理的順序や当事者の付した順番にかかわらず，たとえば弁済が明らかであれば，それのみで請求棄却の結論を導き出すことができる。さらに，先決的法律関係について既判力を生じさせたい場合（不動産の所有権移転登記請求訴訟における所有権の存否のような場合）には，中間確認の訴え（民訴145条）が民事訴訟法において認められているので，その制度を利用することで目的を達することができる。

② 相殺の抗弁についての例外

　判決理由中の判断に既判力が生じないとされることの例外として，相殺の抗弁がある（民訴114条2項）。これは，訴求債権（受働債権）をめぐる紛争が反対債権（自働債権）をめぐる紛争に転化することを防ぐ点にある。つまり，民訴法114条2項の規定がない場合には，(a)裁判所によって訴求債権と反対債権の双方につき成立が認められ，相殺を理由に請求棄却判決が下された後に，反対債権の行使が認められることになるし，また，(b)訴求債権が成立しているものの反対債権は成立していないとして，原告の請求認容判決が下された後に，反対債権の行使が認められることになってしまう。すなわち，(a)の場合，請求棄却判決によって訴求債権不存在につき既判力が生ずるが（民訴114条1項），反対債権が相殺によって消滅したことは判決理由中の判断で示されている。また，(b)の場合，訴求債権の存在については主文において，そして反対債権不成立は判決理由中の判断で示されている。このように，反対債権の存否が判決理由中の判断で示されていることから生じる，反対債権をめぐる紛争の蒸し返し（債権の二重行使）を防ぐため

に，民訴法114条2項が設けられている。相殺の抗弁は，訴訟上の相殺の抗弁と訴訟外のそれに分かれるが，上記の趣旨はいずれの場合にも妥当し，同条2項が適用される（三木浩一ほか『民事訴訟法〔第3版〕』438頁）。

相殺の抗弁が判断された場合，既判力が生じるのは「相殺をもって対抗した額」に限られる（大判昭和10・8・24民集14巻1582頁）。反対債権の蒸し返しを防ぐ必要性は，反対債権の存否について裁判所が実際に判断した限度において認められるからである。そのため，訴求債権よりも反対債権の方が多い金額の場合，訴求債権の金額を超える部分には既判力は生じない。また，民訴法114条2項の文言では「相殺のために主張した請求の成立又は不成立」となっているが，通説は，基準時における反対債権の不存在についてのみ既判力が生じると説く（伊藤眞『民事訴訟法〔第7版〕』565頁，中野貞一郎ほか編『新民事訴訟法講義〔第3版〕』512頁注3)）。その理由として，同項の趣旨は，反対債権の蒸し返しを防ぐ点にあるため，被告の反対債権が基準時に不存在であったことを既判力で確定しておくことで，被告による不当利得返還請求訴訟（相殺以外の理由で訴求債権は消滅していたため，相殺に供した債権額につき原告には不当利得があるとの主張）を封じることができるからであると説かれる（訴求債権と反対債権がともに成立し，相殺によってともに消滅したことに既判力が生じるとする見解もある。梅本吉彦『民事訴訟法〔第4版〕』927頁。議論の詳細は，高橋宏志『重点講義民事訴訟法(上)〔第2版補訂版〕』637頁）。したがって，200万円の訴求債権に対して，300万円の反対債権で相殺を主張し，請求棄却判決が下された場合には，対抗額である200万円の不存在についてのみ既判力が生じる。

③ 一部請求訴訟における相殺の抗弁と既判力

前述のように既判力は訴訟物に対する判断に生じる。そこで，一部請求訴訟が提起された場合，その訴訟物が問題となるが，判例（最判昭和37・8・10民集16巻8号1720頁）は，請求額が一部であることを明示して提起した訴訟（明示的一部請求訴訟）の場合，訴訟物は明示された請求部分に限定されるとする。原告の請求額が一部分であることを知ることで，被告はその後の対応の検討が可能になり（債務不存在確認の反訴を提起するなど），原告による権利行使の自由と被告の防禦活動の調和を図ることができる立場として，学説からも支持を得ている（菊井維大＝村松俊夫原著『コンメンタール民事訴訟法Ⅱ〔第2版〕』464頁，小島武司『民事訴訟法』281頁。これに対して，債権全体が訴訟物であるとする見解として，伊藤・前掲230頁以下）。

それでは，明示的一部請求訴訟において，相殺の抗弁が提出された場合，この明示された一部の訴求債権を基準に相殺を行うのであろうか。これを肯定する見解を内側説という。この点について，判例（最判平成6・11・22民集48巻7号1355頁。学説の状況につき，同判決の解説である八田卓也・民事訴訟法判例百選〔第5版〕236頁を参照）は，「まず，当該債権の総額を確定し，その額から自働債権の額を控除した残存額を算定した上，原告の請求に係る一部請求の額が残存額の範囲内であるときはそのまま認容し，残存額を超えるときはその

残存額の限度でこれを認容すべきである」とする。このような見解を外側説という。学説には，訴訟物が一部請求部分に限定されることと外側説が整合的でないなどとして内側説を支持する有力な見解があるが（兼子一原著『条解民事訴訟法〔第2版〕』1349頁)，多数説は，原告の合理的意思が総額を基準としていると考えられること，また，内側説では，原告が相殺の対象とならなかった残部につき後訴を提起することは避けられないのに対して，外側説によれば，残額部分から相殺がなされることから後訴が提起される可能性が低くなるため，紛争解決機能の点で優れているとして，外側説を支持する。

この場合に既判力が生じる範囲は，明示された訴求債権に反対債権が対応する部分に限られ，残額に反対債権が対応する部分については生じない。たとえば，1000万円の債権のうち700万円であることを明示して金銭支払請求訴訟を提起した場合に，被告が400万円の反対債権で相殺を主張したとする。当事者双方の主張する債権額が認められた場合，外側説では，総額1000万円のうち残額である300万円（外側）の方から相殺を行う。そこで，原告の請求は600万円の範囲で認容され，被告の債権は100万円の不存在につき既判力が生じる。その理由として，原告の訴求債権の残額部分について既判力が生じない（上記の例では300万円の部分）以上，その部分に対応する被告の反対債権不存在につき既判力を認める合理性はないと説かれる（三木ほか・前掲439頁）。

④ 設問の検討

明示的一部請求における訴訟物を明示された金額に限定する見解に立ち，また相殺につき外側説を前提とすると，つぎのようになる。

問1について Xの400万円の訴求債権については，民訴法114条1項により，300万円の債権存在と100万円の不存在について既判力が生じる。Yの200万円の反対債権については，民訴法114条2項により，100万円については相殺により不存在であることに既判力が生じるが，残りの100万円については一部請求の外側にあるため既判力は生じない。

問2について Xの400万円の訴求債権については，民訴法114条1項により，明示された債権全額の存在について既判力が生じる（全部認容）。Yの200万円の反対債権については，相殺が認められた50万円は外側にあるため既判力は生じない。また不存在となった150万円のうち，50万円は一部請求の外側にあるため既判力は生じないが，100万円の不存在については民訴法114条2項により既判力が生じる。

問3について 訴訟外の相殺の場合も，訴訟上の相殺と同様に扱われるため，問1と同様となる。

ステップアップ

設問において，Yが300万円の反対債権を主張したところ，裁判所が200万円を認定して相殺が認められた場合，既判力が生じる範囲を検討しなさい。Xの訴求債権は，設問と同様とする。参考文献として，水上敏「判解」最判解民事篇平成6年度584頁。

次回の設問

訴訟上の和解。

民事訴訟法 11

慶應義塾大学教授
芳賀雅顯　HAGA Masaaki

⤵ 設問

　Aは，食品輸入を業務内容とする中小企業（Y）を経営していたところ，リモートワークが急速に進んでいるとの報道に触れて，わが社でもこれを導入して業務の効率化を目指そうと考えた。そこで，YはXから1000万円を借りて，従業員全員が自宅で業務を行えるようにパソコンを貸与するなど社内環境を整備することにした。しかし，不況で会社の業績が思いのほか伸びず，支払期限までにXに返済できなかった。当初，Xは，Yとのこれまでの取引関係から，返済について厳しい態度で臨むことを避けてきた。しかし，X自身も資金繰りの見通しが芳しくないことから，訴訟を提起したところ，第1審係属中にXとYは訴訟上の和解を締結した。この和解の内容は，①XとYは，XがYに対して800万円の貸金債権を有することを確認すること，②Yは，前記債務のうち100万円を本件和解契約締結後2週間以内にXに支払うこと，③前記債務のうち400万円については，Yが自社倉庫に保管中のカスピ海産最高級瓶詰キャビア（10グラム入り800個）をXに引き渡すことで支払いに代えることとし，引渡しはYの倉庫で行うこと，④前記債務のうち300万円は毎月末に50万円ずつ6回支払うこととする，というものであった。
問
　Xが，キャビアの瓶詰を受け取りにYの倉庫に出向いたところ，粗悪品であることが判明した。そこで，Xは，錯誤に基づく和解の取消しを主張して（民95条），新期日の指定を申し立てた。この申立ては適法か。

❗POINT

　❶訴訟上の和解とは。❷訴訟上の和解の法的性質。❸訴訟上の和解と既判力。❹訴訟上の和解に瑕疵があった場合の主張方法。

⤵ 解説
❶ 訴訟上の和解とは

　訴訟上の和解とは，訴訟の係属中両当事者が訴訟物に関するそれぞれの主張を譲歩した上で，期日において訴訟物に関する一定内容の実体法上の合意と，訴訟終了についての訴訟上の合意をなすことを指す，と説かれる（伊藤眞『民事訴訟法〔第7版〕』497-498頁）。他方で，訴訟係属を前提としない，簡易裁判所で行われる起訴前の和解という制度がある（民訴275条）。これらの訴訟上の和解と起訴前の和解を合わせて裁判上の和解という。この裁判上の和解と区別すべきものとして，裁判外の和解がある。裁判外の和解は，民法上の和解契約（民695条）として実体法上の効果が認められる。しかし，

訴訟上の和解では訴訟終了効がただちに認められるが，裁判外の和解の場合にはそうなるわけではない。たとえば，裁判外の和解において，訴えを取り下げる旨の合意がなされた場合，そのことによって訴訟終了効がただちに生じるわけではない。合意があるにもかかわらず，原告が訴えを取り下げない場合，被告が訴え取下げの合意を主張し，裁判所がこれを認めることで，はじめて訴訟終了効が生じる（訴え取下げの合意に関する訴訟行為説。近時の多数説）。この立場では，訴訟終了宣言の判決を下す。他方，判例（最判昭和44・10・17民集23巻10号1825頁。解説として，松下祐介・民事訴訟法判例百選〔第5版〕194頁）は，当事者間で紛争が終結し，訴えの利益を喪失したとして訴え却下判決を下すとする（議論状況は，高田裕成ほか編『注釈民事訴訟法(4)』1220頁以下［越山和広］）。

❷ 訴訟上の和解の法的性質

　かつて，訴訟上の和解の法的性質論は，要件や効果の理解に重要な役割を果たしていた。議論の内容は，訴訟上の和解が，当事者の合意をもとになされ，それによって生ずる訴訟終了効をいかに説明するのかをめぐるものである。そこで，訴訟上の和解の法的性質をめぐり，どのような議論がなされてきたのかを確認しておく（議論状況は，高橋宏志『重点講義民事訴訟法(上)〔第2版補訂版〕』771頁以下，高田ほか編・前掲1289頁［中西正］）。①私法行為説は，訴訟上の和解は本質的に民法上の和解契約であり，裁判所がその公証を行うことで訴訟終了効が認められるとする。②訴訟行為説は，訴訟上の和解は訴訟終了効を有する訴訟行為であるとする。③両性説は，訴訟上の和解という一個の契約が訴訟の終了を目的とする訴訟行為と実体法上の和解契約の二重の性質を有すると解する（私法上の和解の取消しは訴訟終了効に影響を及ぼす）。④併存説は，訴訟行為と実体法上の和解契約の2つが併存すると解する（私法上の和解の取消しは訴訟終了効に影響を及ぼさない）。たとえば，訴訟上の和解が錯誤に基づいて締結された場合，訴訟行為説や併存説では和解の効力に影響がなく，他方で私法行為説や両性説ではその私的性質から効力を失う。しかし，訴訟行為説によりつつ意思表示の瑕疵に関する規定の類推適用を認めたり，私法行為説によりつつ私法上の和解の無効は訴訟終了の効果を当然にはもたらされないとする見解，併存説を基本にしつつ訴訟上の和解が私法上の和解を原因としていることから私法上の和解の無効原因があるときには訴訟上の和解も無効となる見解（新併存説）も主張されていた。そのため法的性質論から具体的な結論が演繹的に導かれるわけではないとされ，近時，法的性質を論じる意義に疑問が呈されている（新堂幸司『新民事訴訟法〔第6版〕』375頁）。判例は，両性説に立つとされる（大判昭和14・8・12民集18巻903頁）。

❸ 訴訟上の和解と既判力

　訴訟上の和解がなされた場合，①訴訟終了効，②執行力，形成力が認められる。さらに，③既判力まで認められるのか否かは議論がある。①訴訟当事者が，裁判所に係属している紛争を互譲により解決した結果，和解が成立した範囲において訴訟は終了する。②訴訟上の和解に際しては和解調書が作成される（民訴267条）。この和

解調書の内容が給付を命ずるものを含むときには（「被告は，原告に対し，○年○月○日までに金○○円を支払う。」など），執行力が認められる（民執22条7号）。また，離婚訴訟で離婚をする和解が成立した場合（人訴37条1項），和解条項には形成力が認められる（三木浩一ほか『民事訴訟法〔第3版〕』490頁）。③訴訟上の和解に既判力が認めれるのか否かについて，肯定説，制限的既判力説，否定説の対立がある。この点について，既判力を肯定する見解は次の点を理由として挙げる。まず，民事訴訟法267条の文言が，和解調書への記載は「確定判決と同一の効力を有する」としている。この文言からは確定判決の効力としては既判力が含まれると解するのが自然であり，既判力を含まないのであれば，そのような文言にはならないはずである。つぎに，和解調書は沿革的に判決に代替するもの（判決代用物）として位置づけられていることから，和解調書にも既判力を認めるべきである。さらに，訴訟上の和解において，裁判所が全く関与しないわけではなく，当事者間のみの合意で紛争が終了しているわけではないため，実体法上の和解とは異なる面がある。くわえて，和解調書で終了したはずの紛争が，事後に蒸し返されることを防ぐ必要があるため，既判力を認める実益があるとする。既判力を制限的に肯定する見解は，既判力を肯定しつつも，訴訟上の和解に実体法上の取消原因等が認められる場合には，訴訟上の和解の既判力を否定する。この見解は，訴訟上の和解に既判力を認めることを前提としつつも，訴訟上の和解に拘束力を認める基礎が当事者の合意にあることを重視し，和解に実体法上の取消原因等がある場合には拘束力の前提を欠くため，既判力が否定されるというものである。既判力を否定する見解は次の点を理由として挙げる。まず，既判力は裁判所による公権的な紛争解決手段における判断について認められるものであり，当事者の意思に基づく訴訟終了原因である訴訟上の和解とは，紛争解決の本質が異なる。本説では和解条項に反する再訴等を防ぐことができないとの批判に対しては，既判力を持ち出さなくても，和解契約の実体法上の効果（民696条）によって蒸し返しを防ぐことができるとする。また，訴訟上の和解に既判力を肯定した場合，判決主文に対応する部分がないため，既判力の客観的範囲が不明確である（肯定説，制限的既判力説に対する批判）。さらに，既判力は本来，当事者の陳述に意思表示の瑕疵があったとしても，事後的に主張することを許さないものであることから，実体法上の無効・取消原因が存在しないことを留保して制限的に既判力が認められるとの説明には困難を有するとされる（制限的既判力説に対する批判）。判例は，制限的既判力説に立つと解されている（最判昭和33・6・14民集12巻9号1492頁。解説として，高田裕成・民事訴訟法判例百選〔第5版〕196頁）。他方，学説では，既判力を否定する立場が多数を占めている（兼子一原著『条解民事訴訟法〔第2版〕』1480頁，松本博之＝上野泰男『民事訴訟法〔第8版〕』567頁。他方，制限既判力説を支持する見解として，伊藤・前掲511頁，三木ほか・前掲492頁）。

④ 訴訟上の和解に瑕疵が あった場合の主張方法

訴訟上の和解に瑕疵がある場合，無効等をどのような方法で主張することができるのかは，訴訟上の和解に既判力が認められるのかをめぐる前述の議論と関係がある。具体的には，①再審の訴え，②期日指定の申立て，③別訴提起の可否が問題となる。既判力を肯定する立場では，訴訟上の和解は判決と同じ扱いを受けることになるため，瑕疵を主張するには再審を提起することになる。また，瑕疵の主張が許される事由は，再審事由（民訴338条1項各号所定の事由）に限られる。他方，既判力否定説と制限的既判力説は，既判力肯定説において認められている事由に限定されることなく，私法上の和解における無効・取消原因を主張することができる。この場合に，期日指定の申立てと別訴提起のいずれによるべきであろうか。学説は，新期日の指定を求めるべきであるとする立場が多数説である（伊藤・前掲511頁，兼子原著・前掲1482頁）。その理由として，訴訟上の和解に無効原因がある場合には，訴訟は終了していないため，当該訴訟が係属していることを前提として，期日指定の申立てをなすべきであること，また，現在の紛争は和解前の紛争の延長と捉えることができるため，期日指定の申立てを行うことにより従前の訴訟資料を利用することができる利点があるとする。この場合，裁判所は，口頭弁論期日を開いて審理を行い，無効原因があると判断した場合には続行期日を指定することになるが，無効原因があると判断できない場合には訴訟終了宣言の判決を下す。判例も，期日指定の申立てを認める（大決昭和6・4・22民集10巻380頁）。しかし，判例は，和解無効確認の訴えを提起したり（大判大正14・4・24民集4巻195頁），請求異議の訴え（民執35条）を提起することをも認めている（前掲大判昭和14・8・12）。訴訟上の和解の無効を唱えて救済を求める当事者の便宜的観点から，これらの判例の立場を肯定する見解もある（新堂・前掲378頁，中野貞一郎ほか編『新民事訴訟法講義〔第3版〕』444頁）。

⑤ 設問の検討

訴訟上の和解に既判力を肯定するか否か，また，それに応じた和解の瑕疵の主張方法に限定して，検討していく。設問では，Xは，訴訟上の和解の錯誤取消し（民95条）を理由に，期日指定の申立てを行っている。訴訟上の和解について既判力を肯定する立場では，Xの申立ては再審事由に該当しないため，この申立ては認められない。他方，既判力を否定する立場および制限的に既判力を肯定する立場では，このような事由でも訴訟上の和解の効力を争う事由とすることができる。その場合の，瑕疵の主張方法について，判例・多数説は，期日指定の申立てを認めている。この立場からは，Xの申立ては適法ということになる。

ステップアップ

Yは，設問中の和解条項④について，最初の2か月のみ支払っただけで，その後の残金の支払いを怠っていた。そこで，Xは，本件和解契約を解除したうえで，新期日の指定を申し立てた。この申立ては適法か。

次回の設問

訴えの主観的予備的併合など。

民事訴訟法 12

慶應義塾大学教授

芳賀雅顯　HAGA Masaaki

↳ 設問

X は，勤務先の会社がリモートワークを推奨していたため，それまで住んでいた都市部の賃貸マンションを解約し，実家に戻って生活をしていた。当初は都会を離れた生活に不安があったが，しばらくすると想像していたよりも快適な環境で過ごすことができた。やがて，会社の仕事も円滑にこなせるようになったため，X は，職場がある都市への高速バスのアクセスが便利な隣町に家を建てようと考え，土地を探していた。そうしたところ，実家の近所に住んでいる幼馴染の Y₁ が，現在，療養のため施設に入所している父 Y₂ が所有している土地を，Y₂ に話して安く譲れるようにすると持ち掛けてきた。X は，この話に関心を示し，最終的に 1000 万円で土地を購入することにした。しかし，Y₁ は，実際には Y₂ に土地の売買の話をしていなかった。そのため，X が Y₁ に代金を支払ったものの，土地の明渡しも登記の移転もなされなかった。X は，状況が進展しないことから，Y₁ か Y₂，あるいはその双方を相手に訴訟を起こそうと考えた。問（各設問は相互に独立している）

1　X は，Y₂ を相手に，土地の明渡しおよび売買を原因とする土地所有権移転登記手続請求訴訟を提起した。しかし，Y₂ は施設に入所中であったところ，Y₁ は，Y₂ に何も知らせず，また Y₂ の名前をかたって手続を進行させていた。その後，Y₂ は体調が回復して自宅に戻ったところ，間もなくして判決書が Y₂ に送達され，そこで Y₂ は初めて本件訴訟の経緯を知った。しかし，Y₂ は，この訴訟は Y₁ が勝手にしたことだから，自分には関係ないと考えていた。民事訴訟法 115条 1 項 1 号は，確定判決は当事者を拘束すると規定しているが，ここでの当事者は Y₁ と Y₂ のいずれであろうか。また，Y₂ は，判決にどう対応すべきか。

2　X は，土地の購入を前提に，すでに具体的な生活プランを組み立てていた。そこで，まずは，Y₂ を相手に，土地の明渡しと売買を原因とする土地所有権移転登記手続を求めるとともに，それが認められない場合には，Y₁ に対する無権代理人の責任を問う併合訴訟を提起したいと考えた。この訴えは適法か。

❗POINT

❶当事者の確定。❷訴えの主観的予備的併合。❸同時審判申出共同訴訟。

- -

↳ 解説

① 当事者の確定

(1) 当事者の確定とは

当事者の確定とは，「裁判所が特定の事件の当事者が

誰であるかを判断する作業」を指す（三木浩一ほか『民事訴訟法〔第 3 版〕』94 頁）。民事訴訟においては，訴えの提起から，訴訟の終了，そして再審提起に至るまで，誰が当事者なのかが問題となる。たとえば，普通裁判籍（民訴 4 条 1 項），裁判官の除斥（同 23 条 1 項 1 号など），当事者能力（同 28 条），公示送達（同 110 条 1 項 1 号），既判力の主観的範囲（同 115 条 1 項 1 号），訴訟手続の中断・受継（同 124 条 1 項 1 号など），訴状の必要的記載事項（同 133 条 2 項 1 号），当事者尋問（同 207 条），判決書の送達（同 255 条 1 項），再審（同 338 条 1 項但書）の各規定において，「当事者」が問題となる。そして，訴訟手続では当事者という地位にあることで，各種の効果が認められる。そのため，誰が訴訟における当事者であるのかは，裁判所が職権で確定する。

(2) 確定の基準

当事者を確定するための基準は，いくつかの見解に分かれる。原告ないし裁判所の意思を基準とする説（意思説），当事者らしく行動している者を当事者とする説（行動説），当事者の確定が問題となった時点を基準に回顧的局面（評価規範）と将来的局面（行為規範）とに分けて確定基準を用いる規範分類説などが主張されている（議論状況の詳細は，高橋宏志『重点講義民事訴訟法(上)〔第 2 版補訂版〕』153 頁以下）。現在，学説において通説は表示説，なかでも訴状の当事者欄（民訴 133 条 2 項 1 号）だけでなく，請求の趣旨や原因その他の記載事項を含めて考慮して当事者を確定する実質的表示説である（伊藤眞『民事訴訟法〔第 7 版〕』119 頁，兼子一『新修民事訴訟法体系〔増訂版〕』106 頁）。その根拠は，当事者が誰であるかを問題とする局面が訴訟手続全般にわたることから，一貫性のある明確な基準が求められること，他方で，訴状の当事者欄のみを基準にした場合（形式的表示説）には，当事者の合理的意思や訴え提起後の事情を参酌することができないため硬直的判断にならざるを得なくなるとして，訴状全体を考慮の上で当事者を確定する柔軟性を持たせるべきであると説く。したがって，形式的表示説では同一性がないとして任意的当事者変更（任意的当事者変更については法的性質論，それを受けて，要件，効果につき対立がある。議論の詳細は，高橋・前掲 170 頁以下），あるいは訴えを提起し直すことになる場合でも，実質的表示説では，訴状全体の合理的意思解釈から同一性が肯定される可能性があり，その場合には表示の訂正として扱われる（手形金請求訴訟において，被告の表示を個人である「株式会社栗田商店こと栗田末太郎」から法人である「栗江工業株式会社代表取締役栗田末太郎」への訂正を認めた，大阪地判昭和 29・6・26 下民集 5 巻 6 号 949 頁参照）。任意的当事者変更では新当事者の審級の利益を確保させる必要があるため第 1 審係属中に限られると解されるが，表示の訂正ではそのような制限はない。判例の中には，原告側の氏名冒用の場合に，当事者は冒用者であるとしたものがある（大判昭和 2・2・3 民集 6 巻 13 頁。被告側冒用のケースにつき，大判昭和 10・10・28 民集 14 巻 1785 頁。解説として，村上正子・民事訴訟法判例百選〔第 5 版〕14 頁）が，実務は実質的表示説で運用されている（名古屋高金沢支判昭和 61・11・5 判時 1239 号 60 頁など）。

(3) 判決効の主観的範囲

当事者の確定基準によって，民訴法 115 条 1 項 1 号に

いう当事者は定まる。したがって，実質的表示説では訴状全体を考慮して決めることになるし，行動説では訴状の当事者欄とは無関係に当事者らしく行動した者が同号にいう当事者になる。そこで，たとえば氏名冒用訴訟で，判決が下された後に冒用が明らかになった場合，表示説では訴状の表示欄に記載されている者（被冒用者）に判決の効力が及ぶ。その場合，この被冒用者は上訴または再審（民訴338条1項3号）を通じて救済される。他方，行動説では，当事者のように振る舞って訴訟で活動していた冒用者が当事者となる。この場合，訴状の当事者欄に記載されていた被冒用者には判決の効力は及ばないため，被冒用者は，再審を経ることなく無効主張が可能となる（参照，伊藤・前掲120頁）。

② 訴えの主観的予備的併合

訴えの主観的予備的併合とは，「共同訴訟人のまたはこれに対する各請求が，その実体上の理由で両立することができない関係にある場合に，原告側が，どちらか一方の請求の認容を優先して申し立て，それが認容されることを解除条件として他方の請求の審判を求める申立てをする併合形態」とされる（新堂幸司『新民事訴訟法〔第6版〕』797頁）。たとえば，無権代理における本人に対する履行請求を主位的請求とし，無権代理人に対する請求を予備的に併合する場合（被告側の予備的併合），あるいは，債権譲渡の効力を債務者が争うため，主位的に債権譲受人が債務者に請求し，譲渡が無効とされる場合に備えて，譲渡人から債務者に対する請求を予備的に併合する場合（原告側の予備的併合）が考えられる。この併合形態が適法か否かについては争いがある。この問題は平成8年改正により，同時審判申出共同訴訟の制度（民訴41条）が設けられたこととも関係するので，まず，改正以前の状況を確認する。適法説が主張された背景は，統一的な判断が確保される点にある。すなわち，たとえば，取引の相手方は，本人または無権代理人のいずれかに対しては実体法上請求が認められる立場にあるが（民117条），それぞれの請求を通常共同訴訟で提起した場合には，いわゆる両負けの可能性が出てくる。そこで，主観的予備的併合を適法とすることで，このような事態を回避することが考えられる。これに対して，不適法説は，先の例で主位的被告に対する請求が認容された場合には，解除条件が成就するため，予備的被告は，自身の同意なしに，請求棄却判決を得ることもなく遡及的に訴訟係属が消滅することになり，その地位が不安定であること，また，上訴審では予備的併合が解消されるため，必ずしも審判の統一が確保できなくなるといったことを根拠にしていた（参照，兼子一原著『条解民事訴訟法〔第2版〕』201頁以下）。最高裁は，不適法説を支持していた（最判昭和43・3・8民集22巻3号551頁）。しかし，その後も下級審裁判例において適法としたものがあり（大阪高判昭和61・3・14判タ611号89頁），主観的予備的併合を用いた紛争解決へのニーズがあったことを窺わせる。

③ 同時審判申出共同訴訟

平成8年改正によって，同時審判申出共同訴訟（民訴41条）が創設された。同条は，「複数の被告に対する請求が実体上両立しない関係にある場合は，両請求の間に実質的にも強い関連性があることから，判断が区々になって両方に敗訴することを避けたいとする原告の意思を尊重し，端的に同時審判の保障（弁論の分離・一部判決の禁止）という形で，当事者の意思を訴訟手続に反映させるのが適当である」との考えのもとで制定された（法務省民事局参事官室編『一問一答 新民事訴訟法』59頁）。同時審判申出訴訟の要件は，①共同被告の一方に対する訴訟の目的である権利と共同被告の他方に対する訴訟の目的である権利とが法律上両立しない関係にある場合であること（民訴41条1項），②控訴審の口頭弁論終結時までに原告が同時審判の申出をすること（同条2項），③すでに通常共同訴訟が成立していること，とされる（三木ほか・前掲544頁以下）。したがって，①の要件からは，被告側の予備的併合のケースについてのみ同条は適用される。また，共同被告に対する請求が事実上両立することができない場合（たとえば，契約の相手方や不法行為の加害者が共同被告のいずれか明らかでない場合），同条の適用対象外となる。同時審判申出訴訟での審理は，弁論の分離と一部判決が禁止される（民訴41条1項）のみでそれ以外は共同訴訟人独立の原則（民訴39条）など通常共同訴訟の規律が妥当する。

この併合形態が創設されたことによって，訴えの主観的予備的併合が現行法の下で不適法とされるのかどうかは議論がある。不適法であるとする見解は，立法者が旧法下における議論の対立を解消する目的で本条を設けたこと，主観的予備的併合は予備的被告の地位が不安定であることを理由とする（伊藤・前掲669頁，三木ほか・前掲547頁）。他方，適法説は，同時審判申出共同訴訟では，被告を順位付けたいという原告の要求に応えることはできないこと，また，上訴審における統一的審判の確保のために，共同訴訟人独立の原則を修正して必要的共同訴訟の規定（民訴40条）の類推を認めることで，一人が上訴をすれば全請求について確定遮断効・移審効が認められ，上訴審における審判の統一が図られるとする（小島武司『民事訴訟法』753頁，高橋宏志『重点講義民事訴訟法(下)〔第2版補訂版〕』396頁以下，中野貞一郎ほか編『新民事訴訟法講義〔第3版〕』591頁，松本博之＝上野泰男『民事訴訟法〔第8版〕』744頁。東京地判平成22・12・28金法1948号119頁は，原告側の主観的予備的併合を認めた）。

④ 設問の検討

問1について　当事者の確定基準について表示説に立つ場合には，実質的表示説，形式的表示説いずれの立場でもY$_2$が被告となる。Y$_2$は，上訴または再審（民訴338条1項3号）を提起することで救済が図られることになる。

問2について　本事例では，原告が被告間の順位付けを行った訴えの提起を考えていることから，訴えの主観的予備的併合の適否が問題となる。そこで，民訴法41条との関係で，訴えの主観的予備的併合をどのように評価するのか（同条は，被告側の主観的予備的併合に対応することを念頭に規定された），その検討が求められる。

ステップアップ

表示の訂正と任意的当事者変更の関係における当事者の確定理論の果たす役割について，具体例を用いて説明しなさい。

民事訴訟法・論点索引

（数字は登場回を示します）

刑法

······················

名古屋大学教授

齊藤彰子

SAITO Akiko

刑法 1

名古屋大学教授
齊藤彰子　SAITO Akiko

設問

1　甲は，5月16日午後9時30分頃，幼児用椅子に座って食事をしていた長男X（当時2歳7か月）に対し，同人の背中を2度平手で叩く暴行を加え，その腹部を前に置いたテーブルの縁に打ち付けさせて腸間膜破裂の傷害を負わせた。

2　同月17日午前0時頃から，Xは，「おえ，おえ。」と言ってえずき始め，吐いては休むことを繰り返した。同日午前2時30分頃，Xが再びえずいたので，甲は，吐くのを助けるために，始めは手を使って10回くらいXの腹部を押し，その後，両膝を使ってXを挟み込む形で5回くらい腹部を押した。同日午後0時52分頃，甲は，Xが意識を失っていることに気付き，自らXをP病院に搬送したが，同日午後2時54分頃，Xは，創口が38cmに及ぶ腸間膜破裂に伴う出血性ショックにより死亡した。なお，Xには，日頃から，吐き気を催す癖があった。

3　Xが死亡するに至った機序についてのQ医師の鑑定は以下の通りである。(1)腹部に加わった鈍体による強い打撲または圧迫により腸間膜の破裂が生じ，これから持続的あるいは断続的に続く出血により，出血性ショックに陥り，死亡したものと判断される，(2)1の暴行によって長さ38cmの破裂が生じていたとすると，その時点で一次性ショックに陥っていたと考えられるが，そのような経過はないから，その点は否定される，(3)当初の破裂は，挫滅の認められる周囲で，長くても5，6cmぐらいまでのものと考えられる，(4)2のXの腹部を押す行為によって，挫滅を伴う腸間膜破裂を増悪させた可能性が高く，その結果，長さ38cmに及ぶ大きな破裂に繋がったと考えられる，(5)破裂した創口が38cmに広がらなかった場合に死亡したかどうか，あるいは最初の5，6cmの破裂で死亡したかどうかは分からず，5，6cmの破裂であっても，Xに生じた腸間膜破裂は挫滅を伴っているので，出血が長時間にわたって続き，出血多量によって死亡する可能性はあるが，他方で，Xは防御力の強い小児であるから，止血あるいはそれに対応しようという防御機構がかなり働くことからすると，死亡する可能性の程度について一概に言うのは難しい。

❗POINT

本問は，（裁判例としては珍しく）因果関係を否定した，東京高判平成29・9・26（高刑速（平29）号179頁）の事例である。因果関係が肯定あるいは否定された従来の裁判例とも比較しつつ，1の暴行の有する危険性の程度，その後に行われた甲自身の行為の結果に対する影響の程度，両行為の関連性の有無・程度などをいかに評価すべきかを丁寧に論じることが求められる。

解説

① 因果関係の判断とは

因果関係は，生じた結果を，行為者が行った行為のせいであるとして，行為者に帰責するための要件であり，それゆえその判断はきわめて規範的なものである。伝統的な相当因果関係説のように，そのような行為を行えば（そのような経過を辿って）そのような結果が発生するのが通常かどうかで因果関係の有無を判断する場合であれ，近時の判例にみられるように，実行行為の危険性が結果へと実現したといえるかどうかで判断する場合であれ，そこでの通常性ないし危険の現実化の有無は，純粋に事実的な可能性や科学的，医学的に判断される結果発生に対する影響の大小のみに基づいて判断されるわけではない。

それゆえ，同じ判断基準を採用する場合であっても，因果関係の肯否についての結論は異なりうる。事例の検討においては，どのような事実をいかに評価して，通常性ないし危険の現実化を肯定あるいは否定するとの結論を導いたのかを丁寧に論じる必要がある。

② 事実の確定

本事例では，甲による設問の1の暴行（以下，「本件暴行」という）によって，Xは腸間膜破裂の傷害を負い，その約17時間後に，腸間膜破裂に伴う出血性ショックにより死亡していることからすれば，甲には傷害致死罪（205条）の成立が認められそうである。もっとも，本件暴行後に，吐き気を催したXの腹部を計15回も押すという，（2歳7か月の幼児に対してやり過ぎではないかとの感の否めない）甲の行為（以下，第2行為という）が介在しており，Xの死亡当時の腸間膜破裂が38cmにも及ぶものであったのに対して，本件暴行自体によって生じた腸間膜破裂の大きさは明記されていない。そこで，本件のような暴行を加えれば，（上記のような介在事情を経て）創口が38cmにも及ぶ腸間膜破裂によって死亡するという事態が通常ありうるといえるかどうか，あるいは，本件暴行にどのような危険性が認められ，その危険がXの死亡結果へと実現したといえるのか，を論じる前提として，本件暴行によって生じた腸間膜破裂はどの程度のもので，それはそれ自体として，生命・身体に対してどのような危険性を有するものなのか，また，その腸間膜破裂が最終的に38cmに拡大することとなった経過の如何を（不明の場合には被告人に有利に），設問の3の記述から確定する必要がある。

まず，(2)および(3)から，本件暴行によって生じた腸間膜破裂はせいぜい5，6cmぐらいであり，また，(5)から，それは，それだけで死亡に至る危険性を有するものではなく，(4)から，第2行為によってその破裂が増悪して，長さ38cmに及ぶ大きな破裂になったという事実が，それぞれ認定できよう。

③「間接実現型」における危険の現実化

つまり，本事例は，大阪南港事件（最決平成2・11・20

刑集 44 巻 8 号 837 頁）のように，被告人の行為によって死因となる傷害が形成され，その後に介在した行為は，当該死因による死亡を幾分早める影響を有したにすぎない，言いかえれば，介在事情がなかった場合に発生したであろう結果と実際に発生した結果との間に実質的な相違がないといえる事例（いわゆる直接実現型。これに該当する場合には，介在事情の通常性を問題にする必要はない。橋爪隆「危険の現実化としての因果関係(2)」法教 404 号 93 頁以下）ではなく，被告人の行為による影響と介在事情の影響とが相まって結果が発生した事例（いわゆる間接実現型の中の共同原因型。橋爪隆「これまでの連載をふりかえって」法教 418 号 91 頁以下，小池信太郎「因果関係」法教 464 号 98 頁以下）ということになる。

この類型に該当する事例につき因果関係を肯定したものとしては，首を絞めるあるいはナイフで刺すといった殺害行為を行った後，砂浜への遺棄や放火といった犯跡隠滅行為に出たところ，その時点ではまだ生きていた被害者が，砂末を吸引して窒息死あるいは火に巻かれて焼死したという事例（大判大正 12・4・30 刑集 2 巻 378 頁，水戸地判平成 17・3・31 裁判所 Web），あるいは，被害者を殴打して脳震盪の状態に陥らせたうえで同人を川に突き落としたところ，被害者は対岸に渡り岸に上がったが，そこで再び被告人の配下の者（ただし，被告人との共犯関係は認められない）によって川に投げ入れられ，溺死したという事例（大判昭和 5・10・25 刑集 9 巻 761 頁）などがある。

前者においては，殺害行為による影響（首を絞められたことによる呼吸器系の損傷あるいは刺創が原因で身動きできない状態）も最終的な窒息死ないしは焼死という結果の発生原因をなしているということに加え，殺害行為と犯跡隠滅行為との間には密接な関連性が認められ，殺害行為を行った者がその犯跡隠滅行為に出ることは一般に予見可能であり，特段異常な事態とはいえないことも理由として挙げられている。これに対し，後者においては，単に，殴打行為によって引き起こされた脳震盪と，介在行為によって川に投げ入れられたこととが相まって，被害者の溺死という結果が発生したという点が指摘されているのみである。

④ 「共同原因型」における危険の現実化

後者のように，被告人の行為と介在事情との間の関連性は小さい（あるいは認められない，言いかえれば，介在事情の異常性が高い）が，被告人の行為による影響が，介在事情から結果が発生するための不可欠の前提となっており，その意味で，結果発生に対する寄与が小さいとはいえない場合に，危険の現実化を肯定すべきかどうかについては，評価が分かれよう。

東京高判平成 29・9・26 は，甲の第 2 行為は通常一般的に起こりうることが想定されるとはいえず，また，本件暴行とは異質な刑事的な責任非難の対象にはならないものであることを理由に，「本件暴行の有する危険性が被害者の死の結果へ現実化したものとは評価でき」ない，と結論づけている。これは，間接実現型においては，因果関係を肯定するためには，被告人の行為も結果発生の共同原因をなしているというだけでは足りず，被

告人の行為と介在事情との間の関連性（言いかえれば介在事情の通常性）が認められることが必要とする立場と理解することができよう。

また，トランクに被害者を監禁した状態で車を路上に停めていたところ，その後方から走ってきた車が，前方不注視のため，時速 60km でその後部にほぼ真後ろから衝突し，その結果被害者は圧死したという事例（最決平成 18・3・27 刑集 60 巻 3 号 382 頁）では，介在事情である追突事故が社会生活上ままありうると認められるからこそ，トランク内に人を監禁した状態で車を路上に停める行為について，衝突事故による被害者の死亡という結果に至る危険性が肯定され，その危険と介在事情とが相まって結果が発生したということになるのである。

以上の考えは，介在事情の通常性が肯定される場合に因果関係を認めるものであり，伝統的な相当因果関係説による判断と実質的な違いはないといえよう。

⑤ 本事例の評価

本事例のように，被告人の行為による影響（腸間膜破裂の発生）が，介在事情から結果が発生するための不可欠の前提となっており（既に腸間膜破裂が発生している状態でなければ，第 2 行為から，創口が 38cm にも及ぶ腸間膜破裂による死亡という結果が発生することはなかった），その意味で，結果発生に対する寄与が小さいとはいえないことを理由に，結果の帰属を肯定するというのも，一つのありうる立場であると思うが，介在事情の通常性を要求する立場からも，本事例において，甲に傷害致死罪の成立を肯定する可能性はある。

すなわち，東京高裁は，第 2 行為の通常性を否定したが，X には日頃から吐き気を催す癖があったというのであれば（設問の 2），本件暴行後に第 2 行為が介在することもありうる事態であるとの評価も不可能ではないであろう（小池・前掲 100 頁）。もっとも，2 歳 7 か月の幼児に対して続けざまに計 15 回も腹部を押す（しかも，せいぜい 5，6cm 程度であった破裂を 38cm に広げるほどの力を加える）などというのは，異常であるともいいうる。しかし，この異常性は，第 2 行為を「本件暴行とは異質な刑事的な責任非難の対象にはならないもの」と評する東京高裁とは異なり，本件暴行との関連性を肯定する根拠にもなりうるように思われる。すなわち，第 2 行為は介助行為としては明らかに過剰であり，本件暴行からつながる虐待の一環と評価することも可能であろう。

▶ ステップアップ

被害者が治療を拒否した（ないしは治療に非協力的であった）ために死亡するに至った事例について，被告人の行為と死亡結果との因果関係を肯定したものとして，大阪地判平成 8・10・11 判タ 979 号 248 頁，最決平成 16・2・17 刑集 58 巻 2 号 169 頁などがある。一般に，犯罪被害者がそれを苦に自殺した場合，死亡結果には責任を負わないとされていることとの整合性にも留意しつつ，被害者による治療拒否の結果発生に対する影響をどのように評価すべきかを検討しなさい。

▶ 次回の設問

錯誤に関する問題を取り扱う。

刑法　2

名古屋大学教授
齊藤彰子　SAITO Akiko

📝 設問

1　甲は，午後10時頃，帰宅途中の路上で突然乙からナイフ（刃渡り14cm）を突きつけられ金員を要求された。甲は身を守るために，ナイフを持っている乙の手をカバンで振り払おうと考え，一歩下がって乙との距離をとりつつ，手に持っていたカバンを上方へと振り上げたところ，ねらい通りカバンは乙の手およびナイフに当たったが，その衝撃でナイフが乙の手を離れて飛んでいき，たまたま通りかかったXの太ももに深く突き刺さった。

2　甲は，Xのただならぬうめき声を聞いてはじめて近くに人がいることに気づくとともに，乙の手を離れたナイフがその者に刺さったかもしれないと考えたが，同人は乙の仲間かもしれず，仮にそうでなくても，もたもたしていれば再び乙からどんな侵害を受けるかもしれないと考え，何事が起きたのかを確認することなくその場から逃走した。

3　他方，乙は，ナイフがXの太ももに刺さり大量に出血している様子をみて，このまま放置すればXは失血死するかもしれないと思ったが，119番通報をすると事情を聞かれて面倒なことになることから，Xが死亡することになってもやむを得ないと考え，そのまま立ち去った。その約20分後，Xは，その帰宅が遅いことを心配して探しに来た家族によって発見され病院に搬送されたため一命を取り留めた。

❗POINT

まず甲については，Xの存在（および同人に傷害結果が発生すること）は想定外だったこと，および，傷害結果の原因行為は乙に対する正当防衛として正当化される行為であることが，その罪責を論じるうえでポイントとなる。他方乙については，直接的には甲の行為から発生した傷害結果につき罪責を負うか（作為犯）に加えて，Xの死を予見しつつ逃走した点についても，何らかの犯罪が成立しないか（不作為犯）を検討する必要がある。

- -

📝 解説
① 乙に対する暴行

甲は，乙の手をめがけてカバンを振り上げ，実際に乙の手に当てていることから，（暴行罪における「暴行」につき，物理力が現実に被害者の身体に接触することを要求するか否かにかかわらず）暴行罪（208条）の構成要件該当性が認められる。しかし，この暴行は，ナイフを突きつけて金員を要求するという，乙からの急迫不正の侵害に対する反撃行為であり，より軽微な手段（たとえば，乙に当たらないようにカバンを振り回して同人を

追い払う）では確実に侵害を阻止し得たとはいいがたいことから，相当性も肯定できよう。それゆえ，正当防衛として正当化される（36条1項）。

② 具体的事実の錯誤

他方，上記暴行の結果として，乙の手を離れたナイフが通行人Xに刺さり同人は重傷を負ったのであるから，（現場が他に人がいるとは通常考えられないような場所であったというのであれば別論）乙に対する甲の暴行行為とXの傷害結果との間の因果関係は肯定できる。

問題は，甲にとって，Xの存在，および，乙に向けた暴行行為の因果力がXに（も）及ぶことは全くの想定外であったという点である。行為者が行為当時認識していた事実と実際に発生した事実とが，同一の（客観的）構成要件に該当する事実である限り，後者について（も）故意犯の成立を肯定してよいとする法定的符合説によれば，乙に対して物理力を行使するという暴行罪の構成要件に該当する事実を認識しつつ，実際には，その物理力の作用が（乙のみならず）Xにまで及んでしまい（暴行罪の構成要件に該当する事実が発生し），その結果同人が傷害を負ったのであるから，暴行の故意で傷害結果を発生させた場合として，傷害罪の構成要件該当性が認められることになる。

これに対して，わざと犯罪事実を実現したとして重く処罰するためには，まさに狙った客体に行為の因果力が到達して犯罪結果が発生したことが必要なのであって，狙いがはずれた場合（いわゆる方法の錯誤の場合）は，狙いがはずれてしまった結果発生した犯罪事実はわざと実現したとはいえず，故意犯の成立を認めることはできないとする具体的符合説によれば，甲が物理力の作用を及ぼそうとした相手ではないXに生じた結果については故意犯は成立せず，過失犯の成否が問題となるにすぎないこととなる。

午後10時という時間帯，甲はXのうめき声を聞くまで人の存在に気づいていなかったこと（設問の2），乙が立ち去ってから20分もの間Xは誰にも発見されなかった（設問の3）といった事実から，現場は暗く人通りの少ない場所であったと考えられる。その様な状況下でナイフを持った強盗犯に襲われた甲の心理状態を考えれば，ナイフを持っている乙の手をカバンで振り払えば，その手を離れたナイフによって周囲の人が傷つくかもしれないということを予見し，その様な事態にならないように慎重に反撃することを要求するのは不可能であろう。それゆえ，過失も否定されよう。

③ 正当化の可能性

法定的符合説に立って，Xの傷害結果につき傷害罪の構成要件該当性を肯定した場合，その原因たる暴行行為は，乙に対する正当防衛として正当化されるものであることから，そこから不可避的に生じた傷害結果についても，正当化される余地はないであろうか。

まず，不正の侵害者ではないXに生じた法益侵害を正当防衛として正当化することはできないであろう。

他方，緊急避難として正当化する可能性は，（事案によるが）存在する。Aらの集団からほぼ一方的に攻撃を受けた被告人が，自動車に逃げ込んだ後，Aともみ合っている実兄Pを救出すべく，同人等の方向に自動

車を急後退させて A を追い払おうとしたが，自動車は A に衝突するとともに P を轢過し，死亡させてしまったという事例について，大阪高判平成 14・9・4 判タ 1114 号 293 頁は，「たまたま意外な P に衝突し轢過した行為は客観的に緊急行為性を欠く行為であり，しかも避難に向けられたとはいえない」として，およそ緊急避難が成立する余地がないかのような判示をしている。

しかし，不正の侵害から利益を守るためには第三者も巻き込む（危険のある）反撃行為を行うしか方法がなかったという場合には，当該行為は，不正の侵害者に対する反撃であると同時に，第三者への危険の転嫁を意味するのであるから，「客観的に緊急行為性を欠く」とか，「避難に向けられたとはいえない」との指摘は当たらないであろう。もっとも，緊急避難として正当化されるためには，正当防衛とは異なり，厳格な害の均衡が要求されるので（37 条 1 項），甲が設問の 1 のような反撃行為に出なければ，X が負ったのと同等か，より重い傷害を負っていた可能性が認められることが必要になる。

④ 誤想防衛

前出大阪高判平成 14・9・4 は，正当防衛および緊急避難としての正当化を否定したうえで，「被告人が主観的には正当防衛だと認識して行為している以上，P に本件車両を衝突させ轢過してしまった行為については，故意非難を向け得る主観的事情は存在しないというべきであるから，いわゆる誤想防衛の一種として，……故意責任を肯定することはできない」とした。

本来的な意味での誤想防衛の事例は，急迫不正の侵害が客観的には存在しないにもかかわらず，行為者は急迫不正の侵害に当たる事実の存在を誤信し，かつ，行為者が行った行為は，誤信した侵害が仮に現実のものであったならばそれに対する反撃として「やむを得ずにした」と認められるものであった場合である。その処理については，故意を違法要素と解するかそれとも責任要素と解するかで理論構成は違ってくるものの，結論としては故意犯の成立を否定するというのが，判例・通説である。また，現実に存在する急迫不正の侵害に対して，客観的には過剰な防衛行為を行ったが，その過剰性を基礎づける事実を行為者が認識していなかった場合（過失の過剰防衛）についても，判例は故意を否定する（大阪地判平成 23・7・22 判タ 1359 号 251 頁）。

結局，行為者が認識していたのが正当防衛として正当化される事実であれば，行為者は適法な事実を認識していたことになり，それゆえ，故意犯として重く処罰することはできない，これが判例の立場である。本設問の甲も，主観的認識としては，ナイフを持つ乙の手をカバンで振り払うことの認識しかなく，認識していた事実は正当防衛の要件を充たす事実である。それゆえ，故意犯の成立を認めることはできないということになろう（過失の否定については 2 を参照）。

⑤ 乙の強盗行為と X の傷害結果との因果関係

乙が甲にナイフを突きつけて金員を要求する行為は，一般に，人の反抗を抑圧するにたる暴行・脅迫といえ，強盗罪（236 条）の着手が認められる。結局乙は甲の抵抗に遭い金員の奪取には失敗したが，甲の抵抗行為から

X に傷害結果が発生している。財物の奪取に失敗しても，強盗行為から死傷結果が発生した場合には，強盗致死傷罪（240 条）が成立するとする判例・通説の立場からは，乙の行為と X の傷害との間に因果関係が認められれば，乙には同罪が成立することとなる。

侵害を受けた者がとっさに身を守る行動に出ることはきわめて一般的なことであり，相手が凶器を持っている場合には，その侵害を減殺，阻止する方法として，凶器を奪う，手放させるのが最も有効で一般的な方法でもあることからすれば，乙の侵害に対抗すべく甲が設問の 1 のような行為に出ることは何ら異常なことではなく，むしろ乙の行為によって誘発されたものというべきであろう。それゆえ，乙の行為と，それに誘発された甲の行為から生じた X の傷害との間の因果関係を肯定することができよう。

⑥ X を救護すべき保障人的地位の有無

甲が逃走した後，乙は X の状態を確認し，そのまま放置すれば死亡する可能性があることを認識したにもかかわらず，自己の犯行が発覚することを恐れて，何らの救護措置もとることなく逃走している。その約 20 分後に X は家族に発見され一命を取り留めていることから（設問の 3），乙が 119 番通報等をしていれば X は確実に助かったであろうといえる。そこで，乙に X を救護すべき保障人的地位が認められれば，不作為による殺人未遂罪（203 条・199 条）が成立することとなる。

近時の判例は，被告人自ら法益侵害の危険を発生させたこと（先行行為），および，被害者の救護が被告人に（排他的に）依存する状況が認められる場合に，保障人的地位を肯定している（最決平成元・12・15 刑集 43 巻 13 号 879 頁，最決平成 17・7・4 刑集 59 巻 6 号 403 頁など）。本設問では，X の死の危険は乙の行為から直接発生したものではない点が問題となるが，5 までのところで検討したとおり，X の傷害につき罪責を負うべきは甲ではなくむしろ乙であるということからすれば，先行行為を肯定してよいであろう。

なお甲については，強盗犯から身を守るのに精一杯であり，また，X を乙の仲間かもしれないと思っていた（加えてその様に考えたとしても致し方ない状況にあったといえる）ことからすれば，その場に留まり X の状態を確かめ必要な救護を行うことを期待することは難しいように思われる。

ステップアップ

前出大阪高判平成 14・9・4 においては，P が，被告人からみて，不正の侵害者に対して共同して反撃していた「仲間（実兄）」であることを理由に，「暴行の故意を向けた相手方グループ員と……構成要件的評価の観点からみて法的に人として同価値であるとはいえず，……およそ故意の符合を認める根拠に欠ける」との判断がなされたが，その当否を検討しなさい。また，本設問において，X が乙の仲間であった場合の甲の罪責を検討しなさい（その存在を認識していなかった不正の侵害者との関係でも，防衛の意思を肯定することは可能か）。

次回の設問

自招侵害に関する問題を取り扱う。

刑法　　　3

名古屋大学教授

齊藤彰子　　　SAITO Akiko

↘ 設問

1　甲は，午前8時ころ，JR秋葉原駅の5番線ホームから3・4番線ホームへと通じる階段の左側部分を下りの表示に従って下りていたところ，同部分を逆行してきたXと衝突した。

2　甲は，Xが謝罪しないで立ち去ろうとしたことから，階段を駆け上がって行く同人に踊り場で追いつき，左手でXの右上腕を強くつかんだうえ，「ちょっと待て，謝れ。」などと言って謝罪を求め，Xがこれに応じないとみるや，「駅長室に行こう。」などと言って同行を求めた。

3　Xは，急に腕を強くつかまれたことに対する反発心に加え，出勤途上で先を急いでいたことや，この程度のことで駅長室へ行く必要はないと感じたことから，同行を拒み，「放せ，放せ。」などと言いながら，力を込めて右腕を前後に振り，被告人の手を振りほどこうとした。しかし，甲は，あくまでもXを駅長室へ連行しようとして，同人の右上腕をつかんでいた左手に更に力を加えて引っ張るなどし，放そうとしなかった。

4　Xは，甲がどうしても手を放さないので，これを振りほどくため，平手で甲の左右顔面を押すように数回たたいたが，その際，甲の眼鏡が飛び，同人は全治5日間程度を要する顔面打撲の傷害を負った。

5　これに対し，甲は，Xが着用していたポロシャツの右袖口付近をつかんで引っ張り，このため同人はその場に転倒し，その際，ポロシャツの襟の後ろ付け根部分が長さ約8cmにわたって破れた。

❗POINT

本設問のように防衛行為者が相手方からの侵害を自ら招いた場合，あるいは侵害を予期しつつ積極的加害意思をもって侵害に臨んだ場合などについて，正当防衛としての正当化を否定する判例が少なからず存在する。しかし，そこで考慮要素として挙げられている諸事情については，それらがなぜ，また，どのように，正当防衛としての正当化の肯否に影響するのか，判文からは必ずしも明らかではない。そのため，それらの諸事情を丸覚えしただけでは事例問題を説得的に解決することはできない。相手方からの不正の侵害が現実化するまでの具体的事情の如何によっては，実力での反撃を制限すべき場合があるか，あるとすればそれはどのような根拠に基づくものなのかというところまで遡って論じていく必要がある。

↘ 解説
① 正は不正に譲歩しない？

不正の侵害者に対する反撃の正当化が問題となる正当

防衛（36条1項）においては，「正は不正に譲歩しない」として，①たとえ侵害が予期された場合であっても，それを回避すべき義務はなく（それゆえ，侵害が現実化した段階で反撃してよく），また，②急迫不正の侵害を受けた者は，たとえ単純に逃げることによって不正の侵害から利益を守ることが可能であったとしても逃げる必要はなく，不正の侵害を阻止するのに必要な限りで反撃してよい，その意味で，補充性が要求される緊急避難とは異なる，との説明がなされるのが一般的である。

もっとも，①については，相手方からの侵害を予期していたにとどまらず，その機会を利用し積極的に相手に対して加害行為をする意思（積極的加害意思）で凶器を準備するなどして，ⓐ待ち受けていた場合（最決昭和52・7・21刑集31巻4号747頁），あるいは，ⓑ自ら相手のもとに出向いた場合（最決平成29・4・26刑集71巻4号275頁）などについて急迫性を否定する，すなわち，侵害が現実化した段階で実力行使に出ることは許されないとする判例が存在し，学説の多くもその結論を支持している。

② 侵害回避義務の根拠と要件

一般に①のように言われているのは，予期された不正の侵害を回避すべき義務を認めるならば，行きたいところに行くのを断念したり，あるいは自宅に留まることもできなくなるなど，本来保護されるべき被侵害者の正当な利益が制約を受けることになるからである。もっとも，個人の実力行使はあくまでも例外的に認められるものにすぎず，誰の利益も害することなく侵害から利益を守ることが可能なのであればその方が望ましいといえよう。それゆえ，被侵害者の正当な利益の不当な制約にならない限度で，侵害を事前に回避することを要求し（橋爪隆「正当防衛論の最近の動向」刑事法ジャーナル16号5頁以下），それに反した場合には，被侵害者もまた侵害者とともに，侵害が現実化する原因を作り出した者として，当該侵害から自己の利益を守るために侵害者の利益を犠牲にすることは許されないというべきであろう。

このような考え方によれば，1で言及した判例の事例のように，そこに留まることや出向くことに正当な利益，目的が認められない場合には，侵害回避義務が認められることになろう。前出の2つの最高裁決定において，いわゆる積極的加害意思が認められる場合には，急迫性が否定されるという言い方がなされているが，その意味するところは純然たる内心の態度に尽きるものではなく，「行為者と相手方との従前の関係，予期された侵害の内容，侵害の予期の程度，侵害回避の容易性，侵害場所に出向く必要性，侵害場所にとどまる相当性，対抗行為の準備の状況（特に，凶器の準備の有無や準備した凶器の性状等），実際の侵害行為の内容と予期された侵害との異同，行為者が侵害に臨んだ状況及びその際の意思内容等」を考慮して判断されるとされている（最決平成29・4・26）。

これらの事情は，基本的には，事前の侵害回避を要求しても被侵害者の正当な利益を不当に制約することにならず，そえゆえ，被侵害者もまた侵害者とともに侵害が現実化する原因を作り出した者としてその実力行使を制約すべきかどうかを判断するうえで重要な事実というこ

とができよう。ただし,「実際の侵害行為の内容と予期された侵害との異同」は,事前の侵害回避を要求しうるかどうかの判断とは直接関係しない。何らかの侵害が予期され,しかも,相手のもとに出向くことに正当な利益,目的が認められないがゆえに,出向くことを差し控えることによって侵害を回避すべき義務が認められるというのであれば,それに反して出向いたために侵害が現実化した場合には,実際の侵害と予期された侵害との異同にかかわらず,被侵害者もまた侵害者とともに侵害が現実化する原因を作り出した者としてその実力行使を制約すべきともいいうるのである。

もっとも,相手の侵害が予想を遙かに超えて熾烈なものであったために,完全に闘争の意思を喪失しもっぱら防御的対応に終始していたような場合にも,およそ正当化される余地がないというのは,酷にすぎるように思われる。第2回で取り上げた大阪高判平成14・9・4判タ1114号293頁も,喧嘩になることを予想しつつ相手の呼び出しに応じて出向いた事例であるが,現場到着後は,圧倒的な劣勢のもと,被告人等は喧嘩をする意思を喪失し,逃げることに急で反撃に出た様子もないなかで,相手方からの一方的な攻撃を受けて生命・身体に対する危険性が相当高まっていたと認められる状況においては,「被告人らが現場に赴くまで有していた喧嘩闘争の意図が,本件現場における正当防衛の適用を排除するものとはいえず,また,被告人らがこの機会を利用して相手方に加害行為を加えようとしていたとも認められないから,不正の侵害の『急迫性』の要件も具備していると解するのが相当である」と判示している。

この大阪高裁の事例のように,当初は,何らの正当性もないのに出向くことによって,侵害者とともに自らも侵害が現実化する原因を作り出したといえる状況が存在したとしても,その後闘争の意思を喪失しもっぱら防御的対応に終始する状況になった場合,言いかえれば,相手の攻撃が止みさえすれば事態は収束すると認められる状況になった場合には,それ以降の侵害の継続については,もはや行為者はその原因をともに作っているとはいえず,それゆえ,その時点以降に行われた実力行使については正当防衛として正当化してよいであろう。このことは,相手方からの侵害が予想の範囲内であった(けれども何らかの理由で行為者が闘争の意思を喪失しもっぱら防御の対応に終始していた)場合であっても,妥当しよう。以上に対して,たとえ相手の侵害が予想を遙かに超えて熾烈なものであったとしても,行為者が全くひるむことなく喧嘩闘争の意思を維持したまま,全体としてみれば屈することなく反撃を続けていると認められる場合は,相手方からの侵害の継続につき,行為者もまたその原因を作り続けているといえ,それゆえ正当防衛としての正当化は否定されることになる。

③ 自ら侵害を招いた場合

本設問のように,行為者が相手方の侵害を招く行為(以下,「自招行為」という)を行った場合についても,自招行為を行うことに正当な利益,目的が認められない場合には,行為者もまた,侵害者とともに侵害の原因を作り出した者として,自招した侵害に対して実力で反撃することが許されないことになる。

本設問では,甲の自招行為(設問の2,3)に先立ち,Xの暴行行為(設問の1)が存在することから,仮に,前者が後者に対応する行為として正当な行為と評価されれば,それを差し控えることを要求することはできないこととなる。本設問のもととなった東京高判平成8・2・7判時1568号145頁によれば,Xを呼び止め,あるいはせいぜい肩に手をかける程度の有形力を行使して謝罪を求め,駅長室への同行を求める程度であれば,社会通念上許容される範囲内の行為といえるが,それを超えて,最初からXの右上腕部を強くつかみ,次いで,Xが駅長室への同行を明瞭に拒んで甲の手を振りほどこうとしたにもかかわらず,あくまでもXに非を認めさせるため駅長室へ連行しようとし,同人の右上腕をつかんでいた左手に更に力を加えて引っ張るなどし,放そうとしなかったのは,Xの非が軽微なものであることも考慮すると,もはや社会通念上許容される範囲内の行為であるとは認められず,暴行罪が成立するとされている。

なお,同判決においても,Xによる設問の4の行為が「通常予想される範囲内にとどまる」ことが,急迫性が欠ける根拠とされている(後出最決平成20・5・20のいう,招来された攻撃が自招行為の程度を大きく超えるものでない,という点も,自招行為と同程度の攻撃が招来されることは予想の範囲内といえるので,同趣旨のものと理解することが可能であろう)。相手方の侵害が通常予想される範囲を超える場合,すなわち,相手が異常な反応を示した場合には,それはもはや,自ら招いたのだからもっぱら自己の負担において回避すべきもの(したがって実力行使に出ることは許されない)とはいえず(あるいはそもそも自ら招いたとは評価できないといってもいいかもしれない),実力行使が許される緊急状況と認めてよいであろう。

④ 急迫性の否定か 「何らかの反撃行為に出ることが正当とされる状況」の否定か

最決平成20・5・20刑集62巻6号1786頁は,本設問と同じく自招侵害の事例について,「被告人の……行為は,被告人において何らかの反撃行為に出ることが正当とされる状況における行為とはいえない」として,正当防衛の成立を否定したことから注目を集めた。もっとも,「急迫性」は,例外的に実力行使が許される緊急状況にあることを意味するのであって,「何らかの反撃行為に出ることが正当とされる状況」というのと,その実質的に意味するところに違いはないといってよいであろう。

📖 参考文献

鎮目征樹「正当防衛」法教465号105頁。

🎵 ステップアップ

自招侵害等における実力行使を制限する理論は,第三者のためにする正当防衛(たとえば第三者に対する侵害を招来したうえで,当該侵害から第三者を守るために実力行使に出た場合)においても妥当するか。

➡ 次回の設問

着手に関する問題を取り扱う。

刑法　4

名古屋大学教授
齊藤彰子　SAITO Akiko

📥 設問

1　甲は，夫Xを事故死に見せかけて殺害し生命保険金を詐取しようと考え，乙に殺害の実行を依頼した。乙は報酬欲しさからこれを引き受けた。乙は丙に事情を話して協力を求め，丙もまた報酬欲しさからこれを了承した。

2　乙および丙は，両者の乗った自動車（以下，「犯人車」という）をXの運転する自動車（以下「X車」という）に衝突させ，示談交渉を装ってXを犯人車に誘い込み，クロロホルムを使ってXを失神させたうえ，X車ごと海中に転落させて溺死させる計画を立てた。

3　8月18日夜，乙は，甲から，Xが自宅を出たとの連絡を受け，丙と共に，助手席側ドアを内側から開けることのできないように改造した犯人車にクロロホルム等を積んで出発し，I市内の路上において，犯人車をX車に追突させたうえ，示談交渉を装ってXを犯人車の助手席に誘い入れた。同日午後9時30分ころ，丙が多量のクロロホルムを染み込ませてあるタオルをXの背後からその鼻口部に押し当て，乙もその腕を押さえるなどして，クロロホルムの吸引を続けさせてXを昏倒させた（以下，これを「第1行為」という）。その後，乙および丙は，XおよびX車を約2km離れたI工業港まで運び（走行時間は数分），ぐったりとして動かない同人をX車の運転席に運び入れたうえ，同車を岸壁から海中に転落させて沈めた（以下，転落させる行為を「第2行為」という）。

4　Xの死因は，溺水に基づく窒息であるか，そうでなければ，クロロホルム摂取に基づく呼吸停止，心停止，窒息，ショックまたは肺機能不全であるが，いずれであるかは特定できず，Xは，第2行為の前の時点で，第1行為により死亡していた可能性がある。

5　乙および丙は，第1行為によってXが死亡する可能性があるとの認識を有していなかったが，客観的には，第1行為は人を死に至らしめる危険性の相当高い行為であった。

乙および丙の罪責を論じなさい。

❗POINT

実行犯の計画通り第2行為によりXが溺死したのであれば，殺人既遂罪が成立することに疑問の余地はない。本設問のように，Xが第1行為により死亡していた合理的疑いがある場合（設問の4）には，そのような事実を前提としたとしても，殺人既遂罪の成立が認められるかどうかを論じる必要がある。

結果犯の故意既遂罪が成立するためには，①構成要件的結果が発生し，②その結果と行為者の行為との間に因果関係が認められるだけでは足りず，③結果との間に因

果関係が認められる行為者の行為が着手以降の行為でなければならず，加えて，④当該行為の時点で行為者が，①～③につき，故意を有していたことが必要である。予備行為から（思いがけず）構成要件的結果が発生した場合には，予備罪と，構成要件的結果についての過失犯が成立しうるにすぎない。本設問のように，行為者の犯行計画上の想定よりも早い段階で結果が発生した（合理的疑いのある）場合，そのような早い結果の発生をもたらした行為（第1行為）の時点で，すなわち行為者の計画上結果実現行為として想定されていた行為（第2行為）がまだ行われていないにもかかわらず，着手を認めてよいか（③），また，行為者としては第1行為によって結果が発生するとは認識していなかったことから，故意が認められるか（④）が問題となる。

📥 解説
❶着手とは

第1行為は客観的には人を死亡させる危険性の高い行為であり（設問の5），実際にも第1行為によってXは死亡したというのであれば，この第1行為が，客観的には，「人を殺す」行為，すなわち，殺人罪（199条）の客観的構成要件に該当する行為であることは否定できない。それゆえ，このような第1行為の有する危険性を行為者が主観的にも認識しつつ，すなわち，第1行為によってXが死亡する可能性を（も）計画に入れて行為を行ったのであれば，第1行為について **POINT** 中掲記③④ともに肯定できる。しかし，乙および丙は第1行為によってXが死亡することをおよそ想定していなかった（設問の5）以上，第1行為が客観的には人を死亡させる危険性の高い行為であったことのみを根拠に③を肯定することはできない。

着手というのは，予備罪と未遂罪を区別する要素であり，行為者が犯行を思い立ってから最終的な犯罪事実の実現に至るまでの事実経過において，単なる準備の段階（予備）を超えて，まさに犯罪の実行に取りかかったといえる段階を画する要素である。それゆえ，その判断においては行為者の犯行計画を考慮に入れることが不可欠なのであって，第1行為が客観的には人を死亡させる危険性の相当高い行為であったからといって，そのことから直ちに殺人罪の着手が認められるわけではない。

他方で，まさに構成要件的結果を直接的に惹起する行為そのものの開始を要求する場合には，たとえば，殺人の実行の着手はピストルの引き金を引いた時（狙いを定めただけでは足りない），あるいは窃盗の実行の着手は財物に向かって手を伸ばした時（財物に近づいたり物色しただけでは足りない）ということになるが，これでは着手の時期が遅すぎることから（平野龍一『刑法総論II』〔有斐閣，1975年〕313頁），前倒しを認めるのが一般的である。

❷着手の判断

前倒しの基準，要件は，第一に，（処罰拡張事由である）未遂の処罰根拠についての考え方から導き出されなければならない。判例は，たとえば，強姦罪（当時）につき，被害者を自動車で他所へ連行したうえで姦淫する計画のもと，同人を自動車内に引きずり込むために暴行

を加えた時点で着手が認められるかどうかを，強姦に至る危険性の有無・程度に着目して判断し（肯定例として最決昭和45・7・28刑集24巻7号585頁，否定例として大阪地判平成15・4・11判タ1126号284頁），あるいは，放火罪につき，ガソリン等を散布したが計画上想定していた点火行為は未実行の段階で着手が認められるかどうかを，客体を焼損する危険性の有無・程度に着目して判断する（肯定例として広島地判昭和49・4・3判タ316号289頁，横浜地判昭和58・7・20判時1108号138頁，否定例として千葉地判平成16・5・25判タ1188号347頁）など，従来から，直接的に結果を惹起する行為そのものが行われる前の時点であっても，構成要件的結果発生の危険性を相応に高める行為に出たと認められれば，着手を認めている。これは，未遂の処罰根拠を（行為の有する）結果発生の危険性に求める立場と親和的であるといえよう。

本設問は，最決平成16・3・22刑集58巻3号187頁の事例を簡素化したものである。同決定は，最高裁が明示的に犯行計画を考慮し，「殺人に至る客観的な危険性」を根拠に，第1行為の時点で着手を肯定したものとして重要性を有する（安田拓人・平成16年度重判解157頁）。実行犯の殺害計画によれば，ⓐ「第1行為は第2行為を確実かつ容易に行うために必要不可欠なものであった」こと，ⓑ「第1行為に成功した場合，それ以降の殺害計画を遂行する上で障害となるような特段の事情が存しなかった」こと，ⓒ「第1行為と第2行為との間の時間的場所的な近接性」などが，「第1行為を開始した時点で既に殺人に至る客観的な危険性が明らかに認められる」根拠事情として挙げられている。

Xを事故死に見せかけて溺死させるためには，同人を運転席に座らせた状態で自動車を海中に転落させ，同人が溺死するまで自動車から脱出できなくしておくことが必要であるところ，第1行為は，単に第2行為の一歩手前の段階というにとどまらず，第1行為により，第2行為の実行および結果の発生にとって障害となりうる事情が除去され（ⓑ），その実行が確実かつ容易になる（ⓐ）という意味で，「第1行為は第2行為に密接な行為」といえ，しかも，第1行為後に予定されている第2行為までの時間的場所的関係性からして，その実行にとって障害となる事情がさらに発生する可能性はもはやないといえる場合には（ⓒ），第1行為に成功しさえすれば，もはや第2行為の実行および構成要件的結果の発生にとって障害となるものはなく，行為者の犯意が揺らがなければ（判例の中には，犯意の強固性を，第1行為の時点で着手を認める根拠事情として挙げるものも少なからず存在する。たとえば，前出広島地判昭和49・4・3），第2行為の実行，結果の発生に至ることは必定といえることから，第1行為の時点で，未遂罪として処罰するに足る，結果発生の危険性を肯定することができるのである。

これに対して，犯行計画上第1行為と第2行為との間に相当の時間的場所的隔たりがあるため，その間に被害者が意識を回復して逃走したり，第三者に発見されて通報される可能性があるなど，第2行為の実行および構成要件的結果の発生にとって障害となる事情が第1行為後も発生する可能性が存在する場合には，第1行為の時点での着手は否定されることになる（たとえば，大阪地判昭和57・4・6判タ477号221頁）。

❸ 結果発生の時間的切迫性の要否

なお，ⓒを，結果発生の時間的切迫性を要求する趣旨と解する立場もある（橋爪隆・ジュリ1321号236頁）。結果発生の危険性に加えて時間的切迫性を要求する場合には，いわゆる離隔犯や間接正犯の事例において，行為者としてはやるべき事を全てなし終え，後は，たとえば情を知らない配達員が毒入りの飲食物（あるいは恐喝文書）を被害者宅に届け，被害者がそれを食す（読む）のを待つのみであり，しかも，現在の我が国の郵便事情を前提とすれば，計画通りに事が運ぶのはほぼ確実であるとしても，飲食物等を発送した段階では未だ着手は認められないことになる。

確かに，それを受領した被害者が不審に思い食さない（読まない）可能性がなお存在するがゆえに，発送しただけでは未遂罪として処罰するに足る結果発生の危険性が認められないとの評価も不可能ではない。しかしそうすると，被害者が受領してもなお足りず，まさに食しよう（読もう）とする段階に至ってはじめて着手が認められることになろうが，このような結論は妥当であろうか。他方で，結果発生の危険性とは別に切迫性を要求し，たとえば，被害者が受領した段階で着手を認めるのであれば，未遂の処罰根拠との関係で，切迫性が必要とされる理論的根拠や，要求される切迫度の具体的基準が明らかではないという問題がある。

❹ 故意について

乙および丙は，第1行為によってXが死亡する可能性があるとの認識は有していなかったものの，❷の第2・第3段落において検討した，第1行為の時点において既に着手が認められる根拠事情は認識していたのであるから（そもそも，行為者の犯行計画に基づいて着手の有無を判断する以上，根拠事情の認識が肯定されるのは当然ともいえる），故意既遂犯の成立に必要な客観的要件のうちPOINT中掲❸の認識は認められる。

もっとも，両者は第2行為によってXが死亡すると思っており，死亡結果に至る現実の因果経過と主観的認識との間に食い違いが存在する。しかし，狙った客体に結果が発生しており，ただ結果発生に至る経過について錯誤があるにすぎない場合については，法定的符合説はもちろん，具体的符合説からも，故意が否定されることはない。

📖 参考文献

塩見淳『刑法の道しるべ』（有斐閣，2015年）89頁。

🔧 ステップアップ

不真正不作為犯の着手時期はどのように判断すべきか。たとえば，Aが幼子Bを餓死させることを決意し，食事を与えなくなって丸2日経った頃，その姿を見かけなくなったのを不審に思った隣人の通報で駆けつけた児童相談所職員によってBは保護されたという場合，Aには不作為による殺人未遂罪が成立するか。

➡ 次回の設問

特殊詐欺に関連して生じる問題を取り扱う。

刑法 5

名古屋大学教授

齊藤彰子　SAITO Akiko

↘ 設問

1　「P」は高齢者を対象に詐欺を繰り返しているグループであり，甲はそのリーダー格である。詐欺の手口は大方以下のとおりである。甲が声をかけて集めた乙$_1$〜乙$_7$の7名が，甲所有のマンションの1室を拠点として，甲が準備した携帯電話，高齢者の名簿，詐取金の送付先住所などを用いて，不特定多数の高齢者に電話をかけて騙し，指定の住所，宛名に現金を送付させ，送付完了を確認後，甲がその受領をバイク便を営む業者に依頼し，業者は受領完了後に甲に電話をして，その際同人が指定する場所で荷物を引き渡す。受領を依頼する業者は，その都度甲が，4〜5社の中から選定している。詐取金は，必要経費を差し引いたうえで，Pのメンバーにほぼ均等に配分されている。

2　丙は，東京都N区で「Q」の屋号で便利屋を営み，丁ほか3名を雇い，電話等で依頼を受け，指示された場所で荷物を受け取り，指示された場所へ運ぶいわゆるバイク便の業務を行っている。丙は，某日，甲からバイク便の仕事の依頼を料金4万円で受けた。その依頼内容は，東京都E区内の「w」に配達される荷物を，その名宛人「O」になりすまして受け取り指定場所に運ぶというものであり，wが空室であり，室外のメーターボックス内に部屋の鍵を入れたキーボックスがあること，およびその暗証番号等も伝えられた。実際に荷物の受領，運搬を行ったのは，丙の指示を受けた丁である。

3　甲がQに依頼したのは今回が7回目であるが，丁が担当するのは初めてのことであった。

4　丙も丁も，マンションの空室において他人になりすまして荷物を受け取るという依頼内容の不自然さと高額な報酬などから，犯罪がらみの物品ではないかと思っていたと供述している。

甲，丙，丁の罪責を論じなさい。

❗POINT

本設問がいわゆる特殊詐欺を題材とするものであることには容易に気づくであろう。もっとも，一口に特殊詐欺といっても，その手口，犯行に関わる者相互の関係性，役割分担のあり方，終了までの事実経過は多種多様であり，それに応じて，生じる刑法上の問題点も異なることに注意を要する（「特集 ケーススタディで考える特殊詐欺」法セ779号7頁以下参照）。本設問のように，詐欺グループとは無関係の者が，詳細は知らされないまま，詐取金の受領のみに関与した場合，理論的にはいわゆる承継的共犯があまりにもポピュラーな論点であるが，実際の事件においては故意（および依頼者らと意思連絡）の有無が争われることが少なくない。この機会に，裁判例においては，どのような事実をもとに，詐欺の故意が

認定されているのかを学んでおくとよいであろう。

＝＝＝＝＝＝＝＝＝＝＝＝＝＝＝＝＝＝＝＝

↘ 解説
❶ 論じる順序

複数の関与者がいる場合，実行行為を自ら行った者がいれば，まずはその罪責を明らかにし，次いでその実行に関与した者の罪責を検討すると，順序よく論述できる場合が多い。これに対し，本設問のように，実現した犯罪事実との関係で単独ですべての構成要件を充足している者がいない場合には，複数の関与者が「共同して犯罪を実行した」（60条）といえることが必要となる。

本設問では，欺罔行為を乙$_1$〜乙$_7$のいずれかが行い（以下では，便宜上，丁が受領した詐取金の被害者を欺罔した者を乙$_1$として述べてゆく），詐取金の受領を丁が行っているが，両者の間には，直接的な意思連絡は存在しない。そこで，両者が「共同して犯罪を実行した」といえるのかが問題となる。

❷ 詐欺の故意について

(1)　共同正犯は「すべて正犯と」して処罰される（60条）ことから，その成立には，必要的に刑が減軽される幇助犯（63条・62条1項）との区別という観点から，重要な因果的寄与が要求され，同じく正犯の刑が科される教唆犯（61条）との区別という観点から，犯罪を共同で実現することについての双方向的な意思の合致（意思連絡）を典型とする「共同性」が要求される。乙$_1$と丁は，詐欺の実現に不可欠な行為をそれぞれ行っていることから，前者は問題なく肯定されよう。

他方，詐欺を行うことについての意思連絡が認められるためには，その前提として，各人が詐欺の故意を有していることが必要である。丁は，詳細は知らされないまま雇い主である丙に指示されたとおりに動いただけであり，（詐欺罪といった）特定の犯罪に加担する認識が認められるかが問題となる。丁は，犯罪がらみの物品ではないかとの認識があったという限りでは認めている（設問の4）。しかし，何らかの違法行為，犯罪行為に関わっているかもしれないとの認識では，詐欺罪の故意を認めるには不十分であり，自己が受領，運搬する荷物が詐欺に基づいて送付されたものである可能性を認識していたことが必要である。

(2)　たとえば，最判平成30・12・11刑集72巻6号672頁は，本設問と類似の事案において，①依頼された荷物の受領方法の不自然性，②同様の受領行為を繰り返していたこと，③多額の報酬といった事実は，「荷物が詐欺を含む犯罪に基づき送付されたことを十分に想起させるものであり，……被告人は自己の行為が詐欺に当たる可能性を認識していたことを強く推認させる」と判示している。これに対して，その原審である福岡高宮崎支判平成28・11・10刑集72巻6号722頁は，④当該事件の具体的手口が報道等により広く社会に周知されている状況の有無を重視し，当時広く知られていた詐取金の受取方法（口座振込および直接被害者から受領）と被告人の行為（マンションの空室で宅配便を受け取る行為）は相当に異質で，後者の手口は通常人がその存在を当然に認識

できたはずであるといえるほどに社会的に周知されていたとはいえないとして詐欺の故意を否定した。しかし，最高裁は，④の有無にかかわらず，上記①〜③の事実自体から詐欺の故意を推認できるとしたのである。

(3) 確かに④は詐欺の故意を肯定する根拠となるが，必須とまではいえない。受け取りの具体的態様は違えど，その不自然さから，最終的に荷物を手にすることになる依頼者以外の者宛ての荷物を受け取っている可能性を認識すれば，当該荷物の送り主がその受領者を誤認識して荷物を送付した可能性の認識に至り，そうすると，そのような誤認識に基づく荷物の送付，および，足がつくのを避けるため受領のみを無関係の者に依頼するやり方は，詐欺事案の典型であるから，詐欺の可能性の認識を排除する特段の事情が存在しない限り，詐欺の故意を肯定してよいように思われる。そうなのだとすれば，②もまた，詐欺の故意を肯定するのに必須ではないことになる（最判令和元・9・27刑集73巻4号47頁参照）。それゆえ，以前にも甲から同様の依頼を受けたことのある丙については詐欺の認識をより認めやすいが，今回が初めての丁についても，詐欺の故意を肯定することは十分可能であろう。

(4) さらに，最判令和元・9・27は，③についても，言及することなく詐欺の故意を認めた。③は，受領の目的物を入手することによって依頼人が利益を得ていることを推認させる事実であり，詐欺の被害者に財物を送付させるのはその典型であるから，被告人において当然想起しうべき犯罪に詐欺が含まれることを基礎づける事実といえるが，(3)で述べたように，①のみから詐欺の認識を推認できる場合もあり，必須ではない。

❸ 意思連絡について

丁に詐欺の故意が認められるとして，直接的なやりとりのない乙₁との意思連絡（共同性）が認められるか。丁は，雇い主である丙の指示で受領行為を行ったわけであるが，丙は，Pのリーダー的存在である甲の依頼を受け，その依頼内容の実施を丁に指示したのである。他方で，乙₁は，Pの一員として，同人において被害者の欺罔に成功すれば甲が詐取金の受領の手配を行うことになっていることを前提に，欺罔行為を行っており，甲もまた，そのような事前の役割分担の取り決めに基づいて，Qに荷物の受領を依頼したのである。そうすると，本件詐欺の実行につき，まず甲・乙₁間に（包括的な）意思連絡が存在し（詐欺グループのメンバー間における包括的な意思連絡については，樋口・後掲64頁以下参照），当該意思連絡に基づいて甲が丙に詐取金の入った荷物の受領を依頼し丙がこれを引き受けたことによって両者の間に意思連絡が成立し，さらに，当該意思連絡に基づいて丙が丁に上記荷物の受領を指示し丁がこれを引き受けたことによって両者の間に意思連絡が成立するという形で，甲・乙₁・丙・丁の4者間において，意思の連絡がなされたと解することが可能である（いわゆる順次共謀。最大判昭和33・5・28刑集12巻8号1718頁）。

ただし，丙と丁はPのメンバーではなく，それゆえ甲としては，詐取金の受領であることに気づかれることなく依頼内容が遂行されることを望んでいたと考えられる。もっとも，**2**で検討した事実から丙および丁につき

詐欺の故意が肯定されるのであれば，甲においても，丙が，受領する荷物が詐欺の被害品であるかもしれないという程度の認識を抱く可能性は当然想定していたといえる（福岡地判平成28・9・12刑集71巻10号551頁）。そうすると，甲が，丙が詐欺であることに気づいたうえで引き受ける可能性を想定しつつ受領を依頼し，他方，丙は，甲の依頼を，それが詐欺に加担するものである可能性を認識しつつ引き受けた場合には，甲が実現しようとしている詐欺の重要な構成部分である詐取金の受領について，両者の間で意思の連絡があったということができる。丙・丁間の意思連絡も同様に肯定しうる。

❹ 承継的共犯について

以上のように，甲・乙₁・丙・丁の4者間において，共同性を基礎づける意思連絡が認められるとしても，その成立は，乙₁の欺罔によって錯誤に陥った被害者が現金入りの荷物を送付した後であり，丙および丁の行為が因果性を有する事実は，（マンションの空室への不法侵入は別論）それのみでは何らの犯罪も構成しない。

最決平成24・11・6刑集66巻11号1281頁は，途中関与者は，その関与前に既に生じていた傷害結果についてはおよそ因果性を有しえず，共同正犯として罪責を負うことはない，としたのに対し，最決平成29・12・11刑集71巻10号535頁は，本設問の丙・丁同様，詐取金の受領のみに関与した者について，「本件詐欺を完遂する上で本件欺罔行為と一体のものとして予定されていた本件受領行為に関与し」たとして，「その加功前の本件欺罔行為の点も含めた本件詐欺につき……共同正犯としての責任を負う」とした。詐欺罪の保護法益が個人の財産であることからすれば，詐取金の受領は詐欺罪における法益侵害結果の発生につき因果性を有する行為であり，まさに先行行為者が実現しようとしている詐欺を完成させる行為であるから，受領のみに関与した者に詐欺罪の共同正犯の成立を認めることは，因果的共犯論の立場と矛盾するわけではない（橋爪隆『刑法総論の悩みどころ』〔有斐閣，2020年〕393-395頁）。

以上より，乙₁と丁は詐欺罪の実行共同正犯，甲と丙はその共謀共同正犯として罪責を負う。

📖 参考文献

樋口亮介・法時91巻11号61頁，伊藤嘉亮・同号67頁。

📑 ステップアップ

乙₁が詐取金を独占するために，欺罔に成功したことを甲に隠し，自ら被害者のもとに出向いて金員を受領した場合，当該乙₁によって実行された詐欺につき甲および他の架け子らはいかなる罪責を負うか（東京地判平成31・2・6判例集未登載，村田邦行・研修853号73頁参照。受け子による詐取金の独占について，東京高判平成30・5・16判例集未登載，大塚雄毅・研修846号17頁参照）。

➡ 次回の設問

不作為と共犯に関する問題を取り扱う。

刑法　6

名古屋大学教授
齊藤彰子　　SAITO Akiko

↘ 設問

1　暴力団組長であった甲（身長180cm）は，破産したO建設の経営者Xを追及して隠し資産の所在を聞き出し，同社に対する債権を回収しようと企て，同様の意図を有するA（身長162cm）と共謀のうえ，Xを自動車に連れ込み，各所を連れ回しながら（第1現場〜第4現場），こもごも暴行・脅迫を加えて隠し資産の所在を追及したが，Xは明らかにしなかった。その態度にいらだったAが，第4現場において，Xを殺害すると言い出した。

2　甲は，Xを殺害すれば債権回収の目的が達成されないばかりか，殺人の前科を有する自分が不利益な立場に立たされるおそれがあることから，AにX殺害を思い止まらせ，もしX殺害の挙に出るときはそれを制止する意図のもとに，Aと行動を共にし，実際，第4現場出発後，Aが2度にわたって甲の隙を突いてXの頭部をつるはしの金具部分で殴打した際，甲はそれを制止する行動に出た。その後，甲は，第5現場において，Aから，Xを山林内に連れ込んで脅すので協力してほしいと求められてこれを了承し，共同して，Xを山林内へ運び込んだ。その直後，甲は，Aから，Xを脅すための道具（スコップとつるはし）を車から取ってくるよう依頼された。甲がその依頼に従いAらのそばを離れていた約10分の間に，AはXの頸部を布製ベルトで絞めて窒息死させた。

3　なお，甲は，Xを山林内に連れ込んだ頃には，本件一連の犯行の発覚を防ぐ必要があり，そのためにはAがXを殺害することがあっても，自分と直接共同してではなく，あるいは自分の目前で行うのでなければ，これを放置するのもやむをえないとの考えに至っていた。そこで，前記Aの依頼を奇貨とし，自己の不在中にAがXを殺害することを予測，認容しながらそのそばを離れ，約10分間車のそばで時を空費したのであった。

4　Xは，山林内に運び込まれた時点で既に重傷を負い抵抗の気力を失っており，AがXを殺害することは容易であった反面，甲が同席して殺害を阻止する構えを崩さない限り，体格において劣るAがX殺害の挙に出ることはまず考えられず，仮にAがX殺害を図ったとしても，甲はそれを容易に阻止しえた。

❗POINT

甲について，Xに対する拉致・監禁，暴行・脅迫など，犯罪を構成しそうな行為は多いが，死亡結果との関係では，設問中の甲の言動のうちどれが処罰対象行為として相応しいかの判断は容易ではない。甲のXに対する殺意の発生時期に注意しつつ，その死亡結果に対して因果性を肯定できそうな言動（作為に限らない）を的確

に抜き出す必要がある。

- -
↘ 解説
① 作為犯の可能性

不作為処罰は例外的なものと解されていることからすれば，まずは作為犯の可能性を検討すべきであろう。甲は，AからXを脅す道具を取ってくるよう依頼された際，そのそばを離れればその間にAがXを殺害することを予測，認容しながらAの依頼に応じた（設問の3）。この時点で，X殺害につき甲・A間において意思の連絡があったといえれば，甲がX殺害に反対の姿勢を崩さない限りAが甲の制止を排除してX殺害の目的を遂げることは困難であった以上（設問の4），甲との意思連絡は，AによるX殺害を心理的に促進するものといえよう。もっとも，Aが甲に上記の依頼をしたのは，既に2度甲にX殺害を制止されていることから，さらにまた殺害を図れば今度も甲に制止されると予想していたからこそ，口実を作って甲を遠ざけ，その隙にXを殺害したものと考えられる。そうすると，Aは，X殺害を甲が容認していることを認識しておらず，それゆえ，X殺害について甲・A間において意思の合致があったとはいえない。

では，甲がその場を立ち去ったことで，AのX殺害が物理的，心理的に容易になったとはいえないか。作為と不作為の区別については様々な考え方がありうるが，刑事責任を問ううえで重要なのは，外形的な身体の動静ではなく，刑法が防止しようとしている犯罪事実（法益侵害結果）の発生に対して及ぼした影響であることからすれば，甲の同席自体によってAによるX殺害が抑止されている状況が現に存在する場合において，甲が立ち去る行為は，たとえば，AとXとを隔てるドアの鍵を開ける行為と同様，Aにとって犯罪遂行の障害となっていた事情を取り除く効果を有するといえ，これを作為による片面的関与として罪責を問うのも一つの考え方としてありえよう。

そのうえで，関与者相互間の共同実行の認識（意思連絡）を，「共同して犯罪を実行した」（60条）といえるための不可欠の要件と解する場合には（片面的共同正犯否定説。大判大正11・2・25刑集1巻79頁），甲には幇助犯が成立するにとどまる。しかし，甲の同席がAの犯行遂行にとって決定的な障害となっていたこと（設問の4），既に2度X殺害の挙に出るなど，AのX殺害の意思は強く（設問の2），甲の制止さえなければAがXを殺害することは容易であったこと（設問の4）に加えて，甲は，AのX殺害を，犯行の発覚を防止する必要から積極的に認容していたこと（設問の3）からすれば，甲は，AによるX殺害を援助したというよりは，それを積極的に利用して自らXの殺害を図ったと評価することも可能であり，刑が必要的に減軽される幇助ではなく，正犯としての処罰が相応しいようにも思われる（殺人者が待つ部屋の中に被害者を押し込んだ者の罪責につき，山口厚『刑法総論〔第3版〕』〔有斐閣，2016年〕367-368頁）。

② 作為義務

以上に対して，作為による関与を認めない場合，甲が

AのX殺害を阻止しえたにもかかわらず阻止しなかった不作為を根拠に，その罪責を問えないかを検討することになる。

不作為犯の成立には，行為者が，それを阻止しなかったことを根拠に処罰されるところの犯罪事実の発生を阻止すべき義務（作為義務，保障人的地位）を有していたことが必要である。作為義務が，不作為が作為と同じ条文で同等に処罰されることを基礎づけるための要件であることからすれば，第1に，(1)不作為に欠如する，犯罪事実の実現との間の自然的因果性を埋め合わせることが必要であり，第2に，(2)一定の作為を刑罰をもって義務づけることを正当化しうる事情が必要である。(1)のみでは足りないのは，一定の作為を行うことだけが禁止される作為犯に比して，一定の作為を行うことが命じられる不作為犯の方が国民の行動の自由を制約する程度が強く，そのような制約を正当化する根拠が必要だからである。

大雑把に言えば，従来，排他的支配，支配領域性といわれてきたものが(1)に該当し，それプラスアルファの要件として要求されているもの（たとえば，法益維持行為の継続や他人による救助が不可能な状況に被害者を引き込む等によって自ら排他的支配を設定したこと，放置すれば法益侵害につながりうるような脆弱な被害者の保護や危険物の管理を委ねられた一定の社会的役割を引き受けた場合など）が，(2)に該当するものといえよう。

甲は，Xに対する監禁，暴行等の犯行をAと共に実行し同人によるX殺害の機会を作出したうえ（設問の1），Aの殺意を認識しながら，自己以外にAのX殺害を阻止しうる者のいない山林内にAと共にXを連れ込んでおり（設問の2），Xの生命の保護が甲に排他的に依存する状況が認められ（(1)），かつ，甲は自らそのような状況を作り出したといえよう（(2)）。

③ 甲に義務づけられる具体的作為

以上より，甲は，AのX殺害を阻止（ないしはXを救助）すべき義務を負っていたところ，甲が両者のそばを離れれば，Aの殺意の強さや，Xは重傷を負い抵抗の気力を失っていたことから，AがXを殺害するであろうことが予想されたのであるから，甲は，Aの依頼に応じることなく同席を続け，仮にAがX殺害の挙に出ればそれを制止することが義務づけられていたといえる。

④ 正犯か幇助か

以上の作為を行っていたならば，AによるX殺害は確実に阻止されていた，言いかえれば，Xを確実に救助することができたと認められる（設問の4）ことからすれば，甲は，Xの死亡結果につき正犯として罪責を負うことになりそうである。ところが，本設問の基となった大阪高判昭和62・10・2判タ675号246頁は，ⓐ甲に課せられる作為義務の根拠および性質，ⓑ甲はX殺害を積極的に意欲していたわけではなく，単に予測し容認していたにとどまることを理由に，甲「の行為を，作為によって人を殺害した場合と等価値なものとは評価し難」いとした。

しかし，ⓐの意味するところは必ずしも明らかではない。甲の負う義務を，あくまでもAとの関係で認められるその犯行を阻止すべき義務と捉え，それと，危険にさらされている法益との関係で認められる法益保護義務

とを区別したうえで，後者に反する不作為は正犯として処罰されるが，前者に反する不作為は阻止対象である作為犯に対する幇助犯となるとする立場なのかもしれない。そのような立場の当否はともかく，2で述べたように，甲は，甲以外に阻止しうる者がいない状況下でAの犯行が行われるという事態を自ら作り出しており，このことは同時に，Aの犯行により侵害される法益の保護が甲に依存する状況を自ら作り出したことも意味するのであるから，犯罪阻止義務と法益保護義務の両方が認められるように思われる。

あるいは，親子関係を典型とする一定の身分関係や社会的地位に基づいて継続的に保護義務を引き受けていると認められる場合に限り，それに反する不作為を正犯とするという考え方かもしれない。しかし，なぜ，義務づけられる具体的作為の中身ではなく，義務の発生根拠のいかんによって正犯・共犯が区別されるのか，その理由は明らかではない。

裁判例の中には，内縁の夫Pが被告人の実子Dに暴行を加えて死亡させた際見て見ぬ振りをした被告人につき，Pが暴行を加えないよう側に行って監視する，暴行を言葉であるいは身を挺して制止するといった具体的作為を段階的，複合的に行うことによって，Pの暴行を阻止することが可能であったにもかかわらず，それらを怠った結果，被告人の監視や制止があった場合に比べてPの暴行が容易になったとして，不作為による幇助犯の成立を認めたものがある（札幌高判平成12・3・16判時1711号170頁）。しかしこのように，義務づけられる一定の作為がなされていた場合との対比，言いかえれば，当該作為を行っていたならば事象に及ぼしたであろう影響力を問題とするのであれば，義務づけられる作為を行うことによって作為正犯者による犯罪遂行が困難になる度合いが高い場合，とりわけ本設問の甲のように，義務づけられる作為を行っていたならば作為正犯者の犯行を確実に阻止しえた場合には，その不作為は犯行の成功（犯罪事実の実現）にとって決定的な重要性を有していたと評価されることになり，正犯として罪責を負うとの結論もありうるように思われる。

📘 ステップアップ

名古屋地判平成9・3・5判時1611号153頁は，BらがYに暴行を加えて瀕死の重傷を負わせた後，殺意をもって同人を河川敷に遺棄する際，被告人は，Bらに命じられて，（同人らの殺意を認識しつつ）Yの遺棄を手伝ったという事案につき，重傷を負ったYを河川敷に遺棄する行為はYの生命に対する危険を高めたとは認められないが，Bらには，Yに瀕死の重傷を負わせた先行行為を根拠にYを救護すべき作為義務が認められるがゆえに，不作為による殺人罪が成立し，他方，遺棄のみに加担した被告人は，Bらの不作為による殺人に対する作為による幇助犯が成立するとした。BらがYを河川敷に遺棄した行為につき作為による殺人を認めなかった判断の当否を検討しなさい。また，不作為犯に対する作為による関与の実体（因果性の内実）はどのようなものか。

➡ 次回の設問

間接正犯に関する問題を取り扱う。

刑法　7

名古屋大学教授

齊藤彰子　SAITO Akiko

❱ 設問

1　甲は，輸入禁制品である大麻（関税109条1項・69条の11第1項1号）を密輸入しようと企て，フィリピン共和国マニラ市内から，大麻約5kgを隠匿した航空貨物（以下，「本件貨物」という）を，自己が経営する東京都内の居酒屋宛てに発送した。

2　7月21日，本件貨物が成田国際空港に到着した後，情を知らない通関業者Qが輸入申告をし，同月24日税関検査が行われ，その結果大麻の隠匿が判明したことから，成田税関支署，千葉県警察本部生活安全部保安課および成田国際空港警察署の協議により，国際的な協力の下に規制薬物に係る不正行為を助長する行為等の防止を図るための麻薬及び向精神薬取締法等の特例等に関する法律（いわゆる「麻薬特例法」）4条等に基づいて，コントロールド・デリバリー（以下，「CD」と略す）が実施されることとなった。同月27日午前に税関長の輸入許可がなされ，その後，配送業者Wが，捜査当局から本件貨物に大麻が隠匿されていることを知らされ，CDによる捜査への協力要請を受けてこれを承諾し，捜査当局の監視下において本件貨物を保税地域から引き取ったうえ，捜査当局との間で配達の日時を打ち合わせ，甲が本件貨物を受領すれば直ちに逮捕する態勢が整った後，本件貨物を甲に配達した。

3　関税法2条1号によれば，同法にいう「輸入」とは，「外国から本邦に到着した貨物……又は輸出の許可を受けた貨物を本邦に（保税地域を経由するものについては，保税地域を経て本邦に）引き取ること」をいい，同法違反の禁制品輸入罪は，本件のように宅送の方法による場合，犯人の委託を受けた業者が保税地域から貨物を引き取った時点（いわゆる「通関線の突破」）で既遂に達する（平野龍一ほか編『注解特別刑法補巻(3)』〔青林書院，1996年〕21頁［植村立郎］）。

❗POINT

間接正犯の事例において，被利用者が途中で情を知るに至ったが自己の意思で犯行を継続した場合，被利用者は（途中から）犯罪に該当する事実を認識しつつ自らの意思で行為している以上，同人は利用者の道具とはいえないとか，利用者は既遂結果発生に至る事象を支配しているとはいえないとして，被利用者が実現した既遂結果について，利用者は（間接）正犯としての罪責を負わないとされるのが一般的である。もっとも，「道具」や「事象の支配」というのは比喩的な表現にすぎず，間接正犯を認めた裁判例の事案も一様ではない。直接手を下していない者を直接正犯と同じように処罰することを正当化する（あるいは否定する）根拠を，事案に即して，具体的に示さなければ，説得的な論述とならない。

❱ 解説

❶ 前提問題

捜査機関の介入がなければ未遂に終わっていたはずの密輸入事件において，捜査の必要から貨物を通関させた場合に，（その結論を具体的な犯罪成立要件の解釈として理論的にどのように説明するかはともかく）被告人に既遂犯としての罪責を問うのが妥当か否かについて，そもそも評価が分かれうるであろう。

保税地域において大麻の存在が発覚した以上，本来であれば関税長は輸入を許可してはならず（輸入禁制品の存在を認識しつつ輸入を許可すれば，それ自体が犯罪を構成しうる），それゆえ，被告人には未遂犯が成立するにとどまることになっていたはずである。にもかかわらず捜査の必要から通関させたうえで，被告人に既遂犯としての罪責を問うというやり方には不公平感が否めないというのが，筆者自身の率直な感覚である。

これに対して，まさに被告人が薬物を輸入しようと企てた結果として捜査の必要性が生じたのであって，自らがその必要性を作り出した捜査機関の介入を理由に，現に生じている禁制品の通関線突破という結果について問責しないのは不当であるし，CDが行われた場合に未遂犯しか成立しないというのでは捜査機関がその実施を躊躇するおそれがあるとの主張もなされている（島田聡一郎・ジュリ1163号156-157頁）。

❷ 既遂結果の発生

仮に未遂犯の成立にとどめるべきと考える場合，その結論を導く理論構成として，①既遂犯の成立に必要な結果（危険性）の発生を否定するか，あるいは，②①は肯定したうえで，行為との因果関係を否定するかのいずれかが考えられる。

まず①に関しては，形式的には大麻が通関線を突破しているものの，捜査当局による厳重な監視下にあったことから（麻薬特4条1項参照），実質的に既遂と評価すべき事態の発生，すなわち，貨物がいわゆる自由流通の状態に移ったとはいえないと考えることも十分可能であろう。

これに対し，麻薬特例法4条1項1号が，その括弧書きにおいて，CDが行われる際に税関長が行う輸入許可の効果は貨物に隠匿されている規制薬物には及ばないと規定していることを理由に，貨物の通関線突破をもって形式的に既遂を認める見解（古田佑紀＝齊藤勲編『大コンメンタール薬物五法I』〔青林書院，1994年〕「麻薬等特例法」21-22頁［古田］），あるいは，貨物が捜査当局の監視下にあったとしても「場合によっては……散逸し，犯人によって処分されたり使用されたりすることもないとはいえない」といった実質的な（抽象的）危険性の存在を理由に既遂を認めた裁判例もある（千葉地判平成8・3・5刑集51巻9号832頁）。

❸ 因果関係

既遂結果の発生は否定できないとしても，甲の行為が

行われてから結果の発生までに，CD の実施という甲が想定していなかった事情が介在していることから，両者の間の因果関係が否定されないか。「捜査機関から協力を要請された配送業者は，すでに被告人のためではなしに捜査機関のために当該貨物を配送するものであって，……それはあたかも，A が B にむけて矢を放ったが，C がそれを途中で遮り，改めて B へ向けて矢をつがえなおしたのと同様に，結果としては当初被告人の意図するところと同一の結果が発生したものではあっても，もはや被告人が設定した因果経過とは異なる」として，因果関係を否定する見解がある（齋野彦弥・平成 9 年度重判解 157 頁）。しかし，CD は甲が大麻の輸入を企てた結果としてその捜査のために行われることとなったことからすれば，（論者が類比のために挙げている事例とは異なり）甲の行為と介在事情との間に関連性が認められ，因果関係を否定することは難しいように思われる（本演習第 1 回参照）。

❹ 正犯性

既遂結果の発生，および，それと甲の行為との因果関係が認められるとしても，大麻の通関線突破という既遂結果は，直接的には，W による本件貨物の保税地域からの引取りによって発生している。加えて，この W の行為は，法律上認められた CD の一環をなすものであるから，適法である。そうすると，今日一般に，狭義の共犯の成立には，正犯の行為が構成要件該当性と違法性を具備することが必要と解されていることから，大麻の通関線突破について甲の罪責を問うためには，同人につき正犯性が認められることが必要となる。

甲は，W が大麻の存在に気づいたうえで保税地域からの引取り，配達を行う（可能性がある）ことを認識しておらず，他方で，W は捜査当局の要請に従って行動したのであるから，両者の間に共同で大麻を輸入することについての意思連絡を認める余地はない。それゆえ，単独正犯の可能性を検討することとなる。裁判例において，直接手を下していない者が正犯とされた事例として，①是非弁別能力のない者を利用した場合，②情を知らない者を利用した場合，③適法行為を利用した場合，④被利用者の意思が抑圧されていた場合などがある。

これらのうち④については，裁判例においても，たとえば被利用者の年齢，被利用者と利用者との関係，命じられた犯罪の種類や行為の内容などによって，意思抑圧を認めるのに必要とされた強制の程度に違いがあり（小池信太郎・法教 473 号 95-98 頁），具体的事例において意思の抑圧が認められるかどうかの判断は必ずしも容易ではないものの，利用者が被利用者の意思を抑圧して，「自己の意のままに従わせていた」（最決昭和 58・9・21 刑集 37 巻 7 号 1070 頁），あるいは，命じられた行為「以外の行為を選択することができない精神状態に陥らせていた」（最決平成 16・1・20 刑集 58 巻 1 号 1 頁）と認められる場合には，まさに利用者こそが犯罪事実を実現した中心人物といえ，自ら直接手を下したのと違いはないとすることに問題はないであろう。

これに対して，①〜③においては，被利用者は，構成要件に該当する行為を行うことにつき規範的障害はないものの，④とは異なり，当該行為以外の行為を選択でき

ない状態にあったわけでは必ずしもない。被利用者に意思能力すら認められない場合，あるいは，当該行為に出ざるをえない緊急状態にあった場合を除き，被利用者は自らの意思に基づいて行為を行っているのである。にもかかわらず，構成要件に該当する行為を自らの意思に基づいて行った被利用者ではなくて，利用者こそが正犯である，犯罪事実実現の中心人物であるといえる理由を，具体的事実に即して示す必要があろう。

まず，情を知らない Q が行った輸入申告（遅くともこの時点で禁制品輸入罪の着手が認められる）については，Q の道具性すなわち甲の正犯性を基礎づけるのは，Q の行為が甲との契約に基づく業務の遂行として行われたという点である（最決平成 9・10・30 刑集 51 巻 9 号 816 頁）。すなわち，貨物の国際輸送サービスを提供する事業者は，サービス利用の申込みを受けて貨物の輸出入に必要な手続や貨物の輸送等を申込者に代わって行うことを業としているのであるから，申込みがあれば，当該貨物の輸出入が法に触れる等の事情がない限り，ほぼ確実にサービスを提供することになるのであって，Q はそのようなサービス提供の一環として，本件貨物の輸入申告をいわば機械的に行っているという点が重要である。

一般化していえば，②について，被利用者が情を知らないことは，利用者の正犯性を肯定する必要条件ではあるが十分条件ではなく，被利用者が，利用者の真の意図に気づかない限り，その指示通りに行動するのは必定といえるような事情が加わってはじめて，まさに利用者が情を知らない被利用者を意のままに操り犯罪事実を実現したのであって，それゆえ，利用者こそが犯罪事実実現の中心人物であるといえるのである。

前出最決平成 9・10・30 は，W による本件貨物の引取りおよび配達についても，「被告人らからの依頼に基づく運送契約上の義務の履行としての性格を失」わないとして，その道具性を肯定した。しかし，同決定に付された遠藤光男裁判官の意見において述べられているように，捜査当局の要請がなくても，大麻の存在を知った W が本件貨物の引取り，配達を行ったとは考えられず，それゆえ，捜査当局の要請，監視の下で行われた W の行為は，もはや甲の依頼に基づいて機械的に行われた業務の遂行とはいえないであろう。

そこで，③に当たるとして甲の正犯性を肯定することが考えられる（島田・前掲 157 頁）。もっとも，甲が W の行為が正当化される状況を作り出したのだとしても，通関手続において規制薬物が発見されても常に CD が実施されるとは限らないのだとすれば，W の適法行為が行われるかどうかを決定づけているのは甲ではなく，CD を実施する側ということになる。にもかかわらず，CD 開始後における大麻の通関線突破について，甲が W を意のままに操った結果であると評価するのは困難であるように思われる。

🔖 ステップアップ

最決平成 9・10・30 の理屈によれば，保税地域から貨物を引き取り，配達したのが配送業者に扮した捜査官であった場合，甲の正犯性の判断は違ってくるか。

➡ 次回の設問

監禁罪を取り扱う。

刑法　　　8

名古屋大学教授

齊藤彰子　SAITO Akiko

↘ 設問

1　甲は飲食店「P」を経営しており，その接客婦として雇ったＸらを自宅に住まわせ，その生活を厳しく管理していた。某日，Ｘは，甲による過度の干渉に嫌気がさし，甲方から逃げ出した。甲は戻るよう説得したがＸは頑として聞き入れなかった。

2　そこで甲は，Ｘの意思に反してでも同人を連れ戻そうと考え，Ｘに対し，Ａ病院に入院中の同人の母の許までゆくにすぎないように話をしてその旨誤信させたうえ，あらかじめ甲宅まで直行するように言い含めて雇ったＢの運転するタクシーに乗りこませ，甲もその隣に乗り込みＢに発車を命じた。

3　その後，Ｘらの乗ったタクシーが，Ａ病院に行くには左折する必要のあるＱ交差点で左折することなく，甲宅のあるＨ市方面に向かい始めたため，Ｘは甲の真意に気づきＢに停車を求めた。これに対し，甲がそのまま甲宅に直行するよう要求したため，措置に迷ったＢが車の速度を時速約20kmに減速したところ，Ｑ交差点から約150m離れたＷ派出所付近でＸは車外に逃げ出した。

❗POINT

監禁罪（220条）の保護法益については，学説上，可能的自由説と現実的自由説の対立があるとされているが，判例の立場は必ずしも明らかではない。それゆえ，判例の立場を，なぜそのように解すべきなのかを論じることなく，当てはめて解を導くという手法は通用しない。加えて，本設問のように，被害者が錯誤に基づき一定の場所にとどまっていた場合については，錯誤に基づく同意の有効性をどのように考えるかによっても，事案の解決は違ってくる。後者は全ての犯罪類型に共通する総論の問題であるが，それが各犯罪類型において具体的にどのような形で生じ，また，各犯罪類型固有の問題（前者）との関連でどのように解決されるのか（総論の議論の各犯罪類型への適用）を，総論，各論の両者に目配りしつつ，論じることが求められる。

↘ 解説

❶ 客観的な監禁状態の存在

監禁とは，一定の場所からの脱出を困難にして移動の自由を奪うことを意味し，条文上その手段に制限はない。部屋の出入口に鍵をかける，見張りを立てるなどして閉じ込めるといった物理的・有形的な方法のほか，出たら殺すと脅迫する，入浴中の者の衣服を持ち去る等して，恐怖心や羞恥心から脱出できなくするといった心理的な手段による監禁も可能である。もっとも，監禁が認められるためには，その場所から移動することが不可能か，著しく困難な状態であったことを要する。

本設問のように，被害者を自動車に乗せて疾走する行為につき監禁罪の成立を認めた裁判例は少なからず存在するが，その多くが，複数の被告人で被害者を挟む形で乗車する，その身体を粘着テープ等で緊縛する，車内で被害者に暴行・脅迫を加えるなど，その脱出を物理的，心理的に困難にする手段，方法が用いられた事例に関するものである。これに対して，被害者を乗せた自動車等を疾走させること自体をもって監禁を認めたものとして，最決昭和33・3・19刑集12巻4号636頁，名古屋高判昭和35・11・21下刑集2巻11・12号1338頁，最決昭和38・4・18刑集17巻3号248頁，広島高判昭和51・9・21刑月8巻9・10号380頁などがある。自動車等の疾走自体が，そこからの脱出を困難ならしめる手段と認められるのは，疾走する自動車等から無理に脱出しようとすれば，傷害を負い，場合によっては死亡する危険すらあり，その恐怖心から脱出することが著しく困難な状態にあったと認められるからである。

もっとも，移動手段としてタクシーを利用したり，友人の運転する車に乗せてもらうことは日常的によくあることであり，これらの場合，客観的には監禁状態にあったが，それに同意していたから犯罪にならないと考えるのは，常識的な感覚に反するように思う。むしろ，降りたくなれば，道路の状況等から支障のない限り，車を停めて降ろしてもらえたのであれば，そもそも移動が困難な状態にあったとはいえないというべきであろう。本設問では，甲が，Ｘをその意思に反してでも連れ戻す意図で，予めＢに甲宅に直行するよう指示していたとの事情（設問の2）も相まって，Ｘは，タクシーに乗ってから自力で脱出するまでの間，降りたくても降りられない状態＝客観的な監禁状態に置かれていたと認められることになる。

❷ 保護すべき「移動の自由」とは

もっとも，タクシーがＱ交差点に差しかかるまでは，母親が入院中のＡ病院に向かうというＸの内心に照らしても，タクシー内にとどまることはその意思に沿うものともいえ，客観的に移動できない状態に置かれていたことをもって，Ｘがタクシー内にいた間の全体につき，移動の自由が奪われていたというべきかについては，考え方が分かれる。

これを肯定する見解は，たとえば，移動の自由は様々な自由の行使の前提条件であるとともに，その侵害は類型的にみて長期にわたりがちであり，その間あらゆる自己実現が封じられるというだけでなく，爾後，自己実現を図る精神的・身体的基盤をも失ってしまいかねないことから，移動の自由の内実として，様々な自己実現を図る物質的な基盤として「そのために動こうと思えば動ける」状態が確保されていること（可能的自由）が必要なのであって，「現実に一定の具体的な移動行動に出ようと思った」ときに移動できる（現実的自由）というのでは十分ではないと主張する（小林憲太郎・判時2415号114-115頁）。

しかし，いくら移動の自由が重要であるとしても，客

観的に移動できない状態に置かれていた間，被害者としてはどのみち移動する意思がなかった，すなわち，たとえば乗っているエレベータが故障したとのアナウンスを聞いて仕方なく移動しなかったというのではなくて，これから1時間部屋から出ると殺すぞと脅されたが被害者としてはそのような脅しとは無関係にどのみち数時間は部屋にこもって仕事をするつもりであったので部屋から出なかったという場合にまで，移動の自由の侵害を認めるのは，自由を，それを行使する主体の意思から完全に切り離して理解するものであり，妥当とはいえない（平野龍一『刑事法研究（最終巻）』〔有斐閣，2005年〕24頁，27頁）。現実に移動する意思を有していたことまで要求するのは過剰であるとしても，仮定的に移動する意思を持つ可能性が実際上存在したことは必要であろう（平野・前掲28頁）。

ここで「実際上」というのは，たとえば睡眠中の者であっても目を覚まして移動しようとする可能性は常に存在するといったような，一般的・抽象的な可能性ではなく，具体的事件における具体的被害者が，当該事件の具体的状況下において移動の意思を持つ可能性が実際にどのくらいあったかを検討する必要があるということである。本設問では，XがQ交差点辺りで騙されたことに気づきBに停車を求めており，ここで現実の移動意思が発生している。問題は，それ以前の段階で，Xが移動意思を持つ可能性が認められるかである。XはA病院に向かうものと考えてタクシーに乗り込んだのであるから，A病院に行くのをやめるか，あるいは，タクシーの行き先がA病院でないことに気づくかしない限り，タクシーから降りる意思を持つことはないと考えられるところ，Q交差点に至るより前の時点で，XがA病院に行くのをやめたり，タクシーの行き先がA病院でないことに気づいた可能性を示す事実は存在しない。

③ 一定の場所にとどまることについての意思の有効性

もっとも，Xがタクシーに乗る決意をしたのは，甲に騙された結果，タクシーの行き先がA病院であると誤信したからであって，Xは甲宅に戻るようにとの説得に応じなかったのであるから（設問の1），行き先が甲宅であることを知っていたならば，そもそもタクシーに乗ることはなかったはずである。このように，錯誤に基づいて移動の意思を持たなかった場合には，被害者としてはどのみち移動する意思がなかったとは必ずしもいえず，監禁罪の成立を認めるべき場合もあるのではないかが問題となる。

まず，騙された結果，物理的・心理的に移動できない状態に置かれていると誤信し，仕方なくそこにとどまった場合は，移動できないから移動しないのであって，自らの意思に基づいて移動しなかったわけではないので，監禁罪が成立することに争いはない（前述のエレベータ事例）。これに対して，本設問のXは，たとえば母親が危篤で一刻も早くA病院に駆けつける必要があり，そのためにはBの運転するタクシーに乗らざるをえないと誤信していた場合であれば別論，Bの運転するタクシーに乗ることを心理的に強制する要素は，設問の事実からはうかがわれない。そうすると，Xは，Bの運転す

るタクシーに乗るかどうかを，自己の意思で決定しえたというべきである。ただし，その意思決定をするに当たり重要な判断材料となる事柄について，錯誤に陥っていたということはできよう。

裁判例の中には，本設問と類似の事案について，被害者が騙されたことに気づいて停車を求めた時点以降についてのみ監禁罪の成立を肯定するもの（前出最決昭和38・4・18）と，被害者を自動車等に乗せた時点から同罪の成立を肯定するもの（前出最決昭和33・3・19，前出広島高判昭和51・9・21，津地判平成26・10・9 LEX/DB 25505513）とがある。真実を知ったならば同意しなかった場合には，その決意は真意に添わない重大な瑕疵ある意思であるとして，その有効性を否定するのが判例の一般的傾向であり（最大判昭和24・7・22刑集3巻8号1363頁，最判昭和33・11・21刑集12巻15号3519頁），後者の解決がこれに整合するものといえよう。

これに対して学説上有力に主張されているのは，被害者の錯誤が，問題となっている犯罪の保護法益に関係している場合にのみ，同意は無効となるとする見解である（法益関係的錯誤説。佐伯仁志・神戸法学年報1号51頁以下）。これは，処分対象である法益の内実およびそれを処分することの意味を精確に認識していたのであれば，それ以外の事柄について錯誤があったとしても，同意＝法益を処分する意思は有効であるという考えである。

Xは，1において検討したように，自動車に乗った時点から客観的には降りたくても降りられない状態にあったが，そうとは知らずに乗車しており，可能的自由が侵害されていることにつきそもそも認識がない。それゆえ，可能的自由の侵害につき有効な同意を認める余地はなく，可能的自由説からは，Xがタクシーに乗った最初の時点から監禁罪の成立を認めることとなる。また，現実的自由説からも，現実に移動しようとする意思を持たなかった理由，すなわち，場所的移動の自由を処分する目的の錯誤もまた法益関係的錯誤であると解すれば（山口厚・司法研修所論集111号106頁），同じ結論になる。もっとも，現実的自由説からは，停車を要求するまでの乗車については，Bの運転するタクシーでA病院に向かうというXの現実の意思に合致しており，監禁罪の成立を否定するのが一貫するように思われる（島田聡一郎・刑法の争点〔第3版〕143頁）。

📖 ステップアップ

途中駅に停車しないことを認識しながら特急列車に乗ったが，発車後に気が変わり車掌に途中の駅で降ろすよう要求したが拒否されたという場合，現実に移動しようとしたのに移動できなかったにもかかわらず，結論として監禁罪の成立を否定するのが妥当であるように思われる。この結論は理論的にどのように説明できるか（佐伯仁志＝道垣内弘人『刑法と民法の対話』〔有斐閣，2001年〕262頁以下参照）。

➡️ 次回の設問

住居侵入罪を取り扱う。

刑法　9

名古屋大学教授
齊藤彰子　　SAITO Akiko

↳ 設問

1　甲は，某日午後2時20分頃，A党葛飾区議団だより等のビラ（以下，「本件ビラ」という）を，同区内にあるマンション（以下，「本件マンション」という）の各住戸のドアポストに投函するため，エレベーターに乗って7階に上がり，各住戸のドアポストに本件ビラを投函しながら，外階段を使って順次階を下り3階に至ったところで，住民に声をかけられて本件ビラの投函を中止し，直ちに本件マンションから退去した。

2　本件マンションは，地上7階，地下1階建ての鉄筋コンクリート造りの分譲マンションであり，1階部分は店舗・事務所として，2階以上は40戸の住宅として分譲されている。1階の店舗・事務所部分への出入口と2階以上の住居部分への出入口とは完全に区分されており，住居部分へのアクセスは，1階にある両開きドア（無施錠）から入ると掲示板と集合郵便受けが設置された玄関ホールとなっており，その奥にあるドア（無施錠）を開けて進むと，2階以上に上がることができるエレベーターおよび階段がある。さらに2階から7階までは，外階段が2カ所設置されている。

3　本件マンションの管理組合理事会では，葛飾区の広報紙である「広報かつしか」を除きビラやパンフレット等を投函する目的で本件マンションの内部に立ち入ることを一切禁止することを取り決め，管理人にもその旨伝えており，管理人においてセールスマンやチラシ等を配ろうとしている者を見つけた場合には，本件マンションでは物品販売やチラシ等の投函は禁じられている旨を告げ，追い返していた。もっとも，管理人が不在の時間帯も多く，甲が立ち入ったときも不在であった。

4　玄関ホールの掲示板には，そこに立ち入った者の目に必ず入る目立つ位置に，「チラシ・パンフレット等広告の投函は固く禁じます。」と書かれた管理組合名義のはり紙等が貼付されていた。また集合郵便受けの中にも「青少年に有害なビラ・チラシお断り！！」と記載されたテープが貼られているものがあった。

❗POINT

本設問では住居等侵入罪（130条前段）の成否が問われていることは明らかであるが，同罪の成立を肯定するためにクリアすべき関門は少なくない。また，集合住宅の共用部分や敷地への居住者以外の者の立入りに対する寛容度（抵抗感）には人により差があり，それが具体的事案の解決の違いとなって現れやすい問題領域でもある。もっとも，生の価値観は，それだけでは法解釈の論拠としては十分とはいえないので，論証が結論の先取りになっていないかに注意を払いつつ論じる必要がある。

↳ 解説
①集合住宅の共用部分は「住居」か「邸宅」か「建造物」か

住居等侵入罪の客体は，住居，人の看守する邸宅・建造物・艦船に限定されている。立ち入った場所がそのいずれにも該当しない場合には，せいぜい軽犯罪法1条32号違反として，拘留又は科料に処せられる可能性があるにすぎない。本件マンションについては，各住戸が（空室を除き）住居に該当することは明らかであるが，それを除く共用部分がいずれに該当するかについては考えが分かれる。

たとえば，最判平成20・4・11刑集62巻5号1217頁は，防衛庁（当時）立川宿舎の共用部分は邸宅に当たり，その敷地は邸宅の囲繞地として邸宅侵入罪の客体になるとしたが，このように解される理由として，本件宿舎のような貸与に係る集合住宅は，居住用の建物として邸宅に当たり，各住戸が貸与されるとその部分は住居となるが，その余の部分は依然宿舎管理者の管理下にある邸宅のままであり，その囲繞地も同様であると説明されている（山口裕之・最判解刑事篇平成20年度239-244頁）。他方，本設問と同じく分譲マンションの共用部分への立入りが問題となった事案について，共用部分も，住戸部分との空間的な密接性および利用上の一体不可分性ゆえに，そこへの侵入により居住者の私生活の平穏が損なわれることになるから，なお私的領域としての性質を備えているとして，住居に当たるとしたものがある（東京地判平成18・8・28刑集63巻9号1846頁）。

このような結論の違いを，その管理形態の相違，具体的には，分譲マンションでは，居住者が区分所有者として（管理組合を通じて）共同して管理しているのに対して，賃貸マンションでは，居住者とは異なる管理者の管理下にあることから説明する見解もある（上嶌一高・論ジュリ5号236頁。前出東京地判平成18・8・28の控訴審である東京高判平成19・12・11刑集63巻9号1880頁も参照）。しかし，住居として，（人の看守を必要とするまでもなく）正当な理由のない立入りから保護する必要性が認められるかどうかは，そこが人の日常生活の場として利用されているかどうかによって判断されるべきものであって，住民らによる現実の利用の態様に違いはないにもかかわらず，私法上の所有関係，管理権限の所在の如何によって，住居と邸宅のいずれに該当するかが決まるというのは，理由のないことである。

②「人の看守」が認められるか

仮に，共用部分は，あくまでも各居住者が住居である各住戸に出入りする際に通過するにすぎず，住戸内部の空間と同等の利用の実態は認められないとして，邸宅に当たると考える場合には（学説の中には建物の構造によっては建造物に当たるとの指摘もある〔関哲夫・國士舘法學39号30頁以下〕），看守の有無が問題となる。

看守とは，一般に，人的・物的設備を設けて人の立入りを管理していることをいうと定義されるが，実際に

は，営業時間中で事実上誰でも立入り可能な，行員が不在の銀行支店出張所（最決平成19・7・2刑集61巻5号379頁）や，オートロックの設備はなく管理人もいない集合住宅の共用部分や敷地（前出最判平成20・4・11）などについても看守は（ほとんど理由づけなく）肯定されており，意思に反する立入りをまさに立入りの段階で発見して阻止しうる態勢までは要求されていない。

看守は，邸宅，建造物，艦船が，住居等侵入罪の客体として，正当な理由のない立入りから保護するに値するといえるための要件であるところ，住居に限らず，一定の目的，機能を有するものとして存在し，実際にその目的に従って日常的に利用されている空間であれば，その目的，機能に適った利用，支配が保護される必要性，すなわち，当該建物の目的，機能からして正当な理由のない立入りから保護される必要性，そのような立入りを拒否する自由を保護する必要性が認められる（住居はその定義上，一定の機能，目的を有するものとして存在し，実際にその目的に従って日常的に利用されていると認められる場所であることから，一律に正当な理由のない立入りから保護されることとなっているのである）。加えて，このような日常的な使用のなかで当該空間に対して監視の目が及んでいるといえる状況があれば，看守を肯定することは，見守る，番をするという看守の意味からしても，可能な解釈であると思われる。

それゆえ，集合住宅の共用部分を（建造物と解する場合は別論）邸宅，すなわち，居住用の建物の一部と解するのであれば，そこは，居住者らが住戸の利用に伴い使用することがその本来的，主たる用途，機能ということになり，かつ（特段の事情がない限り）そのような居住者らによる日常的な使用の中で監視の目が及んでいるといえることから，看守を肯定しうる。

❸「侵入」の意義

実行行為（構成要件該当行為）は法益侵害の危険性を有する行為であるので，侵入の意義をどのように解するかは，住居等侵入罪の保護法益をどのように解するかによって決まる。これを私生活の平穏と表現するか，自由と表現するかはともかく，同罪を個人的法益に対する罪と解するのであれば，そこにいう「平穏」は純粋に事実的な静謐さを意味するものではありえず，居住者等の意思に反する立入りは不穏である一方，その同意に基づく立入りは平穏を害するものではないと解することになるので，結局のところ重要なのは，居住者等の「意思」のとらえ方である。すなわち，①ある人の身体が物理的に住居等の内部空間に入ることについての許否に尽きるのか，それとも，②許否判断の理由や目的にも保護が及び，それゆえ，立入りが意思に反するかどうかを判断する際には，立入り許否の判断に影響を与える諸事情を（それが立入りの段階で外見上明らかであるか否かにかかわらず）考慮すべきなのか，である。

①のように考える場合には，たとえば強盗の意図を秘し宅配業者を装って居住者の許諾を得て住居に立ち入った場合，その人が立ち入ること自体については有効な承諾があったとして，住居等侵入罪の成立は否定されることになる。しかし，そもそもある人の立入りを認めるか

どうかの判断はその属性や立入り目的を考慮することなしには不可能であり，上の例における居住者も，その者が宅配業者という属性（あるいは荷物の配達という目的）を有する者であるからこそ，その立入りを認めたと考えられる。にもかかわらず，そのような許諾判断の前提となった事情は刑法上一切考慮の外に置かれるというのでは，保護法益の内容があまりにも空虚なものとなってしまうとの批判を免れないように思われる（塩見淳『刑法の道しるべ』〔有斐閣，2015年〕151-152頁）。

判例は一貫して立入り目的も考慮要素になるとの立場をとっており（最判昭和58・4・8刑集37巻3号215頁，前出最決平成19・7・2），たとえば，犯罪行為や違法な行為を行う目的での立入りのほか，管理権者が建物管理の必要上禁止する事項を行う目的での立入りについても，そのような目的での立入りが管理権者の意思に反することは明らかであるとして，住居等侵入罪の成立を肯定する例が多数存在する。

本件マンションの管理組合理事会は，葛飾区の広報誌を除くあらゆるビラ，パンフレットの投函を禁止する旨を決定していた（設問の3）というのであるから，甲の本件マンションへの立入りが管理権者の意思に反することは明らかであり，侵入該当性は認められる。もっとも，玄関ホールに貼付されていたはり紙の文言（「……等広告の投函」）からは，本件ビラの投函がそれに該当すると認識できるかは必ずしも明らかではなく，甲に侵入の故意が認められるかは慎重な検討を要するように思われる。

とはいえ甲の立入りが玄関ホールにとどまっていたのであれば別論，そこに集合郵便受けがあったにもかかわらず各住戸の前まで立ち入る行為については，それが社会一般に許容されており，拒否する意思が明確に伝わるような表示がなされていない限り，立ち入る者において居住者・管理権者の意思に反するとの認識をもちえないというのが，現時点での社会情勢といえるかは疑問である。近時のプライバシー保護の意識や防犯意識の高まりを考えれば，部外者の立入りが許されるのはせいぜい集合郵便受けの前までであり，その先への立入りには個別の承諾が必要と解するのが社会の実情に合致しているように思われる（塩見・前掲161-162頁）。

📑 ステップアップ

本件マンションのように，管理組合においてビラ投函目的での立入りを禁止する旨を決定したとしても，個別の居住者の承諾を得て当該居住者の住戸にビラを投函するのに必要な限度で共用部分に立ち入ることは許容される（侵入には該当しない）。では，管理組合の禁止に反する立入りであっても個別の居住者が承諾を与えれば常に，その住戸を訪問するのに必要な限度での共用部分への立入りは許容されるのか。許容されない場合があるとすれば，それはどのような場合か。

➡ 次回の設問

奪取罪における財物の「占有」に関する問題を取り扱う。

刑法 10

名古屋大学教授
齊藤彰子　SAITO Akiko

設問

1　甲男は，自宅近くのコインランドリー「P」をよく利用していたが，同店で時々見かけるX女に対して好意を抱くようになった。甲の見たところ，同女は自動車でPにやってきて，洗濯を開始した後再び自動車に乗ってどこかに行き，洗濯が終了する予定の時刻頃に戻ってきて，洗濯物を持ち帰っているようであった。

2　某日午前11時頃，甲がPの店舗内で洗濯が終わるのを待っていたところ，Xがやってきて，いつものように，洗濯を開始した後自動車に乗って去って行った。甲は今日こそはXに声をかけようと考え，Xが戻ってくるのをPの店舗内で待っていたが，Xは洗濯終了時刻になっても戻ってこなかった。そこで，甲は，他に客がいなかったことから，洗濯が終了してロックが外れた洗濯機の中にあるXの洗濯物の中から下着類を数点取り出し，自宅に持ち帰った。

他方Xは，洗濯が終了するまでの間，Pから車で7～8分程のところにあるスーパー「Q」で買い物をしてからPに戻り，洗濯物を持ち帰るのを常としていたが，同日は，Qで偶然旧友と再会して話が弾み，Pに戻るのが遅くなってしまったのであった。

3　なお，Pは24時間営業で，駐車場に1台，店舗内に2台防犯カメラが設置されていたが，Pを経営するAは，一日に一度，大抵夕方に，店舗の清掃や備品の補充，金銭の回収のためにやってくるだけで，その余の時間は無人であった。

!POINT

甲が持ち去った下着類が「他人の財物」であることは明らかであるが，それが行為当時，他人の占有下にあったのか否かによって，甲には，重い窃盗罪（235条）が成立するのか，それとも，軽い占有離脱物横領罪（254条）が成立するにとどまるのかという，結論の違いが生じる。下着類に対する占有が認められる可能性のある人物は，後で取りに来るつもりで意識的に洗濯物を置いて行ったX，あるいは，洗濯物がその中に置かれていた洗濯機および当該洗濯機が置かれた店舗建物を支配・管理しているAである。もっとも，両者とも，甲が下着類を持ち去った時点で，それらを物理的に握持したり，現実に監視したりしていたわけではない。そこで，占有の有無を判断するにあたって重要な事実を設問中の具体的事実から適切に抽出したうえで，それらの事実があればなぜ占有を肯定（あるいは否定）すべきとの結論に至るのか，その根拠を示しつつ論じることが求められる。

解説

① 刑法上の「占有」とは

侵害の対象たる「占有」は，財物に対する事実的支配を意味すると解されており，その典型は，財物を手に持っているとか，身近に置いて監視しているといったように，物に対する物理的・現実的支配が認められる場合である。しかし，物の大きさや形状等からして，四六時中肌身離さず持ち歩くとか，監視するのがそもそも不可能な場合もあれば，不可能ではないとしても，たとえば傷みやすい，壊れやすい，非常に高価である等の理由から，それが物の管理方法として適切でない場合もある。それ故，物理的・現実的支配がなくても，たとえば駐車（輪）場に施錠して停めてある自動（転）車のように，物が置かれた場所の性質や具体的状況からして，そこにそのような形で物を置いておくことが，当該物の管理方法として社会生活上一般に行われているやり方であると認められる場合には，占有を肯定してよい（橋爪隆「窃盗罪における占有の意義について」法教427号87-89頁）。

② Xの占有の有無

(1)　そうすると，コインランドリーの利用者が，洗濯が終了するまでの間，洗濯機のそばを離れて他所で時間をつぶし，洗濯が終了する時刻を見計らって戻ってくる，というのが，コインランドリーの利用の仕方として一般的に行われているやり方であると認められるならば，洗濯中の洗濯物については，その所有者（より正確には，当該洗濯物を洗濯すべくコインランドリーに持ってきた者であるが，以下では，単に所有者という）がそのそばを離れていたとしても，所有者の占有を肯定してよいであろう。さらに，人間誰しも洗濯の終了時刻を勘違いしたり，あるいは道が混んでいて予定より到着が遅れたりすることは，日常生活上ありがちなことであるから，洗濯物の所有者が洗濯終了時刻までに戻ってこられず，洗濯物が洗濯機の中に放置されている場合についても，一定限度で，なお所有者の占有を肯定することが可能であろう。その限界も，結局のところ，不特定多数人が利用するコインランドリーの洗濯機の中に，洗濯の終わった洗濯物を置いておくことが，時間的にどの程度までなら，社会生活上ままありうることとして許容されているかによって決まる。

甲は，洗濯が終了してもXが戻ってこず，他に客もいなかったことから，Xの下着類を持ち去ったとの事実（設問の2）からは，甲がXの下着類を持ち去ったのはその洗濯が終了してから間もない時点であったと考えられ，洗濯物に対するXの占有を肯定できよう。これに対して，数時間待ったがXが戻ってこなかったので下着類を持ち去ったという場合ならどうか。洗濯が終了したにもかかわらず数時間にもわたって洗濯物を放置すれば，他の客による利用を長時間にわたって妨げることになることからすれば，それはもはや，コインランドリーの利用者が通常よくやっていることだとはいえず，それ故，Xの占有は否定すべきであろう。

(2)　もっとも，後者の場合であっても，甲がXの下着類を持ち去った時点における，Xがいた場所と洗濯物が置かれた場所との位置関係によっては，なおXの占

有を肯定する余地がある。

洗濯終了後も洗濯物を長時間洗濯機内に置いておくことは，社会生活上一般に行われているやり方とはいえないけれども，人間誰しもうっかり（あるいは軽い気持ちで），財物に対する通常の管理方法を一時的に逸脱してしまうことは，ままあることである。そうだとすれば，一時的にでも通常の管理方法を逸脱すれば直ちに占有が否定され，刑法上保護されなくなると解するのは妥当ではない。所有者と財物とが，所有者が通常の管理方法からの逸脱に気づきさえすれば直ちに財物に対する物理的・現実的支配，通常の管理方法を回復しうる位置関係にある限りは，なお刑法上保護に値する占有の継続を認めてよいであろう。

占有の有無が争われた裁判例の中には，不特定多数の者が自由に往き来する場所（バス乗り場，公園，駅の窓口，大型スーパーなど）に財物（カメラ，ポシェット，財布など）を置き忘れてその側を離れてしまった後，置き忘れに気づいて取りに戻ったが，財物は既に被告人によって持ち去られた後であったという事例につき，被害者の占有を肯定したもの（最判昭和32・11・8刑集11巻12号3061頁，最決平成16・8・25刑集58巻6号515頁，東京高判昭和54・4・12刑月11巻4号277頁）と否定したもの（東京高判平成3・4・1判時1400号128頁）とがある。後者の事案は，被害者がスーパーの6階エスカレーター脇のベンチに財布を置き忘れ，エスカレーターで約2分20秒かかる地下1階に移動した後，置き忘れから約10分後に気づいて引き返したというものであり，占有が肯定された事案と比べて，被告人によって財物が持ち去られた時点（その証明がない場合には，被害者が置き忘れに気づいて引き返した時点）における，財物と被害者との間の場所的・時間的離隔の程度が相対的に大きいといえる。このような財物と被害者との間の場所的・時間的離隔の程度は，被害者が置き忘れに気づきさえすれば直ちに財物に対する物理的・現実的支配を回復しうる位置関係にあったかどうかを判断するうえで重要な資料といえるが，東京高判平成3・4・1の事案では，被害者が置き忘れに気づいた場所（地下1階）からは，6階のベンチに置かれた財布には目が届かず，それ故，直ちに監視による現実的支配を回復しえない位置関係にあったこともまた，占有を否定する事情として重要であるように思われる（橋爪・前掲84-86頁。前出東京高判昭和54・4・12は，被害者が置き忘れに気づいた時点で財物が被害者の目が届く位置にあったことを占有肯定の根拠としてあげる）。

本設問の事実からは，甲がX所有の洗濯物の中から下着類を持ち去った時点においてXがどこにいたかは明らかではない。そこで「疑わしきは被告人の利益に」の原則に従い，甲が下着類を持ち去った時，Xは車で7～8分ほど離れたスーパーにいたことを前提に，それでもなお洗濯物に対するXの占有が認められるかを検討することになる。7～8分という時間からは，Xが直ちに洗濯物の置かれた場所に戻ってそれを回収することができる位置関係にあったとは認めがたいのみならず，Qの店内にいたXの目の届く範囲内に洗濯物があったとも認められないので，Xの占有を肯定することはできないであろう。

これに対して，本設問の事実とは異なり，たとえば，

Xは洗濯終了時刻より前にPに戻ったものの，洗濯終了まで車の中で時間をつぶそうと駐車場に停めた車の中で本を読み始めたところ，ついつい夢中になり気づけば数時間経っていたという場合であれば，（一般的に見られるコインランドリーおよびそれに付属する駐車場の規模を前提とする限り）Xは洗濯終了後時間の経過に伴い，洗濯物に対する通常の管理方法を逸脱するに至ったものの，洗濯物のことを思い出しさえすれば直ちにそれを回収しうる位置関係にあり続けており，それ故，Xの占有を肯定する余地があるように思われる。もっとも，Xの占有を肯定したとしても，そのようなXの占有を基礎づける事実について甲に認識（故意）がなければ，窃盗罪の成立は認められない。

他方，XがQに長時間滞在している間に洗濯物に対する占有を失った場合には，たとえ甲が下着類を持ち去った時，XはPの駐車場まで戻ってきていたとしても，洗濯物に対するXの占有を認めることはできないであろう。完全に失われた占有を回復するためには，物理的・現実的支配，当該財物の通常の管理方法の回復が必要なのであって，直ちにそれらを回復しうる位置関係への回帰では足りないのである。

❸ Aの占有の有無

さらに，仮にXの占有が否定される場合であっても，Xの洗濯物はAが管理する建物内に置かれていたことから，Aの占有が認められ，それ故，甲には窃盗罪が成立することになるのではないかが問題となる。

一般に，ある人が支配する場所に置かれた財物については，当該場所を支配している者に占有が認められると解されている。もっとも，その典型例として挙げられるのは住居内の財物であり，そこで想定されているのは，その性質上人の自由な立ち入りが許容されていない閉鎖的な空間である。これに対して，本設問のコインランドリーのように，営業時間中は出入口が開放されており利用者が自由に出入りでき，しかも，店舗管理者は（ほぼ）不在の建物については，その内部に置かれた財物について，当然に店舗管理者の占有を肯定することは困難であるように思われる（乗客が列車内に置き忘れた毛布につき乗務員の占有を否定したものとして大判大正15・11・2刑集5巻491頁）。

しかし他方で，Aがコインランドリー利用者のために設置した設備，備品類については，それを持ち去る行為は窃盗罪に該当すると解するのが常識に合致するように思われる。客が放置している洗濯物等との違いは，無人のコインランドリーという営業形態が今日一般化しており，無人の店舗に洗濯機等を設置して不特定多数の者の利用に供するというやり方が，社会的に受け入れられている点に認められよう。

🔖 ステップアップ

道端の無人販売所に置かれた商品や備品を持ち去る行為は，窃盗罪を構成するか。

➡ 次回の設問

文書偽造罪を取り扱う。

刑法 11

名古屋大学教授

齊藤彰子 　SAITO Akiko

↘ 設問

　1　生活保護を受給している X は，甲との間で，同人所有のアパートに入居する旨の賃貸借契約を締結し，甲から渡された「金銭管理契約書」と題する書面に署名した。同契約書には，同契約が賃料等の支払を確実にすること等を目的とすること，生活保護受給票，身分証明書，金融機関の通帳および通帳印，キャッシュカード等を甲に預託すること，公共料金の支払，保護費代理受領，金銭管理に係る市，区，金融機関等に対する手続等の一切を甲に委任すること等が記されていた。

　2　甲は，上記契約に基づき X の生活保護費を管理するため，P 農業協同組合 W 支店において X 名義の口座を開設すべく，X 名義の口座開設申込書および印鑑届（以下，両者を併せて「本件文書」という）をそれぞれ作成したうえ，X から預かっていた生活保護受給票とともに W 支店の Z に提出して，X になりすまして X 名義の口座開設およびそれに伴う普通貯金口座通帳およびキャッシュカードの交付を申し込み，Z から X 名義の普通貯金口座通帳 1 通およびキャッシュカード 1 枚の交付を受けた。P は，新規の顧客から口座開設の申出があった場合，口座開設申込書，印鑑届等必要書類のほか，法令に基づき本人確認書類の提出を求め，顧客の本人特定事項を確認し，所要の決裁を経て，口座を開設し，顧客に通帳を交付する。

　3　X は，甲に言われるまま，福祉事務所長宛ての「保護費口座振込依頼書」に，上記 2 の方法で甲が入手した X 名義の通帳の貯金口座を記入し，その氏名欄に署名したうえで，福祉事務所に提出した。甲は，当該 X 名義の口座に生活保護費が振り込まれると，上記 2 の方法で入手した X 名義のキャッシュカードを使用して全額引き出し，アパートの賃料や公共料金等を差し引いたうえで，X に渡していた。

❗POINT

　本設問は，横浜地判平成 29・3・24 LEX/DB 25545645 の事案を若干改変したものである。犯罪を構成しそうなのは，(1) X 名義の本件文書を作成した，(2) X になりすまして X 名義の貯金通帳等の交付を受けた，(3) X 名義のキャッシュカードを使って ATM から現金を引き出した各行為である。もっとも，X は金銭管理契約書に署名し，甲が X の生活保護費を管理すること，および，それに関する諸手続を甲が X に代わって行うことに同意し，そのために必要な書類や印鑑等を甲に預けていた。そこで，これらの事実が犯罪の成否にいかなる意味を有するのかに注意して論じる必要がある。

↘ 解説

① 名義人の承諾と文書偽造

　文書偽造罪（155 条・159 条）の保護法益は文書に対する公共の信用，換言すれば，文書の有する証拠としての機能，価値であり，それを基礎づけているのは，当該文書の作成につき責任を負うべき人物（名義人）の存在である。逆に言えば，誰が書いたのか分からない，責任の所在が不明の文書，名義人が不明の文書（いわゆる怪文書）は信用性が低く，刑法上保護の対象とならない。それゆえ，文書の作成名義を偽る行為，すなわち，文書作成についての責任の所在を偽る行為（「偽造」）については，公文書，私文書を問わず，処罰対象となっているのである。

　そうすると，自己名義の文書を作成する場合には偽造には該当せず，他方，他人名義の文書を作成した場合であっても，同人があらかじめその作成を承諾していた場合（典型例は，秘書が社長の指示で社長名義の文書を作成する場合）には，同人が当該文書の作成につき責任を負うので，作成名義に偽りはなく，偽造には該当しないのが原則である。本設問でも，X は，甲と金銭管理契約書を取り交わし，甲が X に代わりその生活保護費を管理するために必要な諸手続を行うことに同意していたこと（設問の 1），甲が X 名義の口座を開設したことを知り苦情を言うなどした事実も存在しない（設問の 3）ことから，**POINT** 中掲記(1)の行為については，X の同意があったと認められる。

　裁判例の中には，①交通反則切符中の供述書（最決昭和 56・4・8 刑集 35 巻 3 号 57 頁）や②私立大学の入試答案（東京高判平成 5・4・5 判タ 828 号 275 頁）について，名義人の承諾があっても，名義人以外の者による作成は偽造に当たるとするものがある。これらの文書は，その性質上，作成名義人以外の者の作成が許容されないものである，というのがその根拠である。もっとも，「作成名義人以外の者の作成が許されない」といっても，たとえば名義人が怪我や障碍のため自書できず，警察官や介助者が代筆した場合は，偽造には当たらないであろう。その意味で，厳密に，名義人手ずからの作成が要求されるわけではない。

　また，①につき「その内容は違反事実の有無等当該違反者個人に専属する事実に関するものであって，」「いかに本人が承諾したからといって，実際には違反をしていない者につき，違反者としての手続が進められるのを放置してよいとは考えられず，本件のような供述書が名義人につき効力を生ずることはあり得ない」点を指摘するものもある（東京高判昭和 50・1・28 高刑集 28 巻 1 号 22 頁）。しかし，これが違反者本人しか作成しえないという意味であるとすれば，たとえば，運転者 Q が無免許だったので，とっさに同乗者 R が運転していたふりをして供述書に自己の名で署名したという場合も偽造に該当することになりかねず（つまり，当該供述書の名義人は「そこに書かれているような違反をした R」であって，「実際には違反をしていない R」とは別人），そのような結論は妥当とはいえまい。確かに，別人が違反者の身代わりとなれば道路交通法違反事件の処理が害され，あるいは，替え玉受験が行われると入試の適正な実施が害されることになるが，これらの害は文書偽造罪で問題

とすべきものではないように思われる。

横浜地判平成 29・3・24 の事案では，検察官は，犯罪による収益の移転に関する法律の規定の下では，金融機関における口座の開設において，口座名義人と，口座開設申込書および印鑑届の作成者である口座開設申込人との一致が厳しく求められており，両者の同一性を偽ることは同法の定める厳格な本人確認手続を潜脱することとなり許されないと主張したのに対し，横浜地裁は，文書の受取人である金融機関が「信頼の対象としているのは，基本的には，名義人本人が上記各書面の記載内容に沿った口座開設ないし印鑑の届出の意思を有していることにあると認められ，名義人本人が当該文書を作成すること自体が信頼の対象ないし基礎になっているとはいえない。そうすると，……名義人本人の承諾があれば文書に対する信頼が毀損されることはない」と判示した（圏点は筆者）。

つまり，ここでも，偽造が否定された根拠は，名義人が真実口座開設等の意思を有していたこと，すなわち，文書の成立における真正性ではなく，文書内容の真正性なのである。そうすると，たとえば，指名手配されているため自己名義では口座を開設できない K が，別人 M になりすまして M 名義の口座を開設することを M が承諾した（つまり M 自身は当該口座を使うつもりは一切ない）場合，さらには，K に譲渡する意図で M 自身が口座開設の手続を行った場合も，書面の記載内容に沿った口座開設ないし印鑑届出の意思を M は有しておらず，それゆえ，偽造に該当することになるのではあるまいか。このような解釈は，現行法上「医師が公務所に提出すべき診断書，検案書又は死亡証書に虚偽の記載をしたとき」（160 条）を除いては不可罰の私文書の虚偽作成を，広く偽造として処罰対象とするものであって，妥当とは思われない。指名手配犯が真の口座使用者であることを知らずに取引に応じたことによって金融機関が被害は，後述のように，別罪を構成することはありうるが，文書偽造罪において問題とすべき害ではない。

② 詐欺罪における財産的損害

POINT 中掲記(1)の行為は犯罪とならないとしても，P は，新規の顧客から口座開設の申出があった場合，法令に基づき本人確認書類の提出を求め，顧客の本人特定事項を確認し，所要の決裁を経て，顧客に通帳を交付している（設問の 2）ことからすれば，甲が X とは別人であることを知れば，甲に X 名義の通帳等を交付しなかったと認められ，**POINT** 中掲記(2)の行為は，詐欺罪（246 条 1 項）に該当する可能性がある。

下級審には，口座開設によって直ちに金融機関に財産的損害が発生することはなく，預金通帳は口座開設に伴い当然に交付される証明書類似の書類にすぎず，金融機関との関係では独立して財産的価値を問題にすべきものとはいえないとして，詐欺罪の成立を否定するものもある（福岡高判平成 13・6・25 刑集 56 巻 8 号 686 頁）。しかし，厳格な本人確認が法律上要求されている現在においては，交付相手が口座の名義人本人かどうかは，金融機関にとって交付の判断の基礎となる重要な事項であり，名義人以外の者に通帳等を交付した場合には，本人確認がなされた者とのみ取引をするという，公共性を有する金融機関として正当性のある目的の達成が害された

といえ，財産的損害を肯定することができよう（山口厚『新判例から見た刑法〔第 3 版〕』〔有斐閣，2015 年〕260 頁以下）。

③ 窃盗罪における「意思に反する」占有移転

このように，**POINT** 中掲記(2)の行為が詐欺罪に該当すると解すれば，さらに同(3)の行為は，窃盗罪（235条）に該当することになりそうである。実際，横浜地判平成 29・3・24 は，「その詐欺の犯人である被告人自身が……キャッシュカードを使用して本件組合の現金自動預払機から現金を引出した事実……に照らせば，……たとえ口座名義人の同意に基づくものであっても，本件組合が許容するものとはいえず，その意思に反するものであったと認められる」と判示した。他方で，名義人自身が口座を開設して入手したキャッシュカードを被告人に預けていたというケースでは，そのような「経緯等をも踏まえて検討すると，口座名義人……の……同意に基づく本件引出しについて，金融機関が事実上許容しないもの，すなわち，その意思に反するものであったとまでは認定できず，被告人が本件カードを不正に入手して本件引出しに及んだとはいえない」として，窃盗罪の成立を否定している。

しかし，従来不正な手段で入手した他人のキャッシュカードを用いて現金を引き出す行為が窃盗に該当するとされたのは，背後に実質的被害者が存在する場合であったように思われる。本設問のように，X 名義のキャッシュカードの入手が，金融機関との関係では詐欺罪を構成するとしても，X の同意がある場合には，預金に対する実質的権利者である X との関係では，X から預かったキャッシュカードを用いて引き出す場合と実質的な違いはなく，金銭管理契約の趣旨に合致する引き出しである限り，実質的被害者は存在しないので，金融機関との関係で窃盗罪の成立を認める理由はないように思われる。

横浜地裁は，詐欺の犯人である被告人自身が現金を引き出した点を，その引き出しが金融機関の意思に反する根拠として挙げており，X が引き出した場合であれば窃盗に該当しないと解する余地を残している。そのこと自体は妥当であるが，しかしそうだとすれば，X の同意に基づいて甲が X の代わりに引き出す行為についても異なる取り扱いをする理由はない。

📖 参考文献

佐伯仁志・刑法判例百選 II 〔第 4 版〕176-177 頁。

📑 ステップアップ

直接手に取って見れば不正に改ざんされたものであることが明らかな文書について，当該文書の行使形態も考慮することで，偽造罪の成立を肯定すること（たとえば，大阪地判平成 8・7・8 判タ 960 号 293 頁など）の可否およびその限界を論じなさい。

➡️ 次回の設問

公務と業務妨害罪をめぐる問題を取り扱う。

刑法 12

名古屋大学教授

齊藤彰子　SAITO Akiko

↘ 設問

1　東京都は，新宿駅西口から新宿副都心へ通じる地下道（以下「本件通路」という）に水平エスカレーター（以下「動く歩道」という）を設置することとし，本件通路において段ボールを用いた簡易な小屋（以下「段ボール小屋」という）の中で起居する路上生活者約200名に対し，12月15日から翌年1月13日までの間，3回にわたって周知活動を行い，自主的退去を促すとともに，彼／彼女らを保護するため，臨時保護施設を開設して食事や衣服を提供し，健康診断を行うとともに，自立支援策として就労のあっせん等を行うことにした。

2　東京都は，同月24日午前6時から動く歩道の設置に伴う環境整備工事（以下「本件工事」という）を実施することとし，過去の周知活動の際の状況から本件工事の妨害が予想されたため，民間警備会社の警備員および警察官の派遣を依頼した。本件工事は，〔1〕路上生活者が自主的に退去した後に残された段ボールやごみ等を撤去する作業，〔2〕工事区域内に歩行者が入らないようバリケードやカラーコーンを設置する作業，〔3〕床のタイル舗装を撤去する作業から成り，それぞれ民間業者に請け負わせるものであった。

3　甲は，本件工事を実力で阻止するため，同日午前2時ころから，多数の路上生活者に指示して，本件通路の都庁側出入口に強化セメント製植木ボックス，ベニヤ板等でバリケードを構築し，その内側で約100名の者とともに座り込むなどして都職員らの同工事区域内への進入を阻止した。同日午前6時30分ころ都職員が本件工事に着手する旨宣言し，都職員から指示された警備員がバリケードを撤去しようとしたところ，甲らは，都職員らに対し，「帰れ，帰れ」とシュプレヒコールを繰り返し怒号するなどして座込みを続けた。

4　警察官は再三警告を発していたが，同日午前7時34分ころから，座込みを続ける者らを公務執行妨害罪や道交法違反などで現行犯逮捕して近隣の公園まで連行するなどして，同日午前8時10分ころまでに排除した。

5　都職員は，同日午前8時20分ころ本件工事に着手し，臨時保護施設への入所受付を行うとともに，座込みに参加せずに段ボール小屋にいた路上生活者数名に自主的な退去を促したところ，これらの者は自ら本件通路から退去した。

❗POINT

本設問は最決平成14・9・30刑集56巻7号395頁

の事案である。甲らが妨害した本件工事は東京都が主体の公務であることから，①威力業務妨害罪（234条）における「業務」にあたるかが問題となる。その判断に際しては，妨害対象となった業務の範囲をどのように画するか，また，都職員らによる本件工事の実施と相前後して警察による実力行使が行われたこと（設問の3～5）をどのように評価するかが重要なポイントとなる。さらに，東京都は，道路法71条1項の措置を前提とした行政代執行や，同法71条3項または44条の2第1項に定める手続をとることなく段ボール小屋を撤去しており，②そのような手続上の瑕疵ゆえに，本件工事の要保護性が否定されるのではないかも問題となる。

↘ 解説

① 公務と業務の関係

判例は，現在，公務員の職務（公務）もまた，「強制力を行使する権力的公務」を除き，業務妨害罪で保護されるとの立場をとっている（最決昭和62・3・12刑集41巻2号140頁，最決平成12・2・17刑集54巻2号38頁）。「強制力を行使する権力的公務」は，暴行・脅迫に至らない程度の威力や偽計による妨害行為は強制力によって排除しうるというのがその根拠である（東京高判平成21・3・12高刑集62巻1号21頁，東京高判平成25・4・12東高刑時報64巻1～12号103頁）。

② 妨害対象行為の範囲

本設問において甲らによる妨害行為の直接の対象となったのは，本件工事の内容として予定されていた〔1〕～〔3〕の作業（設問の2）に取りかかる前の，バリケードの撤去と自主退去の説得であり，それだけを取り出してみれば，「強制力を行使する権力的公務」に該当しない。裁判例の中には，税務調査のための出張行為を，税務調査そのものとは切り離して評価し，非権力的公務と判断したものがある（大阪高判昭和63・9・29判時1306号138頁）。その具体的事例の判断の当否はともかく，職務を細かく分断して評価することが無制限に許されるとすれば，強制力を行使する権力的公務であっても，その一部だけを取り出してみれば非権力的と評価される部分が含まれることも少なくなく，そうすると，「業務」として保護される公務の限定は意味を失うことになる（小林憲太郎・ジュリ1297号159頁）。

「業務」として独立して保護の対象となるためには，当該行為にそれ自体として独立した職務としての要保護性が認められることが必要であり，直接妨害の対象となった行為とその後に予定されていた行為との時間的・場所的接着性の程度や，その後に予定されていた行為が一連の公務の中で占める重要性の程度を考慮して，両者の結びつきが密接である場合には，両者を分断して評価すべきではない（島田聡一郎・判評504号〔判時1731号〕49頁）。バリケードの撤去および自主退去の説得と，段ボール小屋の撤去は時間的・場所的に接着しており，かつ，後者が本件工事の重要かつ不可欠の内容をなしていたことからすれば，前者を後者から切り離して別個の要保護性を有する職務と解することはできないように思

われる。もっとも，都職員による段ボール小屋の撤去作業は，あくまでも路上生活者を説得して自主的に退去させたうえで，残された段ボール小屋等を撤去するというものであったことからすれば（設問の2，5），バリケードの撤去および自主退去の説得と段ボール小屋の撤去を一体のものととらえてその性格を判断しても，「強制力を行使する権力的公務」に該当しないとの結論は変わらない。

なお，路上生活者らの意思に反して段ボール小屋を撤去するためには，本来，行政代執行による必要があったにもかかわらず，都職員はその手続をとらずにそれと同様の効果を上げたことを理由に，都職員が実際に行った段ボール小屋の撤去作業を「強制力を行使する権力的公務」に当たると評価するのは妥当ではない。そもそも業務妨害罪の保護の対象は現実に妨害にあった職務行為であり，また，本来行われるべきであった職務行為については法律上強制力の行使が認められていたとしても，実際にその職務を行うのでなければ強制力は行使しえないのであるから，現実に行われた職務行為について「強制力を行使する権力的公務」に該当するか否かを判断すればたる。本来行われるべきであった職務行為との齟齬は，職務の適法性・要保護性に関わる事情である。

③ 警察官による逮捕行為との関係

以上のように，都職員の行う職務行為自体は「強制力を行使する権力的公務」にあたらないとしても，それと相前後して，抵抗する路上生活者が警察官によって強制的に排除されており，都職員による自主退去の説得および段ボール小屋の撤去は，いわばそのような警察の実力行使による妨害排除に依拠して行われたともみうることから，両者を一体として評価すべきであって，そうすると，「業務」として保護されないこととなるのではないかがさらに問題となる。

一般に，強制力を行使して妨害を排除しうるかどうかは法律の規定に基づいて判断されると解されており（山口厚『問題探究 刑法各論』〔有斐閣，1999年〕273頁），それゆえ，法律上強制力の行使が認められていない公務の遂行過程で事実上強制にわたる実力が行使されたからといって「強制力を行使する権力的公務」に該当することになるわけではない（朝山芳史・最判解刑事篇平成14年度180頁）。そうだとすれば，都職員が法律の規定に基づき警察官を指揮して強制力を行使しえたというのであれば別論，東京都は単に抵抗を予想して警察官の派遣を要請したにとどまり，警察官による強制力行使は，警察官がその有する警察権限を独自の判断に基づいて発動したものであると認められる限り，たとえそれによって事実上都職員の職務行為に対する妨害が排除される結果になったとしても，それ自体としては妨害を排除するにたる強制力を備えていない都職員の職務が「強制力を行使する権力的公務」に変質することはないというべきであろう。

④ 業務妨害罪で保護される公務の要保護性の判断

本件工事が「強制力を行使する権力的公務」にあたら

ないとしても，かりに段ボール小屋の撤去が本来は行政代執行等の手続によるべきであったのだとすれば，本件工事には法的瑕疵があることとなる。そこで，本件工事に，業務妨害罪で保護される「業務」としての要保護性が認められるのかを検討する必要がある。

私人の行う業務に関しては，覚せい剤の製造・販売のように反社会性が明白なものを除き，法規に違反する活動であっても事実上平穏に行われているものは保護されると解するのが判例・通説である。では，本設例のように妨害対象が公務の場合にも，これと同じ基準が妥当するのであろうか。それとも，公務執行妨害罪における職務の適法性と同程度のものを要求すべきなのであろうか。

前者の立場は，私人の業務と公務の基本的な性格の差異を無視するものであって妥当とは思われない。私人の社会的活動は個人の行動の自由として保障されており，外部からの干渉・妨害は一般的に禁止されてよいのに対して，公務は，その公共性故に，一部の国民の権利・利益の制約・犠牲を伴うことが少なくなく，それゆえ，その遂行にあたって遵守すべき手続，方式，要件が法令上定められているのであるから，それらが履践されないまま公務が執行されることによって，その対象たる国民の権利，利益が不当に害されることになる場合には，自己の権利，利益を守るべく抵抗することを認める（つまり，当該公務の要保護性＝適法性を否定する）必要がある。このことは，公務が「業務」に含まれる場合であっても変わりはない。

もっとも，公務が法令上定められている要件，手続を完全には履践していなかったとしても，本件設問のように，事前の周知活動を行い，臨時の保護施設を用意するなど，公務の執行に伴って生じる不利益を可能な限り小さく抑えるための措置が講じられていた場合には，法令上の要件等の趣旨が実質的には守られているといってよく，くわえて，段ボール小屋の利用関係を個別に明らかにすることは困難であり，またそれらの移動は容易であることから，行政代執行等の手続をとる場合には実効性が期し難いがゆえに，東京都が実際に行った職務行為を選択したのもやむをえないと認められる場合には，なお要保護性を肯定してよいであろう（小林・前掲161頁，島田・前掲51-52頁）。

🔼 ステップアップ

警察等への虚偽の犯罪予告・通報等により，警察官らに無駄な捜査活動を行わせた行為につき，そのような行為がなければ遂行されていたはずの警察職員らの職務が妨害されたとして，偽計業務妨害罪の成立を肯定した前出東京高判平成21・3・12，前出東京高判平成25・4・12，名古屋高金沢支判平成30・10・30 LEX/DB 25561935などに対しては，(1)事案の重点は虚偽通報によって警察職員が無用の対応を強いられたところにある（中森喜彦「公務に対する業務妨害罪の成立」井上正仁ほか編『三井誠先生古稀祝賀論文集』〔有斐閣，2012年〕438頁），(2)虚偽の110番通報によって警察官を出動させたとしても本来の業務遂行の一環なのではないか（林幹人『刑法各論〔第2版〕』〔東京大学出版会，2007年〕129頁（注6）），といった批判がある。検討せよ。

刑法・論点索引

（数字は登場回を示します）

刑事訴訟法

······································

同志社大学教授

洲見光男

SHUMI Mitsuo

刑事訴訟法　1

同志社大学教授
洲見光男　　SHUMI Mitsuo

📥 設問

　警察官 K1 および同 K2 は，令和 2 年 3 月 7 日午前 6 時頃，A 市内の B 路上において，ふらふらとした感じで，頬がこけ，顔色が悪いなどの薬物使用者に見られる特徴を有する X を発見し，X に対し職務質問を開始した。K1 らは，X の承諾を得てその両肘内側を見分したところ，真新しい注射痕が複数あるのがわかった。K1 が X に対し，「これは何だ。」と尋ねると，X は，「点滴の痕だよ。薬物なんかやってない。」と答えるとともに，警察署での尿の任意提出の求めを拒否した。

　同日午前 6 時 30 分頃，K1 の応援要請に基づいて臨場した警察官 K3 は，X の様子などを確認した後，X に対し，強制採尿のための令状請求手続に移行する旨を告げた。すると，X は，令状の取得には 2，3 時間かかるだろうから自分の部屋に帰って寝るといって歩き出したため，K1 および K2 は，K1 の要請で応援臨場していた警察官 K4 および同 K5 とともに，X に追従した。同日午前 7 時頃，X は，その頃居住していた C アパート（以下「本件アパート」という）に到着し，本件アパートの中に入った。K1 ら 4 名の警察官が X に続いて内部に入ろうとしたので，X は，K1 らに対し，「令状がないのに入ってこれんの。入ってくるなよ。」と述べたが，①K1 らは，X の後に付いて 2 階に上がり，X の居室（四畳半一間）である 25 号室の前まで行った。X は，居室に入ってドアを閉めようとしたが，K1 らは，ドアを開けたままにするよう X に求めた。X は，「今から寝る。ドアを閉めさせてくれ。」などと頼んだが，K1 らはこれを聞き入れなかった。5 分間ほどの押し問答の末，X は，自らその居室にあった野球のバットを差し込み，ドアが完全に閉まらない状態にして就寝した。その後，②K1 は，ドアの隙間から X の居室の中を見渡したところ，注射器など覚せい剤を使用するための道具が畳の上に散乱していた。K1 らは，直ちに X の居室に立ち入らず，請求中の令状が届けられるのを X の居室の前で待った。

　本件アパートは，2 階建ての共同住宅で，建物の入り口で靴を脱ぎ，廊下や階段を通って各居室に行くようになっていた。共用部分には，台所とトイレのほか，風呂，談話室もあった。

　下線① ②の各行為は強制処分に当たるか。

❗POINT

　刑訴法 197 条 1 項の法解釈とその適用について，本件アパート共用部分の性格を踏まえ被制約利益を何と捉え，「侵入」との関係で「居室の中を見渡す行為」をどう評価すべきかが問われている。

📥 解説
① 捜査に対する法的規律の枠組み

　「捜査については，その目的を達するため必要な取調をすることができる。但し，強制の処分は，この法律に特別の定のある場合でなければ，これをすることができない。」（刑訴 197 条 1 項）。強制の処分（強制処分）（これを用いる捜査が強制捜査）は，刑訴法に特別の根拠規定があり，かつ所定の要件（原則として，令状が必要とされている〔憲 33 条・35 条参照〕）が具備する場合にのみ許容される（「強制処分法定主義」。その趣旨については，大澤裕「強制捜査と任意捜査」法教 439 号 59 頁参照）。一方，強制処分に当たらない処分（任意処分）（これを用いる捜査が任意捜査）については，捜査機関は，刑訴法 197 条 1 項本文を根拠に，令状の発付を得ることなく，捜査「目的を達するため必要な」限度で，これを実行できる。したがって，特定の捜査手段の適法性を判断するに当たっては，まず，それが強制処分に当たるかどうかを決定する必要がある。

② 強制処分と任意処分の区別の基準

　最決昭和 51・3・16 刑集 30 巻 2 号 187 頁（以下「昭和 51 年決定」という）は，警察官が，酒酔い運転の罪の疑いが濃厚な被疑者を警察署に任意同行して，呼気検査に応じるよう説得していたところ，被疑者が急に退室しようとしたので，さらに説得するためその左手首を両手で掴んだという事案に関し，強制手段（強制処分）とは，有形力の行使を伴う手段を意味するものではなく，「個人の意思を制圧し，身体，住居，財産等に制約を加えて強制的に捜査目的を実現する行為など，特別の根拠規定がなければ許容することが相当でない手段を意味する」と判示した。

　この判示事項のうち，強制処分の指標として重要なのは，「個人の意思を制圧し」と「身体，住居，財産等に制約を加えて」であるといわれる。前者について，最大判平成 29・3・15 刑集 71 巻 3 号 13 頁（以下「大法廷判決」という）は，GPS 捜査が「合理的に推認される個人の意思に反して」私的領域に侵入するものであるとしたうえ，それが「個人の意思を制圧」するものであるとした。「合理的に推認される当事者の意思に反してその人の重要な権利・利益を奪うのも，現実に表明された当事者の反対意思を制圧して同様のことを行うのと，価値的には何ら変わらない」（東京高判平成 28・8・23 判タ 1441 号 77 頁）ということであろう。もっとも，これは，昭和 51 年決定のいう「個人の意思を制圧し」について，個人の意思に反することを超えてその反対意思を制圧することを意味するものではないとの解釈を前提としていることに留意が必要である。

　有形力の行使や義務の賦課に代えて，利益の制約を強制処分の指標とすることにより，通信傍受などの捜査手段を強制処分として捕捉することが可能となるものの，何らかの利益を侵害する処分であれば強制処分であるというのも，逮捕・捜索等の既存の強制処分による被制約利益の性質に照らして疑問である。昭和 51 年決定では，指摘されている「身体，住居，財産等」が憲法 33 条お

および同 35 条に列挙された重要で価値の高い法益（酒巻匡『刑事訴訟法〔第 2 版〕』30 頁）であるところから，基本権としての重要性を有する法益を制約する処分が強制処分と捉えられているともいえよう。そうすると，大法廷判決が昭和 51 年決定を参照判例として引用し，GPS 捜査を「個人の意思を制圧して憲法の保障する重要な法的利益を侵害する」強制処分と判示したのも頷ける。もっとも，憲法の保障する法的利益に対する制約が常に強制処分性を基礎づけるものと考えられているわけではない（憲法 13 条の保障するみだりに容ぼう・姿態を撮影されない自由を制約する写真撮影に関する最大判昭和 44・12・24 刑集 23 巻 12 号 1625 頁参照）。

学説上，強制処分とは，個人の意思に反して，その重要な権利・利益に対する実質的な侵害・制約を伴う処分をいうとする見解（井上正仁『強制捜査と任意捜査〔新版〕』12 頁）が有力である。「重要な」権利・利益とは，法定・令状による保護に見合うだけの性質をもった法的利益をいい（大澤裕「判批」『刑事訴訟法判例百選〔第 10 版〕』5 頁参照），こうした法的利益に対する「実質的な」侵害・制約を伴う処分であってはじめて，刑訴法上の個別の根拠規定を必要とすると考えるのは，手続法定主義（憲 31 条）の趣旨にもかなうといえよう。大法廷判決から窺われる強制処分概念も，この学説上有力な見解に「依っている」（伊藤雅人 = 石田寿一「判解」曹時 71 巻 6 号 1281 頁）といわれている。「憲法の保障する重要な法的利益を侵害する」という判示は，GPS 捜査の適法性が争われた事案に即してなされたものであり，また，「侵害」とは「実質的な」侵害を内包するものと見られる（最決平成 21・9・28 刑集 63 巻 7 号 868 頁〔宅配物に対するエックス線検査は，荷送人等の内容物に対するプライバシー等を「大きく侵害する」強制処分であるとする〕参照）。

強制処分性の判断は，特定の捜査手段を用いる必要性・緊急性を基礎づける個別具体的な事情を考慮することなく類型的に行われる。重要な権利・利益を実質的に侵害する処分が，それを用いる緊急の必要性が大きいからといって，任意処分と判断されることはない。また，重要な法的利益を実質的に侵害する性質を有する捜査手段が実行された以上，それによって実際に生じた法益侵害が軽微であった場合でも，当該手段の強制処分性は否定されない（酒巻・前掲 33-34 頁参照）。

特定の捜査手段が強制処分であると判断した場合，それが刑訴法に定められている強制処分に当たるかどうかを検討し，当たらないとすれば，根拠規定を欠くから違法（強制処分法定主義違反）であると，当たるとすれば，所定の要件が具備しているかどうかを検討し，具備していないときは，これを理由に（例えば，令状なしに行われたから）違法であると結論づけることとなる。

③ 本件各行為の強制処分性

刑訴法 197 条 1 項の解釈が問われていることを理解したうえ，下線① ②の各行為について，被制約利益を具体的に摘示しつつ，その強制処分性を検討することが求められている（令状請求後の K1 らの行為は，特定犯罪についての捜査手段として行われたものである）。

憲法 35 条は今日，条文に明記された「住居，書類および所持品」に関する財産権だけでなく，プライバシー等をも保護するものと解釈されている。大法廷判決も，「〔同条〕の保障対象には，『住居，書類及び所持品』に限らずこれらに準ずる私的領域に『侵入』されることのない権利が含まれる」としており，「個人のプライバシーが強く保護されるべき場所や空間」を指す私的領域に係るプライバシーの侵害（非物理的なものを含む）に同条が適用されるとするものと見られている（井上正仁「判批」『刑事訴訟法判例百選〔第 10 版〕』67 頁，川出敏裕『刑事手続法の論点』23 頁等参照）。

下線①の行為による被制約利益の検討に当たっては，本件アパートの共用部分には，台所やトイレ，風呂等があるなどの本件アパートの構造・利用形態の特殊性に着目することが重要である。本件アパートの共用部分は，通常のマンション等の場合と異なり，「住人の居住スペースの延長で，住居に準ずる私的領域としての性質を有する空間」である（大阪高判平成 30・8・30 高刑速（平 30）号 318 頁，裁判所 Web）と解される。X は，「令状がないのに入ってこれんの。入ってくるなよ。」と述べて，共用部分への K1 らの立入りを拒否しているのであるから，K1 らの行為は，X の意思（および，他の居住者の合理的に推認される意思）に反して，X（ら）の私的領域に侵入されることのない権利を侵害する強制処分である。

下線②の行為について見ると，X の居室のドアの内側は，X の「住居であって，そこは個人のプライバシーが強く保護されなければならない領域であり，居住者が自らの意思によりドアの開閉や施錠を決定すべき」（前掲大阪高判平成 30・8・30）場所である。X が自らバットをドアに差し入れた行為は，K1 らとの押し問答を経てドアを閉めることを断念せざるを得なくなされたもので，K1 らにおいて X の居室のドアが完全に閉まらない状態を作出したといえる。また，X の居室の中を見渡す行為は，X の四畳半一間の居室に物理的に侵入する場合とほぼ同様の情報の取得を可能とするものであると評価できよう。したがって，K1 の行為は，X の意思に反して，その住居に侵入する強制処分であるといってよいであろう。

📖 参考文献

古江賴隆『事例演習刑事訴訟法〔第 3 版〕』12 頁，川出敏裕『判例講座 刑事訴訟法〔捜査・証拠篇〕』1 頁，宇藤崇ほか『刑事訴訟法〔第 2 版〕』38 頁〔松田岳士〕，椎橋隆幸ほか『ポイントレクチャー刑事訴訟法』72 頁〔椎橋〕。

📑 ステップアップ

下線① ②の各行為は，どのような既存の強制処分に該当するか。

K1 らは，強制採尿を許す令状（最決昭和 55・10・23 刑集 34 巻 5 号 300 頁参照）を執行するため，X の意思に反して，その居室に立ち入ることができるか（ただし，先行する手続は適法なものとする）。

➡ 次回の設問

写真・ビデオ撮影等を素材に，任意捜査の適否の判断方法について検討する。

刑事訴訟法 2

同志社大学教授

洲見光男　SHUMI Mitsuo

設問

警察官Ｋらは，かねてより暴力団Ａ組の関係者と把握していたＸが，Ｂ県内のホテルに虚偽の住所と氏名で宿泊したという旅館業法違反（12条・6条2項）の事実を認知した。Ｘの住所について捜査が行われたところ，ＸがＣ県Ｄ市〈以下略〉所在のＥマンション5階503号室（以下単に「503号室」という）に居住しているのではないかとの疑いが浮上した。そこで，Ｋらは，Ｘが503号室に居住しているか否かを確認するため，503号室（共用廊下の突き当たりにある）の玄関ドア付近を見通せる近くのマンションの一室を賃借し，家庭用ビデオカメラ1台を同室に設置して，約3週間，24時間態勢で，503号室の玄関ドアやその付近の共用廊下を撮影することとした。①Ｋらは，Ｘがほぼ2日おきに503号室に出入りするところを，各回約20秒間撮影した。また，②Ｋらは，Ｅマンション1階の共用玄関内にある503号室の郵便ボックス投函口のすき間から，内部の郵便物をビデオカメラで撮影した。Ｋらは，Ｅマンション共用玄関内に立ち入ることについては，Ｅマンションの管理人の許可を得ていた。

下線①②の各ビデオ撮影の適法性について論じなさい。

POINT

刑訴法197条1項が①②の各撮影に適用されることを理解しているか，各撮影により制約される法的利益の具体的内容を明らかにしたうえで，各撮影の法的性格に応じて適法性を判断できるかなどが問われている。

解説

① 任意捜査の適否の判断方法

刑訴法197条1項但書にいう「強制の処分」（以下「強制処分」ともいう）に当たらない捜査手段（任意処分）は，同項本文により，令状の発付を得ることなく，捜査「目的を達するため必要な」限度で，これを実行できる。「必要な限度」を超える処分であるか否かは，「特定の捜査手段により対象者に生じる法益侵害の内容・程度と，特定の捜査目的を達成するため当該捜査手段を用いる『必要』との間の合理的権衡」（酒巻匡『刑事訴訟法〔第2版〕』35頁）を求める比例原則により判断される。同項本文は，利益制約を伴う任意処分の根拠規範であり，また比例原則は，個別具体的利益衡量をその本質とするものである。

最決昭和51・3・16刑集30巻2号187頁（以下「昭和51年決定」という）は，警察官が酒酔い運転の罪の疑いが濃厚な被告人を警察署に任意同行して，呼気検査

に応じるよう説得していたところ，被告人が急に退室しようとしたため，両手でその左手首を摑んだという事案に関し，強制手段（その意義については，本演習第1回参照）に当たらない有形力の行使であっても，「何らかの法益を侵害し又は侵害するおそれがあるのであるから，状況のいかんを問わず常に許容されるものと解するのは相当でなく，必要性，緊急性なども考慮したうえ，具体的状況のもとで相当と認められる限度において許容されるものと解すべきである」と判示した。そこに示された判断方法は，比例原則を適用したものであり，また，それゆえ利益制約を伴う任意処分一般に適用され得るものと解されている（なお，最判平成30・10・25民集72巻5号940頁〔接見妨害等国賠事件判決〕の池上正幸裁判官の補足意見に，「比例原則」の文言が見られるのは，注目されてよい）。

昭和51年決定は，警察官の措置の適法性について，まず，その強制処分性を検討し，強制処分に当たらないとした後，その「相当」性を判断している。この第二段階の判断では，①被告人について酒酔い運転の罪の疑いが濃厚であったことが，捜査目的達成のための呼気検査の必要性に関する事情として，②手首を摑んだ行為が急に退室しようとした被告人をさらに説得するためのものであったことが，警察官の措置の必要性・緊急性に関する事情として，他方で，③手首を摑んだ程度がさほど強いものでなかったことが，法益侵害の内容・程度に関する事情として，それぞれ考慮され，「不相当な行為ということはでき〔ない〕」と結論づけられたものといえる。

昭和51年決定は，最も利益侵害が小さい措置について，その目的との均衡性（比例性）を判断するという段階的方法を採用していないが，「最小限度」性が「相当」性の判断要素とされているのかは明らかでない。「緊急性」とは，「時間的に他の方法では代替できないという意味を伴った特別の必要性」（大澤裕「強制捜査と任意捜査」法教439号66頁）をいうが，「特別の必要」に応じた措置が最小限度のものとは限らない。しかし，緊急性が考慮事情に挙げられていることから，緊急性が認められる限定的な場合には，最小限度性の考慮は免除されるという趣旨が窺える（捜査手段を用いる必要性の考慮事情について，酒巻・前掲36-37頁，宇藤崇ほか『刑事訴訟法〔第2版〕』37頁［松田岳士］参照）。

② 写真・ビデオ撮影の適法性

写真・ビデオ撮影も，捜査手段として行われる以上，刑訴法197条1項の法的規律枠組みに即してその適法性が判断される（池田公博「写真・ビデオ撮影」法教364号11頁）。撮影が，合理的に推認される個人の意思に反して，その重要な権利・利益に対する実質的な侵害・制約を伴う強制処分に当たると解されているのは，例えば，「住居内の普通では外から見えないような場所にいる人を，高性能の望遠レンズや赤外線フィルムを用いて密かに写真に撮る……場合」（井上正仁「任意捜査と強制捜査の区別」『刑事訴訟法の争点〔第3版〕』49頁）である（長沼範良「写真撮影」『刑事訴訟法の争点』91頁参照）。住居内にいる人には，「自分の行動を他人に見られることはないというプライヴァシーの正当な期待」が認められ（井上・前掲49頁），それは，「私的領域の秘密性に関わる点で，住居内への侵入・捜索から保護さ

れるべきプライバシー（憲 35 条）と基本的に等しい重要性を持つ」（大澤・前掲 68 頁）。「プライヴァシーの正当な期待」は，撮影による被制約利益の重要性・要保護性の大きさを示している（強制処分には，原則として令状主義が適用され，また適正手続の保障が及ぶところ，捜査手段としての撮影が，「被疑者らに知られず秘かに行うのでなければ意味がなく，事前の令状呈示を行うことは想定できない」〔最大判平成 29・3・15 刑集 71 巻 3 号 13 頁〕ものであれば，これを許す「特別の定」はないといえよう〔酒巻・前掲 158 頁参照〕）。

最決平成 20・4・15 刑集 62 巻 5 号 1398 頁（以下「平成 20 年決定」という）は，捜査機関が，公道上あるいはパチンコ店で，強盗殺人等事件の犯人と被告人の同一性を判断するため，被告人の容ぼう・体型等をその承諾を得ることなく，無令状でビデオ撮影した事案について，これらの撮影は，通常，人が他人から容ぼう等を観察されること自体は受忍せざるを得ない場所において，捜査機関において前記事件の犯人である疑いをもつ合理的な理由がある者を対象に，捜査目的を達成するため，必要な範囲において，かつ相当な方法によって行われたものであり，捜査活動として適法であるとした。

公道上等にいる人は，「住居の中にいる場合などと同様にプライヴァシーを正当に期待ないし主張できる立場」にない（井上・前掲 49 頁）が，そういう人も，憲法 13 条の保障するみだりにその容ぼう・姿態を撮影されない自由を有する（最大判昭和 44・12・24 刑集 23 巻 12 号 1625 頁）。もっとも，被撮影者において自分が不特定の者から見られていることを予期しているため，捜査機関を含む他人から容ぼう等を観察されること自体は受忍せざるを得ないといえるのであれば，被撮影者が自ら「公衆にさらしている以上の情報を捜査官が取得〔する〕ものではないと評価できる」（鹿野伸二「判解」最判解刑事篇平成 20 年度 309 頁参照）限度の撮影については，被撮影者の有する法的利益は，それを制約する処分を強制処分とすべき程度の重要性・要保護性をもたない。平成 20 年決定も，こうした理解を前提とするものといえる（写真撮影とビデオ撮影とで，撮影の法的性格が異ならないことについて，例えば，古江賴隆『事例演習刑事訴訟法〔第 3 版〕』27 頁参照）。

昭和 51 年決定の判断枠組みによると，平成 20 年決定の挙げている要件は，当該撮影が任意処分として「相当」とされる事案で認められる，捜査目的達成のための当該撮影の必要性に関する事情とそれによる法益侵害の内容・程度に関する事情を，適法要件として抽出したものと評価できる（川出敏裕『判例講座 刑事訴訟法〔捜査・証拠篇〕』19 頁）。平成 20 年決定の判断は，事例としての判断にとどまるものであり，被撮影者に犯罪の嫌疑が認められないからといって，必要性が当然に否定されるわけではない（さいたま地判平成 30・5・10 判時 2400 号 103 頁①事件参照）。また，緊急性が一般的な要件でないことは，緊急性について判示していない平成 20 年決定により示されている（鹿野・前掲 310 頁）。

なお，「プライヴァシーを正当に期待ないし主張できる」との文言は，被撮影者が住居内にいることだけでなく，他人に自分の行動が見られないための一定の措置を講じていることを含意する。禁制所持物件（例えば，けん銃）の存否のみを把握する捜査手段については，それ

により取得され得る情報の要保護性も，プライバシーの期待の正当性ないし主張適格の有無の判断要素である（椎橋隆幸ほか『ポイントレクチャー刑事訴訟法』75 頁〔椎橋〕は，「対象者のプライバシーに対する期待が社会的に保護に値する合理的（客観的）なものか」を，強制処分性判断の考慮事情とされている）。

❸ 本件各撮影の適法性

下線①の撮影は，K らが適法に所在する部屋から，家庭用ビデオカメラで，その対象を 503 号室の玄関ドアとその付近の共用廊下に限定して行ったものである。「これらの場所は，周辺の建物から視認され得る状況にあって，プライバシー保護の合理的期待が高い場所であるとはいえ〔ない〕」（大阪高判平成 30・9・25 判時 2406 号 72 頁）。①の撮影は，合理的に推認される X の意思に反して，みだりにその容ぼう等を撮影されない自由を制約するものであるが，その要保護性が大きいとはいえないため，強制処分に当たらない。次に，②の撮影は，郵便ボックス内部という住居の付属設備内の空間を対象とするものであり，外部から普通に視認され得る状況にない郵便物等の無承諾・無令状の撮影は，みだりにその内部を観察・撮影されない自由という重要な法的利益を侵害する捜索または検証（刑訴 218 条）に当たる違法な強制処分と解される（管理人から立入り許可を得ていたことは，この判断に影響を与えない。なお，共用場所にある郵便受けの中を撮影した行為に関する，大阪地決平成 27・6・5 判時 2288 号 134 頁②事件〔受取人等のプライバシー等を大きく侵害する強制処分とする〕，その控訴審判決である大阪高判平成 28・3・2 判タ 1429 号 148 頁〔任意処分としての限界を超えた措置とする〕参照）。

①の撮影の任意処分としての適法性を検討すると，暴力団の関係者である X に旅館業法違反の嫌疑と 503 号室に居住している疑いがあり，旅館業法違反事件の捜査上，撮影手段を用いて居住実態を明らかにする必要があったところ，X の出入りの予測がつかない状況のもとでの居住実態の把握には，相当期間の継続的な撮影が必要・有用であることなどから，ビデオによる撮影を行う必要性は大きかった。これと，撮影の対象・範囲，撮影の期間・回数・時間等から認められる法益侵害の内容・程度の限定性・軽微性とを比較衡量すると，①の撮影は適法な捜査活動であるといえよう。なお，②の撮影を任意処分と捉えても，それにより取得された情報の要保護性の大きさから，許容限度を超えた捜査活動と評価することとなろう。

🔖 ステップアップ

屋内での大麻草の栽培には大出力の人工照明等が必要であるところ，捜査機関が，大麻草の栽培が疑われる Y の一戸建て住宅に対して，令状の発付を得ることなく，公道上から秘かに熱画像カメラを使用してその内部の温度（のみ）を計測した行為の適法性を検討しなさい。

➡ 次回の設問

職務質問とそれに付随する措置をめぐる問題をとりあげる。

刑事訴訟法 3

同志社大学教授

洲見光男　SHUMI Mitsuo

↘ 設問

　警察官Kは，深夜，警察官の制服を着用して自転車で警らパトロールをしていたところ，違法薬物に絡んだ犯罪が多く発生するA地区において，前方からバイクに乗って走行してきたXが，自分の姿を見て突然右折して路地に入ったことから，Xに対し職務質問を実施することとした。Kは，Xがふらふらとした感じで，その頬がこけているのを認めたほか，Xから提示された運転免許証による前歴照会の結果，Xに覚せい剤取締法違反等の犯歴のあることを知った。Kが質問を続けようとすると，Xは，エンジンキーを引き抜き歩いて立ち去ろうとした。Kは，質問に応じるようXを説得すると，Xは，「わかった。何でも答えるよ。」と述べたものの，エンジンキーを差込口に入れようとした。そこで，①Kは，Xがバイクで走り去るのを防止するためエンジンキーの差込口を手で塞いだ。Xは，「逃げないよ。」と述べて，エンジンキーを上着のポケットに入れた。Kは，Xに対し，持ち物を見せてもらいたい旨頼むと，Xは，ポケットから携帯電話や財布を取り出して提示したが，その際，不透明なプラスチック製のケース（縦12cm×横8cm×高さ2cm）が落ちた。Kが，その内容物についてXに尋ねると，Xは，慌てた様子を示した後，何も答えなかった。②Kは，Xの反応を見て，そのケースの中に違法薬物等を隠匿しているのではないかとの疑いを深め，ケースの蓋を開けたところ，注射器と駆血帯が入っていた。

　下線① ②の各行為の適法性について論じなさい。

⚠ POINT

　Xについて職務質問の要件はあるか，質問を継続するための有形力の行使は許容されるか，ケースの蓋の開披は捜索に至る程度の行為といえるかなどの警察官職務執行法（以下「警職法」という）2条等の法解釈に関する学識とその適用力が試されている。

↘ 解説
❶ 職務質問とそれに付随する措置

　「警察官は，異常な挙動その他周囲の事情から合理的に判断して何らかの犯罪を犯し，若しくは犯そうとしていると疑うに足りる相当な理由のある者」等を「停止させて質問することができる。」（警職2条1項）。この質問を職務質問という。同行の措置も採れる（同条2項）。職務質問の対象者は，「刑事訴訟に関する法律の規定によらない限り，身柄を拘束され，又はその意に反し

て……連行され，若しくは答弁を強要されることはない。」（同条3項）。刑事訴訟法上の「強制の処分」（刑訴197条1項但書）に相当する強制手段の使用は禁止され，職務質問の任意手段性が明らかにされている。さらに，警職法は，質問が法の目的達成にとって「必要な最小の限度において」（1条2項）用いられることを要求している（「比例原則を注意的に規定したもの」である〔田中二郎『行政法総論』401頁〕）。

　職務質問は，任意手段である以上，対象者の承諾を得てこれを行うのが原則であるが，警察官は，上記限度内であれば，停止要求に応じない対象者を停止させるため，その意思に反して，その移動の自由を制約することが許されるか。行政法学上，「国民の権利を制限する侵害的な行政作用」は，「法律」の留保，すなわちその実体的要件と効果を定める「根拠規範」を必要とする（「侵害留保説」。宇賀克也『行政法概説Ⅰ 行政法総論〔第7版〕』34-35頁参照）。警察比例の原則を定める警職法1条2項は，侵害的行政作用を予定するものであるところ，警察法2条1項は，「警察は……犯罪の予防，鎮圧……に当ることをもってその責務とする。」と定めており，警職法2条1項・2項は，この行政警察の責務を遂行する一手段である職務質問について（警職1条1項参照），その主体・要件・効果を規定したものと位置づけられている。

　判例も，職務質問を「犯罪の予防，鎮圧等を目的とする行政警察上の作用であ」る任意手段（最判昭和53・6・20刑集32巻4号670頁。以下「昭和53年判決」という）と捉えるとともに，例えば，警察官が，「被告人運転車両のエンジンキーを取り上げた行為は，……職務質問を行うため停止させる方法として必要かつ相当な行為である」などとして，侵害的行政作用の許容性を認めている（最決平成6・9・16刑集48巻6号420頁）。「相当な」行為とは，強制手段に当たらず，かつ，後述の職務質問に付随する所持品検査の許容基準（ⓒ）（「任意捜査における有形力行使の適否判断基準……と実質的に同じもの」〔酒巻匡『刑事訴訟法〔第2版〕』44頁〕）により，具体的状況のもとで「必要性」との合理的権衡の認められる侵害的作用をいうものと解される。

　警職法2条1項に明定されている「停止させる」方法以外の有形力の行使も許容される場合がある。最決平成15・5・26刑集57巻5号620頁は，ホテル宿泊客に対する職務「質問を継続し得る状況を確保するため，内ドアを押し開け，内玄関と客室の境の敷居上辺りに足を踏み入れ，内ドアが閉められるのを防止したことは，……職務質問に付随するものとして，適法な措置であった」とした。「付随する……適法な措置」というのは，「必要かつ相当」である当該措置の法的根拠とともに，職務質問の要件具備が当該措置の許容される前提要件であることを示している。

　「質問を継続し得る状況を確保するため」の足の「踏み入れ」は，「停止行為と機能的に同視しうるもの」（川出敏裕『判例講座 刑事訴訟法〔捜査・証拠篇〕』41頁）であるところ，いかなる措置が職務質問に「付随する」ものとされ得るかについては，質問と「必要不可欠」（酒巻・前掲44頁）な関係あるいは質問の「不可欠の前提となる関係」（大澤裕「職務質問とその付随措置(2)」

法教 441 号 91 頁）にある措置に限られると解されている。しかし，昭和 53 年判決では，**2** で見るとおり，かなり広い範囲で付随行為性が肯認されており，警職法 2 条 1 項に関するその解釈は，「法律の留保」原則との関係で批判を免れ得ないことに留意しておきたい。

下線①の行為は，X に対する職務質問の続行が許される場合において，質問を継続し得る状況を確保するため，その意思に反して行われたものであるが，X の移動の自由を完全に奪う性質のものではなく，その実質的な制約を伴う身体の拘束その他の強制手段に当たらない。違法薬物の所持・使用等の容疑が強く認められ，急にバイクで走り去ろうとした X に対し職務質問を継続するため，①の措置を採る緊急の必要性は大きかった。これに対し，それによる X の移動の自由の制約は，間接的・限定的であったうえ，短時分のものにすぎず，最小限度の範囲にとどまるものであった。これらの事情を比較衡量すると，①の行為は，職務質問に附随するものとして適法であるといえよう。

② 所持品検査の許容性と許容限度

昭和 53 年判決は，職務質問対象者の所持品の検査（警職法上明文規定がない）について，「口頭による質問と密接に関連し，かつ，職務質問の効果をあげるうえで必要性，有効性の認められる」ものであるから，「職務質問に附随してこれを行うことができる場合がある」とし，「任意手段である職務質問の附随行為として許容されるのであるから，所持人の承諾を得て，その限度においてこれを行うのが原則である」という。そのうえで，職務質問ないし所持品検査の目的，性格およびその作用等にかんがみると，「所持人の承諾のない限り所持品検査は一切許容されないと解するのは相当でなく」，「ⓐ捜索に至らない程度の行為」は，「ⓑ強制にわたらない限り」，「所持品検査においても許容される場合があると解すべきである」が，「所持品について捜索及び押収を受けることのない権利は憲法 35 条の保障するところであり，捜索に至らない程度の行為であってもこれを受ける者の権利を害するものであるから，状況のいかんを問わず常にかかる行為が許容されるものと解すべきでな」く，「ⓒ所持品検査の必要性，緊急性，これによって害される個人の法益と保護されるべき公共の利益との権衡などを考慮し，具体的状況のもとで相当と認められる限度においてのみ，許容される」（ⓐ～ⓒは筆者による）旨判示している。

ⓐ ⓑは強制手段の禁止を示し，ⓒは「警察比例の原則」の適用を窺わせるが，被告人の承諾を得ないまま，「携行中の所持品であるバッグの施錠されていないチャックを開披し内部を一べつした」行為について，「これによる法益の侵害はさほど大きいものではなく」，具体的状況のもとで「相当と認めうる」とされた。ⓐ ⓑに当たらないのは，プライバシー侵害の限定性と意思制圧の不存在によると思われる（ⓐ ⓑの関係について，大澤・前掲 93 頁参照）。施錠されているアタッシュケースの鍵部分にドライバーを差し込んでこじ開けた行為は，「捜索手続と同一視しうる」とされたが，これは，ⓑの観点から理解できよう。ⓒの判断では，「犯

罪の嫌疑解明のための必要性も問題とされ」（宇藤崇ほか『刑事訴訟法〔第 2 版〕』63 頁〔松田岳士〕）るところ，容疑犯罪が凶器（猟銃等）を用いた犯罪であったことや凶器による危害の発生を防止する必要性があったことが，所持品検査の必要性を強める要素として考慮されたと見られている（川出・前掲 37 頁。椎橋隆幸ほか『ポイントレクチャー刑事訴訟法』56 頁〔椎橋〕参照）。検査の最小限度性が判断要素であるのかは明らかでない（古江頼隆『事例演習刑事訴訟法〔第 3 版〕』41 頁参照）。覚せい剤所持・使用の容疑が濃厚であるが，凶器所持の疑われない質問対象者の上衣内ポケットに手を差し入れて所持品を取り出した行為は，「一般にプライバシイ侵害の程度の高い行為であり，かつ，その態様において捜索に類するもの」であり，「具体的な状況のもとにおいては，相当な行為とは認めがたい」とされた（最判昭和 53・9・7 刑集 32 巻 6 号 1672 頁）。

「在中品が何であるかを確かめる行為」は「捜索に至らない程度の行為」といわれている（岡次郎「判解」最判解刑事篇昭和 53 年度 218 頁）が，バッグのファスナーを開披するにとどまらず，全ての内容物を一つ一つ取り出して点検する行為は，「捜索」に当たる（東京高判平成 30・3・2 判時 2393 = 2394 号 63 頁）。そもそも，内容物を見られないという意味でのプライバシーは，「一べつする」ことによっても侵害され得るというほかなく（大澤・前掲 95 頁は，とりわけ，ポケットへの手の差入れが「私的領域に『侵入』」〔最大判平成 29・3・15 刑集 71 巻 3 号 13 頁〕する行為に当たらないというには「かなりの困難が伴うのではないか」とする），捜査機関による宅配便荷物の内容物に対するエックス線検査は，「プライバシー等を大きく侵害する」強制処分とされている（最決平成 21・9・28 刑集 63 巻 7 号 868 頁）。「バッグのチャックを開披して内部を一べつした場合には，チャックの間から視線が届く範囲でバッグの内部を把握できるにとどまる」点に，エックス線検査の場合との違いがあるといわれる（増田啓祐「判解」最判解刑事篇平成 21 年度 389 頁）が，これは，処分の性質上取得され得る情報量を強制処分性の指標とする考え方であろう。

下線②の行為は，X の占有下にあるケースの蓋をその承諾なしに開披したもので，X に認められる容疑を解明する職務質問と密接に関連し，その効果をあげるのに必要かつ有効であった。もっとも，②の行為により，ケースの構造上，視線の届く範囲がケースの内部全体に及び，すべての内容物の把握が可能である場合，それは「捜索」に当たると評価されることとなろう。

🔖 ステップアップ

警察官が，Y に対し職務質問を行っていたところ，その現場に到着した Y の知人 Z が，いきなり Y の手を掴んで Y を連れ帰ろうとした。そこで，警察官は，自らの両手を左右に広げて上半身を Z の上半身に押し当て，Z の進行を妨げた。警察官の行為は適法か。

➡️ 次回の設問

身体拘束処分をめぐる問題をとりあげる。

刑事訴訟法 4

同志社大学教授

洲見光男　SHUMI Mitsuo

↘ 設問

　K，L，Mの警察官3名（以下「Kら」という）は，令和2年3月2日午前5時6分頃，覚せい剤使用の常習者や指名手配被疑者等が多く集まるところとして把握されているA市内B地区の路上で座り込んでいるXを発見し，職務質問を実施することとした。Xは，Kらの質問に対し，建設現場で働いている，ここで現場まで連れて行ってくれる建設会社の車を待っている，この付近のアパートに住んでいるなどと答えるとともに，Kらの求めに応じ，携帯していたショルダーバッグから運転免許証，建設会社のID，タオル，財布，手帳，催涙スプレー1本（以下「本件スプレー」という）をそれぞれ取り出し，路上に置いて，Kらに提示した。本件スプレーの説明書には，本件スプレーは，護身用防犯スプレーとして製造されたもので，内容量約20gの缶入りである，その噴射液はCNガスを含有し，水鉄砲のように目的物に向かって噴射できる，CNガスは，催涙性が極めて強く，人の顔面に向けてこれを使用すると，皮膚の軟弱部位が発赤し，高濃度になると結膜炎により失明することがあるなどと書かれていた。Xは，Kらから本件スプレーを携帯している理由を問われると，「いろいろあるやろう。いざというとき役立つ。」と曖昧な答えをし，具体的な理由を述べなかった（なお，Xは，職務質問開始時から，Kらの警告を無視して，携帯電話で誰かと話し続けていた）。Kらは，午前5時30分，Xが午前5時11分頃に，前記路上において，正当な理由なく催涙スプレー1本をショルダーバッグ内に隠して携帯（以下「隠匿携帯」という）したとの軽犯罪法違反（1条2号）の被疑事実によりXを現行犯逮捕（以下「本件現行犯逮捕」という）した。

　本件現行犯逮捕は適法か（ただし，先行手続は適法とする）。

〔参考〕軽犯罪法

第1条　左の各号の一に該当する者は，これを拘留又は科料に処する。

　一　〔略〕

　二　正当な理由がなくて刃物，鉄棒その他人の生命を害し，又は人の身体に重大な害を加えるのに使用されるような器具を隠して携帯していた者

　三～三十四　〔略〕

❗POINT

　逮捕状によらないで現行犯人を逮捕することが許されているのはなぜか，隠匿携帯の犯罪の存在とその犯人の明白性の判断はどのように行われるかなど，刑訴法212条・213条等の解釈とその適用力が問われている。

↘ 解説

① 現行犯逮捕と令状主義の例外

　「現に罪を行い，又は現に罪を行い終った者」は，「現行犯人」として（刑訴212条1項），「何人でも」（したがって，捜査機関だけでなく一般私人でも）これを逮捕状なくして逮捕できる（同213条。刑法35条の正当行為となる）。「罪」とは特定の犯罪をいう。現行犯逮捕が令状主義の例外とされている（憲33条）理由は，①逮捕者にとって，犯罪が行われていることまたは行われたこと，および被逮捕者がその犯罪の犯人であることが明白であって，裁判官による事前の令状審査を経なくても誤認のおそれが小さいこと（「犯罪と犯人の明白性」），それに加え，②逮捕状を請求していたのでは犯人が逃亡したり罪証を隠滅したりするおそれが強いため，その場で逮捕する必要が一般に高いこと（身体拘束の緊急の必要性）にある。「現に罪を行い終った」とは，犯行終了の直後をいうが，逮捕者が犯行の終了を現認していることは必要と解されていない（最決昭和31・10・25刑集10巻10号1439頁，最決昭和33・6・4刑集12巻9号1971頁等）。犯行と逮捕の時間的接着性については，時間が経つほど犯罪と犯人の明白性が減少するという意味で，明白性を客観的に担保する事情であるが，犯人の明白性は認められても，この時間的段階を過ぎれば現行犯人でなくなるとし，それを，現行犯逮捕の要件と捉える見解（例えば，古江賴隆『事例演習刑事訴訟法〔第3版〕』68頁，加藤俊治「判批」『刑事訴訟法判例百選〔第10版〕』24頁）のほか，「接着性」を，犯人の明白さとは別に，逮捕の「緊急の必要」を基礎付ける要素として要求されるものと位置付ける見解（宇藤崇ほか『刑事訴訟法〔第2版〕』72頁［堀江慎司]），「現に罪を行い終った」に当たるかどうかの判断は，そのような時間的段階に相応する犯罪の「生々しい痕跡」を残した状況の存否により行われるべきものとして，「接着性」要件を「明白性」要件に解消する見解（大澤裕「被疑者の身体拘束——概説(2)」法教444号117頁）が示されている。

　現行犯逮捕の適法性の判断は，逮捕時における具体的状況を客観的に観察してなされるものであって，事後において犯人と認められたか否かによるべきものではない（最決昭和41・4・14判時449号64頁）。犯罪と犯人の明白性についての逮捕者の判断は，逮捕者において直接覚知した「犯罪現場や被害者の身体・衣服の状況および相手方の挙動」（松尾浩也『刑事訴訟法(上)〔新版〕』57頁）ないしは「逮捕の現場における客観的外部的状況等」（京都地決昭和44・11・5判時629号103頁）から客観的・合理的に行われるものであってはじめて，令状審査の免除を根拠付け得る。逮捕現場でその信用性を吟味することが困難である被害者や被疑者の供述も，「客観的状況に意味づけを与える間接的な役割を担う」（川出敏裕『判例講座 刑事訴訟法〔捜査・証拠篇〕』63頁）補充資料とはなり得る。次の最高裁判例は，被害者の供述等により意味付けされた犯人の挙動から現行犯逮捕を適法としたものと理解できる。飲食店Cの店主から，酔っ払いがガラスを割って暴れているから早く来てほしいとの届出を受けた警察官が，Cに急行し，Cの従業員から，Yが勝手口のガラスを割り自分の胸を強く突い

たので胸が痛い，Ｙは今，Ｃから約20ｍ離れた飲食店Ｄにいると告げられ，破損個所を調べて，直ちにＤに赴いたところ，手を怪我して大声で叫びながらパンツ一つで足を洗っていたＹを発見し，犯行より30〜40分経過後，Ｙを暴行，器物毀棄の現行犯人として逮捕したことが適法とされている（前掲最決昭和31・10・25）。もっとも，当該客観的状況が犯人性を明認させるほどの推認力を持っているかについては，これを消極に解する論者（例えば，小田健司「現行犯人・準現行犯人の意義と範囲」新関雅夫ほか『増補令状基本問題(上)』141頁）もある。

②「正当な理由」と犯罪の明白性

　設問の事例では，Ｋらにとって，Ｘの犯人性は明白であったといえるとしても，犯人の明白性は犯罪の明白性を前提とする。現に犯罪が行われていることが外部的に明白でない場合でも，逮捕者が事前の内偵等により得られた客観的資料に基づいて現行犯人の存在を認知できるのであれば，現行犯逮捕が許される（競馬の呑み行為〔競馬30条3号等〕に関する東京高判昭和41・6・28東高刑時報17巻6号106頁参照）が，犯罪の成否の判断が不確実な場合は，現行犯逮捕は認められない（例えば，松尾・前掲57頁，大澤・前掲114頁）。設問の事例では，ⓐ本件スプレーが軽犯罪法1条2号にいう「器具」に当たること，およびⓑその隠匿携帯が，Ｋらにとって，逮捕当時，明白といえる程度に判明していなければならない。これに対し，ⓒ「正当な理由」がないこと（軽犯1条2号）は，これを㋐犯罪構成要件の要素と㋑違法性の要素のいずれと捉えるかにより，異なる判断があり得る。㋐の捉え方では，ⓐⓑの各要件の場合と同様の判断によることとなる（福岡地小倉支判平成27・7・30〔D1-Law 28232899〕参照）が，㋑の捉え方からは，次の考え方も成り立ち得る。すなわち，現行犯逮捕が問題となる状況で違法性阻却事由の有無を正確に判断することは困難であり，犯罪構成要件に該当する行為は違法であるとの事実上の推定を受けるから，特定の犯罪構成要件に該当する行為があれば，基本的に犯罪の明白性は認められるというべきであるが，違法性を欠くことが明らかな場合や違法性阻却事由の存在する疑いが認められる積極的な事情がある場合は，犯罪の明白性を欠き，現行犯逮捕は許されないというのが，これである（京都地判平成24・6・7〔正木祐史「最新判例演習室」法セ696号136頁〕参照）。ところで，ⓒの「正当な理由」とは，所定の器具を隠匿携帯することが，職務上または日常生活上の必要性から，社会通念上，相当と認められる場合をいい，これに該当するか否かは，当該器具の用途や形状・性能，隠匿携帯した者の職業や日常生活との関係，隠匿携帯の日時・場所，態様および周囲の状況等の客観的要素と，隠匿携帯の動機，目的，認識等の主観的要素とを総合的に勘案して判断される（最判平成21・3・26刑集63巻3号265頁）。したがって，ⓒの要件は，本件逮捕の現場における状況等から認識された上記客観的要素と主観的要素を基準として，その判断を行うこととなる。
　ⓐについては，本件スプレーが「人の生命を害し，又は人の身体に重大な害を加えるのに使用されるような器具」に該当する（前掲最判平成21・3・26参照）ことは，Ｋらにとって，本件スプレーの説明書から明らかであったといえよう。ⓑについても，Ｘは本件スプレーをショルダーバッグに入れて見えない状態にして所持していた状況から，本件スプレーの所持が隠匿携帯に当たることは明白であった。問題はⓒであるが，本件スプレーの想定される通常の用途は防犯・護身であったこと，本件スプレーは失明させ得る性能を持つものであったこと，Ｘは運転免許証と建設会社のＩＤを持っていたこと，Ｘは前記時刻・場所において本件スプレーを携帯していたこと，Ｘは本件スプレーを他の日用品とともにショルダーバッグ内に携帯していたこと，ＸはＫらから所持品の提示を求められた際，提示を差し控えようとする素振りを見せることなく，本件スプレーを提示したこと，本件スプレーの携帯理由に関するＸの回答は前記のとおり曖昧なものであったことなどの事情が認められる。Ｋらが逮捕時に認識していたこれらの状況を客観的に観察して，Ｋらにおいて，少なくとも，Ｘが防御用品として日常の用に供するために本件スプレーを携帯していたことについて，単なる疑いのみを認め得たと解される場合は，㋐㋑いずれの捉え方によっても，本件現行犯逮捕が，「犯罪の明白性」の要件を満たさない違法なものであったと判断されることはないであろう。

③ 軽微犯罪と「逮捕の必要」

　現行犯逮捕も身体の自由を制約する逮捕の一類型である以上，逃亡のおそれがなく，かつ罪証隠滅のおそれがないなど明らかに「逮捕の必要」がない場合には，現行犯逮捕は許されないと解されている。もっとも，設問の事例の隠匿所持の罪を含む軽微な犯罪（30万円〔刑法犯等以外は2万円〕以下の罰金，拘留または科料に当たる罪）については，刑訴法は，「逮捕の必要」を積極要件とし，現行犯逮捕の要件を厳格化する（酒巻匡『刑事訴訟法〔第2版〕』62頁）趣旨から，犯人の住居・氏名が明らかでない場合，または犯人が逃亡するおそれがある場合に限って，現行犯逮捕を許している（217条）。Ｘは，Ｋらの警告を無視して，携帯電話で誰かと話し続けていたことから，虚偽の証拠を作出する可能性もあるとしても，罪証隠滅のおそれのみに基づくＸの現行犯逮捕は許されない。

📙 ステップアップ

　Ｚ1が，そのワイシャツに血痕が付着していたことから，「被服に犯罪の顕著な証跡があるとき」（刑訴212条2項3号）に当たると判断できる場合，Ｚ1と行動をともにして共犯関係にあるものの，自らの身体・被服には何ら犯罪の証跡がないＺ2についても，その同号該当性を肯定し得るか。

➡ 次回の設問

引き続き身体拘束処分をめぐる問題をとりあげる。

刑事訴訟法 ５

同志社大学教授
洲見光男　SHUMI Mitsuo

➡ 設問

（1）　Ｌ県Ｍ警察署司法警察員Ｐは，令和元年９月18日，Ｘを同署管内で同年５月３日と同月５日に発生した常習賭博の事実（以下「Ａ事件」という）で通常逮捕した（以下「前件逮捕」という）。Ｘは，引き続き，勾留状により勾留されて，Ｐらの取調べを受けたが，公訴提起に十分な証拠が得られなかったため，10月８日，処分保留のまま釈放された。

他方，Ｌ県Ｎ警察署司法警察員Ｑは，同署管内で令和元年５月10日と同月12日に発生した常習賭博の事実（以下「Ｂ事件」という）を７月４日に認知していたところ，10月10日，窃盗事件で逮捕されＮ警察署で取調べを受けていたＹから，Ｂ事件の被疑者がＸであるとの信用できる情報が寄せられたので，同月11日，ＸをＢ事件で通常逮捕した（以下「本件逮捕」という）。Ｘは，引き続き，地方裁判所裁判官の発した勾留状により勾留された（以下「本件勾留」という）が，弁護人は，本件勾留の取消しを請求した（刑訴429条１項２号）。裁判所は，Ｂ事件がＡ事件の常習賭博と一罪をなすものと判断した場合，どのような措置を採るべきか。

（2）　Ｑが前件逮捕とＡ事件の存在を知りながら，これらを本件逮捕に係る逮捕状請求書に記載していなかった場合，本件勾留の請求を受けた裁判官は，請求を却下すべきか。

❗POINT

同一の被疑事実について逮捕・勾留を繰り返すことはなぜ問題なのか，常習賭博一罪の関係にあるＡ事件とＢ事件は「同一の被疑事実」といえるか，Ａ事件による身体拘束中にＢ事件の捜査が可能であった場合，Ｂ事件による身体拘束は許されるか，逮捕状請求手続に違法がある場合，令状裁判官は勾留請求を却下すべきかなど，身体拘束に関する法解釈とその適用力が問われている。

➡ 解説
①一罪一逮捕一勾留の原則

逮捕・勾留は，被疑事実を単位として行われるところ，同一の被疑事実について，複数の逮捕・勾留を，時期をずらして行うこと（再逮捕・再勾留）も，同時に重複して行うこと（重複逮捕・重複勾留）も，刑訴法の定める身体拘束期間の厳格な制限（刑訴203条〜205条・208条等）ないし身体拘束の蒸し返し防止と抵触するおそれがある。そこで，逮捕・勾留は，同一の被疑事実について，原則として１回に限って許される（以下，これ

を「一罪一逮捕一勾留の原則」とよぶこととし，「『原則』と略記する）。設問の事案におけるＢ事件によるＸの身体拘束については，Ａ事件の常習賭博と一罪をなすＢ事件が，Ａ事件と両立可能である点で，犯罪事実が一個同一で，それがそのまま「被疑事実」となる場合の純然たる再逮捕・再勾留とは異なるので，まずは，Ａ事件とＢ事件が「同一の被疑事実」といえるかが問題となる（大澤裕「被疑者の身体拘束——逮捕・勾留に伴う諸問題(4)」法教456号133頁，川出敏裕『判例講座 刑事訴訟法〔捜査・証拠篇〕』88頁参照）。

多数説によると，「原則」にいう「一罪」すなわち「一事件（被疑事実）」（古江頼隆『事例演習刑事訴訟法〔第３版〕』96頁）の範囲は，実体法上の罪数を基準に画定される（「実体法上一罪説」。裁判例として，例えば，仙台地決昭和49・5・16判タ319号300頁）。これに対し，個々の犯罪事実をいうとする「単位事実説」を採る裁判例として，福岡高決昭和42・3・24高刑集20巻２号114頁）。実体法上一罪にある犯罪事実を分割してその各事実について逮捕・勾留することが禁じられる根拠として，実体法上一罪については，１個の刑罰権しか発生しない以上，その範囲内にある事実は訴訟法上も１個のものとして扱うべきであり，刑罰権実現のための刑事手続の一環である逮捕・勾留も１回でなければならないこと（例えば，酒巻匡『刑事訴訟法〔第２版〕』79頁）と，実体法上一罪を構成する事実は相互に密接な関係があるので，それを分割して逮捕・勾留することを認めると，捜査の重複を招き，実質上逮捕・勾留の蒸し返しになるおそれが大きいから，それを予防する必要があること（例えば，池田公博「逮捕・勾留に関する諸原則」法教262号93頁）が挙げられており，前者は理論的な根拠，後者は実際上の根拠と位置付けられている（川出・前掲91頁）。

実体法上一罪説は，一罪を構成する事実については，１個（当初）の逮捕・勾留の際に同時に捜査（処理）するよう国家機関に要請するものであるが，法は不能を強いないから，同時捜査が不可能である場合には，同時捜査の要請は生じないし，そもそも蒸し返しという問題は起こり得ない。そこで，同時捜査の可能性がなかったときには，「原則」は適用されず（通説），実体法上一罪を構成する事実であっても別個の被疑事実（「同一の被疑事実」に当たらない）として扱われ，同時捜査の可能性があったときにのみ，「原則」が適用される。そして，同時捜査の可能性は，「原則」の適用・不適用を決するものであるので，「可能性」概念には，その定型性・明確性が求められる。「先の勾留前に発生した事実については，ほぼ例外なく，同時処理の可能性があったとみなす運用が望ましい」（三井誠『刑事手続法(1)〔新版〕』31頁）というのが有力説であるが，裁判例には，Ｃ事件による身体拘束前に実行され，それと常習一罪の関係にあるＤ事件が，Ｃ事件による身体拘束前に（Ｃ事件を扱ったのとは別の）警察署に認知されており，直ちに捜査を行えばＤ事件の被疑者を割り出すことが可能で，事件自体がまったく認知されていなかった場合とは異なるから，Ｄ事件での勾留は，同時処理の可能性のある常習一罪の一部についてのものとして，一罪一勾留の原則が適用されるとしたものがある（前掲仙台地決）。

まったく一個同一の事実についても，事情変更によ

り，再度の身体拘束の認められる場合があるとされている（東京地決昭和47・4・4判時665号103頁は，勾留期間の延長〔10日間〕を経て，処分保留で釈放された後の再逮捕・再勾留を許容している）ので，「原則」が適用され，新たな事実による逮捕・勾留が許されないと判断した場合，次に，それが例外的に許されるかを検討する必要がある。ⓐ事情変更があったために，新たな身体拘束を認めても，それが蒸し返しに当たらず，かつ，ⓑ新たな身体拘束の必要性と，それにより被疑者が被る不利益との比較衡量により，新たな身体拘束が相当といえるかを判断しなければならない（川出・前掲94-95頁。なお，ⓐの「蒸し返し」非該当を別個独立の要件とすると，おそらく3要件説〔例えば，大澤・前掲「諸問題(4)」140頁，宇藤崇ほか『刑事訴訟法〔第2版〕』91頁〔堀江慎司〕〕となろう）。

設問の事案では，B事件はA事件の常習賭博と一罪をなすところ，B事件はA事件による身体拘束前に発生し，QはB事件を認知していたというのであるから，前掲有力説はもとより，前掲仙台地決によっても，同時捜査の可能性があった場合とされるであろう。そうすると，「原則」が適用され，本件勾留は，原則として許されず，B事件の判明の時期・経緯，事案の重大性，本件勾留の必要性，先行の身体拘束中の捜査状況・身体拘束期間，両事件の関連性等により，その例外的許容性が判断されることとなる。

もっとも，本件逮捕に係る逮捕状請求書に所定の記載が欠如していたとすれば，この点からも本件勾留の適否が問題となり得る（設問(2)）。

② 逮捕の違法と勾留請求の許否

勾留請求を受けた裁判官は，先行する逮捕手続の適法性も審査し，その手続に重大な違法があるときは，勾留請求を却下すべきである。それにもかかわらず勾留状が発付された場合，その発付は違法・無効であって，勾留も違法・無効となると解されている。逮捕を勾留のための前手続と解する立場（例えば，田口守一『刑事訴訟法〔第7版〕』77頁）に依らない場合，逮捕の違法が勾留請求却下に繋がるとする根拠として，逮捕前置主義が採用されていることおよび逮捕手続の違法を明確化し，将来における違法逮捕の抑止の必要性があること（なお，松尾浩也『刑事訴訟法(上)〔新版〕』98-99頁参照）を挙げる見解（例えば，大澤裕「被疑者の身体拘束——逮捕・勾留に伴う諸問題(1)」法教450号114頁），逮捕について不服申立てが認められていないこと（最決昭和57・8・27刑集36巻6号726頁参照）および違法逮捕の抑止の必要性を挙げる見解（例えば，酒巻・前掲75頁）などが主張されている（逮捕の違法と起訴後の勾留との関係については，大澤・前掲「諸問題(1)」116頁参照）。勾留は，裁判官がその主体として行う強制処分であって，勾留状は命令状としての法的性格を持つ（三井誠ほか編『刑事法辞典』「令状」794頁〔川出敏裕〕）ことにも鑑みると，違法逮捕の抑止という政策目的の追求は，司法権の正当な行使であり，また，そうであれば，これと対立する勾留による捜査上の利益（勾留を認めないことによる捜査上の不利益）との比較衡量が要請される。制限時間を超過してされた勾留請求（刑訴207条5項但書・206条2項参照）に匹敵する「重大な違法」が

逮捕手続にある場合，勾留請求は却下されるべきである（酒巻・前掲74-75頁）といわれているが，請求却下の指標とされる「重大な違法」とは，こうした比較衡量により勾留が認められない場合の違法を指すものと解される（川出敏裕「演習」法教380号169頁参照）。

勾留請求却下後の再逮捕の許容性も，同様の利益衡量方法によって判断されるとすれば，「勾留請求却下」が「違法逮捕の抑止の必要性」を減弱する事情である以上，請求却下後の再逮捕が認められる場合もあり得る（請求却下後の再逮捕を認めた裁判例について，大澤裕「被疑者の身体拘束——逮捕・勾留に伴う諸問題(3)」法教453号118頁参照）。そこで，逮捕に違法があるときの処理としては，①勾留請求認容，②勾留請求却下・再逮捕許容，③勾留請求却下・再逮捕不許容の場合（宇藤ほか・前掲92頁〔堀江〕）があることとなる（古江・前掲87-88頁は，逮捕の違法について，単なる「違法」「重大な違法」「極めて（著しく）重大な違法」を措定することにより，これら3つの場合の関係を説明している）。

設問の(2)を見てみよう。刑訴規則142条1項8号は，刑訴法199条3項を承け，「同一の犯罪事実又は現に捜査中である他の犯罪事実」について「前に逮捕状の請求又はその発付があったとき」は，「その旨及びその犯罪事実」を逮捕状請求書に記載して裁判所に通知する旨定めている（この義務付けは，請求者が異なる警察署に所属する場合であっても妥当する）。この通知を欠いた請求手続は，「令状主義の精神を没却する重大な違法になり得る」（酒巻・前掲57頁）とされる。逮捕の蒸し返しを避けるため，裁判官の判断に重要な資料を提供させる点に，同規定の趣旨があり，記載の有無は，裁判官の判断に重大な影響を及ぼすものであることから，記載を欠缺した逮捕状請求手続には，重大かつ明白な瑕疵が認められるとして，勾留請求を却下した裁判例（東京地命昭和37・10・16下刑4巻9=10号968頁等参照）もある。もっとも，勾留請求却下による「抑止の必要性」の判断が，違法逮捕を抑止する効果がどの程度期待できるかを含めて行われるものであるとすれば，勾留請求が認められないのは，不記載が令状裁判官の判断に影響を与える可能性があったことを前提に（最決昭和42・12・20集刑165号487頁は，この可能性がなかった場合における逮捕・勾留の適法性を認めた原決定の判断を相当としたものと解される），不記載について，請求者の故意または重大な過失が認められるような場合に限られることになると思われる（不知の場合には，勾留請求を却下するまでもないとする裁判例として，新潟地長岡支決昭和49・2・8判タ308号303頁参照）。

🔧 ステップアップ

被疑者（Z）についてF事実での勾留の請求を受けた裁判官は，F事実について勾留の理由（刑訴60条1項）と必要（刑訴87条）は認められるが，ZがE事実（F事実と併合罪の関係にある）で逮捕・勾留されていた間にF事実の捜査が実施可能であったと判断する場合，勾留請求を却下できるか。

➡ 次回の設問

捜索・差押えに関する問題をとりあげる。

刑事訴訟法 6

同志社大学教授

洲見光男　SHUMI Mitsuo

📥 設問

　警察官 K₁ および K₂ は，X を職務質問中，X の承諾を得て X の携帯するセカンドバッグの中を調べたところ，白い粉の入ったビニール袋があったので，X の同意の下，その場で，その白い粉について簡易検査を実施した結果，覚せい剤であることが判明した。そこで，K₁ および K₂ は，X を覚せい剤所持の現行犯人として逮捕する旨を X に告げ，手錠をかけようとすると，X は，K₂ が手に持っていたビニール袋（残部の覚せい剤在中）を奪い取って，近くにあったパチンコ店に逃げ込んだ。①K₁ および K₂ は，直ちに X を追跡して同パチンコ店内に立ち入り，客 A の座っている椅子の横に隠れようとしている X を逮捕し，その場で，X の着衣のポケットの中などを捜索した。しかし，ビニール袋は発見されず，追跡中に X が通過した場所にもビニール袋はなかったので，②K₁ は，A の抗議にもかかわらず，A が座っていた椅子の前に置かれ口が開いていた A のトートバッグの中を捜索したところ，奪い取られたビニール袋が入っていたので，これを差し押さえた。K₁ および K₂ は，応援要請を受け臨場していた警察官 K₃，同 K₄ とともに，X をパトカーまで連行し，X をその後部座席中央に座らせ，K₂ と K₃ が X の両側に座った。③直ちに，K₁ は，K₄ とともに，X の自動車内を捜索したが，証拠は発見されなかった。X の自動車が停められていた場所は，前記パチンコ店から約 200m 離れたところにある同店の 2 階建て駐車場内であった。

　下線部①〜③の各行為の適法性について論じなさい。

❗ POINT

　逮捕に伴う無令状捜索・差押えが許されているのはなぜか，それはいかなる時間的・場所的範囲で行い得るのかなど，憲法 35 条・刑訴法 220 条等の法解釈とその具体的事例への適用力が問われている。

- -

📥 解説
① 令状主義の例外根拠

　刑訴法は，捜査機関が，逮捕（その種類を問わない）する場合において必要があるときは，逮捕の現場で無令状の捜索・差押え・検証をすることを許している（220 条 1 項 2 号・同条 3 項。捜索等の規定が準用されている。以下，準用される条数のみ示す）。憲法 35 条は，捜索・押収について令状主義を定めるとともに，同法「第 33 条の場合」をその例外としており，刑訴法は，これを承けたものとされる。令状主義の例外が認められる根拠等については，ⓐ逮捕の際に被逮捕者によって証拠が

隠滅されることを防止し，それを保全する緊急の必要があるとする「緊急処分説」（証拠隠滅の主体を第三者に拡大する見解として，酒巻匡『刑事訴訟法〔第 2 版〕』125 頁），ⓑ逮捕の現場には，証拠が存在する蓋然性が一般的に高く，令状を請求すれば，それが当然発付されるため，裁判官による事前の司法審査を介在させる必要がないとする「相当説」，ⓒ逮捕による人身の自由という大きな法益侵害が許される以上，それに付随して，相対的に小さな住居の平穏等の法益侵害も許されるとする「付随処分説」（最大判昭和 36・6・7 刑集 15 巻 6 号 915 頁参照），ⓓ基本的にⓐの立場から，証拠存在の蓋然性の内容や蓋然性に関する令状審査の必要度を基軸に，被疑者の住居等とそれ以外の者の住居等とを分けて無令状捜索の対象を画定する「二分論的アプローチ」（詳細については，井上正仁『強制捜査と任意捜査〔新版〕』358 頁以下参照）がある。ⓐは，逮捕現場において証拠存在の一般的蓋然性が認められることを前提とし，被逮捕者による証拠隠滅の危険を加味して，ⓑを限定するものであり（川出敏裕『判例講座 刑事訴訟法〔捜査・証拠篇〕』160 頁），また，逮捕を契機としてあるいはその反作用として証拠隠滅の危険が一般的に生ずることを理由に，令状主義に対する画一的な例外を是認するものとされる（この点について，井上・前掲 357 頁参照）。

　刑訴法上，無令状での捜索が許される要件である「押収すべき物の存在を認めるに足りる状況」が認定できること（102 条 2 項。被疑者については，その蓋然性の存在が推定されている〔同条 1 項参照〕）は，現行犯逮捕の場合と比べると，緩やかである（一般的蓋然性の意味を含め，宇藤崇ほか『刑事訴訟法〔第 2 版〕』144-145 頁〔堀江慎司〕参照）。令状による保護よりも証拠の保全が優先されている（古江賴隆『事例演習刑事訴訟法〔第 3 版〕』166 頁参照）と見るほかないが，被侵害法益の重大性により利益状況に変化が生じる場合には，令状審査が必要となるという考え方も成り立つであろう。逮捕に伴う身体検査を認めるには疑問があるといわれてきた（松尾浩也『刑事訴訟法(上)〔新版〕』79 頁）のも，また，後述のとおり，無令状捜索の対象から被疑者以外の者の身体を除外すべきといわれる（酒巻・前掲 128 頁）のも，こうした観点からの制約を説くものと理解してよいであろう。

② 無令状捜索・差押えの許容範囲

　ⓐによると，逮捕行為に際して捜索等が許されるのは，被逮捕者が証拠を隠滅する危険が一般的に認められる時間的範囲（「逮捕する場合」）・場所的範囲（「逮捕の現場」）に限られる。原則として逮捕に着手していることが必要であり，被疑者不在の場合の，逮捕に先行した捜索等は許されない。捜索等は，逮捕行為に伴って許容されるので，捜索等の適否は逮捕の成否に左右されない。もっとも，およそ証拠隠滅の可能性がなくなった場合は，捜索等をする「必要」（220 条 1 項柱書）もなくなる（酒巻・前掲 126 頁）。捜索の対象は，被逮捕者の身体のほか，被逮捕者が手を伸ばせば届く範囲内にある場所および物件である。また，個別の事案において第三者による証拠隠滅の危険があれば，捜索の範囲は拡張され得るとされる（例えば，川出敏裕「逮捕に伴う差押

え・捜索・検証（220Ⅰ・Ⅲ）」法教197号37頁参照）。

ⓑでは，証拠存在の一般的蓋然性は逮捕の先後で変更がないため，捜索が開始された時点で逮捕行為に着手している必要はないし，また，逮捕が完了した後も捜索・差押えができるが，法文上の「逮捕する場合」の制約が加わるため，逮捕の直前直後（ある程度のふくらみをもち得る）でなければならないとされる（田宮裕『刑事訴訟法〔新版〕』110頁）。捜索の対象は，令状の発付を得れば捜索できる範囲と同様，被疑者の身体・携帯品のほか，逮捕地点を起点として同一の管理権が及ぶ範囲内の場所である（川出・前掲『判例講座』156頁）。

ⓓによると，無令状での捜索が許される対象は，被疑者の身体および携帯品（①），被疑者の住居等については，「逮捕行為の着手後完了までの間に被疑者が現にいるか，いたと認められる」部分（②）とその余の部分（③）であり，被疑者の住居等については，その全体の捜索が可能である。これに対し，被疑者以外の者の住居等については，②部分に限定される。ⓓは，令状審査の省略を正当化する事情を，場所の性質上一般的に認められる証拠存在の蓋然性と逮捕すべき被疑者を捜索するための立入りとの付随性（追加的令状審査の必要の僅少性），証拠の散逸・隠滅の危険に求めるものである（池田公博「無令状捜索における証拠存在の蓋然性の意義」研修825号11頁）。

判例は，憲法35条が「捜索，押収につき令状主義の例外を認めているのは，」「令状によることなくその逮捕に関連して必要な捜索，押収等の強制処分を行なうことを認めても，人権の保障上格別の弊害もなく，且つ，捜査上の便益にも適なうことが考慮されたによる」としたうえ，「逮捕する場合において」は，「単なる時点よりも幅のある逮捕する際」をいい，逮捕との時間的接着を必要とするが，逮捕着手時の前後関係は問わないとし，また，「逮捕の現場で」は，「場所的同一性を意味するにとどまる」（前掲最大判昭和36・6・7）とする。被疑者が帰宅次第緊急逮捕する態勢のもとに捜索・差押えを行い，捜索開始から約20分後に帰宅した被疑者を逮捕した事案において，捜索・差押えが適法とされ（同。池田修＝前田雅英『刑事訴訟法講義〔第6版〕』186頁は，逮捕したのと同時に行われたと同視できるような範囲の捜索・差押えに限られる旨判示したものと解するようである），また，被疑者が寝泊りしていた飲食店の1階で同人を通常逮捕した場合，その直後に同店2階に立ち入り，捜索・差押えを適法に行い得るとされている（最決昭和40・9・16集刑156号437頁）。

逮捕現場である被疑者以外の者の住居等はもとより，逮捕現場に居合わせた第三者の身体・携帯品も，「押収すべき物の存在を認めるに足りる状況」（102条2項）が認定される場合は，無令状で捜索できると解されている（「102条2項準用説」。例えば，田宮・前掲112頁，田口守一『刑事訴訟法〔第7版〕』92頁，上口裕『刑事訴訟法〔第5版〕』141頁）。これに対しては，第三者の身体・携帯品には，そもそも証拠存在の一般的蓋然性は認められないとして，無令状捜索の対象から除外する見解（「除外説」）が主張されている（第三者の身体について，酒巻・前掲128頁〔人の身体には場所とは別個固有の法益が認められることも根拠とする〕，第三者の身体と携帯品の両方について，古江・前掲182頁，宇藤ほ

か・前掲144頁［堀江]）。ⓓも，102条2項の厳格な要件の判断を捜査官に求めるのは適切でないなどとして，令状審査が不可欠であるとする（井上・前掲366頁）。なお，第三者が証拠を隠匿した場合，捜索・差押えに対する妨害を排除する措置をとることは，その付随的効力または「必要な処分」（111条1項）として可能である。

無令状での差押えが許されるのは，逮捕被疑事実に関する「証拠物又は没収すべき物と思料するもの」（99条1項）である（河上和雄ほか編『大コンメンタール刑事訴訟法(4)〔第2版〕』590頁［池上政幸＝河村博]）。裁判例も他事件の証拠の差押えを認めていない（東京高判昭和46・3・8高刑集24巻1号183頁）。ⓐⓑいずれからも，同様のことが導かれている。逮捕に対する妨害等の具体的な危険があるときは，逮捕の効力として，凶器等の取上げ・一時的な保管が許される。

❸K1らの各行為の適法性

①の行為のうち，K1およびK2がXの現行犯逮捕に着手した後，Xを追跡してパチンコ店内に立ち入った行為は，逮捕行為そのものとして許される（河上ほか編・前掲573頁［池上＝河村］参照）。Xの身体の捜索は，Xが明らかにビニール袋その他の逮捕被疑事実に関する証拠を所持していないといえない以上，いずれの立場でも，適法である。②のAのトートバッグの捜索については，102条2項準用説によると，Xはビニール袋を持っていなかったこと，ビニール袋は追跡中にXが通過した場所になかったこと，XはAの椅子の横に隠れようとしていたこと，Aのトートバッグの口は開いていたこと，ビニール袋はAのトートバッグに隠匿し得る大きさであったことなどを考慮すると，その適法性を肯定できよう。除外説の一つとⓓによると，Aの妨害等が認定できなければ，捜索を適法とする余地はないであろう。また，トートバッグの捜索が適法であれば，ビニール袋の差押えは適法である。③の自動車の捜索については，ⓐによると，Xはパトカーの後部座席でその身体を完全に拘束され，およそ証拠隠滅の可能性がないので，その必要は認められない。ⓓによっても捜索は違法とされよう。ⓑでは，逮捕完了直後の捜索も可能であるが，Xの自動車の駐車場所は，逮捕地点であるパチンコ店とその管理権を異にするというべきであるから，捜索は許されないこととなろう。

📖 参考文献

大澤裕「逮捕に伴う被逮捕者の所持品等の差押えの適法性」法教192号101頁。

🔧 ステップアップ

警察官は，被疑者を逮捕した場所で直ちに被疑者の身体・携帯品の捜索・差押えをすることが適当でないとき，どのような措置をとることが許されるか。また，被疑者の逮捕に伴いその携帯電話に保存されている情報を検索できるか。

➡ 次回の設問

引き続き捜索・差押えに関する問題をとりあげる。

刑事訴訟法　7

同志社大学教授

洲見光男　　　SHUMI Mitsuo

↘ 設問

　警察官Kは，9月10日，情報協力者からXが大麻を所持しているとの情報提供を受け，その住居としてL県M市N町《番地略》所在のGハイツA号室（以下，単に「A号室」ともいう）と記載されたメモを入手し，同月15日ころ同居室を内偵したところ，郵便受けにFとともにXの名前も掲げられ，2人分の洗濯物が干されていたことなどから情報どおりA号室がXの住居であると認めた（その後の2回の内偵でも特段の状況変化がなかった）。Kは，同月26日，裁判官に対し，Xを大麻取締法違反（同法3条）事件の被疑者，捜索すべき場所をGハイツA号被疑者居室，差し押さえるべき物を大麻，容器，吸煙器具，取引メモとする捜索差押許可状を請求し，同日，その発付を得た。翌27日午前8時頃，Kは，部下の警察官5名とともにA号室に赴き，応対に出たFに対し，同令状を示してXに対する大麻取締法違反の捜索令状であることを告げ，「Xはいるか，どこへ行ったか」と尋ねたところ，Fは，「いない。1週間前に出て行った」と答え，さらに「Xの荷物はあるか」と更に尋ねたのに対し，「二，三ある」旨答えたので，同令状による捜索が許されると考え，Fを立会人として，部下の警察官らとともに，ワンルームマンションであるA号室の捜索を開始した。捜索の結果，差し押さえるべき物は発見されなかった。A号室の捜索は適法か。

❗POINT

　憲法35条は捜索・押収のための令状の発付についてどのような規律をしているか，被疑者の住居と被疑者以外の者の住居とで捜索の要件は同じか，被疑者が転居していたとすれば捜索場所を被疑者居室とする令状の発付は違法か，同令状による被疑者以外の者の居室の捜索が適法となる場合はあるかなど，令状による捜索・差押えに関する法解釈とその適用力が問われている。

▼ 解説
① 憲法 35 条の規律

　憲法35条によると，「捜索及び押収」は，同法33条の場合を除き，「司法官憲」が「正当な理由」に基づいて発する「捜索する場所及び押収する物を明示する」「各別の令状」により行わなければならない（「押収」とは，物の占有を強制的に取得する処分を指し，刑訴法の差押え〔218条等〕がこれに当たる。「司法官憲」とは，行政機関から独立した中立公正な裁判官をいう。また，

憲法35条の保障対象について，最大判平成29・3・15刑集71巻3号13頁参照）。「正当な理由」とは，①特定の犯罪事実の嫌疑が存在すること（刑訴規156条1項），②押収の対象物がその特定の犯罪事実と関連性を有すること（刑訴222条1項により準用される同法99条1項は，「証拠物又は没収すべき物と思料するもの」と規定している）と，押収の対象物が捜索の対象となる人の「身体，物又は住居その他の場所」に存在する蓋然性があること（刑訴222条1項・102条2項参照），および，③捜索・差押えの必要性（相当性）が認められること（刑訴218条1項。最決昭和44・3・18刑集23巻3号153頁は，裁判官に必要性の有無の審査権を認めている）をいう。

　捜索の対象を「証拠物存在の蓋然性がある場所」などとする一般令状（general warrant）は，捜査機関に対し，捜索しようとする個別具体的な住居等について「正当な理由」が具備されているか否かの判断の余地を与えるため，捜査機関による誤ったあるいは恣意的な判断が行われると，「住居等のプライバシーの保護は画餅に帰する」（光藤景皎『刑事訴訟法Ⅰ』141頁）。憲法35条の明示の要請は，裁判官に，個別に（particularly）明示（特定）された捜索・差押え対象について「正当な理由」の審査を行わせたうえ，「正当な理由」の認められた当該対象を令状に記載させて（刑訴219条1項等参照）捜査機関から要件判断の余地を奪うことにより，被処分者の権利・利益の実効的な保護を狙うものである（井上正仁『強制捜査と任意捜査〔新版〕』58頁以下，松尾浩也『刑事訴訟法(上)〔新版〕』73頁，椎橋隆幸『刑事訴訟法の理論的展開』138-139頁，川出敏裕『判例講座 刑事訴訟法〔捜査・証拠篇〕』116-117頁，宇藤崇ほか『刑事訴訟法〔第2版〕』124-125頁［堀江慎司］参照）。もっとも，捜査機関による恣意的権限行使の抑制（酒巻匡『刑事訴訟法〔第2版〕』107頁は，これを「令状主義の中核的目標」とする）に比重が置かれると，一定の要件事実の発生をもって，捜査機関の判断を経ることなく一律に行われるような捜索については，令状は必要でないとされることにもなりかねず，そうなれば令状の役割は，もっぱら平等な法執行を担保することへと変容してしまう。これは，憲法35条の淵源をなす合衆国憲法修正4条の判例法の発展から窺われるところである（令状主義の二通りの理解について，宇藤ほか・前掲48頁［松田岳士］参照）。「各別の令状」（憲35条2項）が要求される趣旨については，最大判昭和27・3・19刑集6巻3号502頁のほか，井上・前掲74頁参照。

② 証拠物存在の蓋然性の疎明

　捜査機関が行う捜索のための令状（許可状）は，裁判官が，検察官・検察事務官または司法警察員の請求により発付する（刑訴218条4項）。令状の請求は，「捜索……すべき場所，身体若しくは物」，「被疑者……の氏名」，「罪名」，「犯罪事実の要旨」などを記載した令状請求書を提出して行う（刑訴規155条1項）。ところで，刑訴法222条1項により準用される同法102条（受訴裁判所の行う捜索の要件を定めたもの）は，被告人については，「必要があるとき」を要件に（1項），被告人以外

の者については，「押収すべき物の存在を認めるに足りる状況のある場合」を要件として（2項），それぞれ捜索を許している。例えば，被告人（被疑者）の住居とは，その者が現実に支配・管理している場所をいう（松尾浩也監修『条解刑事訴訟法〔第4版増補版〕』213頁）ところ，押収すべき物の存在する蓋然性が一般的に強いと考えられる（新関雅夫ほか『増補 令状基本問題(下)』215頁〔大谷直人〕）ため，憲法35条にいう「正当な理由」の存在が法律上推定されているのであるが，押収すべき物が明らかに存在しない場合は，この推定は働かない（松尾監修・前掲212頁）。刑訴法102条は，捜査機関の行う捜索のための令状の発付要件をも定めたものとされ，被疑者以外の者の住居等の捜索令状を請求するには，「被疑者……が罪を犯したと思料されるべき資料」（刑訴規156条1項）に加えて，「差し押さえるべき物の存在を認めるに足りる状況があることを認めるべき資料」の提供が求められている（同条3項）。もっとも，同項の立証の方法として，捜索すべき場所に具体的な証拠物の存在する直接的な疎明が常に必要であるとは解されていない（新関ほか・前掲215頁〔大谷〕）。

③ 令状と事実との齟齬

「刑訴法所定の……捜索令状における……捜索すべき場所の表示は，合理的に解釈してその場所を特定し得る程度に記載することを必要とするとともに，その程度の記載があれば足りる」（最決昭和30・11・22刑集9巻12号2484頁）。住居の居住者の氏名（令状の必要的記載事項でない）の表示に若干の誤りがあったとしても，捜索は違法にならない（吉川由己夫「判解」最判解刑事篇昭和30年度343頁参照）。これに対し，居住者であった被疑者が転居している設問の事例については，実際に捜索されたA号室は令状記載の居室と場所的には同一であるが，同室が被疑者の住居か被疑者以外の者の住居であるかは，前述のとおり，「押収すべき物の存在を認めるに足りる状況のある」ことについての疎明の要否にかかわる令状審査事項であるため，まずは，「A号被疑者居室」とする令状発付の適法性が問題となる（小早川義則「判批」昭和61年度重判解178頁参照）。

設問の事例の類似事案について，最決昭和61・3・12集刑242号285頁（以下「最高裁決定」という）は，「捜索時においてはXは前記GハイツA号室から転居しておったとしても，麻薬取締官が，郵便受けの名前の表示，同室の構造や室内の状況，および二，三の荷物がある旨のFの返答から，前記令状による右GハイツA号室の捜索が許容されるものとして，その捜索を実施したのは適法である」と判示している。Xが転居しFとの同居状態が解消されているのであれば，「A号被疑者居室」とする令状発付は，居住実態に反し，当然に違法であり，発付された令状は無効であるという考え方もあり得る。しかし，最高裁決定の原審判決は，令状請求時点で収集された被疑者の住居と思料するに足りる資料があれば，客観的にはこれがたまたま被疑者の住居でなかったからといって，捜査官が被疑者の住居でないことを知りながら令状請求をしたような特段の事情がない限り，令状発付は適法であるとする（東京高判昭和58・

8・25刑月15巻7=8号366頁）。最高裁決定も，令状請求が当該事案に照らして合理的といえる程度の情報収集に基づくものである以上，令状発付自体は適法であることを前提としているものと解される。

捜索令状発付の要件は，令状による捜索実施の要件でもあるが，その適法性の判断は，実施時に存在した事情をも考慮して行わなければならない。この点について，最高裁決定は，いくつかの読み方を許している。一つは，「捜索時においてはXはA号室から転居しておったとしても」，捜索は適法であったとしていることから，「被疑者捜索令状によって第三者捜索をなしうる場合のあることを認めた」という読み方である（上口裕「判批」判評338号〔判時1221号〕78頁）。しかし，少なくとも，捜査官においてA号室がF単独の住居となったことに気づいていた場合に，証拠物存在の蓋然性があるとの判断によって，「A号被疑者居室」とする令状による捜索が適法となるというのは，捜査官の判断と令状裁判官の審査との代替・等値を認めるものである（上口・前掲80頁参照）。そこで，原審判決がA号室はXの住居でなくなったと断定したのに対して，「捜索時においてはXはA号室から転居しておったとしても」とするにとどめてその点の判断を避けたのは，現在するとも転居したともいいきれない「半転居状態」の存在を認めたものであり，捜査官が「被疑者の住居と認めて令状を執行できる」場合の指針を示したという読み方がなされる（渡辺咲子「判批」河上和雄ほか編『警察実務判例解説（捜索・差押え篇）』別冊判タ10号88頁）。これは，「被疑者住居」に当たる場合を拡大することにより令状審査との抵触を避けようとする理解の仕方ではあるが，最高裁決定は，Xが転居していた場合も，A号室はなおXの居室であると断定しているわけではない。そうすると，同室は被疑者居室であるとはいえないとしても，そうであるとの捜査官の誤信が，捜索実施時の状況を考慮すると合理的なものであったといえるので，捜索は適法であると判断されたという読み方もあり得よう。差押え時の状況から関連性の疎明があったと認められる限り，その後の検討の結果，関連性がないことが判明したとしても，その差押えは違法にならないといわれる（新関ほか編・前掲251頁〔秋山規雄〕）。「正当な理由」という観念が誤りのあり得ることを前提とするものである以上，疎明が合理的な判断過程によりなされたことで足りると考えられているのであれば，設問の事例についても，そうしたアプローチは参考となろう。

📖 参考文献

大澤裕「捜索場所・押収目的物の特定」刑法雑誌36巻3号435頁，古江頼隆『事例演習刑事訴訟法〔第3版〕』129頁。

📑 ステップアップ

捜索すべき対象を「○○番地Ｘ社に在所する者の身体及び所持品」とする令状であっても，憲法35条1項の特定の要請を満たしていると解される場合はあるか。

➡ 次回の設問

引き続き捜索・差押えに関する問題をとりあげる。

刑事訴訟法 8

同志社大学教授

洲見光男　　SHUMI Mitsuo

↘ 設問

警察官Ｋは，令和２年９月５日，Ｘに対する大麻取締法違反（営利目的栽培・同所持）被疑事実により，捜索すべき場所を「Ｌ県Ｍ市Ｎ町〔以下，省略〕に所在するＰマンション206号Ｘ方居室」，差し押さえるべき物を「大麻草，大麻株，照明器具，暖房機器，肥料，栄養剤，計量器，メモ」とする捜索差押許可状（以下「本件令状」という）の発付を受け，部下の警察官数名とともに同居室に赴き，インターフォンでＸに，「警察です。捜索に来ました」と告げ，玄関ドアを開けたＸに対し，本件令状を呈示した後，Ｘを立会人として捜索を開始した。Ｋらは，大麻の鉢植え20本，照明器具，肥料等を差し押さえた。Ｘは，ロケットペンダントを首から吊るしており，それに手を当てて隠す素振りをしていたことから，Ｋは，Ｘに対し，同ロケットペンダントの中を見せるよう求めたが，Ｘは，これを頑なに拒否した。そこで，①Ｋとその部下の警察官２名は，Ｘから同ロケットペンダントを取り上げ，その蓋を開けて中を調べたところ，大麻ワックスが見つかったので，Ｘを大麻所持の現行犯人として逮捕し，それを差し押さえた。また，Ｘが逮捕される前に，Ｋの部下の警察官の一人は，Ｘが，メモを，Ｘを訪ねてきていたＸの友人Ｙのジーンズの後ろ右ポケットに（Ｙに気づかれないように）入れるところを見たので，同警察官は，Ｙに事情を話して同メモを出すよう求めたが，Ｙはこれに応じなかった。そこで，②同警察官は，Ｙの抵抗にもかかわらず，自分の右手をＹのジーンズの後ろ右ポケットに差し入れて同メモを取り出した。同メモは，栽培方法を記載したものであったので，差し押さえられた。また，Ｋは，大型暖房機を差し押さえようとしたが，壁に取り付けられていたので，差し押さえるためには，その一部を破壊して取り外す必要があった。そこで，③Ｋは，暖房機を差し押さえる代わりに，暖房機（製造番号・有効発熱量などが記載された要目表ラベルを含む）の写真を撮影した。

下線部①～③の行為の適法性について論じなさい。

❗POINT

場所に対する捜索令状による，捜索場所にある物・捜索場所にいる者の身体の捜索の可否，捜索・差押えに対する妨害排除措置の根拠・許容範囲，令状記載の差し押さえるべき物の（差押えに代わる）写真撮影の適否。

↘ 解説
① 来意の告知と令状の呈示

捜索差押許可状による捜索・差押えの実施（「許可状」

であるので，「執行」という観念が伴わないことについて，池田修＝前田雅英『刑事訴訟法講義〔第6版〕』176頁注5参照）にあたっては，刑訴法は，処分を受ける者に対する令状の呈示が必要であることのみを定めている（222条1項・110条）が，それに先立って，身分と来意を告知することが望ましい（松尾浩也『刑事訴訟法(上)〔新版〕』72頁）。私的領域に対する予告なしの侵入は，物理的・精神的平穏を害するところ，被処分者に状況を了解させ，同人の協力を得て立ち入ることにより，無用の混乱・不測の事態の発生を防止できる（井上正仁『捜査手段としての通信・会話の傍受』74-75頁，長沼範良ほか『演習刑事訴訟法』115頁〔佐藤隆之〕）からである。令状の呈示は，「手続の公正を担保するとともに，処分を受ける者の人権に配慮する趣旨に出た」ものであり，そのため，原則として「令状の執行に着手する前」に行われるべきものとされる（最決平成14・10・4刑集56巻8号507頁）。

② 捜索の範囲

「捜索する場所」を明示した令状発付を要請する憲法35条1項の趣旨（本演習第7回参照）から，捜索対象は，保護法益を基準に，他から識別できる程度に個別に明示して令状に記載しなければならない。刑訴法が，捜索の対象を「場所」，「身体」，「物」（219条1項。222条1項・102条参照）に分けて記載するものとしているのは，明示の趣旨を具体化したものと解される（井上正仁『強制捜査と任意捜査〔新版〕』314頁，古江頼隆『事例演習刑事訴訟法〔第3版〕』130-131頁参照）。そこで，例えば，住居の捜索については，管理権を基準に，番地表示により単一の管理権の及ぶ場所的範囲を明示した令状が発付される（川出敏裕『判例講座 刑事訴訟法〔捜査・証拠篇〕』117-118頁。「財産権等の権利・利益を内容とする」〔三井誠ほか編『刑事手続の新展開(上)』399頁〔横井朗〕〕管理権と住居のプライバシーとの関係は，必ずしも明らかでないが，管理権により第三者の排除が可能であり，それゆえプライバシーが認められるとも考えられよう。斎藤司『刑事訴訟法の思考プロセス』91頁は，管理権ごとにプライバシーが認められるとする）。

場所についての法益は，その場所にある物についての法益を含むと解されており（井上・前掲『強制捜査』317頁によると，住居等の場所に対する法益は，そこに居住し，あるいは，定常的にそこを使用する人のプライバシーや生活その他の活動に係る権利・利益の総体である），捜索の理由があれば（222条1項・102条），場所に対する令状により，原則として，物の捜索ができる（最決平成19・2・8刑集61巻1号1頁参照）。これに対し，人の身体（着衣を含む）の捜索は許されない。人ごとに認められるべき法益は，場所についての法益と異質なもので，場所の法益に包摂されないからである。判例は，警察官が被疑者およびその内縁の夫が居住するマンションの居室に対する捜索差押許可状により，内縁の夫がその居室で携帯していたボストンバッグを取り上げて中を調べた行為を適法とした（最決平成6・9・8刑集48巻6号263頁）が，当該行為は，具体的事実関係の下で，場所の捜索自体として適法とされたものとみられている。

設例①のロケットペンダントは，もともとはＸの居

室に置かれていた物であるので，捜索の理由が認められれば，本件令状により，これを取り上げて中を調べることが許されるとも思われる。しかし，ボストンバッグの場合と違って，ロケットペンダントは，身体に密着した状態で携帯されているため，それを取り上げることにより，Ｘの身体について認められるプライバシーの利益なども侵害され，「捜索場所に置かれている場合とは別個の保護すべき利益が付け加わる」（川出・前掲131頁）と考えると，Ｋらの行為は違法である。もっとも，身体等に対する有形力の行使であっても，捜索・差押えに対する妨害を排除するためのものであれば許される場合がある。刑訴法により強制処分が認められている以上，その目的を達成するため強制力を用いることも，同様に許容されていると解されるからである（酒巻匡『刑事訴訟法〔第2版〕』118頁，川出・前掲134頁。令状審査との関係について，宇藤崇ほか『刑事訴訟法〔第2版〕』129頁〔堀江慎司〕参照。なお，東京高判平成6・5・11高刑集47巻2号237頁は，場所に対する捜索差押許可状の効力が一定の場合には身体・着衣に及ぶとする）。排除措置が，令状の付随的効力により，あるいは「必要な処分」（222条1項・111条1項）として許されることから，排除措置をとり得るのは，捜索場所にいる者が，その者の挙動，その者と被疑者・被疑事実との関係，令状記載の差し押さえるべき物（以下「差押目的物」という）の性質等から，捜索の実施中またはその開始直前に，捜索対象物件・差押目的物を隠匿したことなどを疑うに足りる合理的な理由のある場合に限られ（古江・前掲144頁参照），かつ，妨害者の被る法益侵害は，必要最小限度のもの，あるいは特定の排除措置をとる必要性との間に合理的権衡の認められるものでなければならない。

捜索場所にいる者が差押目的物を隣家のベランダに投げ込んだような場合，その家の居住者の同意を得ないで同家に立ち入ることは，本体と別個独立の法益の侵害を伴うので許されないとされる。妨害者の被侵害法益も別個独立のものといえようが，妨害者の法益の侵害は，「妨害者が自らの責めにより被った」（酒巻・前掲119頁）ものであることに着目すると，先の例で，隣家の居住者が差押目的物を自分のベランダに放り込むよう叫んだ場合には，その者の家への立入りも許されることになろう。設例②の警察官の行為についてみると，Ｘが捜索対象物件のメモをＹのジーンズのポケットに隠匿したとしても，ＹはＸの妨害行為と無関係であり，また，所持品を提示する義務は刑訴法上認められない（川出・前掲135頁）ので，Ｙには帰責事由がなく，違法な行為といえよう。

③ 差押えと写真撮影

判例には，警察官が捜索差押許可状により捜索・差押えを実施中，差押目的物でない印鑑，ポケット・ティッシュペーパー，電動ひげそり機，洋服ダンス内の背広について写真撮影をした事案において，「右の写真撮影は，それ自体としては検証としての性質を有すると解されるから，刑訴法430条2項の準抗告の対象となる『押収に関する処分』には当たらないというべきである」としたものがある（最決平成2・6・27刑集44巻4号385頁）。同決定は，写真撮影の違法性について直接の判断を示し

ていないところ，人の住居に立ち入って捜索差押許可状により捜索・差押えを実施するに際し，あわせてその現場において写真撮影を行うためには，原則として検証許可状が必要となるが，差押物件の証拠価値を保存するため発見された場所，状態においてその物を写真に撮影するなどの行為は，捜索差押手続に付随するため，捜索差押許可状により許容されると解されている（前掲最決平成2・6・27の藤島昭裁判官の補足意見）。それでは，設例③の写真撮影のように，差押目的物について，その占有を取得せず，代替措置としてその写真を撮影する行為は，捜索差押許可状により許されるだろうか。捜査機関は，被差押者の利益を考慮して，写真撮影をすることが許されるとする積極説（平野龍一＝松尾浩也編『新実例刑事訴訟法Ⅰ』200頁〔本田守弘〕，上口裕『刑事訴訟法〔第5版〕』143頁注2，佐々木正輝＝猪俣尚人『捜査法演習〔第2版〕』419頁〔猪俣〕，松尾浩也＝岩瀬徹『実例刑事訴訟法Ⅰ』92頁〔西山卓爾〕）と，「写真撮影で目的を達する場合には本来差押えの必要性が否定されるべき事案であったことになる」，「性質の異なる検証を差し押さえなしに行うことを認めるべきではない」（河上和雄ほか編『大コンメンタール刑事訴訟法(2)〔第2版〕』379頁〔渡辺咲子〕），「差押目的物の書類を差し押さえないで記録内容を写真撮影するという執行方法は，差押えの実質的な対象が手続上明らかにならな」い（高田昭正「判批」法セ429号127頁）などとする消極説がある（なお，後藤昭『捜査法の論理』20頁）。押収物について検証に相当する処分を行うことは許されるとしても，捜査機関が自らの判断で令状形式の異なる強制処分を実行できるとする解釈は，強制処分法定主義・令状主義の趣旨に沿うものか，比例原則もこれらの枠内で働くのではないかといった疑問が，消極説の前提にあるとみてよいであろう。

前記藤島補足意見は，「物の外形のみの写真撮影に止まらず」，「日記帳の内容を逐一撮影し」または「メモを撮影する」ことが行われた場合，「実質的にみれば，捜査機関が日記帳又はメモを差し押さえてその内容を自由に検討できる状態に置いているのと同じであるから，写真撮影という手段によって実質的に日記帳又はメモが差し押さえられたものと観念し，これを『押収に関する処分』として」準抗告の対象とできるとする考え方もあり得ようという。この「実質上の押収」を認める考え方を，救済の目的を超えて代替的写真撮影に推及できるとすれば（酒巻・前掲123頁・158頁参照），その適否は，差押え目的を達成するための相当な方法の問題となろう（なお，電磁的記録に係る記録媒体の差押えの執行方法に関する222条1項・110条の2参照）。

📑 ステップアップ

Ｂがレンタカー会社から借りたＳＵＶを運転しているＡは，その自動車について管理権ないしプライバシーの利益を有するか。ただし，レンタカー貸渡契約書には，運転者としてＡの名前は載っていないとする。

➡ 次回の設問

被疑者の防御権に関する問題をとりあげる。

刑事訴訟法 9

同志社大学教授
洲見光男　SHUMI Mitsuo

▶ 設問

A警察署の警察官Kは，その部下である警察官数名と，令和2年9月1日午前11時10分，暴力団構成員Xに係る覚せい剤取締法違反被疑事実に関する捜索差押許可状に基づき，X方居宅の捜索差押えを開始した。Xが携帯電話を使おうとしたので，Kは，Xに対し，「誰に連絡しようとしているのか」と尋ねた。Xは何も答えず，携帯電話を使い続けようとしたので，①Kは，Xから携帯電話を取り上げた。その後，捜索の結果，覚せい剤が発見されたので，午前11時30分，Xを覚せい剤所持の現行犯人として逮捕し，その場で同覚せい剤を差し押さえた。

Xは，A警察署に引致された。その後，Xは，A警察署留置施設に勾留され，あわせて裁判官による刑訴法81条に基づく接見禁止決定を受けた。検察官Pは，A警察署留置施設の長に対し，「接見等に関する通知書」（「被疑者と弁護人等との接見等に関し，捜査のため必要があるときは，その日時，場所及び時間を指定することがあるので通知する」内容のもの）を送付した。弁護士Fは，Xによりその弁護人に選任され，勾留2日目にXと接見したが，その後，9日午前，Pに電話し，翌10日午前の1時間Xと接見したい旨伝えた。②Pは，10日午前には，Xに対する確実な取調べの予定があるとして，接見の日時および時間を同日午後1時から同2時までの間の45分間と指定した。なお，FはPとの接見協議に応じていなかった。

Kは，Xの逮捕直後からXの取調べを担当していたが，11日にXを取り調べた際，Xがこれまでの供述を翻した。そこで，③Kは，Xに対し，「なぜ供述を変えたのか」と尋ねると，Xは，「昨日，弁護士の先生と面会したとき，先生にいわれたからだ」と答え，自らFとの接見内容を話し始めたので，Kはこれを聴取した。

下線部①〜③の適法性について論じなさい。

❗POINT

捜索・差押え実施中の携帯電話の使用制限，接見事前連絡事案における接見指定権の行使，接見内容の聴取の適否など被疑者の防御権に関する学識とその適用力が問われている。

▶ 解説
① 携帯電話の使用制限

刑訴法は，捜査機関が，何人に対しても，捜索場所への出入り禁止措置をとることを許している（222条1項・112条1項）が，その目的は，捜索活動の妨害を排除し，差押対象物の隠匿・廃棄・搬出を防止することに

ある。捜索の現場にいる被疑者が，携帯電話により外部の者と通話し，関係者を捜索現場に呼び寄せ，それらの者に捜索を妨害させるおそれがある場合などにおいて，携帯電話の使用を制限することは，令状の付随的効力により，あるいは「必要な処分」（刑訴222条1項・111条1項）として許容される（川出敏裕「捜査対象者による携帯電話の使用制限」研修865号4頁）。制限のためにとり得る手段は，目的達成にとって必要最小限度のもの（福岡高判平成24・5・16高刑速（平24）号242頁，裁判所Web），あるいは必要性との間に合理的権衡が認められる程度のものに限られる。

捜索現場にいる被疑者が，捜索・差押えへの対応について法的助言を得る目的で，弁護士に電話をかけようとする行為は，直ちに捜索活動の妨害に当たるわけではないので，電話の使用を制限するのは，妨害排除にとって必要な措置とはいえない（福岡高判平成30・7・20高刑速（平30）号458頁）上，使用制限措置は，捜索・差押えについて弁護人の助言を受ける機会を奪う点で，弁護人選任権（刑訴30条1項）を侵害するものである（川出・前掲8頁）。弁護士への連絡であることを確認するのに必要な限度で，通話内容を聞くことが認められる（川出・前掲8頁）。

設問①の措置は，Xが連絡相手の名前を答えずに電話を使おうとしたことから，Xの所属する暴力団の関係者に連絡してX方に呼び寄せ，捜索を妨害させるおそれがあるとして，携帯電話の使用を制限する必要からとられたものであろう。しかし，その制限の態様は，使用禁止を口頭で警告せず，いきなりXの携帯電話を取り上げるという侵害度の強いものであるから，Kの措置は，必要な限度を超える違法なものといえよう。

② 接見の予告と指定権の行使

設問②は，接見事前連絡事案における接見指定要件を問うものである。最大判平成11・3・24民集53巻3号514頁〔安藤・斎藤事件〕。以下「大法廷判決」という）が，刑訴法39条3項の接見指定について従来の最高裁判決を集成した解釈は，大要，次のとおりである。接見指定制度の趣旨は，被疑者の身体の拘束について厳格な時間的制約があることなどから，「被疑者の取調べ等の捜査の必要と接見交通権の行使との調整を図る」ことにあり，弁護人または弁護人となろうとする者（以下「弁護人等」という）から被疑者との接見等の申出があったときは，原則としていつでも接見等の機会を与えなければならず，指定要件である「捜査のため必要があるとき」とは，弁護人等の申出どおりの接見等を認めると「取調べの中断等により捜査に顕著な支障が生ずる場合」に限られ，指定要件が具備され，接見等の日時等の指定をする場合には，捜査機関は，弁護人等と協議してできる限り速やかな接見等のための日時等を指定し，被疑者が弁護人等と防御の準備をすることができるような措置を採らなければならない。また，弁護人等から接見等の申出を受けた時に，捜査機関が，ⓐ現に被疑者を取調べ中である場合やⓑ実況見分，検証等に立ち会わせている場合，ⓒ間近い時に取調べ等をする確実な予定があって，弁護人等の申出に沿った接見等を認めたのでは，その取調べ等が予定どおり開始できなくなるおそれがある場合などは，原則として接見等を認める必要はないとい

うものである（ⓐ～ⓒは筆者）。「取調べの中断等により捜査に顕著な支障」という文言は，前掲ⓒを含み得る適切なものとして，「捜査の中断による支障」（最判昭和53・7・10民集32巻5号820頁〔杉山事件〕等）に代えて用いられた（長沼範良ほか『演習刑事訴訟法』199頁〔大澤裕〕，大坪丘・最判解民事篇平成11年度(上)292頁注39参照）に過ぎず，「中断等により」という表現から，身柄の利用とは直接に関係がない捜査上の必要を理由とした接見指定を導き出すのは困難である（川出敏裕『判例講座 刑事訴訟法〔捜査・証拠篇〕』219頁。古江頼隆『事例演習刑事訴訟法〔第3版〕』208頁，酒巻匡『刑事訴訟法〔第2版〕』210頁，宇藤崇ほか『刑事訴訟法〔第2版〕』197頁〔堀江慎司〕参照）。

最判平成12・2・22集民196号729頁〔安藤・斎藤事件〕は，弁護人が検察官に対し，翌日午前等の接見希望を伝えたところ，検察官が接見指定した事案に関し，「〔弁護人〕が希望した日時には本件被疑者に対する確実な取調べ予定があって，右希望に沿った接見を認めると，右取調べを予定どおり開始することができなくなるおそれがあった」などとして，違法な接見妨害はなかったと判断した。問題は，前掲ⓒにいう「間近い時に」を挙げることなく「確実な取調べ予定」のみを根拠とする接見指定の適否である。被疑者の身柄を利用した捜査と接見との調整が必要であるのは，「取調べ等の捜査と接見とが時間的に競合する場合」（川出・前掲判例講座217頁）であるとすれば，指定要件の存否は，接見希望日時を基準に判断されることとなる。前掲最判平成12・2・22の判示は，希望日時には「取調べ中」であることをいうものであり，最判平成3・5・10民集45巻5号919頁〔第一浅井事件〕が，弁護人等の接見等の「申出時に……間近い時における取調べ等の予定の有無」の確認を求めているのも，予定されていた取調べの約20分前に即時の接見申出がされた事案における確認時点を述べたものと解することとなる。

希望日時基準は，接見によって捜査の中断が生じなくても指定要件が具備されるとする指定権の行使を可能としかねない。しかし，前掲ⓒが取調べ等の予定を「間近い時」の「確実な」ものに限定しているのは，そうした予定については，これを変更することが困難で，変更すると捜査に支障をきたす蓋然性が高くなるという意味で，「捜査機関が指定権を濫用することがないよう歯止めを掛けた」（佐藤歳二・最判解民事篇平成3年度328頁，326頁）ものである（佐藤隆之「判批」井上正仁ほか編『刑事訴訟法判例百選〔第10版〕』76頁参照）。希望日時までに時間的余裕がある場合には，捜査機関は，取調べ等の予定を動かし得ないかを検討し，取調べ等を避けようとすると捜査に顕著な支障が生ずる場合には接見指定ができるが，その場合でも，希望日時にできるだけ近い日時の接見指定がなされるべきであろうといわれている（矢尾渉・最判解民事篇平成12年度(下)541頁）。このような指定権の運用により，前掲ⓐ～ⓒが「原則として……取調べの中断等により捜査に顕著な支障が生ずる場合に当たる」ことが実質的に担保され得ると思われる（松尾浩也・平成11年度重判解186頁は，大法廷判決を「中断支障説」と捉えており，寺崎嘉博『刑事訴訟法〔第3版〕』212頁は，大法廷判決の趣旨を骨抜きにしないため，弁護人が接見日時を「予約」したときは，

予約当日の取調べ予定を理由にした接見指定は許されないとする）。前掲最判平成12・2・22が「確実な」取調べ予定といっているのは，この点への配意を窺わせる。設問②の指定は，こうした検討を経たものであれば適法といえよう。

❸ 接見内容の聴取

刑訴法39条1項は，「立会人なくして接見」すること（秘密交通権）を保障しているが，これは，接見に際して捜査機関が立ち会ってはならないということを意味するにとどまらず，接見終了後においても，接見内容を知られない権利を保障したものであるとする点で一致がみられる。しかし，秘密交通権を，捜査権の行使との調整を許す性質のものと捉えることについては，これを消極に解する見解（三井誠ほか編『刑事手続の新展開(上)』528頁〔赤松範夫〕，葛野尋之＝石田倫識編著『接見交通権の理論と実務』41頁〔石田〕等）がある。大法廷判決は，接見交通権が憲法の保障に由来するからといって，捜査権に絶対的に優先するものではないとしているところ，福岡高判平成23・7・1判時2127号9頁は，こうした立場を前提に，接見内容の聴取については，秘密交通権の保障を最大限尊重すべきであるとした上，その適否は，被疑者と弁護人等との自由な意思疎通ないし情報伝達に萎縮的効果を及ぼすかという観点から，刑訴法39条1項の趣旨を損なうことになるか否かにより判断されるべきであるとする。そこで，取調べの際に被疑者が自発的に接見内容の供述を始めたような場合についても，「弁護人固有の秘密交通権を保護する必要性が低減したということはできない」とし，「漫然と接見内容の供述を聞き続けたり，さらに関連する接見内容について質問したりすることは，刑事訴訟法39条1項の趣旨を損なうおそれがあるから，原則としてさし控えるべきであ〔り〕」，接見内容を話す必要がないことを告知するなどの必要があるという。これに対しては，そうした場合には，被疑者が接見内容の秘密性保護の要請を放棄し得るとし，弁護人の同意がなくても接見内容の聴取が許されるべきだとする批判がある（「許容説」。加藤俊治「判批」警察学論集64巻10号178頁，峰ひろみ「秘密交通権と捜査・公判」研修798号10-11頁等。弁護人の同意を要件として聴取を認める見解として，葛野尋之「判批」判評641号〔判時2148号〕156頁）。

設問③のKの質問は，取調べにとって必要かつ適切なものであり，Kが接見内容の供述を聴取したことは，前掲許容説によると適法である。前掲福岡高判平成23・7・1によると，前述の告知を受けないXの，秘密性が消失していない事項に関する供述を聴取するのは，自由な意思疎通に萎縮的効果を及ぼすおそれがあるので，違法と判断されよう。

📖 ステップアップ

接見の際の電子機器の使用（接見内容の録音，証拠保全のための写真撮影等）の適法性について論じなさい。

➡ 次回の設問

自白法則等をとりあげる。

刑事訴訟法 10

同志社大学教授

洲見光男　SHUMI Mitsuo

📌 設問

　A警察署の警察官Kは，宝石店で指輪を盗んだ被疑事実で逮捕された後，A警察署留置施設に勾留されているXを取り調べていた。Xは，逮捕直後から一貫して，犯行時刻には自分のアパートの部屋にいて，犯行現場の宝石店に行っていないなどと主張して犯行を否認していた。Kは，宝石店前路上の防犯カメラにXが映っていたことから，Xに対し，「犯行現場付近の防犯カメラにあなたが宝石店の前を行ったり来たりしているところが鮮明に映っていた」旨を告げたところ，Xは，犯行を認め，盗んだ宝石を友人宅に隠匿していることも供述したので，その内容を録取した供述調書が作成された。そこで，Kは，供述調書を疎明資料として捜索差押許可状の発付を受けてXの友人宅を捜索したところ，被害品である指輪が発見されたので，これを差し押さえた。その後，Kは，防犯カメラに映っている人物は，その顔ぼう・体格・身長などの点でXと酷似しているが，歩容が異なるので，Xとの同一性は否定されるとの専門家の鑑定結果を得た。

　裁判所は，供述調書およびXの友人宅で差し押さえられた指輪を証拠として採用することができるか。

❗POINT

　憲法38条2項および刑訴法319条1項が自白の証拠能力を制限している根拠，「任意にされたものでない疑のある自白」の意義，任意性に疑いがある自白から得られた証拠物の証拠能力の有無など。

📌 解説
① 自白の証拠能力の制限

　自白とは，自己の犯罪事実の全部またはその主要部分を認める被告人の供述をいう（なお，酒巻匡『刑事訴訟法〔第2版〕』520頁参照）。憲法38条2項は，「強制，拷問若しくは脅迫による自白又は不当に長く抑留若しくは拘禁された後の自白は，これを証拠とすることができない」と規定し，刑訴法319条1項は，これらの自白に加える形で（憲法に明示されていない）「その他任意にされたものでない疑のある自白」の証拠能力を否定することを定めている。最判昭和24・10・13刑集3巻10号1650頁は，同刑訴法の規定について，「憲法上の自白の証拠能力の制限を……拡張するに至った」ものとしていたところ，最大判昭和45・11・25刑集24巻12号1670頁（以下「大法廷判決」という）は，「任意性に疑いがある」自白を証拠に採用することは，「刑訴法319条1

項の規定に違反し，ひいては憲法38条2項にも違反するものといわなければならない」と述べ，憲法・刑訴法により証拠能力が否定される自白の範囲は同一であるとの判断を示した（自白の排除根拠について，大澤裕「自白の任意性とその立証」松尾浩也＝井上正仁編『刑事訴訟法の争点〔第3版〕』170頁参照）。

　自白の証拠能力を否定する要件は，「任意性のないこと」ではなく，その「疑い」があることであり（河上和雄ほか編『注釈刑事訴訟法(6)〔第3版〕』308頁［植村立郎］），不任意の疑いの存否について，いずれとも決し難いときは，被告人の不利益に判断されない（最判昭和32・5・31刑集11巻5号1579頁。検察官に挙証責任がある根拠について，宇藤崇ほか『刑事訴訟法〔第2版〕』448頁［堀江慎司］参照）。被告人側には，争点形成の責任があり，自白の任意性を争うための一応の事実を提示する必要がある（田中開ほか『刑事訴訟法〔第6版〕』297頁［長沼範良］）。また，証拠能力のない自白は，いかなる証拠としても用いることができず，証拠とすることの同意（刑訴326条）があっても，同様である（酒巻・前掲522頁）。

② 偽計の使用と自白の任意性

　いわゆる切り違え尋問により得られた自白（偽計による自白）の証拠能力について，大法廷判決が示した判断は，一般に虚偽排除説に基づくものと解されているが，それは，概ね，次の理由による。判示のうち，「偽計を用いて被疑者を錯誤に陥れ自白を獲得するような尋問方法を厳に避けるべきである」という，偽計を使用した取調べの不当性に関する部分は，証拠能力を否定する根拠としていないこと，「偽計によって被疑者が心理的強制を受け，その結果虚偽の自白が誘発されるおそれのある場合には，右の自白はその任意性に疑いがあるものとして，証拠能力を否定すべきであ〔る〕」ことを前提に，被疑者に対し，被疑者の妻が本件犯行について被疑者と共謀したことを自白したという虚偽の事実を告げるという偽計を用いた上，被疑者が共謀の点を認めれば被疑者のみが処罰され妻は処罰を免れることがあるかも知れない旨を検察官が暗示した疑いがあることから，「偽計によって被疑者が心理的強制を受け，虚偽の自白が誘発されるおそれのある疑いが濃厚であり」，そうであるなら，その自白等は「任意性に疑いがある」として，証拠能力を認めた原判決を破棄し事件を差し戻していることである（川出敏裕『判例講座 刑事訴訟法〔捜査・証拠篇〕』316頁参照）。虚偽排除説の観点からは，「心理的強制」とは，偽計の使用と虚偽のおそれのある自白とを媒介するものとして，偽計が被疑者の心理に強い影響を及ぼしていることを示すものと理解されている（川出・前掲316-317頁）。これに対し，「心理的強制」を，文字通り，「自供するか否かの意思決定および意思活動を著しく阻害された心理状態」と解する裁判例（大阪高判昭和47・2・9刑裁月報4巻2号231頁〔差戻控訴審判決〕）がある。これによると，供述の自由を侵害して得られた自白は，虚偽のおそれが高いから，その証拠能力が否定されるのだと解することになろう。大法廷判決は，「虚偽排除説のみならず人権擁護説のアプローチも

併用していると解する余地があろう」（加藤克佳「自白法則について──現状と課題」刑事雑誌52巻1号87頁）とされるのは，こうした考え方の可能性を示すものと思われる。

最判昭和41・7・1刑集20巻6号537頁は，「被疑者が，起訴不起訴の決定権をもつ検察官の，自白をすれば起訴猶予にする旨のことばを信じ，起訴猶予になることを期待してした自白は，任意性に疑いがあるものとして，証拠能力を欠く」としている。約束による自白については，取調べに違法がなく，通常は，自白する動機が影響を受けるだけであって，供述に関する意思決定の自由そのものは制約されないので，虚偽排除説によってのみ，その証拠能力が否定され得ると解されている（例えば，大澤・前掲171頁）。もっとも，約束内容が虚偽であるときは，「自白することによる利益と不利益とを天秤にかけて意思決定をするに当たり，誤った情報を与えられて誤った計算をした結果，誤った自白の動機が形成された」点で，「動機形成の前提が損なわれているから，意思決定の自由が間接的に制約されていた」とみるべきだとする見解がある（長井秀典「自白の証拠能力について──実務家の立場から」刑法雑誌52巻1号122-123頁）。人権擁護説については，排除される自白が強制，拷問，脅迫による自白等に限定されるといわれてきたが，上記見解は，より広い範囲で供述の自由の侵害を認めるものであり，これによると，偽計による自白も，誤った動機形成に基づいてされた自白と捉えることができる。

偽計を用いたというためには，虚偽の認識が必要であるといわれる（河上ほか編・前掲373頁［植村］）。それはそのとおりであるが，問題は，大法廷判決において，偽計の使用が自白の任意性に影響を及ぼすものと理解されているかどうかである。虚偽の事実を告げること自体は，被疑者が耳にする言葉が同じである以上，虚偽自白誘発の危険の有無・程度に差異を生じさせないといわれている（宇藤ほか・前掲444頁［堀江］）。「偽計を用いた取調べによる自白は常に任意性が否定される，と解するのは早計であろう」（椎橋隆幸ほか『ポイントレクチャー刑事訴訟法』360頁［加藤克佳］）との見方が示されているが，これも偽計の使用それ自体が任意性の判断要素とされていないことを窺わせるに十分である。そうすると，本設問のように，捜査機関が告知事実の虚偽性を認識していない場合でも，自白の証拠能力が否定されることがあり得ることになろう。また，「誤った自白の動機」は，誤った情報の提供自体によっても形成されるから，捜査機関の意図的な働きかけがないときでも，意思決定の自由の制約を観念することができるであろう（東京高判平成25・7・23判時2201号141頁は，捜査機関が，覚せい剤所持では逮捕も家宅捜索もしない旨を告知して得た自白について，黙秘権を侵害して獲得されたもので，任意性を欠いているとした上，「自分たちの発言が利益誘導に当たり，結果的には虚偽になる可能性が高いことは，捜査官として十分認識できたはずである」としており，虚偽性の認識までは必要とされていない）。

宇都宮地判平成22・3・26判時2084号157頁（足利事件再審無罪判決）は，捜査機関が，後に証拠能力が否定されたDNA型鑑定の結果を被疑者に示して得た自白について，「捜査官は，〔本件DNA型鑑定〕が〔被疑者〕が犯人であることを示す重要な一つの客観的証拠であると評価した上で」，「本件DNA型鑑定を〔被疑者〕に示して取調べを行ったと認められ」，「証拠能力が認められない証拠であると認識した上で〔被疑者〕に示したものでない」から，偽計による自白としてその任意性が否定されることはないと判示している。しかし，自白の証拠能力が否定される根拠が，心理的強制（影響）のもとで虚偽の自白を誘発する危険にあるとすれば，そのことは，捜査官の認識の有無にかかわらず同様に妥当するといわれている（川出・前掲319頁注38。同旨，加藤・前掲「自白法則について」89頁，緑大輔「偽計による自白」井上正仁ほか編『刑事訴訟法判例百選〔第10版〕』165頁，堀田周吾『被疑者取調べと自白』120頁等）。

❸ 設問へのアプローチ

取調べ方法の違法を問題とせず，虚偽排除説の見地から，Xの自白の証拠能力を判断する場合のポイントは，証明力の高い証拠を示すというKの用いた偽計の内容が，自白当時の状況に照らして，「仮に被疑者が無実であったとしても虚偽の自白をしてしまうほどの強い心理的影響を与えるようなものであったか」（川出・前掲317頁）どうかである。排除されるべき自白は，虚偽自白の誘発される危険が高い状況でされた自白であるから，Xの自白が真実であることは，任意性判断を左右しない。Xの自白が排除される場合でも，派生証拠たる指輪については，事実認定の正確性を担保するという排除根拠が妥当しない以上，その証拠能力を否定することはできない（古江頼隆『事例演習刑事訴訟法〔第3版〕』356頁）。これに対し，虚偽排除説の根拠に，虚偽自白を誘発するおそれのある取調べ手法の抑止を加える見解（大澤裕＝朝山芳史「約束による自白の証拠能力」法教340号97頁［大澤発言］。この見解に対する批判として，古江・前掲360頁，古江頼隆『事例演習刑事訴訟法〔第2版〕』295頁の同様の批判について，川島享祐「刑事訴訟における自白の証拠能力──自白法則の理論的構造の再検討（8・完）」法学協会雑誌137巻3号455頁注145参照）をとると，派生証拠まで排除され得るが，派生証拠を排除しても抑止目的の実現につながらない場合には，その証拠能力は否定されない（池田公博「自白の証拠能力──違法排除のあり方・派生証拠の取扱い」刑法雑誌52巻1号113頁）。この判断は，不任意自白を「毒樹」，その派生証拠を「果実」と位置づけて派生証拠の証拠能力を論じ得るとする見解（宇藤ほか・前掲447頁［堀江］）の判断と性質を同じくする。

📘 ステップアップ

自白獲得手段の違法に着目する違法排除説あるいは自白への違法収集証拠排除法則（最判昭和53・9・7刑集32巻6号1672頁参照）の適用を認める見解においては，捜査機関が，告知内容が虚偽であることの認識を欠いている事実は，どのように位置づけられるか。

➡ 次回の設問

引き続き証拠法の問題をとりあげる。

刑事訴訟法　11

同志社大学教授
洲見光男　SHUMI Mitsuo

📌 設問

　Ｘは，自宅から自家用車（以下「本件車両」という）を無免許で運転し，国道△号線を走行してきてＡショッピングセンターの駐車場（以下「本件駐車場」という）に駐車しようとした際，本件駐車場にいたＢ運転の車と衝突した。ＸとＢに怪我はなかったが，警察に通報がなされた。警察官らが本件駐車場に到着したときは，本件車両とＢの車は駐車場に止まっており，ＸとＢが話し合っていた。警察官らは，Ｘから無免許であることを告げられたので，本署に運転免許照会をしてそれを確認し，また，事故については，怪我のない物損事故と判明したので，Ｘを道路交通法違反（無免許運転）被疑事件の被疑者と認めて検挙した。

　Ｘは，公安委員会の運転免許を受けないで，令和2年10月3日午前9時30分ころ，本件駐車場付近の国道△号線において，本件車両を運転したものである旨の公訴事実で起訴された。公判で，Ｘは，公訴事実を認める供述をした。裁判所は，Ｘが無免許であることを示す捜査関係事項照会回答書（同意〔刑訴326条1項〕），捜査報告書（一部同意〔内容は後記〕），実況見分調書（同）および速度違反自動取締装置により撮影された写真（Ｘが犯行時刻の10分前に国道△号線において本件車両を運転しているところが写っている）のうち，どれをＸの自白の補強証拠とできるか。

　捜査報告書の同意部分には，無免許運転事件発覚の端緒となった物損事故発生の110番通報を受け，本件駐車場に到着した警察官が，Ｘから，Ｘが自宅の駐車場から本件車両を運転して国道△号線を走行してきて本件駐車場に駐車しようとした際，Ｂの車とぶつかった旨の申立てを受けたとの記載がある。また，Ｘ立会いの下作成された実況見分調書の同意部分において，犯行当日，Ｘが自宅駐車場を出発してから本件駐車場に至るまでの間の本件車両の運転経路が特定されている。

❗POINT

　補強法則の趣旨と，それから導き出される補強証拠を要する事実の範囲，補強証拠の証明力の程度および補強証拠としての適格性等に関する学識の有無と適用力が問われている。

📌 解説
① 補強法則の趣旨

　憲法38条3項は，「何人も，自己に不利益な唯一の証拠が本人の自白である場合には，有罪とされ，又は刑罰を科せられない。」と規定し，被告人を有罪とするには，

自白以外の証拠（補強証拠）が必要であるとする補強法則を採用している。同項にいう「自白」とは，公判廷外の自白をいい（最大判昭23・7・29刑集2巻9号1012頁），「公判廷における自白であると否とを問わず」補強証拠を要する旨を定める刑訴法319条2項は，「憲法の趣旨を一歩前進」させたものである（最大判昭和24・6・29刑集3巻7号1150頁）。補強法則は，「被告人本人の自白だけを唯一の証拠として犯罪事実全部を肯認することができる場合」に適用されるものであって，同法則の対象となる自白は，「本来犯罪事実全部を肯認することのできる証明力を有する」「いわゆる完全な自白」である（最大判昭和33・5・28刑集12巻8号1718頁。植村立郎「最高裁判例と補強法則(上)」警察学論集71巻3号36頁によると，法廷で起訴事実を全部認める自白が完全自白の典型である）。そこで，補強法則は，自白の証拠能力を制限するものではなく，自由心証主義（刑訴318条）に対する例外をなすものであり，「実体的真実でない架空な犯罪事実が時として被告人本人の自白のみによって認定される危険と弊害とを防止する」（前掲最大判昭33・5・28）ことをその趣旨とするものである。自白の証明力の過大評価からもたらされる誤判の防止にこそ補強法則の意義があり（池田公博「補強法則の意義と妥当範囲」研修785号5頁。誤判防止の意味について，宇藤崇ほか『刑事訴訟法〔第2版〕』450頁〔堀江慎司〕参照），自白強要の弊害防止は，自白法則（刑訴319条1項）の役割と捉えるべきであるといわれている（例えば，古江頼隆『事例演習刑事訴訟法〔第3版〕』372頁）。

② 補強法則の内容

　補強証拠を要する事実の範囲について，多数説（罪体説）は，犯罪事実のうち，ⓐ主体的側面（被告人と犯罪の結び付き）とⓑ主観的側面（故意・過失等）を除いた主要部分について，補強証拠が必要であるとする（ⓐに関する補強証拠が不要とされる理由について，古江・前掲377頁参照）。判例も，ⓐとⓑについて，補強証拠を要しないとする（ⓐについて，最大判昭和30・6・22刑集9巻8号1189頁，ⓑについて，最判昭和24・4・7刑集3巻4号489頁）が，自白を補強する証拠は，必ずしも自白にかかる犯罪構成事実の全部にわたる必要はなく，自白にかかる事実の真実性を保障し得るものであれば足りる（最判昭和23・10・30刑集2巻11号1427頁等）としており（盗難届だけを補強証拠として盗品等の運搬を認定した最決昭和26・1・26刑集5巻1号101頁等参照），形式的基準により対象を画定しようとするものではない。もっとも，補強証拠は，自白にかかる事実の真実性を保障するためのものであるから，「主として犯罪の客観的方面」（最判昭和26・4・5刑集5巻5号809頁参照）についてのものとなるのは当然でもあり，罪体説と判例の結論にそれほど径庭があるわけではないとされる（三井誠「自白と補強法則(4)」法教260号81頁）。犯罪事実以外の事実（犯行の動機等）については，補強証拠は必要でない。

　補強証拠の証明力については，多数説は，補強証拠だけで犯罪事実の存在を一応証明する程度の証明力が必要であるとするが，判例は，「自白にかかる事実の真実性

を保障し得る」程度で足りる（最判昭和24・4・30刑集3巻5号691頁）とする。判例の立場は，多数説の絶対説に対し相対説といわれる（前掲最大判昭和30・6・22等参照）が，自白と補強証拠が相まって起訴事実について合理的疑いを超える証明に達すればよいということを前提とするものではない（川出敏裕『判例講座 刑事訴訟法〔捜査・証拠篇〕』351頁。同旨，古江・前掲378頁，池田・前掲7頁。なお，宇藤ほか・前掲454頁〔堀江〕参照）。

最判昭和42・12・21刑集21巻10号1476頁は，無免許運転罪において，運転行為だけでなく，無免許の事実についても補強証拠を要するとした（なお，前掲ⓐ参照）。その理由は示されておらず，同判決の結論が罪体説と合致することから，その立場によったものとの見方もあり得るが，判例の立場からは，運転行為自体はありきたりの社会的事実であり，無免許の事実が加わることによりはじめて犯罪が組成されるので，その事実についての補強証拠が存することによって，被告人の自白にかかる事実の真実性が保障されるといえよう（三井・前掲82頁）。これに対し，覚せい剤所持等の罪における「法定の除外事由がない」という事実については，補強証拠を要しない（東京高判昭和56・6・29判時1020号136頁）。法定の除外事由がある場合は稀であることに加えて，通常，使用等の状況から法定の除外事由の不存在が推認できるので，使用等の行為について補強証拠があれば，法定の除外事由の不存在まで含めた自白にかかる事実の真実性が担保できるとみられている（川出・前掲350頁）。

裁判例には，尿の鑑定書を違法収集証拠として証拠排除した上，「被告人方から血液様の液体が付着した注射器が発見され……，その注射器の内側から覚せい剤が検出されたという自白以外の証拠もあるけれども，この証拠によっても，注射器が使用された時期は定かでなく」，「被告人が公訴事実の期間内に覚せい剤を自己使用したとする〔被告人の〕自白の真実性を保証するに足りる補強証拠は存在しない。」ので，犯罪の証明がないことに帰するとして，無罪判決を言い渡したものがある（大阪地判令和元・9・25判時2459号119頁〔黒澤睦「判例セレクト」法教473号132頁〕。同様の判断を示したものとして，前橋地高崎支判平成29・6・19裁判所Web参照）。同裁判例が完全な自白を前提とするのであれば，誤判防止の趣旨を十分に説明できるかに疑問があり得るし，そうでないのであれば，「補強証拠」の文言を補強法則で問題とされるのとは異なる意味で用いていることに留意が必要である（最判昭和46・4・20刑集180号131頁は，自白の信用性がかなり乏しいときは，その補強証拠の証明度が高くない限り，自白を重視して事実を認定することは著しく合理性を欠くとしたが，それのいう「補強証拠」とは自由心証におけるいわゆる「裏付け証拠」を意味する〔三井誠「自白と補強証拠(3)」法教259号114頁〕，川出・前掲351頁。「証明力相関論」について，古江・前掲384頁参照）。

補強証拠は，犯罪事実認定のための実質証拠となるものであるから，証拠能力のある証拠で，かつ，補強法則の趣旨から，自白から独立した証拠でなければならない。自白をいくら集めても誤判の危険は回避できない

（最大判昭和25・7・12刑集4巻7号1298頁参照）。被告人による犯行再現行為や，第三者の供述であっても，被告人の自白に基づいてなされたものは，補強証拠となり得ない（前者について，光藤景皎『刑事訴訟法Ⅱ』196頁，後者について，松尾浩也『刑事訴訟法(下)〔新版補正第2版〕』39頁。最判昭和30・6・17刑集9巻7号1153頁も，被告人から聞いた事実に関する第三者の供述を録取した検面調書について，その補強証拠適格を否定している）。被告人の供述のうち自白に当たらない不利益事実の承認も，自白との独立性が認められない限り，同様である（酒巻匡『刑事訴訟法〔第2版〕』529頁，田中開ほか『刑事訴訟法〔第6版〕』304頁〔長沼範良〕）。犯罪の嫌疑を受ける前に被告人が備忘のため取引関係を記入した未収金控帳の補強証拠適格を認めた最決昭和32・11・2刑集11巻12号3047頁については，その解釈が分かれている（例えば，松尾・前掲39頁，長沼範良ほか『演習刑事訴訟法』284頁〔大澤裕〕，古江・前掲381頁参照）。

③ 設問へのアプローチ

無免許であることおよび運転行為について補強証拠が必要となるところ，無免許の事実については，捜査関係事項照会回答書が補強証拠となり得る。捜査報告書および実況見分調書は，運転行為についての補強証拠適格を有するであろうか。設問のベースになった事案に関する東京高判平成22・11・22判タ1364号253頁は，「捜査報告書……は，警察官らが，被告人から事情を聴取し，情報を得て作成した……報告書であり……，また，実況見分調書……は，……警察官〔が〕被告人から指示説明を受けて，……被告人の運転経路等を特定し，関係各地点間の距離を測定した結果を記載したものであるから，これら証拠……は，いずれも被告人の自白を基にして作成されたものであって，……被告人の運転行為についての補強証拠となり得ないものである。」と判断している（なお，「実況見分調書抄本によれば，〔被告人の〕自動車が犯行直後に犯行現場付近に存在していた事実が認定でき，これは……運転行為についての補強となり得る」とした東京高判平成22・1・19東高刑時報61巻1〜12号5頁参照）。

いわゆる現場写真は，非供述証拠に属し，当該写真自体またはその他の証拠により事件との関連性を認め得る限り証拠能力を具備する（最決昭和59・12・21刑集38巻12号3071頁）。速度違反自動取締装置が正常に作動していなかった疑いがなければ，Xが運転しているところが写っている前記写真（撮影の合憲性について，最判昭和61・2・14刑集40巻1号48頁参照）は，運転行為についての補強証拠となろう（撮影目的と異なる目的での証拠使用の問題には，触れない）。

🔖 ステップアップ

共犯者の自白に補強証拠を要するか，また，共犯者の自白により「本人の自白」を補強できるか。

➡ 次回の設問

違法収集証拠排除法則をめぐる問題をとりあげる。

刑事訴訟法　12

同志社大学教授
洲見光男　SHUMI Mitsuo

↘ 設問

　Xは，令和3年2月1日午前2時10分ころ，公安委員会が道路標識により，その最高速度を60キロメートル毎時と指定したA市B区C町△丁目県道◇線下り20キロポスト付近道路において，その最高速度を45キロメートル超える105キロメートル毎時の速度で普通乗用自動車を運転して進行した旨の公訴事実により公訴提起された。検察官は，速度測定カードを証拠調べ請求したが，これに対し，Xの弁護人は，速度測定カードについて，警察用自動車（覆面パトカー）がXの車を速度違反車両として検挙するにあたり，緊急自動車の要件である赤色警光灯の点灯を怠ったまま指定最高速度を超えてXの車を追尾走行し，その結果作成されたものであって，違法収集証拠であるので証拠能力がない旨主張した。

　緊急自動車は，道路交通法22条（最高速度）に違反する車両等を取り締まる場合，同条の規定の適用を受けない（道交41条2項）が，緊急自動車と認められるためには，サイレンを鳴らし，かつ，赤色の警光灯をつけなければならならない（道交令14条本文）。ただし，警察用自動車が道交法22条に違反する車両等を取り締まる場合において，特に必要があると認めるときは，サイレンを鳴らすことを要しない（道交令14条ただし書）が，赤色警光灯の点灯義務は解除されない。弁護人の主張どおりであれば，Xの車を追尾した覆面パトカーは，緊急自動車の要件を満たしていなかったことになる。

　違法収集証拠に関する弁護人の主張は認められるか。

❗POINT

　違法に収集された証拠物の証拠能力に関する学識と具体的事例への適用力が問われている。

↘ 解説
① 証拠排除の根拠と要件

　最判昭和53・9・7刑集32巻6号1672頁の示した違法収集証拠排除法則は，「違法に収集された証拠物の証拠能力については，憲法及び刑訴法になんらの規定もおかれていないので，この問題は，刑訴法の解釈に委ねられているものと解するのが相当である」との判示から明らかなように，「憲法の定める基本権侵害」から直ちに導出されたものではなく，裁判所により「訴訟手続上の証拠法則」として創出されたものである（酒巻匡『刑事訴訟法〔第2版〕』511頁）。それゆえ，同法則の根拠として学説の挙げる「司法の無瑕（廉潔）性」の保持と「違法捜査の抑止」も，司法権の正当な行使として追求されるべき政策目的として，それと対立矛盾する他の政策目的との比較衡量を拒み得ない性格を有するものである（鈴木義男『刑事司法と国際交流』325頁）。同判決は，排除要件として，「令状主義の精神を没却するような重大な違法があり」（「違法の重大性」），「証拠として許容することが，将来における違法な捜査の抑制の見地からして相当でないと認められる」（「排除相当性」。より正確には「証拠許容の不相当」性〔宇藤崇ほか『刑事訴訟法〔第2版〕』423頁〔堀江慎司〕）ことを挙げている。前者は「司法の無瑕性」根拠に基づくもので，「〔「違法の重大性」要件〕が満たされれば，他の要素を考慮することなく，司法の廉潔性の保持の観点からは証拠が排除されるという意味で，最高裁が，その利益衡量を先取りして行ったうえで導いたもの」であり（川出敏裕『判例講座 刑事訴訟法〔捜査・証拠篇〕』443頁。これを「臨界点」ということばを用いて説明しているものとして，井上正仁『刑事訴訟における証拠排除』555頁，宇藤ほか・前掲421頁〔堀江〕)，後者は「違法捜査の抑止」根拠に基づくものと一般に理解されている。そして，これら2つの排除要件の関係については，判例の文言からは，両者は，いずれも満たして初めて証拠排除されるという意味で重畳的な要件であると解されており（多数説），「証拠排除の持つ重大な効果に鑑み」（川出敏裕「いわゆる『毒樹の果実論』の意義と妥当範囲」『松尾浩也先生古稀祝賀論文集(下)』530頁）ると，そうした重畳説の理解に合理性があろう（2つの要件は異なる根拠に基づくものであるから，いずれかを満たせば証拠排除されるとする見解〔競合説〕として，井上・前掲557頁，田口守一『刑事訴訟法〔第7版〕』401頁参照）。

　違法収集証拠排除法則について我が国の学説が影響を受けたのは，憲法35条の淵源をなす修正4条に関する連邦最高裁の判例法である。不合理な捜索押収および身体拘束を受けない権利を保障する同条に違反して獲得された証拠は，それを実質証拠として許容することができないとされ，裁判所が憲法違反を奨励（助長）してはならないことを本義とする「司法の無瑕性」について，それが害されるのは，違法捜査抑止の観点から証拠排除が要請されるにもかかわらず，裁判所が証拠を許容する場合であるとみられている。同じく，排除法則を裁判所の創案した準則と性格づけながら，「違法捜査の抑止」根拠が「司法の無瑕性」根拠をいわば飲み込む解釈を行っていることは，我が国の行き方と著しい対照をなしている（アメリカにおける抑止効説について，椎橋隆幸ほか『ポイントレクチャー刑事訴訟法』348頁〔加藤克佳〕参照）。

② 「違法行為の結果収集された証拠」

　排除が問題とされる証拠とその発見・収集における違法手続との間には因果関係が必要である（酒巻・前掲517頁）といわれるが，何を原因行為としての「違法手続」とみるかは必ずしも明らかでない。最決平成8・10・29刑集50巻9号683頁は，捜索の現場において被告人に対してなされた警察官の違法行為（暴行）について，「その暴行の時点は証拠物発見の後であり，被告人の発言に触発されて行われたものであって，証拠物の発見を目的とし捜索に利用するために行われたものとは認

められないから，右証拠物を警察官の違法行為の結果収集された証拠として，証拠能力を否定することはできない」と判示した。これは，「排除法則の適用について違法行為と証拠物発見との因果関係を前提としている」判示と受けとめられている（酒巻・前掲 510 頁）。

調査官解説によると，同決定は，「暴行が捜索差押えの一部であることを明確に否定した原判決の判断を実質的に是認したもの」である（三好幹夫・最判解刑事篇平成 8 年度 144 頁）。本件暴行は，証拠物のありかをいわせるとか証拠物を提出させるなど，証拠物の発見・押収の手段として行われたものではない。暴行が捜索差押えの一部と見得るかどうかは，捜査官の暴行の動機・目的をも考慮して判断する必要があり（古江頼隆『事例演習刑事訴訟法〔第 3 版〕』484 頁），証拠物発見の目的をいう同決定の判示は，そうした趣旨でなされたものとみられる（古江・前掲 400 頁，川出・前掲『判例講座』450 頁）。同決定に対するこうした解釈は，捜索差押えの過程で行われた違法行為であれば，すべて排除法則の適用を求める原因行為となるとする考え方と一線を画するものである（田口・前掲 399-400 頁参照）。その一方で，捜索差押許可状の発付を受け，被疑者の住居内を捜索し証拠物たる覚せい剤を差し押さえたが，被疑者住居への立入り方法が違法であり，警察官がその違法な立入りを証拠収集に利用する目的で行ったと認められるような場合，立入りと住居内での捜索差押えとを分割し，後者は令状により正当化されるから，覚せい剤は「違法行為の結果収集された証拠」ではないとの考え方は退けられることになろう（令状が発付されていたことなどから，令状の執行方法に係る違法は，「重大な違法」にあたらないとし，住居内で発見された証拠物の証拠能力を肯定した高裁判例について，永井敏雄・最判解刑事篇平成 14 年度 219 頁注 4 参照）。

③ 違法の重大性

「違法の重大性」の判断要素として，ⓐ法規からの逸脱の程度，ⓑ令状主義の諸規定を潜脱する意図の有無，ⓒ強制の有無等が考慮されている。このうちⓐについてみると，最判昭和 63・9・16 刑集 42 巻 7 号 1051 頁は，職務質問のための警察署への任意同行が違法な連行であったとしたうえ，連行中に被告人が落とした物が覚せい剤であると判断した時点で，被告人を現行犯逮捕または緊急逮捕することが許されたといえるから，警察官が「法の執行方法の選択ないし捜査の手順を誤ったものにすぎず，法規からの逸脱の程度が実質的に大きいとはいえない」とし，これを「違法の重大性」を否定する方向に働く要素であると捉えている（なお，アタッシュケースをこじ開けた行為を，緊急逮捕に伴う「捜索手続と同一視」し得るとした最判昭和 53・6・20 刑集 32 巻 4 号 670 頁参照）。同決定が「不可避的発見の法理」を意識したものであるかは措くとして，所持品検査を続行し被告人を逮捕しなかったことは，「法の執行方法の選択を誤ったにすぎない」といえなければならず，そういう意味で，警察官の「帰責性」が問題となると解されている（朝山芳史・最判解刑事篇平成 15 年度 38 頁）。最判平成 15・2・14 刑集 57 巻 2 号 121 頁でも，警察官らに令状主義の諸規定を潜脱する意図があったことから重大な違

法が認められるとされた逮捕手続について，執り得た逮捕状の緊急執行手続を履践しなかったことは，「単なる法の執行方法の選択の過誤」とはみられていないのである（朝山・前掲 42 頁）。このように警察官の有責性を考える立場では，例えば，現行犯逮捕を許す事情が存在したが，警察官がそれを認識していなかったがゆえに適法行為を実行できなかったとき，「法規からの逸脱の程度」について，どのような評価がなされることになるのかも問題となろう。

④ 違法の性質

設問の論点に関する最決昭和 63・3・17 刑集 42 巻 3 号 403 頁は，「警察官がパトカーにより最高速度を超過して速度違反車両を追尾した場合において，赤色警光灯をつけていなかったからといって，警察官について道路交通法 22 条 1 項違反の罪の成否が問題となることがあるのは格別，右追尾によって得られた〔速度測定結果を内容とする〕証拠の証拠能力の否定に結びつくような性質の違法はないと解するのが相当である」と判示し，違法は重大でないとしてその証拠能力を肯定した原審（大阪高判昭和 61・3・5 刑集 42 巻 3 号 410 頁参照）判断は，「結論において正当である」とした。同決定は，その理由を明示していないが，そこでの問題は，捜査の対象とされた者の人権を侵害するおそれがある捜査手続法の面における違法があるといえるか否かであり（仙波厚・最判解刑事篇昭和 63 年度 202 頁），同決定を参照引用している下級審裁判例も，「道路交通法 22 条 1 項違反……の違法は，被告人に対する権利の侵害を伴うものではないから，……速度測定の結果の証拠能力の否定に結びつくものではない」としている（神戸地判平成 18・8・23 裁判所 Web）。「事案の真相の究明も，個人の基本的人権の保障を全うしつつ，適正な手続のもとでされなければならない」との判示（前掲最判昭和 53・9・7）からは，排除法則の適用上問題となる違法として，「憲法及び刑事訴訟法が定めた捜査行為の対象となる者の基本的人権の保障を実質的に無に帰せしめるような違法」が導かれるといわれる（古田佑紀「新判例解説」研修 450 号 57 頁）が，捜査過程に何らかの違法があれば，それによって得られた証拠が違法収集証拠となるものではなく，捜査の対象者の権利を侵害するおそれがないような性質の違法は，排除法則によって捕捉されないというのが判例の立場であり，そのような排除法則の捉え方は，司法の無瑕性の保持および違法捜査の抑止の目的にも合致するであろう。

設問の事例の速度違反の取締りは，任意捜査（刑訴 197 条 1 項本文）として行われているところ，追尾方法について，覆面パトカーの運転が具体的に X の車との衝突等，交通の安全を損なうような事態を生じさせる危険があった場合には，必要な車間距離の保持（道交 26 条）違反の違法が捜査手続法の面における違法をもたらすこともあり得よう（前掲神戸地判平成 18・8・23，仙波・前掲 203 頁参照）。

🔲 ステップアップ

派生証拠の証拠能力について検討しなさい。

刑事訴訟法・論点索引

(数字は登場回を示します)

問題演習 基本七法 2021

2021年12月10日　初版第1刷発行

編者 …………………………………… 法学教室編集室
発行者 ………………………………… 江草貞治
発行所 ………………………… 株式会社 有斐閣
　　　　　　　　　　　　　　　　〒101-0051
　　　　　　　　　　　東京都千代田区神田神保町2-17
　　　　　　　　　　　http://www.yuhikaku.co.jp/
デザイン ……………………………… ナカムラグラフ
印刷 …………………………………… 株式会社暁印刷
製本 ………………………… 大口製本印刷株式会社

Printed in Japan.
落丁・乱丁本はお取替えいたします。
ISBN 978-4-641-12633-6

さらに問題を解きたい人には
月刊「法学教室」の演習や連載をまとめた書籍がオススメです

1つの法分野をより広く，より深く。

演習欄を加筆・補訂。
30問程度の設問で集中的に学習する。

『事例問題から考える憲法』

松本和彦
定価 2,640円（税込）
ISBN：978-4-641-22702-6

『演習会社法〔第2版〕』

弥永真生
定価 1,980円（税込）
ISBN：978-4-641-13592-5

『事例演習民事訴訟法〔第3版〕』

遠藤賢治
定価 2,970円（税込）
ISBN：978-4-641-13644-1

『事例演習刑事訴訟法〔第3版〕』

古江頼隆
定価 3,960円（税込）
ISBN：978-4-641-13949-7